BAEDEKER



# FLORENZ

www.baedeker.com

Verlag Karl Baedeker

# Top-Sehenswertes

**Ob die weltberühmte Gemäldesammlung der Uffizien, das einmalige Bauensemble des Doms mit dem Campanile oder die Kirche San Lorenzo mit der beeindruckenden Neuen Sakristei von Michelangelo – hier die Sehenswürdigkeiten, die Sie auf keinen Fall versäumen sollten.**

## ❶ ★★ Battistero San Giovanni

Das Baptisterium erlangte vor allem Berühmheit durch seine Bronzeportale, Meisterwerke der Bildhauerkunst.

**Seite 152**

## ❷ ★★ Chianti

Die klassische Landschaft südlich von Florenz ist hauptsächlich für ihren Wein bekannt.

**Seite 160**

## ❸ ★★ Duomo Santa Maria del Fiore

Das prächtige Gotteshaus gehört zu den bedeutendsten Bauwerken Europas.

**Seite 165**

1

2

3

4

5

## ❹ ★★ Galleria degli Uffizi

Die Uffizien sind eine Gemäldesammlung von Weltrang. **Seite 188**

## ❺ ★★ Museo Nazionale del Bargello

In diesem Museum werden herausragende Werke der Bildhauerkunst gezeigt. **Seite 219**

6

7

8

9

10

11

# Lust auf ...

**... schöne Aussichten auf die Stadt, moderne Kunst, besondere kulinarische Genüsse oder Düfte? Entdecken Sie Florenz ganz nach Ihren persönlichen Interessen.**

## SCHÖNE AUSSICHTEN

- **Kaufhaus La Rinascente**
  Die verdiente Shopping-Pause im Café auf dem Kaufhausdach belohnt mit einem grandiosen Nahblick auf die Domkuppel. **Seite 121**
- **Palazzo Vecchio** ►
  Das allseits sichtbare Symbol für den Weitblick der Bürger bietet zugleich einen fantastischen Blick über die Altstadt. **Seite 247**
- **Bellosguardo**
  Der Name sagt es schon: einen der schönsten Blicke auf die Stadt hat man von der Piazza del Bellosguardo oberhalb des Viertels San Frediano auf der südlichen Arno-Seite. **Seite 263**

## MODERNES

- **Nuovo Teatro dell'Opera**
  Als ein Beispiel für zeitgenössische Architektur und exzellente Klangtechnik beeindruckt das Neue Theater. **Seite 87**
- ◄ **Museo Marino Marini**
  Schon das Museum – eine Kirche des 14./15. Jh. im Betonkleid der 1980er-Jahre – für den modernen Bildhauer schlägt eine Brücke zwischen Vergangenheit und Gegenwartskunst. **Seite 217**
- **Museo Alinari**
  Im Museum der drei Fotografenbrüder Alinari präsentieren Wechselausstellungen die Arbeit moderner Fotokünstler. **Seite 289**

## KULINARISCHES

- **Florentiner Steak**
  Das saftige Bistecca alla fiorentina vom echten Chianina-Rind schmeckt im Antico Ristoro del Cambi besonders gut. **Seite 100**
- **Alimentari Pegna**
  Der alteingesessene Laden bietet Spitzenprodukte der toskanischen Küche. **Seite 121**
- **Mercato Centrale und Mercato Sant'Ambrogio** ►
  Die beiden Lebensmittelmärkte zeigen, mit welchen guten Zutaten die Florentiner kochen. **Seite 124**

## ABENDMAHLS-DARSTELLUNGEN

- **16. Jh.**
  Ein Meisterwerk an Komposition, Lebendigkeit und Farben ist das »Letzte Abendmahl« von Andrea del Sarto in San Salvi. **Seite 260**
- ◄ **15. Jh.**
  Besonders schöne Fresken hat Ghirlandaio im Refektorium bei der Chiesa Ognissanti und im Refektorium von San Marco gemalt. **Seite 230, 272**
- **14. Jh.**
  Eine frühe Abendmahlsdarstellung besitzt das Klostermuseum von Santa Croce. **Seite 283**

## DÜFTE

- **Giardino dei Semplici**
  Für die Labore der Apotheken ließ der Medici-Fürst Cosimo I. diesen Heilkräuter-Garten anlegen. **Seite 275**
- **Officina Santa Maria Novella** ►
  In der berühmten Apotheke von Santa Maria Novella kann man auch Parfüms kaufen. **Seite 289**

## HINTERGRUND



## ERLEBEN & GENIESSEN



PREISKATEGORIEN
Restaurants
(Preise für ein Hauptgericht)
€€€€ = über 28 €
€€€ = 15 – 28 €
€€ = 10 – 15 €
€ = um 9 €
Hotels (Preise für ein DZ)
€€€€ = über 250 €
€€€ = 150 – 250 €
€€ = 90 – 150 €
€ = bis 90 €

**Hinweis**
Gebührenpflichtige Servicenummern sind mit einem Stern gekennzeichnet: *0180....

Stimmungsvolles Abendessen auf der Piazza Santo Spirito

## TOUREN



## SEHENSWERTES VON A BIS Z

San Miniato al Monte



## PRAKTISCHE INFORMATIONEN



**Wundervolle Abendstimmung in der »Schönen am Arno«**

# HINTERGRUND

Wissenswertes über die herrliche Renaissancestadt am Arno im Herzen der Toskana, über Bevölkerung und Wirtschaft sowie zur Stadt- und Kunstgeschichte

# Wiege der Renaissance

**Florentia, Firenze, Florenz – welch blumiger Dreiklang für die Stadt mit der Lilie im Wappen, wo erstmalig in Europa nach dem düsteren Mittelalter die Wiedergeburt der Antike in Kunst und Wissenschaft gefeiert wurde.**

Zu den mit Blumen übersäten Wiesen am Arnoufer, die der Stadt schon in Römerzeiten zu ihrem Namen verhalfen, schauten die wenigsten Menschen hinüber. Der Fluss war Wirtschafts- und nicht Freizeitfaktor, das bemerkten bereits der Dichter Dante Alighieri und Giotto, der Dombaumeister, im 14. Jh., als in Florenz schon über 100 000 Menschen wohnten. Wie es sich für eine Stadt mit dem asketischen Schutzpatron Johannes dem Täufer gehört, war das Leben von harter Arbeit geprägt, bevor etliche Bürger durch **Tuchherstellung, Handel und Bankwesen** so wohlhabend geworden waren, dass sie sich ausschließlich den schönen Seiten des Lebens widmen konnten. Die Florentiner wagten als erste den Aufbruch aus dem dunklen, entbehrungsreichen Mittelalter zur Wiederbelebung der lichten, sinnenfrohen Geisteswelt der Antike. Diese **Renaissance**, die Wiedergeburt der Antike im 15. Jh., allerdings durchdrungen von christlicher Humanität, ist das eigentliche Faszinosum der kunstsinnigen und reichen Metropole am Arno, denn nirgendwo sonst wurde in so kurzer Zeit und in solcher Vielfalt die Neuentdeckung der Welt und des Menschen so revolutionär umgesetzt wie im bürgerlich-republikanischen Stadtstaat Florenz.

Romantisch: Ponte Vecchio

Während andernorts der Adel regierte und den Kunstgeschmack diktierte, setzten sich am Arno Kommissionen von Bürgern mit Kunstaufträgen auseinander. Sie ermöglichten so unterschiedlichen Bildhauern wie Donatello oder Michelangelo, Großbronzegießern wie Ghiberti oder Verrocchio, kühnen Baumeistern wie Brunelleschi, Michelozzo oder Alberti und dem als Wiederentdecker der Perspektive gefeierten Maler Masaccio sowie seinen Nachfolgern Ghirlandaio und Botticelli bis hin zum genialen Leonardo aus dem kleinen Ort Vinci, ihren Werken eine zuvor unbekannte, an der Natur geschulte Ausdruckssteigerung zu verleihen. Diese künstlerischen Grundlagen wurden von der Generation der Florentiner Manieristen ab 1520 weiter verfeinert und strahlten nach Europa aus, ganz abgesehen von den epochalen Leistungen des Literaten Niccolò Machiavelli und des Naturwissenschaftlers Galileo Galilei. Die Blütezeit des Florentiner Bürgerhumanismus im 15. und 16. Jh. war getragen von solider Handwerkstradition und kaufmännischer Weltoffenheit, gepaart mit Kunstverstand und Freigebigkeit bei den Eliten. Magistrat, Zünfte und reiches Patriziat, darunter die bekannte Herrscherfamilie der Medici, wetteiferten miteinander um die Verschönerung der Stadt durch die Künste, nicht ohne Hintergedanken an den eigenen Ruhm. Eile war geboten, denn Rom und Venedig verdrängten alsbald die Arno-Metropole vom ersten Rang.

**Stilvolles Café**

## FASZINIERENDES KULTURERBE

Das großartige **kulturelle Erbe der Renaissance** konnte glücklicherweise bewahrt werden und zieht bis heute Menschen aus der ganzen Welt an. Allem Schlangestehen zum Trotz begeistern sie sich am überwältigenden Bilderreigen in den Uffizien, bewundern sie den David und die Pietà von Michelangelo, bestaunen sie die Größe der Domkuppel und die wundervolle Paradiestür des Baptisteriums. Erleben auch Sie die klare Raumgestaltung von San Lorenzo und Santo Spirito, genießen Sie die zeitweilige Ruhe im Klosterhof und in den freskengeschmückten Zellen von San Marco, spazieren Sie auf den belebten Hauptplätzen oder im erholsamen Grün der Boboli-Gärten. Und wenn die Beine und Augen nach so viel Kunstgenuss müde geworden sind, gönnen Sie sich einen Caffè auf einer Piazza, ein Glas Chianti in einer Bar, einen rustikalen Imbiss im urigen Gewölbekeller oder einen Prosecco mit leckeren Antipasti im edlen Renaissancepalazzo. Das bringt den nötigen Schwung zum Besuch des Piazzale Michelangelo oder der noch etwas höher gelegenen Kirche San Miniato al Monte. Von dort gleitet der Blick talwärts auf das silbergraue Band des Arno mit seinen Brücken, auf die hohen Türme der Kirchen sowie auf die schmucken Paläste. In der Ferne, umrahmt von Zypressen und Pinien, erblickt man zahlreiche Villen und Fiesole an den Hängen des Apennin. Kurzum: Florenz ist durchaus ein Fest für die Sinne, jedoch ohne Überschwenglichkeit, wie es sich für eine stolze und vernunftgebietende **Kaufmannsstadt** gehört.

# Fakten

# Bevölkerung · Politik · Wirtschaft

**Florenz spielt zwar in der italienischen Wirtschaft keine herausragende Rolle, gehört aber zu den großen Kunststädten des Landes. Dadurch ist es eine enorme Attraktion für den Tourismus, der die Haupteinnahmequelle der Stadt bildet.**

## BEVÖLKERUNG

**Bevölkerungsentwicklung**

Der Aufstieg der Stadt von der Colonia Florentia, der römischen Veteranenkolonie, zum blühenden Florenz der Renaissance vollzog sich langsam. Um 1330 zählte die Stadt etwa 30 000 Einwohner. Diese Zahl stieg bis 1348 auf etwa 100 000. Das furchtbare **Pestjahr 1348** überlebte nur knapp die Hälfte der Bevölkerung, die Einwohnerzahl sank auf 40 000. Erst in der Mitte des 19. Jh.s stieg die Zahl auf 150 000 an und wuchs dann kontinuierlich. In den 1980er-Jahren begann die Einwohnerzahl durch Abwanderung und Geburtenrückgang zu sinken. Diesen Abwärtstrend haben in den letzten Jahrzehnten knapp 60 000 Zuwanderer gestoppt, die Einwohnerzahl beträgt nunmehr 380 000 Einwohner.

**Religion**

Die Florentiner sind zu 99 % römisch-katholisch. Die Stadt ist Sitz eines Erzbischofs, der traditionell vom Papst in den Kardinalsrang erhoben wird. Jedoch gibt es auch Kirchen anderer christlicher Glaubensgemeinschaften und eine Synagoge.

## VERWALTUNG

**Stadtbezirke**

Im Mittelalter war Florenz in vier Quartieri (Viertel) eingeteilt, die man nach den vier Stadttoren San Piero, Duomo oder Vescovo, San Pancrazio und Santa Maria nannte. Später wurden es sechs, sodass man von Sestieri sprach (San Piero, Duomo, San Pancrazio, San Piero a Scheraggio, Borgo, Oltrarno). Heute gliedert sich Florenz in **Quartieri**, die zumeist den Namen der dort liegenden Kirchen tragen, wie Santa Maria Novella, San Giovanni, Santa Croce, San Domenico und Santo Spirito. Hinzu kommen die Vororte links und rechts der großen Ausfallstraßen sowie auf den Hügeln San Miniato, Belvedere und Bellosguardo im Süden, zudem Careggi, Montughi, Fiesole und Settignano im Norden.

**Galleria degli Uffizi: eine der bedeutendsten Gemäldegalerien der Welt und ein Muss im Besuchsprogramm von Florenz**

# *Florenz auf einen Blick*

▶ Italienische Schreibweise:

## Firenze

Lage:
Toskana

Fläche:
**102 km²**
**Höchster Punkt: 70 m ü. d. M.**
**Tiefster Punkt: 49 m ü. d. M.**

Einwohner: **380 000**
Im Vergleich: Rom: 2,6 Mio.
Mailand: 1,2 Mio.

Bevölkerungsdichte:
**3589 Einwohner/km²**

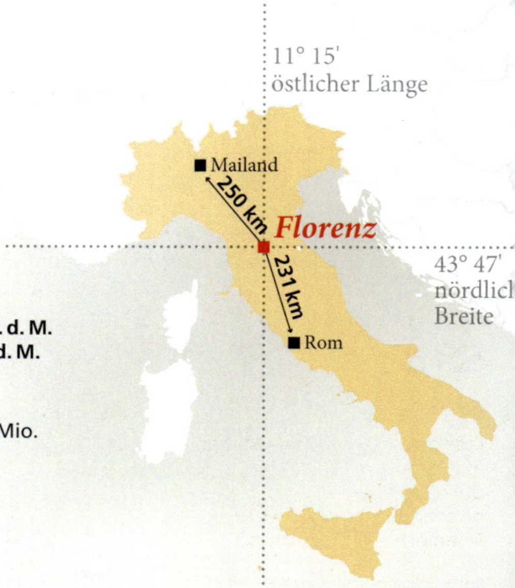


## ▶ Verwaltung

Hauptstadt der Region Toskana
Hauptort der Provinz Florenz
**Heutige Gliederung mit 5 Bezirken:**

A: Centro Storico
B: Campo di Marte
C: Gaviana-Galluzzo
D: Isolotto-Legnaia
E: Rifredi

**Traditionelle Stadtviertel**

1: Santa Maria Novella
2: San Giovanni
3: Santo Spirito
4: Santa Croce

## ▶ Wappen



Das Wappen von Florenz zeigt eine Lilie. Sie ist als »Florentiner Lilie« in der Kunst und in der Heraldik weit verbreitet und unterscheidet sich von klassischen Liliendarstellungen v.a durch die beiden Staubfäden (ital. daher »Giglio bottonato: geknospete Lilie«).

## Partnerstädte

- Kassel und Dresden
- Reims
- Sydney
- Kyōto
- Budapest
- Philadelphia
- Edinburgh

## Wirtschaft

Dienstleistungen, Bekleidungsindustrie (Firmensitz von Gucci), chemische und pharmazeutische Industrie, Feinmechanik, Tourismus

**mehr als 8 Mio. Übernachtungen jährlich**

## Klimastation Florenz

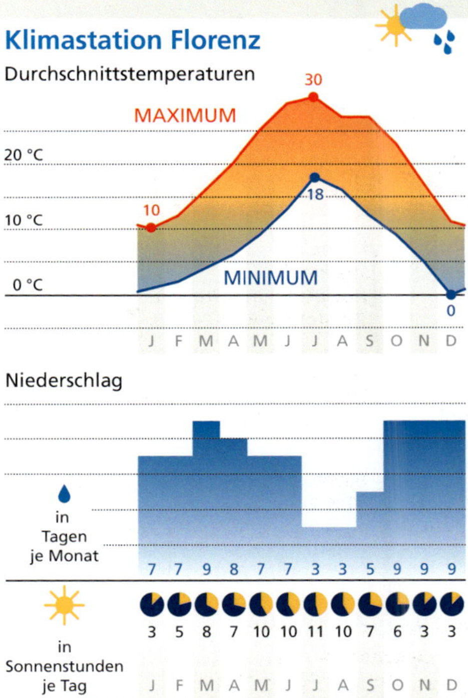


## Museen in Florenz

In Florenz gibt es über 70 Museen, mit Umland sogar 170. Zum Vergleich: Paris hat 140 Museen. Die vier bekanntesten mit Ihren berühmtesten Kunstwerken:

**Uffizien**

SANDRO BOTTICELLI: »PRIMAVERA (DIE GEBURT DER VENUS)«
FILIPPINO LIPPI: »MADONNA MIT KIND«
CIMABUE & GIOTTO
FRA ANGELICO
MASACCIO REMBRANDT
LEONARDO DA VINCI
PIERO DELLA FRANCESCA
MICHELANGELO
RAFFAEL TIZIAN

**Galleria dell'Accademia**

MICHELANGELO: »DAVID«, »DIE SKLAVEN«,
PERUGINO
FILIPPINO LIPPI
FRA BARTOLOMEO DELLA PORTA
GIOVANNI MASACCIO
ALESSANDRO ALLORI
SANTI DI TITO
LORENZO BARTOLINI
LUIGI PAMPALONI
TADDEO GADDI

**Museo Nazionale del Bargello**

DONATELLO: »MARZOCCO«
LUCA DELLA ROBBIA
MICHELANGELO: »BRUTUS«, »APOLLINO«, »TRUNKENER BACCHUS«
DONATELLO
VERROCCHIO
GIAMBOLOGNA
BACCIO BANDINELLI
FRANCESCO MOSCHINO
BENEDETTO DA MAIANO

**Palazzo Pitti**

TIZIAN: »BILDNIS DES TOMMASO MOTSI«
RAFFAEL: »MADONNA DELL' IMPANNATA«
CARAVAGGIO: »SCHLAFENDER AMOR«
PIETRO DA CORTONA
CIRO FERRI
ANDREA DEL SARTO
FRA BARTOLOMEO
RUBENS TINTORETTO
ANTONIO CANOVA

**Verwaltung** Die Comune di Firenze wird vom Palazzo Vecchio aus verwaltet – für diesen Namen statt »della Signoria« oder »Ducale« hat sich die Stadtbehörde entschieden. Wichtigstes kommunalpolitisches Organ ist der Stadtrat (consiglio comunale), der bei den alle fünf Jahre stattfindenden Kommunalwahlen gewählt wird. Er bestimmt den Bürgermeister (sindaco) und die für einzelne Ressorts wie Verkehr, Gesundheit und Schulen zuständigen Beigeordneten (assessori), die zusammen die Stadtregierung (giunta comunale) bilden. 1990 wurde Florenz in **fünf Verwaltungsbezirke** unterteilt: Centro Storico, Campo di Marte, Gaviana-Galluzzo, Isolotto-Legnaia und Rifredi.

## WIRTSCHAFT

**Keine internationale Stellung** Die Florentiner haben seit dem Mittelalter als tüchtige Handwerker, geschickte Kaufleute und ordentliche Verwalter ihrer Stadt stets den Wohlstand gesichert. Zeitweise beherrschten Florentiner Banken den Geldmarkt Europas und damit auch die europäische Politik. Die Herrscherfamilie von Florenz, die **Medici**, verdankte ihren Aufstieg dem Erfolg in Handels- und Bankgeschäften. Da es Florenz nicht gelang, den anderen italienischen Staaten, der Republik Venedig, dem Herzogtum Mailand, dem Kirchenstaat des Papstes und dem Königreich Neapel-Sizilien, an politischer Macht ebenbürtig zu werden, verlor es seinen wirtschaftlichen Rang, sodass es heute weder als Handels- noch als Bankenzentrum international hervorragt.

**Traditionelle Wirtschaftszweige** Reichtum erwarben sich die Florentiner im ausgehenden Mittelalter durch die Textilindustrie (Webereien, Färbereien, Schneidereien, Seidenhandel), die noch heute als **Bekleidungsindustrie** ein wichtiger Einkommenszweig ist. Das hoch entwickelte Handwerk (Keramik, Porzellan, Stickereien, Lederbearbeitung, Korbwaren) hat seine besonderen Traditionen bewahrt. Chemische und pharmazeutische Fabriken, feinmechanische Betriebe, der Antiquitätenhandel, Druckereien und Verlage stellen die meisten Arbeitsplätze. Auch die landwirtschaftlichen Erzeugnisse der Toskana werden vielfach in Florenz weiterverarbeitet.

**Dienstleistungssektor** Von größter Bedeutung ist für Florenz heute der Dienstleistungssektor, in dem mehr als zwei Drittel der Beschäftigten arbeiten. Zahlreiche Banken haben in der Stadt ihren Sitz. Ihre Modemessen (z. B. Pitti Immagine) sind weltberühmt, und ihre Antiquitäten-, Medizin- und Handwerksmessen bilden Anziehungspunkte für in- und ausländische Besucher. Da in Florenz – als Hauptstadt der Region Toskana und Hauptort der Provinz Florenz – auch die Verwaltungen der Region, der Provinz und der Kommune ihren Sitz haben, ist die Verwaltung ein wichtiger Arbeitgeber für die Stadt.

**Ohne Tourismus wäre Florenz arm dran.**

Hauptwirtschaftszweig ist jedoch der **Tourismus** mit allen seinen Vor- und Nachteilen. Jährlich besuchen ca. 8 Mio. Übernachtungstouristen und unzählige Tagesgäste die Renaissancestadt. Bei den jährlichen Besucherzahlen liegen die Deutschen mit ca. 270 000 an dritter Stelle nach den USA und Frankreich. Zwar kommen viele nur für einen Eintagesausflug nach Florenz, doch droht die Stadt am Besucherstrom zu ersticken. In der Hauptreisezeit im Sommer sowie zu den hohen kirchlichen Feiertagen ist Florenz restlos ausgebucht, der Besucher muss dann mit langen Wartezeiten vor Museen und anderen Sehenswürdigkeiten rechnen.
Das hat Florenz nicht nur für Touristen, sondern auch für die Einheimischen zu einer der teuersten Städte Italiens werden lassen. Die italienische Wirtschaftskrise der letzten Jahre hat allerdings dazu geführt, dass die Immobilienpreise auch in Florenz stark gesunken sind und der Einkauf auf Stadtteilmärkten und Discountläden zugenommen hat. Die Konkurrenz durch die Buchungsportale sowie das wachsende Angebot an B & B-Unterkünften hat die Hotelpreise stark diversifiziert, was dem Touristen zugute kommt, der die hohen Preise der vielen Luxushotels nicht bezahlen möchte.

# Willkommen im Alltag!

**Florenz tatsächlich einmal abseits der Touristenströme erleben, ganz »nomale« Leute treffen oder den Einwohnern privat begegnen – hier einige Tipps.**

## MALEN UND RESTAURIEREN

Kaum eine Stadt animiert derart, sich mit traditionellen handwerklichen Techniken zu beschäftigen wie Florenz. Die renommierte Florentiner Restaurierungsschule Istituto per l' Arte e il Restauro Spinelli bietet im Juli und September mehrwöchige Sommerkurse an, in denen man in die Techniken des Malens, der Freskierung, der Wandmalerei, des Vergoldens sowie der Restaurierung von Kunstwerken, Skulpturen und Keramik eingeführt wird. Einen nachmittäglichen Italienischkurs kann man gleich mitbuchen.

*Via Maggio 13, Tel. 055 282951*
*www.palazzospinelli.org*

## »BROT, WEIN UND SPRACHE« ...

... so heißt der zweiwöchige Kurs, den das Sprachzentrum Koinè in Florenz anbietet. Vormittags wird Italienisch gelernt, und nachmittags wird Italienisch gesprochen beim gemeinsamen Kochen, bei Weinproben und beim Marktbesuch. Den nachmittäglichen Kochunterricht, die Weinverkostungen und kulinarischen Ausflüge kann man auch getrennt vom Sprachunterricht buchen.

*Borgo Santa Croce 17*
*Tel. in Deutschland 09473 95 15 50*
*www.koine-italienischkurse.de*

## ALLTÄGLICHER MARKT

Auf eigene Faust sollte man den Mercato Sant' Ambrogio besuchen, den Vormittagsmarkt mit Obst, Gemüse, Hülsenfrüchten, Fleisch, Fisch, frischem Brot und Kräutern auf der Piazza Ghiberti/ Via de' Macci. Hier kaufen vor allem die Einheimischen ein, sodass man etwas von ihrem Alltag miterleben kann.

*Mo. – Sa. 7.00 – 14.00 Uhr*

## WOHNEN BEI EINHEIMISCHEN

Beim Couchsurfing darf man gratis auf dem Gästesofa übernachten. Auf dem Internetportal www.couchsurfing.org sind für Florenz und Provinz immerhin über 4000 Gastgeber registriert.

*www.mwzflorence.com.*
*www.couchsurfing.org*

## LEDERHANDWERK

Die Herstellung von Taschen, Geldbörsen, Gürteln, Jacken aus Leder gehört seit jeher zu den klassischen Handwerkskünsten in Florenz. Der große Ledermarkt San Lorenzo bezeugt das, aber wohl noch besser die Produkte der alteingesessenen Lederschule neben der Kirche Santa Croce. Die Scuola del Cuoio bietet halbtägige Schnupperkurse, in denen man sich seinen eigenen Ledergürtel oder die eigene Tasche fertigen kann.

*Piazza Santa Croce 16*
*Tel. 055 24 45 33/4*
*www.scuoladelcuoio.com*

# Stadtgeschichte

# Von der Veteranenkolonie zur glanzvollen Kunststadt

**Aus der römischen Veteranenkolonie am Arno entwickelt sich im Lauf der Zeit eine der geschäftigsten und wohlhabendsten Bank- und Tuchhandelsstädte des Mittelalters. Im 15./16. Jh. strahlen die bahnbrechenden Neuerungen auf allen Gebieten der Kunst sowie Ruhm und Glanz der Familie Medici nach ganz Europa aus, wovon Florenz bis heute zehrt.**

## ANFÄNGE DER ARNOSTADT

| | |
|---|---|
| **59 v. Chr.** | Gründung als römische Veteranenkolonie |
| **4. Jh.** | Kirche San Lorenzo ist erster Bischofssitz. |
| **ab 568** | Langobardenherzöge regieren die Toskana. |

**59 v. Chr.: Stadtgründung**

Die Hügellandschaft um Florenz ist altes Siedlungs- und Kulturgebiet. Florenz selbst ist allerdings erst unter Caesar um 59 v. Chr. in der Nachfolge des zerstörten Fiesole als römische Veteranenkolonie im zunächst noch sumpfigen, aber fruchtbaren Arnotal mit dem Namen **»ager florentinus«** gegründet worden. Der »aufblühende Ort« liegt im Schnittpunkt dreier wichtiger Verkehrsachsen: der Via Cassia von Rom nach Fiesole, der Via Pisana von Pisa nach Spina und der Volterrana von Volterra nach Fiesole.
Die archäologischen Funde aus römischer Zeit, meist aus dem 3. Jh. n. Chr., geben ein ungefähres Bild von Florentia: Auf dem ummauerten Grundriss eines Rechtecks befinden sich etwa mittig das Forum – auf dem Gelände der heutigen Piazza della Repubblica – mit Tempel und Thermenanlagen sowie ein Theater in der Nähe des heutigen Palazzo Vecchio. Die rechtwinklig verlaufenden Straßenzüge, die die Insulae, die Wohnblocks, markiert haben, sind im Zentrum heute noch zu erkennen. Wollhandel, Flößerei und Militärdienst bilden die Haupteinkunftsquellen der Bewohner. Unter den Kaisern Aurelian und Diokletian ist Florentia Sitz des Gouverneurs der Toskana und Umbriens.

**2.–4. Jh. n. Chr.**

Ab dem 2. Jh. wird das Christentum von Händlern aus dem östlichen Mittelmeerraum, vor allem von Syrern, nach Florentia gebracht. Um 250 erleidet der **hl. Minias** (San Miniato) auf einem Hügel außerhalb

**Palazzo Pitti: In den prachtvollen Appartamenti Reali wohnten einst die italienischen Könige.**

der Stadt das Martyrium; über seinem Grab wird später die Kirche San Miniato al Monte errichtet. Im 4. Jh. avanciert die Stadt zum Bischofssitz, und die Kirche San Lorenzo wird 393 vom hl. Ambrosius zur Kathedrale geweiht. Im Jahr 412 ist der hl. Zenobius, ein späterer Stadtpatron, als Bischof bezeugt.

**5./6. Jh.: Völkerwanderungszeit** In der Völkerwanderungszeit erlebt Florentia eine Periode des Niedergangs. Es ist durch seine ungeschützte Lage im Tal feindlichen Angriffen stärker ausgesetzt als die Höhenorte. Florentia wird vor allem von **Goten und Byzantinern** geplündert und zerstört, sodass im 6. Jh. das Stadtgebiet nur noch etwa ein Drittel der römischen Siedlung umfasst und lediglich rund 1000 Einwohner hier leben.
Mit der **Herrschaft der Langobarden**, die das Herzogtum Tuscia gründen, bricht ab 568 eine friedvollere Zeit an. In Florenz werden angeblich zehn neue Kirchen gebaut, allerdings verliert die Arnostadt ihre führende Stellung zunächst an Lucca und Pisa als neue Residenzen des Langobardenherzogs.

## MITTELALTERLICHE ADELSHERRSCHAFT

| | |
|---|---|
| **ab 774** | Florenz ist Teil der fränkischen Markgrafschaft Tuscia. |
| **1055** | Verleihung autonomer Stadtrechte |
| **1250** | Patrizierregierung löst endgültig die Adelsherrschaft ab. |

**Ab 774: Frankenherrschaft** **Karl der Große** unterwirft 774 den Langobardenkönig Desiderius und macht Tuscia zur fränkischen Markgrafschaft. Florenz erhält einen neuen Mauerring bis zum Arno. Durch den allmählichen Wirtschaftsaufschwung steigt die Einwohnerzahl auf 15 000. Unter **Kaiser Lothar I.** werden 854 die Grafschaften Florenz und Fiesole vereinigt, was der Arnostadt größere wirtschaftliche Macht bringt.

**Um 1000** Um 1000 verlegt **Markgraf Hugo** seine Residenz von Lucca nach Florenz. Seine Wappenfarben Weiß und Rot werden die Stadtfarben. Zur Zeit Kaiser Heinrichs III. erlangt 1055 Florenz die **Reichsunmittelbarkeit** und kann sich als autonome Kommune bis 1125 ein eigenes Territorium schaffen, indem umliegende Castelli und die Nachbarstadt Prato gewaltsam einverleibt werden sowie die Konkurrentin Fiesole zerstört wird. Nachdem 1177 die Patrizier an der Stadtregierung stärker beteiligt werden, beginnt der Aufstieg zur wichtigsten Handels-

**? BAEDEKER WISSEN**

*Stadtwappen*

Die Lilie im Stadtwappen von Florenz geht wahrscheinlich auf die blühenden Felder, die Campi fiorentini, jene mit Lilien übersäten Auenwiesen am Arno, zurück. Sie verband sich mit den rotweißen Wappenfarben der Markgrafen von Tuszien (Toskana) zur roten Lilie auf weißem Feld.

und Bankenmetropole Mittelitaliens. Konflikte zwischen den einflussreichen Geschlechtern führen ab 1215 zur innenpolitischen Destabilisierung und Teilung der Einwohnerschaft in zwei Lager, die unter dem Deckmantel vermeintlich übergeordneter Interessen als kaisertreue Ghibellinen und papsttreue Guelfen um die Führungsrolle in der Stadtregierung kämpfen.

Schließlich kommt es nach einem Volksaufstand 1250 zur ersten bürgerlichen Regierung ohne Guelfen und Ghibellinen, sodass fortan ein **Capitano del Popolo** (»Stadthauptmann«) die Regierungsgeschäfte mit den Räten führt. Der Adel muss sogar die Türme seiner wehrhaften Paläste auf eine bestimmte Höhe abtragen. Wirtschaftlich gestärkt, beginnt die Kommune 1252 mit der Prägung eines Golddukatens, dem bald in ganz Europa verbreiteten **Florenus** (Florentiner)– daher die Abkürzung fl. für Gulden. Außerdem werden die schon länger bestehenden Zünfte ab 1266 neu organisiert.

**1250: Erste Verfassung**

## STADTREGIMENT IN BÜRGERHAND

| | |
|---|---|
| **1293** | Die neunköpfige Signoria regiert fortan die Stadtrepublik. |
| **1348** | Die große Pestepidemie halbiert die Einwohnerschaft. |
| **1378** | Soziale Unzufriedenheit führt zum Ciompi-Aufstand. |
| **1406** | Der Erwerb von Pisa und Livorno macht Florenz zur internationalen Handelsstadt. |

Wiederaufflammende Kämpfe zwischen Ghibellinen und Guelfen führen schließlich 1282 zu einer geänderten **Stadtverfassung**, die erstmals den Vorstehern (Priori) der sieben wichtigsten Zünfte, die durch Bank- und Handelsgeschäfte zu Reichtum gekommen waren, in der Stadtregierung (Priorat) entscheidenden politischen Einfluss verleiht. Einige Jahre später wird die bäuerliche Leibeigenschaft aufgehoben, um mehr billige Arbeitskräfte für die Tuchherstellung anzuwerben. Seit 1293 sind die Ordinamenti della Giustizia, kommunale Rechtsgrundsätze, die Basis für eine von den Zünften getragene kaufmännisch-bürgerliche Stadtregierung. Diese besteht aus einem durch Los- und Wahlverfahren mit Rotation bestimmten Kollegium, der Signoria, von acht Prioren und dem Gonfaloniere della Giustizia, dem Bannerträger der Gerechtigkeit, die bis zum Beginn der Herrschaft der Medici 1532 Bestand hat. Der Rathausplatz heißt deshalb heute noch Piazza della Signoria.

**1282 – 1293: Konsolidierung der bürgerlich-republikanischen Regierung**

Das Amt des Capitano del Popolo, auch Podestà genannt, bleibt als oberste Polizeibehörde erhalten in einem später als »Bargello« bezeichneten Palast, was soviel wie Amtsbüttel bedeutet. Die Kommune ist mittlerweise auf 100 000 Einwohner angewachsen und zeigt sich selbstbewusst in neuen Bauten. Eine fünfmal größere **Stadt-**

**mauer** entsteht, der mächtige Kommunalpalast, der Palazzo dei Priori, später Palazzo Vecchio genannt, wird errichtet und der große Dombau in Angriff genommen.

Im 14. Jh. erlebt die Stadt eine Reihe von politischen Niederlagen, Katastrophen und wirtschaftlichen Einbußen: Schlachten gegen Pisa und Lucca gehen verloren, eine **Arno-Überschwemmung 1333** zerstört viele Brücken und Bauwerke, Hungersnöte brechen aus, mehrere Pestepidemien dezimieren die Bevölkerung, und einige Großbanken gehen bankrott.

Wirtschaftliche Schwierigkeiten, Schwächung des Großbürgertums und Unzufriedenheit über das fehlende politische Mitspracherecht führen zum **Aufstand der Ciompi** (1378), wie die Wollschläger wegen ihrer Drecksarbeit genannt werden, die eine kurze Regierung des einfachen Volkes und der niederen Zünfte bewirken. Die oberen Zünfte der wohlhabenden Kaufleute setzen sich jedoch erfolgreich zur Wehr und legen in der **neuen Verfassung** von 1380 die politische Vormachtstellung der oberen Zünfte ein für allemal fest. Wenige reiche Familien wie die Albizzi, Peruzzi, Capponi, Soderini, Rucellai und Strozzi lenken fortan die Geschicke der Stadt.

Während des Krieges gegen das ebenfalls mächtige Mailand kommt es zwischen 1389 und 1402 wiederholt zu **Alleinherrschaften einzelner Familien**. Die Eroberung von Florenz wird nur durch den plötzlichen Tod des mailändischen Herzogs Gian Galeazzo Visconti gerade noch verhindert. Erst danach kann sich die ganze Kraft des Florentiner Bürgerhumanismus in der Epoche der Frührenaissance entfalten. Außerdem baut Florenz durch die Unterwerfung Pisas (1406) und den Erwerb der Häfen Livorno und Portopisano seine Vormachtstellung in der Toskana aus und verschafft sich Zugang zu den internationalen Märkten.

## STADTREPUBLIK UNTER DEN MEDICI

| | |
|---|---|
| **ab 1434** | Beginn der politischen Vorherrschaft der Medici |
| **1436** | Domweihe durch Papst Eugen IV. |
| **1478** | Attentat auf Lorenzo den Prächtigen und seinen Bruder |
| **1494** | Vertreibung der Medici und vierjähriger Gottesstaat unter dem Dominikaner Savonarola |
| **1512** | Rückkehr der Medici als Stadtherren |

**Aufstieg der Medici**

In Zeiten politischen Wandels haben auch Aufsteigerfamilien wie die Medici ihre Chancen, die vermutlich dem Apotheker- und Ärztestand entstammen. Ende des 14. Jh.s sind die Medici auch in Bankgeschäften zunehmend erfolgreich, sodass Giovanni d' Averardo de' Medici, genannt **Giovanni di Bicci**, 1397 den Hauptsitz der Bank seines Onkels nach Florenz verlegt, weitere Niederlassungen gründet und als Krönung seiner Laufbahn zum Bankier der Päpste ernannt wird, die 1417 endgültig aus dem Exil in Avignon nach Rom zurückkehren.

**1434 – 1464: Cosimo der Ältere**

Sein Sohn Cosimo de' Medici, später »il Vecchio« (»der Alte«) genannt, erbt 1429 den väterliche Besitz und sichert geschickt sein Vermögen, was Neider auf den Plan ruft. In der Schlacht von San Romano besiegen zwar 1432 Florentiner Truppen ein sienesisch-mailändisches Heer, aber nach dem verlorenen Krieg gegen Lucca lässt die Albizzi-hörige Oligarchie Cosimo den Älteren 1433 gefangensetzen und für zehn Jahre aus der Stadt verbannen. Nachdem aber Rinaldo degli Albizzi als Gonfaloniere nicht wiedergewählt wird, rufen die Oligarchen bereits 1434 den vom Papst protegierten Cosimo zurück. Äußerlich achtet er zwar die republikanischen Institutionen, de facto regiert er jedoch als Alleinherrscher. Seine Widersacher lässt er verbannen und bringt seine Anhänger in Regierungsämter. Der von den Albizzi angestachelte **Krieg Mailands gegen die Stadt** endet 1440 in der Schlacht von Anghiari mit dem Sieg der Florentiner. In der Folgezeit wird Venedig in politischer und wirtschaftlicher Hinsicht zur neuen Konkurrentin, während es gegenüber Mailand zum Ausgleich kommt, als der Söldnerführer Francesco Sforza nach dem Frieden von Lodi 1454 dort die Herrschaft übernimmt. Cosimo der Ältere zeigt sich in seiner Heimatstadt Florenz äußerst spendabel, fördert die Künste und Wissenschaften, finanziert Kirchenbauten und lässt einen imposanten Familienpalast errichten. Er gründet die Platonische Akademie unter Leitung des Philosophen Marsilio Ficino als Ausbildungsstätte und die berühmte Medici-Bibliothek (heute: Biblioteca Medicea Laurenziana), sodass er bei seinem Tod als »pater patriae« verehrt wird.

> **?** WISSEN
>
> *Mysteriöse Kugeln*
>
> Die Kugeln (»palle«) im Medici-Wappen symbolisieren vielleicht Geld, aber wohl eher Pillen, denn der Name des Geschlechts bedeutet »Ärzte«. Die Schutzheiligen der Medici waren die beiden Ärzte Cosmas und Damian.

**1464 – 1469: Piero de' Medici**

Gegen den schwachen Piero de' Medici, »il Gottoso« (»der Gichtige«) genannt, den Sohn von Cosimo, verbünden sich einige Patrizier aus Revanche für ihre Entmachtung unter seinem Vater in der Poggio-Partei. Mit Hilfe seines Sohnes Lorenzo und von Mailand kann Piero die Verbündeten 1466 besiegen. Nach der erneuten Erhebung der Poggio mit Unterstützung Venedigs kommt es zwei Jahre später zur Schlacht von Imola, die unentschieden ausgeht.

**1469 – 1492: Lorenzo de' Medici, der Prächtige**

Unter der Regierung Lorenzos des Prächtigen (Il Magnifico), der die republikanische Regierungsform weiter pflegt trotz seiner Rolle als Stadtherr, erlebt **Florenz seine höchste wirtschaftliche und kulturelle Blüte**. Als Unternehmer ist Lorenzo allerdings weniger erfolgreich. Mangelnde Koordination und Misswirtschaft schwächen die Medici-Bank. Zwei Angehörige der Bankiersfamilie de' Pazzi verüben 1478 mit Billigung des Papstes im Dom ein Attentat auf Giuliano und Lorenzo de' Medici. Nur Lorenzo kann leicht verletzt entkommen. Nachdem die Verschwörer verhaftet und gehängt worden sind, nimmt die Stellung Lorenzos fast monarchische Züge an. Der Ruhm seiner Familie ist ihm genauso wichtig wie die Präsenz von Florenz auf der europäischen politischen Bühne. Es gelingt ihm unter internationaler Anerkennung, einige Konflikte zwischen konkurrierenden italienischen Staaten auf diplomatischem Weg friedlich zu lösen.

**1492 – 1498: Piero II. de' Medici, Savonarola**

Nach dem Tod Lorenzos übt sein Sohn Piero II. de' Medici sehr selbstherrlich die Macht in der Stadt aus. Seine eigenmächtigen Verhandlungen mit dem 1494 in Italien eingefallenen Gegner Karl VIII. von Frankreich führen zu Pieros Sturz und letzlich zur Vertreibung der Medici.

Erschwert wird die Lage zudem durch das Auftreten des Dominikaners Fra Girolamo Savonarola, der ein asketisches Leben in Buße predigt sowie religiöse und politische Reformen fordert, wodurch er in mittleren und unteren Gesellschaftsschichten Zulauf erhält. In den folgenden vier Jahren errichtet der Mönch einen zunehmend autoritär geführten **Gottesstaat**, der schließlich auch in Kirchenkreisen zur Ablehnung führt. Als sich Savonarola gegen den römischen Papst stellt, wird er auf Betreiben Papst Alexanders VI. 1498 gefangen gesetzt und schließlich öffentlich hingerichtet.

**Verbrennung Savonarolas 1498 auf der Piazza della Signoria**

**502 – 1512: epublik nter oderini**

Das nachfolgende republikanische Stadtregiment unter Pietro Soderini ist so erfolgreich, dass eine Verfassungsänderung (1502) ihn zum Stadtherrn (gonfaloniere) auf Lebenszeit macht. Aber er kann auf Dauer die Rückkehr der Medici nicht verhindern. Deren europaweite Beziehungen und ihr Rückhalt in der heimatlichen Oligarchenopposition führen dazu, dass 1512 mit Hilfe des Papstes Julius II. der Sohn Lorenzos des Prächtigen, Giovanni de' Medici, ab 1513 als Leo X. selbst Papst, die Stadtherrschaft zurückgewinnen kann.

**512: ückkehr der Medici**

Die republikanische Regierungsform wird abgeschafft. Der junge **Lorenzo II. de' Medici**, der unter der Vormundschaft seines Onkels Giulio de' Medici steht, übernimmt die Herrschaft. Der frühe Tod von Lorenzo 1519 und die anschließende Übernahme des Regiments durch Giulio verhindern einen Aufstand gegen die Herrscherfamilie. Auch nach seiner Wahl zum Papst 1523 als Klemens VII. behält Giulio die gemäßigte Herrschaft über Florenz bei, die von seinem Stellvertreter Kardinal Passerini ausgeübt wird. Nach einem Aufstand der Opposition 1527 muß Passerini jedoch die Stadt verlassen.

**1527 – 1530: Kurzlebige Republik**

Die neu gebildete republikanische Regierung schließt eine Allianz mit Frankreich. Als König Franz I. im Konflikt mit Kaiser Karl V. seine italienischen Verbündeten aufgibt, ist Florenz isoliert. 1529 wird die Stadt von kaiserlichen Truppen besetzt und verliert im folgenden Jahr ihren Status als Republik.

## RESIDENZ DER GROSSHERZÖGE

| | |
|---|---|
| **1532** | Alessandro de' Medici wird Herzog von Florenz. |
| **1569** | Ernennung Cosimos I. zum Großherzog von Toskana |
| **1737** | Mit dem Tod Gian Gastones erlischt die Medicidynastie. |

**1532 – 1537: Alessandro de' Medici**

Fortan wird Florenz zur **Festung und Residenz der Medici-Fürsten** ausgebaut und von einem absolutistischen Regiment gelenkt, das keine erneute Wirtschafts- und Kunstblüte bewirken kann. Kaiser Karl V. ernennt Alessandro de' Medici, den letzten Sprössling der bürgerlichen Medici, zum Regenten und 1532 zum Herzog von Florenz. Er heiratet 1536 Margherita von Österreich-Parma, eine Tochter Kaiser Karls V. Alessandro macht sich jedoch durch seine tyrannische Herrschaft äußerst unbeliebt, sodass er 1537 von seinem Berater Lorenzino de' Medici ermordet wird.

**1537 – 1587: Cosimo I. de' Medici**

Nunmehr wird Cosimo de' Medici, der Nachkomme einer Seitenlinie als Sohn des Söldnerführers Giovanni delle Bande Nere, zum Regenten ernannt. Er schlägt den gegen ihn gerichteten Aufstand der republikanischen Emigranten nieder und regiert vom Palazzo della Sigria

# Kunst und Kommerz

*Die Medici – dieser Name steht für Renaissancekunst und Mäzenatentum, aber auch für unermesslichen Reichtum und Geldgeschäfte im großen Stil. Ihr Aufstieg vollzog sich innerhalb eines Jahrhunderts, dem für Florenz so glorreichen Quattrocento.*

Den Grundstock zum Reichtum der Familie legte **Giovanni di Bicci de Medici** († 1429), indem er während der Kirchenspaltung von 1378 die Päpste in Rom reichlich mit Krediten versorgte. Als die Tiber-Stadt nach dem Ende des Schismas zur päpstlichen Residenz ausgebaut wurde, waren die Medici als Papstbankiers bereits gut eingeführt, und der junge **Cosimo**, später der Alte genannt, konnte weiterhin glänzende Geschäfte verbuchen. Die römische Filiale des Bankhauses erwirtschaftete damals mehr als die Hälfte aller mediceischen Bankgewinne. Dabei kamen die Medici mit wenig Eigenkapital aus, denn die Einlagen der Kurialen waren hoch genug, um mit diesem Fremdkapital im Kreditgeschäft Renditen bis zu 20 % zu erzielen. In vielen Städten gab es Filialen: in Venedig vor allem für den Orienthandel, in Brügge für den Nordeuropahandel, in Genf für den Handel mit Mitteleuropa, in London für den englischen Hof und den Wollhandel sowie in Mailand und Neapel. Zudem besaßen die Medici das Monopol für Alaun, handelten mit Wolle und Seide und vertrieben außerdem Luxusartikel.

## Bankgeschäfte

Ihre Geschäftsbücher von 1397 bis 1420 belegen Steigerungen der Reingewinne von jährlich 5000 Goldflorin – multipliziert mit 100 ergibt sich der heutige Goldwert in Euro. Als Cosimo der Alte die Unternehmensleitung übernahm, wurden bis zum Jahr 1434 Zuwächse von über 8000 Goldflorin erreicht, später waren es sogar rund 13 000 Goldflorin pro Jahr. Der im Schenken großzügige, im Verleihen von Geld aber vorsichtige Cosimo achtete auf die Bonität der Kunden, die in der Regel der Kurie oder den Fürstenhäusern angehörten und zugleich den politischen Einfluss der Medici mehrten. Zudem ernannte er nur hervorragende Bankkaufleute zu Filialleitern und reinvestierte den größten Teil der Gewinne. Im Gegensatz dazu kümmerte sich sein Enkel **Lorenzo il Magnifico** wenig ums Geschäft und lebte gern über seine Verhältnisse, sodass das Bankhaus bei seinem Tod 1492 fast vor dem Bankrott stand. Die Vormachtstellung der Medici aber war durch die internationalen Verbindungen so gestärkt, dass sie trotz kurzer Vertreibung ab 1513 mit Unterstützung der Päpste die Geschicke der Stadt wieder lenken durften.

## Mäzenatentum

Das wohlhabende Florentiner Großbürgertum legte einen beträchtlichen Teil seiner Vermögen in Stiftungen an. So ließ auch Giovanni Tornabuoni, Leiter der Medici-Bankfiliale in Rom, »als einen Akt der Ehrfurcht und der Liebe zu

In Botticellis »Anbetung der Könige« haben sich einige Mitglieder der mächtigen Medici abbilden lassen.

Gott sowie zur Lobpreisung seines Hauses und seiner Familie« von Domenico Ghirlandaio die Hauptchorkapelle von **Santa Maria Novella** mit wunderschönen Fresken ausschmücken. Welche Dimensionen diese Form der Öffentlichkeitsarbeit annahm, lässt sich den Aufstellungen Lorenzos des Prächtigen entnehmen, der nach Durchsicht der Medici-Geschäftsbücher von 1434 bis 1471 errechnete, dass seine Familie in diesem Zeitraum für Almosen, Stiftungen und Steuern rund 664 000 Goldflorin ausgegeben hatte. Das entsprach durchschnittlichen Ausgaben pro Jahr von rund 18 000 Goldflorin, die durch jährliche Unternehmensgewinne von rund 13 000 Goldflorin nicht gedeckt waren, allenfalls durch Grundbesitz. Warum aber dann diese immensen Ausgaben? Zum einen stiftete man zur Beruhigung des schlechten Gewissens, denn Kreditgeschäfte waren anrüchig und von der Kirche geächtet. Durch frommes Mäzenatentum kam ihr das Geld jedoch zugute und sie billigte die Geschäftspraktiken indirekt, indem sie die Stiftungen annahm. Mit der Auswahl der zu unterstützenden Objekte und der Künstler bewiesen die Patrizier zugleich ihre Bildung, tugendhafte Gesinnung und den kultivierten Gebrauch des erworbenen Vermögens. Zudem diente die Freigebigkeit politischen Zwecken, denn die zahlreichen großen Privataufträge schufen Arbeitsplätze, waren sichtbarer Nachweis der wirtschaftlichen Leistungskraft der Familien und brachten ihnen Wählerstimmen für kommunale Ämter. Wichtig war auch die Einsicht, dass nicht die Menschen selbst, wohl aber ihre gestifteten Kunstwerke die Zeit überdauern und den Ruhm der Familie mehren würden.

Wie subtil man Religiosität einerseits und Wohlstand und politische

Macht andrerseits in Bildwerken zur Schau stellen konnte, vermag die **Sassetti-Kapelle** in der **Kirche Santa Trinità** zu verdeutlichen. Francesco Sassetti war als Filialleiter der Medici-Bank in Lyon zu Wohlstand gelangt und beriet seit 1469 den jungen Lorenzo de' Medici. In der Nebenchorkapelle von Santa Trinità ließ er seinen sozialen Aufstieg und die engen Kontakte zur Medici-Familie darstellen. Die Bestätigung der Franziskaner-Ordensregel durch Papst Honorius III. im Jahr 1223 ist dabei in das politische Zentrum des zeitgenössischen Florenz verlegt.

Im Vordergrund treten die Familien Sassetti und Medici als Zuschauer auf. Nahe dem päpstlichen Thron erscheinen als Zuschauer rechts der kahlköpfige Francesco Sassetti mit seinem Sohn Federico, neben ihm der dunkelhaarige Lorenzo de' Medici sowie der altersgraue Antonio Pucci, ein Sassetti-Verwandter und Parteigänger der Medici. Auf der linken Seite gegenüber stehen Sassettis drei Söhne Teodore I., Cosimo und Galeazzo. Die Kinder Lorenzos des Prächtigen sind dargestellt, wie sie, angeführt von ihrem Erzieher, eine Treppe heraufsteigen: zunächst der kleine Giuliano, dann Piero und schließlich Giovanni, gefolgt von dem Lehrer Matteo Franco und dem Dichter Luigi Pulci. Interessant ist, dass nicht das Domviertel als Handlungsort gewählt wurde, sondern das politische Zentrum von Florenz, ein deutlicher Hinweis, dass es Sassetti mehr um eine Demonstration von Macht als um die Darstellung des Franz von Assisi ging.

## Repräsentation in der Kunst

Dass es die bürgerlichen Medici um die Mitte des 15. Jh.s bereits zu fürstlichem Ansehen gebracht hatten, macht u. a. der **»Zug der Heiligen Drei Könige«** in der Privatkapelle des Medici-Palastes deutlich, den **Benozzo Gozzoli** 1459/1460 malte, der dabei die Familie in den Rang von Königen erhob. Bezug genommen wird in dem monumentalen Wandgemälde auf drei glanzvolle Ereignisse in Florenz unter maßgeblicher Beteiligung der Medici: das Konzil zur Vereinigung von Ost- und Westkirche 1439 sowie das große Fest für Papst Pius II. und Herzog Galeazzo Sforza 1459 und die Prozessionen der Bruderschaft der Hll. Drei Könige.

Ein weiterer Beleg des monarchischen Anspruchs der Medici ist die Altartafel mit der **»Anbetung der Könige«** (um 1475) in den Uffizien, auf der **Sandro Botticelli** die Florentiner Oberschicht verewigt hat. Zwar sind die Könige als Porträts von Cosimo dem Älteren mit seinen Söhnen Giovanni und Piero der Heiligen Familie untergeordnet, aber sie sind dennoch in die Bildmitte gesetzt. An den Seiten erscheinen die jüngeren Medici, Cosimos Enkel, der nachdenkliche, dunkel gekleidete **Lorenzo** und sein lebensfroher, in leuchtende Gewänder gekleidete Bruder **Giuliano**, der bei der Pazzi-Verschwörung 1478 ermordet wurde. Das religiöse Bildthema tritt in den Hintergrund und wird zum Vorwand genommen für prachtvolle Repräsentation der machtbewussten Medici und ihrer Anhänger.

aus seinen absolutistischen Fürstenstaat. Wie bei seinen Vorgängern sollen die Künste seiner Macht sichtbaren Ausdruck verleihen. So werden die Innenräume des Regierungspalastes neu dekoriert und mit dem Bau der Uffizien als Behördensitz begonnen. Seine Gattin Eleonora von Toledo verwandelt den **Palazzo Pitti** in einen prächtigen Palast als Residenz künftiger Medici-Fürsten. Von 1554 bis 1555 erobert Cosimo Siena und erweitert damit seinen Machtbereich. Nach dem Tod seiner Tochter, zweier Söhne sowie seiner Gattin beteiligt Cosimo im Jahr 1562 seinen Sohn Francesco an der Regentschaft. Es gelingt ihm, Francesco mit Johanna von Österreich, der Tochter Kaiser Ferdinands, zu verheiraten (1565). Dazu wird der **Palazzo Vecchio** ausgeschmückt und der Vasari-Gang gebaut. Cosimos größter Triumph ist jedoch die **Ernennung zum Großherzog** 1569 durch Papst Pius V., die im darauffolgenden Jahr in der Peterskirche in Rom erfolgt. Die Regierung (1574 – 1587) des an Kunst und Naturwissenschaft interessierten Großherzogs **Francesco I.** ist dagegen schwach. Nach dem Tod seiner Frau heiratet er seine Geliebte Bianca Cappello, nachdem er deren Mann umbringen ließ. Immerhin können die Medici-Beziehungen international ausgeweitet werden, indem seine Tochter Maria den französischen König Heinrich IV. heiratet.

**In Florenz wütet 1630 die Pest.**

**1587 – 1609: Großherzog Ferdinando I. de' Medici**

Nach dem Tod Francescos kommt sein Bruder Ferdinando I. an die Macht. Als eine Überschwemmung (1589) und mehrere Hungersnöte über die Stadt hereinbrechen, meistert der Regent, der sich bis dahin als Gelehrter und Kunstmäzen profiliert hat, die Situation durch kluges Handeln und erlässt zudem Religionsfreiheit. Unter seiner Regierung werden die Festung **Forte de Belvedere** zur Machtsicherung der Medici und zu deren Ruhm die gewaltige **Fürstenkapelle** als Anbau von San Lorenzo errichtet.

**17./18. Jh.**

Im 17. und 18. Jh. folgen eher durchschnittliche und schwache Herrscher aus dem Haus Medici: Cosimo II. (1609 – 1621), Ferdinando II. (1620 – 1670), Cosimo III. (1670 – 1723) und Gian Gastone (1723 bis 1737). Die wirtschaftliche Lage von Florenz verschlechtert sich zunehmend. Die Woll- und Seidenindustrie kommt zum Erliegen. Die Adligen leben von ihren Landgütern, und das Volk verarmt immer mehr. Mit dem Tod Gian Gastones im Jahr 1737 erlischt die männliche Linie der Medici. Anna Maria Luisa (1667 – 1743, ►Baedeker Wissen S. 77 ), die letzte Medici als Gemahlin des Kurfürsten Johann Wilhelm von der Pfalz, verfügt, dass die **Kunstschätze der Medici** in der Stadt verbleiben sollten, die damit den Grundstock der hervorragenden Florentiner Museumssammlungen bilden. Das Großherzogtum Toskana fällt im Rahmen einer internationalen Abmachung an den Herzog Franz Stephan von Lothringen, ab 1745 Kaiser Franz I. des Heiligen Römischen Reiches und seit 1736 Gemahl der Erzherzogin Maria Theresia von Österreich.

## VON HABSBURG-LOTHRINGEN ZUM KÖNIGREICH ITALIEN

| | |
|---|---|
| **1737** | Das Großherzogtum Toskana fällt an Habsburg-Lothringen. |
| **1796 – 1814** | Französische Herrschaft in der Toskana |
| **1860** | Per Volksabstimmung kommt Florenz zum Königreich Italien. |
| **1913** | Sozialistisches Stadtregiment |
| **1944** | Kriegszerstörungen am kulturellen Erbe |

**1765 – 1790: Peter Leopold**

Ist unter Franz Stephan von Lothringen als römisch-deutschem Kaiser das Großherzogtum Toskana nur ein Spielball im europäischen Mächtegleichgewicht, so werden unter der langjährigen Regierung des aufgeklärten Großherzogs Peter Leopold Reformen durchgeführt. Die Abschaffung der Zünfte und kirchlicher Privilegien, Beseitigung der Todesstrafe, Folter und Inquisition sowie die Neuverteilung großer Güter unter Kleingrundbesitzern führen zu einer ausgeglichenen Sozialstruktur. Bei maßvoller Steuerpolitik florieren Landwirtschaft und Freihandel. Das Mezzadria(=Halbpacht)-System im Agrarwesen garantiert trotz gewisser Nachteile die Teilhabe auch kleinerer Landbesitzer am Ertrag. Der zum **Kaiser Leopold II.** gewählte Großherzog von Toskana verlässt Florenz 1790 und übergibt die Herrschaft an seinen Bruder Ferdinand, der als **Großherzog Ferdinand III.** nur wenige Jahre regiert. Er muss 1796/1797 vor den Truppen des französischen Revolutionsheeres fliehen, kehrt nochmals zurück, um 1803 außer Landes zu gehen mit der Abfindung als Kurfürst von Salzburg und späterem Großherzog von Würzburg.

**1804 – 1814: Napoleons Intermezzo**

Nachdem die Toskana zwischen 1804 und 1814 integraler Teil des französischen Kaiserreichs unter Napoleon I. gewesen ist, kehrt nach dem Wiener Kongress Ferdinand III. erneut als Großherzog von Toskana nach Florenz zurück. Ab 1824 führt die Regierung unter **Großherzog Leopold II.** allmählich zur Umwandlung von Florenz in eine moderne Großstadt, die zugleich ein Sammelbecken liberaler Geistesströmumgen wird. Seit 1847 sind Liberale auch an der Regierung des Großherzogtums beteiligt. Nach den kriegerischen Auseinandersetzungen im Zug der 1848er-Revolution kehrt vorübergehend Ruhe ein, die genutzt wird, um das Eisenbahnnetz auszubauen und den Freihandel über den Hafen Livorno zu verbessern.

**1860: Beitritt zum Königreich Italien**

Nach dem kurzen Regiment von Großherzog Ferdinand IV. (1859/1860) treten Florenz und die Toskana, mitgerissen von den Ideen für den italienischen Nationalstaat, 1860 per Volksabstimmung dem Königreich Sardinien-Piemont bei, wo König Vittorio Emanuele, Graf Cavour und Giuseppe Garibaldi das Einigungswerk Italiens vorantreiben. Aufgrund des Gebietszuwachses wird die **Hauptstadt des Königreichs** von Turin nach Florenz verlegt, wo der König im Palazzo Pitti residiert, bis Rom 1871 diese Funktion übernimmt. Ein Bauboom setzt ein, der das Erscheinungsbild der Arnostadt nachhaltig verändert. Die Stadtmauer wird geschleift, an ihrer Stelle entstehen die großen Ringstraßen, und als Aussichtspunkt auf die Stadt wird der Piazzale Michelangelo angelegt.

**1871 – 1922: Soziale Spannungen**

Seit der Konzentration der Politik auf Rom im Windschatten der politischen und wirtschaftlichen Weiterentwicklung Italiens gelegen, reicht die Bewahrung des großartigen kulturellen Erbes der Stadt allein nicht aus, sodass sich in Florenz bis zum Ende des 19. Jh.s die wirtschaftliche Lage enorm verschlechtert. Liberale, demokratische und sozialistische Ideen streiten miteinander um gesellschaftliche Veränderungen. Zwischenzeitlich wird Florenz zu einem **innovativen geistigen Zentrum**, wo sich zahlreiche Literaten und Landschaftsmaler zu Hause fühlen. Bei den Kommunalwahlen 1913 erreichen die Sozialisten die absolute Mehrheit. Durch den Ersten Weltkrieg werden die sozialen Spannungen noch verschärft. Danach finden Straßenschlachten zwischen Linken und Faschisten statt.

**1922 – 1939: Faschismus**

1922 kommen die Faschisten an die Macht. Zahlreiche politische Gegner gehen in den Untergrund und werden später Partisanen. Viele Florentiner sind zwar Anhänger Mussolinis, engagieren sich politisch aber wenig.

**1943 – 1944: Im Zweiten Weltkrieg**

Nachdem im Verlauf des Zweiten Weltkriegs 1943 Mussolini abgesetzt worden war und die neue Regierung Waffenstillstand mit den Alliierten geschlossen hat, besetzen deutsche Truppen am 11. September 1943 Florenz. Daraufhin wird es von der amerikanischen Luftwaffe bombadiert. In der von den Linksparteien getragenen Resistenza sammelt sich die Opposition für eine radikale politische

Neugestaltung Italiens. Im August des folgenden Jahres zerstören die Deutschen alle Arno-Brücken bis auf den Ponte Vecchio, bevor die Stadt von den Alliierten befreit werden kann. Bei der Volksabstimmung 1946 votieren die Florentiner gegen den Erhalt des Königreichs und für die Republik Italien.

## KOMMUNALER NEUBEGINN

| | |
|---|---|
| **seit 1946** | Häufige links-liberale Stadtregierungen |
| **1966** | Verheerende Arnoüberflutung |
| **1993** | Bombenattentat im Zentrum |
| **2009** | Florenz bekommt einen der jüngsten Bürgermeister Italien |
| **2014–2015** | Nuovi Uffizzi: umfangreiche Neugestaltung des Museums |

**Rasanter Wandel**

In der Nachkriegszeit vollzieht sich ein rasanter sozialer und wirtschaftlicher Wandel. Durch den Wirtschaftsaufschwung gelangen breite Bevölkerungsschichten zu Wohlstand. Von 1946 bis 1951 regiert eine Koalition aus Kommunisten und Sozialisten die Stadt. Die Jahre bis 1964 werden vom populären christlich-sozialen Bürgermeister **Giorgio La Pira** geprägt, der sich für soziale Randgruppen einsetzt. Anschließend folgen Mitte-Links- und ab 1975 meistens wieder kommunistisch-sozialistische Stadtregierungen.

Eine schwere **Flutkatastrophe** trifft die Stadt, als der Arno am 4. November 1966 über die Ufer tritt. Bis zu 6 m hoch steht das Wasser in Straßen, Wohnungen, Museen und Bibliotheken. Tote und Obdachlose sowie erhebliche Schäden an der historischen Bausubstanz und an vielen Kunstwerken sind die Folge.

Seit dem europaweiten **Studentenaufstand 1968** erlebt auch die Universitätsstadt Florenz wiederholt politische Unruhen, infolgedessen die traditionellen Werte in Frage gestellt werden. Die Emanzipation der Frauen im Rahmen des Feminismus spielt dabei eine wichtige Rolle. Diese Protestbewegung verliert allerdings an Zugkraft, als einige Anhänger in der Drogenszene oder in terroristischen Gruppen enden. Die Achtzigerjahre stehen im Zeichen eines erneuten **Wirtschaftsaufschwungs**, nicht zuletzt auch durch den boomenden Tourismus. 1981 wird das historische Zentrum von Florenz in die **UNESCO-Weltkulturerbeliste** aufgenommen und 1986 zur **Europäische Kulturhauptstadt** gewählt. Um die zunehmenden Lärm- und Abgasbelästigung einzudämmen, schränkt man den privaten Autoverkehr im Zentrum erheblich ein.

**1993: Bombenanschlag**

Bei einem Bombenanschlag der Mafia am 27. Mai im Stadtzentrum kommen sechs Menschen ums Leben, und etwa 30 werden verletzt. Zudem entstehen Schäden an den Uffizien, und zahlreiche Kunstwerke sind zerstört oder beschädigt.

**Bei dem Bombenanschlag der Mafia 1993 wurden Gebäude und Kunstwerke beschädigt.**

**Das neue Jahrtausend**

Als einer der **jüngsten Bürgermeister Italiens** wird im Juni 2009 Matteo Renzi (geb. 1975) ins Amt gewählt, ein auf nationaler Ebene rebellischer Erneuerer des Partito Democratico. Dario Nardella hat 2014 den beliebten Bürgermeister Matteo Renzi abgelöst, der seither das Amt des italienischen Ministerpräsidenten innehat. Nardella gehört wie Renzi dem Partito Democratico an und setzt damit die Tradition der linksgerichteten Stadtverwaltung von Florenz fort.

**2015**

Ein Blick in die Zukunft von Florenz verspricht große Neuigkeiten zum Thema Infrastruktur, nämlich das extrem ehrgeizige Projekt des **neuen, zum Teil unterirdischen Bahnhofs** für Hochgeschwindigkeitszüge im ehemaligen Schlachthofviertel im Nordwesten der Stadt, nach einem Entwurf des internationalen Planungsbüros Norman Foster und Ove Arup. Während die Arbeiten schleppend vorangehen, ist der zentrale Stadtbahnhof **Stazione Santa Maria Novella** – ein architektonisches Musterbeispiel des Razionalismo der 1930er-Jahre – mit einer Shoppingmall modernisiert worden.
Fortschritte macht das große Projekt der **Nuovi Uffizi**, das neben der Restaurierung und Modernisierung die Verdoppelung der Museumsfläche zum Ziel hat. Während der Jahre dauernden Arbeiten wird die Sammlung aber stets zu besichtigen sein. Mehrere Säle sind schon neu gestaltet beziehungsweise neue sind hinzugekommen und dem Publikum zugänglich gemacht worden.

# Kunst und Kultur

# Kunstgeschichte

**Florenz ist eine Kunst- und Kulturmetropole ersten Ranges. Die schöpferischen Leistungen der Künstler dieser Stadt haben in der Zeit vom 14. bis 16. Jh., besonders während der Epoche der Renaissance, die europäische Kunst- und Kulturgeschichte nachhaltig geprägt.**

---

## FRÜHZEIT UND ANTIKE

**Blüte in der römischen Kaiserzeit**

Die Hügellandschaft um Florenz ist zwar **altes Siedlungs- und Kulturgebiet**, aber die Stadt selbst ist als römische Veteranenkolonie mit dem Namen Florentia erst 59 v. Chr. von Caesar gegründet worden. Die Kunst und Kultur der **Etruskerzeit** und der römischen Republik war in Faesulae, dem heutigen Fiesole, oberhalb des Arnotals konzentriert. Florenz gelangte erst im Verlauf der **römischen Kaiserzeit** im 1. und 2. Jh. n. Chr. zur kulturellen Blüte. In dieser Phase entstanden in der Nähe des Forums (Piazza della Repubblica) marmorverkleidete Tempel, Säulenkolonnaden, Thermenanlagen und außerhalb der Stadtmauern ein Theater auf dem Areal des heutigen Palazzo Vecchio. Im Zug von Stadtsanierungsmaßnahmen sind schon seit dem 19. Jh. von Archäologen viele römische Funde gemacht worden: Mosaike, Fragmente von Statuen, Bruchstücke von Tempeln und Häusern, Münzen, die heute im Archäologischen Museum von Florenz zu sehen sind. Die vielen antiken Statuen in den Uffizien, im Pitti-Palast und im Boboli-Garten stammen nicht aus Florenz, sondern gelangten über die Sammeltätigkeit der Medici-Fürsten von Rom und Süditalien in die Stadt.

## FRÜHMITTELALTER

**Frühchristliche Sakralbauten**

Frühchristliche Sakralbauten aus dem späten 4. und frühen 5. Jh. sind als Vorgängerbauten von Santa Felicità, San Lorenzo und Sant' Ambrogio nachweisbar. Bei Grabungen in Santa Felicità stieß man in ihren Katakomben auf Grabplatten mit griechischen Inschriften, die ins Jahr 418 datiert sind. Vieles wurde allerdings durch die Eroberungsfeldzüge der Langobarden im 6. Jh. zerstört. In der Folgezeit hat die Arnostadt bis zum 11. Jh. keine bedeutsamen kulturellen und künstlerischen Leistungen hervorgebracht.

**San Miniato al Monte: hervorragendes Beispiel romanischer, florentinisch-toskanisch geprägter Architektur**

## ROMANIK

**Architektur**

Um die Mitte des 11. Jh.s entwickelte sich Florenz zu einem **Zentrum der kirchlichen Reformbewegung**, als der aus Burgund gebürtige Geistliche Gerhard 1045 Bischof von Florenz wurde und die Reformideen von Cluny mitbrachte, was sich auch im Kirchenbau äußerte. Als Papst Nikolaus II. legte er 1059 den Grundstein zum Bau des Baptisteriums San Giovanni. Vermutlich im selben Jahr begann man auf Veranlassung des Legaten Hildebrand, des späteren Papstes Gregor VII., mit dem Ausbau des Klosters San Miniato al Monte, einer Benediktinerabtei cluniazensischer Reform. Da beide Bauwerke unverändert überkommen sind, bieten sie hervorragende Beispiele der romanischen, florentinisch-toskanisch geprägten Architektur des späten 11. und 12. Jh.s. Auffallend dabei ist die enge Verbindung zur römischen Antike in der Außengestalt und im Innenraum der Kirchenbauten.

Die Kirche **San Miniato al Monte** (►Abb. S.38) beeindruckt durch ihre strahlende, weiß-grün inkrustierte Fassade. Inkrustation nennt man die Verkleidung eines Ziegelbauwerks mit verschiedenfarbigen dünnen Marmorplatten, eine Technik, die aus der antiken römischen Baukunst bekannt ist und seit dem 11. Jh. in Florenz wiederverwendet wurde. Geometrische Muster, Dreiecke, Quadrate, Rechtecke, eingefügt in die großen romanischen Rundbögen gestalten die dreifach gestufte Kirchenfassade. Das dreischiffige Innere ohne Querhaus, aber mit erhöhtem Chor und mit offenem Dachstuhl, vermittelt den Eindruck einer frühchristlichen Säulenbasilika, die durch die eingestellten Schwibbögen und dem damit verbundenen Stützenwechsel im Langhaus eine ungewöhnliche Rhythmisierung erfährt. Beachtenswerte spätromanische Arbeiten sind die prachtvoll dekorierten Chorschranken mit der Marmorkanzel (12. Jh.) und der Fußboden in Einlegearbeit (1207).

Der **Battistero San Giovanni** (12. Jh.), den man in der Renaissance wegen seiner ebenmäßigen Proportionen und der Inkrustation für ein antikes Bauwerk und deshalb für besonders nachahmenswert hielt, geht in seiner achteckigen Form auf frühchristliche Taufhäuser zurück, übertrifft diese jedoch durch seine monumentalen Ausmaße. Seine drei Geschosse sind durch Marmorinkrustationen in Rechteck- und Bogenformen verschiedenartig gegliedert. In seiner Ausgeglichenheit und Regelmäßigkeit der Bauteile ist das Baptisterium unter Verwendung antiker römischer Vorbilder bereits in vielem der Renaissancekunst vergleichbar, weshalb man hier, drei Jahrhunderte vor Beginn der eigentlichen Renaissance, sogar von Protorenaissance, also einer Vorwegnahme einzelner Stilmerkmale, spricht. Auch im Innern sind die Wände mit verschiedenfarbigen geometrischen Marmorflächen gegliedert. Insgesamt herrscht jedoch ein düsterer, mittelalterlicher Raumeindruck vor. Durch schmale Fenster

fällt nur wenig Licht in den Innenraum, den kräftige Granitsäulen und Pilaster gliedern, überhöht von einem achtteiligen, ansatzweise doppelschaligen Gewölbe. Geschmückt ist der Raum mit bedeutenden Mosaiken (13. Jh.), die u. a. die Schöpfungsgeschichte, die Josephslegende, das Leben Christi und die Geschichte Johannes des Täufers darstellen. Die Mosaizierung geht auf venezianische Künstler zurück, die etwa seit dem Jahr 1230 in Florenz arbeiteten und die die in Byzanz gepflegte Mosaikkunst, die in Ravenna und Venedig meisterhaft nachgeahmt wurde, in die Arnostadt vermittelten.
Etwa zur selben Zeit wie das Baptisterium entstand die Kirche **Santi Apostoli**, erstmals 1075 urkundlich erwähnt. Ihr Inneres vermittelt noch den Eindruck einer frühchristlichen dreischiffigen Basilika mit offenem Dachstuhl und schmalen Obergadenfenstern. Konstruktive und schmückende Teile wie Säulen mit Kompositkapitellen – zwei sind original antik – und abgestufte Arkadenbögen orientieren sich an antiker Formensprache und geben der Florentiner Romanik ein römisch-klassisches Gepräge.

## GOTIK

Architektur

Erst Ende des 13. Jh.s hielt der gotische Stil der Baukunst in Florenz seinen Einzug. Nach vielen innenpolitischen Parteikämpfen wurde zunächst zwischen 1250 und 1261 der wehrhafte Palazzo del Podestà gebaut, später **Bargello** genannt nach dem italienischen Wort für Amtsbüttel, als Sitz des auswärtigen obersten Exekutivbeamten. Dieser sollte als neutrale Instanz, gebunden an strenge Gesetze, für Recht und Ordnung in der Stadt sorgen. Der imposante festungsartige Bau aus Hau- und Bruchstein mit hohem Turm hatte ursprünglich außen Holzgalerien. Im Innern gibt es einen eindrucksvollen Hof mit weitgespannten Arkaden sowie mehrere steingewölbte Versammlungssäle und eine freskengeschmückte Kapelle. Nachdem sich das Zunftregiment seit 1292 endgültig in Form eines neunköpfigen Regierungskollegiums, Signoria genannt, etabliert hatte, bedurfte es eines neuen Regierungssitzes. Von 1299 an errichtete man den Palazzo dei Priori – seit dem 16. Jh. als **Palazzo Vecchio** bezeichnet –, der im Kernbau 1314 vollendet war. Das Äußere dieses

Wehrhaft: Bargello

**Santa Maria Novella besitzt eine epochale Renaissancefassade.**

Rathauses entspricht noch stark den Vorstellungen eines mittelalterlichen Wehrbaus. Die massive Fassade ist lediglich mit Bossenquadern geschmückt, wobei in ihren oberen Geschossen gotische Zwillingsfenster eingelassen sind. Bekrönt wird der Kommunalpalast von einem Laufgang mit Zinnen. Dort befindet sich eine Reihe von Wappen, die die wechselvolle mittelalterliche Herrschaftsgeschichte des Stadtstaats Florenz widerspiegeln. Links vom Palazzo Vecchio befindet sich etwas zurückgesetzt ein kleiner Palazzo, das ehemalige Handelsgericht, um 1359 erbaut, dessen gotische Fassade ebenfalls mit einer Wappenfolge der sieben großen und 14 kleinen Zünfte geschmückt ist.

In der Wohnarchitektur waren im 13. Jh. noch die Geschlechtertürme vorherrschend, die nach der Konsolidierung der Kommune geschleift wurden, denn der Turm des Palazzo Vecchio sollte sich als Ausdruck von kommunaler Macht und Bürgerstolz deutlich von allen anderen Gebäuden abheben. Von der gotischen Palazzo-Architektur haben sich noch der loggiabekrönte **Palazzo Davanzati** und der zinnenbekrönte **Palazzo Spini-Ferroni** aus dem 14. Jh. erhalten. Im Sakralbau entstand in der Zeit um 1300 mit **Santa Maria Novella** die erste gotische Dominikaner-Bettelordenskirche in Form einer dreischiffigen, weiträumigen Pfeilerbasilika mit Kreuzgratgewölben. Das gotische Monumentalbauwerk, der **Dom Santa Maria del Fiore**, wurde 1296 begonnen und mit langen Verzögerungen durch häufigen Planwechsel erst 1436 geweiht, die Fassade erst im 19. Jh. neogotisch vollendet. Bei allen gotischen Kirchen in Florenz ist von einem filigranen Glieder- oder Skelettbau, der traditionell dem Baustil der Gotik eigen ist, kaum etwas zu bemerken. Es fehlen weitgehend die üblichen Strebepfeiler, Maßwerkformen und bauplastisch durchgestalteten Fassaden. Auch die Innenräume weisen florentinische Eigenheiten auf. Das Dominnere bietet sich dem Eintretenden als dreischiffige Pfeilerbasilika auf lateinischem Kreuzgrundriss dar. Das breitgelagerte, nur durch vier Joche unterteilte Langhaus wirkt nüchtern und hallenartig. Die ohne Triforium unmittelbar auf den mächtigen Arkaden ruhenden Kreuzrippengewölbe verstärken diese kompakte Breitenwirkung noch.

**Malerei**

Im Bereich der Malerei zählt **Cimabue** (um 1240/1245 bis nach 1302) zu den ersten Meistern, die sich langsam aus dem starren, über Jahrhunderte hindurch gültigen Formenkanon der byzantinischen Ikonenmalerei lösten und zu einer plastischeren und farblich differenzierten Gestaltung gelangten. Cimabues »Thronende Madonna« (um 1275, Uffizien, ►Abb. S. 194) und der gemalte Kruzifixus (um 1287, Santa Croce) legen davon Zeugnis ab.
Vollends aber brach erst **Giotto** di Bondone (um 1266 – 1337) mit der unkörperlichen und unräumlichen Darstellungsweise der byzantinisch-mittelalterlichen Malerei. Mit seinen in den ersten drei Jahrzehnten des 14. Jh.s geschaffenen Fresken (Santa Croce) und Altartafeln (»Thronende Madonna«, Uffizien) gilt er als Begründer der neuzeitlichen europäischen Malerei, da er ein auf Beobachtung von Realität gegründetes Bild der Welt und des Menschen schafft.
Im Verlauf des 14. Jh.s arbeitete eine Reihe von Malern teils nach dem Vorbild Giottos, teils im Stil der internationalen Gotik. Zu den wichtigen Florentiner Werken zählen die Fresken des Jüngsten Gerichts, des Paradieses und der Hölle (um 1357) von **Nardo di Cione** in Santa Maria Novella, ein stilistisch konservatives Werk, von mittelalterlicher Geistigkeit durchdrungen. Etwas heiterer in der Grundstimmung ist der bedeutende Freskenzyklus (1365 – 1367) von **Andrea Bonaiuto da Firenze** († 1377) in der Spanischen Kapelle ebenfalls in Santa Maria Novella mit einem großartigen Bildprogramm, das den Weg des Menschen zum Heil aufzeigt. In der Franziskanerkirche Santa Croce, wo Giotto exemplarische Werke hinterließ, malte in direkter Nachfolge sein Schüler **Taddeo Gaddi** in der Cappella Baroncelli einen Freskenzyklus mit Szenen aus dem Leben Jesu und Marias (um 1335). In der Hauptchorkapelle von Santa Croce entstand zwischen 1380 und 1390 der bedeutende Freskenzyklus von **Agnolo Gaddi** zur Legende des Heiligen Kreuzes. Beide Maler übernahmen weitgehend den monumentalen Figurenstil Giottos und seine ansatzweise tiefenräumliche Bildanlage, ohne zu neuen Kompositionslösungen zu gelangen.

**Skulptur** Auf dem Gebiet der gotischen Skulptur zählen die plastischen Werke von **Arnolfo di Cambio**, die erste Bronzetür des Baptisteriums von Pisano und das Marmortabernakel von Orcagna in Orsanmichele zu den herausragenden Leistungen. Arnolfo di Cambio (um 1245 bis 1302) war seit 1296 als Dombaumeister in Florenz tätig. Die wenigen ihm zugeschriebenen Skulpturen (u. a. »Hl. Reparata«, »Madonna mit segnendem Christuskind«, »Papst Bonifaz VIII.«, Dommuseum) zeigen einen blockhaften Umriss der monumentalen Figur mit teilweise antikisierenden Tendenzen in Pose, Mimik und Gestik.
Mit **Andrea Pisano** (um 1295 – 1348) trat wieder ein epochemachender Bildhauer und Goldschmied auf. Sein bedeutendes und einzig sicheres Werk ist die älteste Bronzetür des Baptisteriums (1330 bis 1336) mit 28 Vierpassrelieffeldern. Die Reliefszenen aus dem Leben Johannes des Täufers sind räumlich klar aufgebaut und figürlich ausgewogen komponiert mit ruhig agierenden Gestalten in spannungsvoller Gebärde, teilweise körperlich vollrund modelliert oder in faltenreiche Gewänder gehüllt. Das Erbe Giottos und der römischen Sarkophagreliefs finden in diesem Figurenstil ihren Niederschlag.
**Andrea Orcagna** (1343/1344 erstmals in Florenz erwähnt; † 1368) war nicht nur als Bildhauer, sondern auch als Maler und Architekt tätig. Nur wenige Werke sind erhalten. Das Marmortabernakel mit Szenen aus dem Marienleben (1352 – 1359) in Orsanmichele zählt zu Orcagnas gelungensten Arbeiten.

## FRÜHRENAISSANCE (►Baedeker Wissen S. 50)

**Architektur** Die vordringlichste Aufgabe der Baukunst zu Beginn des 15. Jh.s in Florenz war die Fertigstellung des **Doms**, vor allem die Überkuppelung des Vierungsraumes. **Filippo Brunelleschi** (1377 – 1446) gelang dies mit Hilfe einer freitragenden, doppelschaligen, parabelförmigen Konstruktion zwischen 1420 und 1436, die für den Kuppelbau des Barock wegweisend war. Überhaupt ist er der eigentliche Schöpfer der Renaissancearchitektur auf der Basis eines gründlichen Studiums der antiken Baukunst und mit Hilfe der für die Bauzeichnung wichtigen linearperspektivischen Projektion, die von ihm zwischen 1410 und 1420 wiederentdeckt wurde. So entstanden exakt berechnete wohlproportionierte Profan- und Sakralbauten in Anlehnung an klassisch-antike und frühchristliche Baugedanken. (►Baedeker Wissen S. 170)
Das Findelhaus (**Ospedale degli Innocenti**), begonnen 1419, ist der erste neuzeitliche profane Bau mit epochemachender Säulenvorhalle wie bei einem antiken Tempel anstelle der mittelalterlichen Stützpfeiler. Das Gewölbe dieser Loggia besteht zudem aus einer Folge von Hängekuppeln, die die mittelalterlichen Kreuzgrat- und Kreuzrippengewölbe ersetzen. Im Sakralbau setzte Brunelleschi mit der Alten

Sakristei von San Lorenzo (um 1420), einem aus Kubus und Kugel entwickelten Kuppelbau, neue Akzente in der Zentralraumarchitektur. Wichtige Neuerungen erbrachte der Baumeister auch im Langhausbau. **San Lorenzo** (begonnen um das Jahr 1420) und **Santo Spirito** (begonnen 1436) sind beispielhafte, aus spätantiken und frühchristlichen Baukonzepten entwickelte Basiliken auf lateinischem Kreuzgrundriss mit klar gegliederten, äußerst harmonischen Innenräumen. Neben Brunelleschi wirkte vor allem **Michelozzo** (1396 – 1472) als Architekt und Bildhauer in Florenz und war von 1446 bis 1452 dessen Nachfolger im Dombaumeisteramt. Mit dem **Palazzo Medici-Riccardi** (1444 – 1460) schuf er den Prototypen des florentinischen Stadtpalasts mit festungsartiger Schaufront in Rustikaquaderung, zweigeteilten Bogenfenstern, umlaufenden Kranzgesimsen und einem Arkaden-innenhof. Im Auftrag der Medici errichtete er zwischen 1437 und 1452 die Konventsgebäude des Dominikanerklosters **San Marco**. Die ohne Dormitorium um einen Innenhof gruppierten kleinen tonnengewölbten Einzelzellen unter gemeinsamem offenem Dachstuhl sind Ausdruck des Individualismus, der auch im Klosterwesen im 15. Jh. Einzug hält. Mit der Kirche **Santissima Annunziata** – heute barockisiert – wurde zwischen 1444 und 1453 unter Federführung Michelozzos ursprünglich der erste einschiffige Saalbau geschaffen, mit einer Folge von Wandkapellen, ein Schema, das später bei vielen Barockkirchen angewendet wurde.

**Palazzo Medici-Riccardi: Prototyp des Stadtpalasts**

**Malerei**

Auf dem Gebiet derMalerei ist zu Beginn des Quattrocento (15. Jh.) noch der traditionelle Formenkanon des internationalen gotischen Stils vorherrschend. **Gentile da Fabriano** (um 1370 – 1427) war bei aller Meisterschaft im realistischen Detail ein die höfische Gesellschaft in prunkvoll festlicher Manier porträtierender Spätgotiker, wie sein Gemälde »Anbetung der Könige« (1422) in den Uffizien belegt. Als der Schöpfer der italienischen Renaissance-Malerei gilt **Masaccio** (1401 – 1428), der mit Hilfe der von Brunelleschi neu entdeckten Linearperspektive zu einer nie zuvor erreichten Plastizität und Wirklichkeitstreue der Figuren, Räume und Landschaften gelangte. Die Altartafel »Hl. Anna Selbdritt« (1424/1425, Uffizien), der Freskenzyklus aus der Lebensgeschichte des Apostels Petrus in der Brancacci-

Kapelle von Santa Maria del Carmine und das Trinitätsfresko (1426/1427) in Santa Maria Novella, ein Meisterwerk perspektivischer Raumdarstellung, legen davon Zeugnis ab.

**Paolo Uccello** (um 1397 – 1475) griff um 1435 die Vorgaben Masaccios auf und gelangte mit seinem Reiterbildnis des florentinischen Söldnerführers Giovanni Acuto (John Hawkwood) von 1436 (Dom) zu einer großen imposanten dreidimensionalen Darstellung eines Reitermonuments. In dem Fresko der Sintflut (um 1448; Chiostro Verde, Santa Maria Novella) und in der Schlacht von San Romano (um 1456, Uffizien) zeigt er sich als leidenschaftlicher Perspektiviker, der zu ungewöhnlichen, teils antinaturalistisch-abstrakten Kompositionslösungen kam.

**Andrea del Castagno** (1421 – 1457) beschäftigte sich mit der malerischen Wiedergabe der plastischen Figur und zeigte sich dabei stark von der Skulptur der Frührenaissance beeinflusst. Zwischen 1445 und 1450 entstanden im Freskenzyklus von Sant' Apollonia Passionsszenen und ein Abendmahl mit lebensgroßen voluminösen Figuren, die durch allerlei Blicke und lebhafte Gebärden miteinander kommunizieren.

Sparsam in der Raumgestaltung und wenig artikuliert in der Körpersprache malte der Dominikanermönch **Fra Angelico** (um 1387 bis 1455) seine Altartafeln und Fresken (San Marco und Uffizien) mit zarten Gestalten in farbenprächtigen, faltenreichen Gewändern auf ornamentiertem Goldgrund. Dabei gelangte er mit Hilfe der kreis- und halbkreisförmigen Figurenanordnung zu einer überzeugenden, die Bildfläche und den Bildraum vereinigenden Komposition.

Der Malermönch **Fra Filippo Lippi** (1406 – 1469) orientierte sich dagegen stärker an den plastisch modellierten Gestalten von Masaccio. Er schuf eine Reihe von Marientafeln (Uffizien, Pitti-Palast) in gefälligem, schönlinigem Stil und in verhaltener Gebärdensprache.

**Sandro Botticelli** (1445 – 1510) war ein weiterer Maler, der im Dienst der Medici stand. In der »Anbetung der Könige« (1475; ►Abb. S. 31; Uffizien) treten drei Generationen der Medici als Könige und ihre Begleiter auf, umgeben von Literaten, Humanisten und vom Maler selbst. Berühmter sind jedoch Botticellis allegorische Bilder »Der Frühling« und »Geburt der Venus« (beide Uffizien), die die Beschäftigung des Malers mit humanistischen Ideen in der Zeit um 1480 offenbaren als kühne Synthese von neoplatonischem und christlichem Gedankengut. Trotz der Darstellungen einiger Aktfiguren ist seine Malerei in wesentlichen Zügen eher noch gotisch in der Betonung der S-förmig geschwungenen Körperlinie, der rauschenden Gewänder und verklärenden Blicke statt eines wirklichkeitsnahen, auf Anatomiestudien beruhenden Renaissance-Menschenbildes.

In **Domenico Ghirlandaio** (1449 – 1494) fand die Florentiner Oberschicht einen ihrer erzählfreudigsten Maler. Seine Fresken in der Hauptchorkapelle von Santa Maria Novella mit Szenen aus dem Le-

Fresko von Ghirlandaio zum Leben Johannes der Täufers

ben Marias und Johannes des Täufers (1486 – 1490) sind eine Huldigung an das damalige großbürgerliche Florenz. Dargestellt sind eine Fülle berühmter Zeitgenossen, lokale Schauplätze, vornehme Bürgerstuben, panoramahafte Landschaftsausblicke sowie Festmähler und Tanzdarbietungen, die allesamt die sinnenfrohe Lebenswelt der zweiten Hälfte des Quattrocento, der Epoche Lorenzos des Prächtigen, widerspiegeln.

**Skulptur**

Wollte man ein Fixdatum für die von Florenz ausgehende Erneuerung der abendländischen Skulptur setzen, käme nur der öffentliche Wettbewerb der besten Bronzebildner um die zweite Baptisteriumstür von 1401 in Frage. Die Konkurrenzreliefs mit der Opferung Isaaks (1402) der führenden Meister Ghiberti und Brunelleschi sind erhalten (Bargello) und vergegenwärtigen am Beispiel des expressiven Realismus von Brunelleschi und des dekorativen Illusionismus Ghibertis die Leitlinien der Frührenaissanceskulptur.
Mit seiner zwischen 1403 und 1424 ausgeführten Bronzetür gelang **Lorenzo Ghiberti** (1378 – 1455) ein epochales Werk. Unmittelbar nach Vollendung der Pforte gab man ihm auch den Auftrag für die dritte, die Osttür des **Baptisteriums**, später **»Paradiestür«** (1425 bis 1452) genannt. Wieder sollte Ghiberti über 20 Jahre an dieser Tür arbeiten. Die Fertigstellung verzögerte sich hauptsächlich aus technischen Gründen, da viele Experimente beim Bronzegießen und Vergolden vorgenommen wurden und dieses seit der Antike vernachlässigte Handwerk erst wieder neu erlernt werden musste. Ghibertis zehn vergoldete Bronzetafeln mit Szenen aus dem Alten Testa-

**Baptisterium: Paradiestür**

ment erzielen in Verbindung von Hoch- und Flachrelief eine nie zuvor erreichte malerisch-illusionistische Wirkung. Der Künstler war in der Hauptsache Goldschmied und Bronzebildner und schuf für die Kirche **Orsanmichele** die monumentalen Bronzefiguren »Johannes der Täufer« (1414), »Matthäus« (1419 – 1422) und »Stephanus« (1429). Ein anderes herausragendes Projekt für die Bildhauer in Florenz war die skulpturale Ausschmückung des **Doms**.

**Nanni di Banco** (1373 – 1421) arbeitete um 1403 an der Porta della Mandorla mit, dem am reichsten geschmückten Portal der Kathedrale, für das er gegen 1414 das Giebelrelief der »Himmelfahrt Marias mit der Gürtelspende des hl. Thomas« schuf. Im Jahr 1408 skulptierte er aus Marmor den Evangelisten Lukas für die Domfassade, ein schulemachender Typus der Sitzfigur mit sicherer Beherrschung des Körperaufbaus und beredtem Gesichtsausdruck. Es folgte eine Reihe von Statuen für die Außennischen von **Orsanmichele**. Bei allen Skulpturen ist erstmalig die Rezeption der antiken Kontrapostfigur zu beobachten und eine an der römischen Porträtbüste orientierte Modellierung der Köpfe.

In anregender Auseinandersetzung mit dem plastischen Werk Nannis gelangte **Donatello** (um 1386 – 1466) zu herausragenden Leistungen, die ihn als den eigentlichen **Schöpfer der neuzeitlichen Skulptur** berechtigt erscheinen lassen. Der »Marmordavid« (1408/1409, Bargello) sowie die Standfigur und das Relief »Hl. Georg« (um 1415/1417, Bargello) bezeugen seine dramatische, von Gegensätzen bestimmte Figurenkonzeption. Diese beruht auf der Verwendung des Kontraposts aus Stand- und Spielbein sowie der daraus folgenden Verschiebung der Körperachsen in Verbindung mit sich in der Physiognomie widerspiegelnder innerer Erregung der Gestalten. Ähnliches zeigt sich auch bei seinen monumentalen Nischenfiguren für den Dom: Prophet mit Schriftrolle, Habakuk, Jeremias (1425 – 1435; alle im Dommuseum), bei denen er klassischen Körperaufbau mit gotischer Gewandfigur vereint und den Statuen Leidenschaft sowie prophetische Kraft verleiht.

Im Gegensatz dazu steht die weich modellierte knabenhafte Bronzefigur des David (um 1435, Bargello), die erste freistehende und nackte Figur seit der Antike. Mit seiner Sängerkanzel (1433 – 1439, Museo dell' Opera del Duomo) schuf Donatello ein furioses Tanzensemble ausgelassener Puttoknaben. Auf dem Gebiet der Holzplastik zeigt er sein großes Talent mit dem Kruzifix (1412 – 1420) von Santa Croce, das in seinem expressiven Naturalismus die Menschenähnlichkeit des Gottessohnes betont. Von erschütternder Tragik ist sein Spätwerk, die »Hl. Magdalena« (Museo dell' Opera del Duomo), eine Holzfigur, nach 1453 geschaffen, deren ausgezehrte, greisenhafte Gestalt im Vergleich zur makellosen Schönheit des »Bronzedavids« (1435) die künstlerische Wandlungsfähigkeit Donatellos deutlich macht.

**Luca della Robbia** (1400 – 1482) gestaltete mit seiner Sängerkanzel (1431 – 1438; Museo dell' Opera del Duomo) – als Gegenstück zu der von Donatello – zwar ein qualitätvolles Marmorrelief mit musizierenden und tanzenden Kindern sowie mit der nördlichen Sakristeitür im Dom auch ein wichtiges Bronzewerk, sein Hauptaugenmerk galt aber der Keramik. Er war der Gründer einer bedeutenden Familienwerkstatt des 15. und 16. Jh.s, zu der auch sein Neffe Andrea (1435 – 1525) und dessen Söhne Giovanni und Giuliano della Robbia gehörten. Diese widmeten sich der Herstellung gebrannter, mit Email oder Bleiglasur überzogener zunächst blau-weißer, später farbiger Reliefs, die viele kirchliche (**Dom**) und öffentliche Bauten (**Findelhaus**) von Florenz schmücken.

**Donatello: »Hl. Magdalena«**

Von Donatello beeinflusst, aber weniger leidenschaftlich und expressiv arbeitete **Desiderio da Settignano** (um 1428 – 1464). Das Grabmal für den Humanisten Carlo Marsuppini (um 1453) in Santa Croce, das Sakramentstabernakel (1461) in San Lorenzo und die Porträtbüsten (u. a.»Junge Dame«, Bargello) zeigen vor allem in der Vorliebe für das ornamentale Detail und in der sensiblen, fast zeichnerischen Oberflächenbehandlung des Marmors Charakteristika der Kunst Settignanos.

Sein Zeitgenosse ist der Architekt und Bildhauer **Bernardo Rossellino** (1409 – 1464), dessen Wandnischengrabmal für den Staatskanzler Leonardo Bruni (um 1450) in Santa Croce stilbildend für eine Reihe weiterer Grablegen des florentinischen Patriziats war. Sein Bruder Antonio Rossellino (1427 – 1479) gestaltete das Grabmal des Kardinals von Portugal (1461 – 1466) in San Miniato al Monte sowie hervorragende lebensnahe Porträtbüsten.

**Benedetto da Maiano** (1442 – 1497) leistete u. a. mit seiner 1474 geschaffenen, bestechend realistischen Porträtbüste des Pietro Mellini (Bargello) und der ebenfalls um diese Zeit gestalteten Marmorkanzel von Santa Croce mit Reliefs der Franziskuslegende und Tugendfiguren sowie mit den unvollendeten Spätwerken »Madonna mit Kind« und »Hl. Sebastian« (Misericordia-Kapelle) bedeutende Beiträge zur Florentiner Skulptur, die bereits in die Formensprache der Hochrenaissance vorausweisen.

Der überragende Bildhauer und Bronzegießer in der zweiten Hälfte des 15. Jh.s war jedoch **Andrea del Verrocchio** (1436 – 1488), der auch als Maler Talent bewies (u. a. »Taufe Christi«, Uffizien). Sein Grabmal für Piero und Giovanni de' Medici (1472 vollendet) besteht aus rein ornamentaler Ausschmückung in verschiedenfarbigem Marmor und Bronze. Der »Bronzedavid« (1472 – 1475, Bargello) ist die fein modellierte, naturalistische Figur eines Hirtenknaben, der selbstbewusst im Raum steht. Noch stärker auf Vielansichtigkeit an-

# »Wiedergeburt« der Antike

*Zu Beginn des 15. Jahrhunderts begannen die großen italienischen Architekten, sich für die Formensprache der Antike zu interessieren, Bauten der Griechen und Römer wurden Vorbilder für ihre eigenen Werke. Als Schöpfer der Renaissancearchitektur gilt Filippo Brunelleschi, nach dessen Plänen die Kuppel des Florentiner Doms gebaut wurde und der sein Wissen aus dem Studium griechisch-römischer Bauwerke bezog. In der Malerei war die Wiederentdeckung der Zentralperspektive wichtig, sie ermöglichte die Darstellung des dreidimensionalen Raums auf der Leinwand.*

ITALIEN

▶ **Die wichtigsten Personen und Werke**

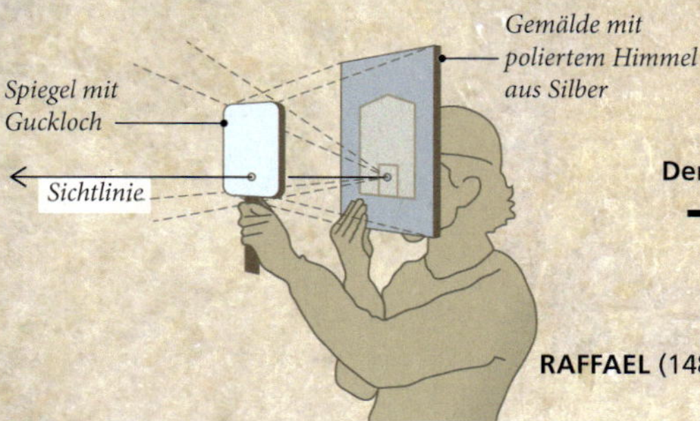


**Der vitruvianische Mensch** (149

**RAFFAEL** (1483–1520, Maler, Architekt)

**Perspektivkonstruktion** (1410)

**FILIPPO BRUNELLESCHI**
(1377–1446, Architekt, Bildhauer)

**BRAMANTE** (1444–1514, Baumeiste

**David** (Bronze, 1430–1433?, 1444–1446?)

**DONATELLO** (1386–1466, Bildhauer)

DEUTSCHSPRACHIGER RAUM

**AGRIPPA VON NETTESHEIM** (1486–1535, Theologe, Jurist, Arzt)

**ALBRECHT DÜRER** (1471–1528, Maler, Grafiker)

**HANS HOLBEIN D. Ä.** (1465–1524, Maler)

**SEBASTIAN BRANT** (1457–1521, Jurist, Dichter)

1400 1450

»QUATTROCENTO«
FRÜHRENAISSANCE IN ITALIEN

GOTIK

MITTELALTER RENAISSANC

▸ Zentralperspektive

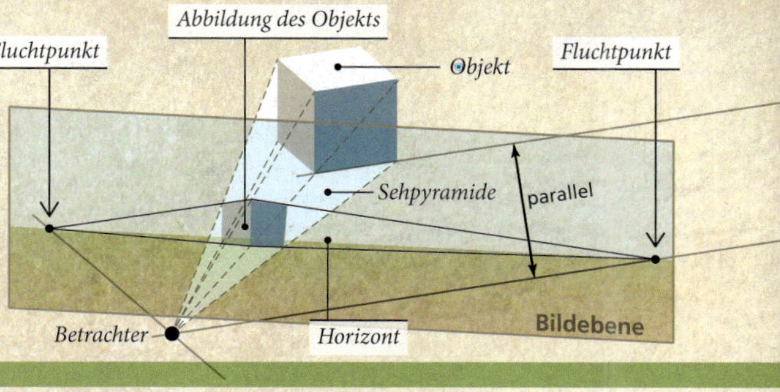

**Mona Lisa** (1503–1506)

**Das Abendmahl** (1495–1498)

**LEONARDO DA VINCI** (1452–1519, Maler, Architekt, Bildhauer, Ingenieur, Anatom)

**MACHIAVELLI** (1469–1527, Philosoph, Dichter)

**Sixtinische Madonna** (1512–1513)

**TIZIAN** (zwischen 1488 und 1490–1576, Maler)

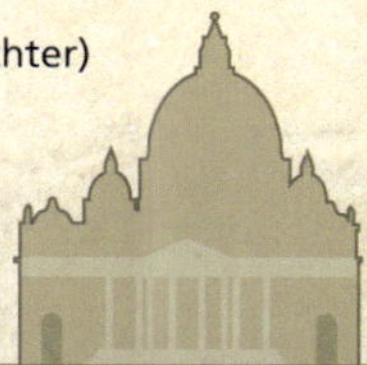

**Petersdom** (1506–1626)

**David** (1501–1504)

**MICHELANGELO** (1475–1564, Maler, Bildhauer, Architekt)

**HANS HOLBEIN D. J.** (1497–1543, Maler)

**PARACELSUS** (1493–1541, Arzt, Philosoph)

1500 | 1550 | 1600

FRÜHRENAISSANCE IM DEUTSCHSPRACHIGEN RAUM

»CINQUECENTO«
CHRENAISSANCE IN ITALIEN

HOCHRENAISSANCE IM DEUTSCHSPRACHIGEN RAUM

SPÄTRENAISSANCE

BAROCK

gelegt ist die kraftvoll-realistische Figur des »Putto mit Delphin« (Palazzo Vecchio). Die Marmorbüste einer »Dame mit Sträußchen« (Bargello) zeigt eine ausgezeichnete Oberflächenbehandlung des Marmors, sodass nicht nur Kopf und Hände, sondern auch die verschiedenen Stoffschichten gut zur Geltung kommen. Zu seinen Meisterleistungen auf dem Gebiet der Großbronzen zählt die »Christus-Thomas-Gruppe« (1466 – 1483) von **Orsanmichele**, mit der er den Raum durchdringende Nischenfiguren schuf, die der barocken Skulptur wichtige Anregungen gaben.

## HOCHRENAISSANCE

**Epochenbegriff**

Innerhalb weniger Jahrzehnte hatte sich um 1500 der an der griechisch-römischen Antike orientierte Stil in Italien durchgesetzt, sodass man diese Phase bis zum Tod Raffaels (1520) als Hochrenaissance bezeichnet.

**Architektur**

Als wegweisend für die Hochrenaissancebaukunst in Florenz gelten die Bauwerke von **Giuliano da Sangallo** (1445 – 1516), der die Baukonzepte Brunelleschis weiterführte und so der florentinischen Architektur zur Reife verhalf. In Poggio da Caiano wurde unter seiner Leitung die Villa Medicea (1480 – 1485) errichtet. In Florenz war er verantwortlich für die Sakristei (1488 – 1492) von Santo Spirito, ein achteckiger Zentralbau mit doppelschaliger Kuppel und einer tonnengewölbten Vorhalle mit antikisierendem Schmuck, vor allem reich verzierten Kapitellen. Von 1480 bis 1500 leitete Sangallo auch den Umbau von Santa Maria Maddalena dei Pazzi, wobei er im Langhaus Seitenkapellen einfügte, die den Eindruck eines einschiffigen Saalkirchenraums noch verstärken.

Sein Zeitgenosse, der Architekt **Cronaca** (1457 – 1508), verwendete dasselbe Prinzip beim Bau von San Salvatore al Monte (1487 bis 1504), setzte aber mit der doppelgeschossigen, palastfassadenartigen Wandgliederung im Innern neue Akzente. Mit dem Palazzo Gondi (1490 – 1494) entwickelte Giuliano da Sangallo bereits Vorstellungen eines auf die römische Hochrenaissancebaukunst vorausweisenden Stadtpalasts. Nur ein Jahr zuvor war mit dem Bau des Palazzo Strozzi begonnen worden, für den nacheinander Sangallo der Ältere, Benedetto da Maiano und Cronaca zwischen 1489 und 1500 die Bauleitung übernahmen.

Im Gegensatz zum Palazzo Gondi, wo die Rustikaquaderung bei den drei Geschossen kontinuierlich abnimmt, zeigt der stilistisch konservativere Strozzi-Palast eine durchgängige Rustizierung der Fassade mit einer gleichmäßigen Reihung der Bogenfenster und sorgfältig gearbeiteten, die drei Geschosse trennenden Kranzgesimsen. Beide Palazzi haben sehr schöne Innenhöfe.

Malerei

An der Schwelle zur Hochrenaissance steht das malerische Werk von **Filippino Lippi** (1457 – 1504). Nach Ergänzungen der Fresken in der Brancacci-Kapelle (Santa Maria del Carmine) zwischen 1481 und 1483 ließ er mit dem Altarbild »Vision des hl. Bernhard« (1486, Badia) die Bildvorstellungen der Frührenaissance noch ein letztes Mal aufleben und integrierte Stifterbildnis, Landschaft, Architektur und Stilleben mittels warmer tonaler Farben und ausgewogener Komposition zu einer Einheit. Die »Anbetung der Könige« (1496, Uffizien) präsentiert dagegen in unruhiger Bildanlage eine Fülle von Haltungs- und Bewegungsmotiven der Figuren, die auch in den Fresken der Cappella Strozzi von **Santa Maria Novella** mit Szenen aus dem Leben des Apostels Philippus und des Evangelisten Johannes erscheinen, die Lippi 1502 vollendete. Dort herrscht ein bewegter Linienstil vor, die Architektur wirkt monumental und dekorativ überladen, die Figuren zeigen heftige Gebärden, alles Aspekte, die bereits den Stil des Manierismus ankündigen.

**Leonardo da Vinci** (1452 – 1519), Maler, Bildhauer, Architekt, Techniker und Naturforscher, lernte die Malkunst in Florenz bei Andrea del Verrocchio und fiel mit zwei Jugendwerken, der »Taufe Christi« und der »Verkündigung« (1472 bis 1475, beide Uffizien), die in Zusammenarbeit mit Verrocchio entstanden, als äußerst begabt auf. Die »Anbetung der Weisen« (Uffizien) gilt als eigenhändiges Werk, blieb aber unvollendet, als Leonardo 1482 in den Dienst des Herzogs von Mailand trat. Die Weihnachtsgeschichte gewinnt in seiner unruhig-expressiven Version einer aus den Fugen geratenen Welt eine neue Dimension der Welterlösung. Der Beitrag des Künstlers zur Malerei der Hochrenaissance liegt vornehmlich im Bereich der Helldunkeltechnik mit weichen Übergängen zwischen Licht- und Schattenzonen, die seinen Bildern große atmosphärische Qualität verleihen.

> ! BAEDEKER TIPP
>
> *Genialer Techniker*
>
> Wer das Universalgenie Leonardo da Vinci auch einmal von einer anderen Seite kennenlernen möchte, dem sei das Museo Leonardo empfohlen. Hier werden seine nachgebauten Erfindungen gezeigt. Via dei Servi 66/68 r, tgl. 10.00 – 19.00 Uhr, www.mostredileonardo.com.

**Raffael**, eigentlich Raffaello Santi (1483 – 1520), stammt aus Urbino, ging bei Perugino in die Lehre und hat seine großen Werke in Rom hinterlassen. In Florenz hielt er sich nur vier Jahre zwischen 1504 und 1508 auf. In dieser Zeit entstanden das Doppelporträt von Agnolo und Maddalena Doni, geb. Strozzi (1505/1506, Palazzo Pitti), ein Werk von scharfer Beobachtungsgabe, die »Madonna mit dem Stieglitz« (um 1506, Uffizien) und die »Madonna del Granduca« (1505/1506, Palazzo Pitti), beides »liebenswürdige« Darstellungen von leicht melancholischer Stimmung, die jahrhundertelang das Raffaelbild recht einseitig geprägt haben. Die hohe Porträtkunst des Malers bezeugen die in Rom gemalten Bildnisse von Papst Leo X. (1517/1518, Uffizien), der »Donna Velata« (um 1514, Palazzo Pitti), einer schönen Römerin, und des Kardinals Inghirami (um 1516, Palazzo Pitti). Der Künstler führte die Malerei der Hochrenaissance zum Höhepunkt und zugleich zum Abschluss mit einer durchgängig optimistischen Lebensgrundhaltung trotz der Krisenzeit – es war die Epoche der Reformation. Harmonie und Schönheit, Stolz und Würde bestimmten sein Menschenbild.

**Andrea del Sarto** (1486 – 1530) war von Raffael, Leonardo und Michelangelo beeinflusst, arbeitete aber fast ausschließlich in Florenz. In der Kirche Santissima Annunziata sind eine Reihe seiner Fresken zu sehen, darunter die »Geburt Marias« (1514), ein streng geometrisch komponiertes Bild, aber mit schreitenden Figuren bewegungsreich ausgestaltet. Recht gut lässt sich der Stilwandel des Künstlers nachvollziehen in dem Zyklus aus Grisaillemalereien mit Szenen aus dem Leben Johannes des Täufers im Chiostro dello Scalzo, woran er mit Unterbrechungen von 1510 bis 1526 arbeitete. Im Palazzo Pitti beeindrucken die kraftvoll-heldenhafte Gestalt Johannes des Täufers sowie die »Himmelfahrt Marias« (um 1527), ein Werk von atmosphärischer Dichte durch wirkungsvolle Helldunkeltechnik und von tiefer religiöser Empfindung.

**Skulptur**

Es ist **Michelangelo Buonarroti** (1475 – 1564; ►Baedeker Wissen S. 56, Berühmte Persönlichkeiten S. 76), der mit seinem Frühwerk in Florenz dem Hochrenaissancestil in der Skulptur zum Durchbruch verhalf, bevor er von 1496 bis 1501 nach Rom ging. Geschult an antiken Vorbildern und ausgebildet bei Ghirlandaio und Bertoldo zeigen bereits Michelangelos erste Werke (alle in der Casa Buonarroti) »Madonna an der Treppe« (1491), »Kentaurenschlacht« (1492) und das Holzkruzifix (1494) mit kühnen Verkürzungen und kontrastreichen Modellierungen seine starke Rezeption und zugleich bahnbrechende Erneuerung der antiken Kunst. Der »Trunkene Bacchus« (begonnen 1497, Bargello) ist auf den ersten Blick lediglich eine Antikenrezeption, doch verblüfft, dass die Schulter über dem rechten Spielbein nicht nach hinten, sondern nach vorn gewendet ist, wodurch die Figur ins Schwanken gerät, was die antike Plastik ebensowenig kannte wie den expressiven Naturalismus der leicht dickbäuchig-vulgären Gestalt mit lallendem Mundzug. Den Bildhauer interessierte weniger das ausgewogene, unter allen Umständen harmonische Figurenkonzept der Antike als vielmehr die spannungsreichen Gegensätze der Körperglieder.

Dies drückt sich auch in der weltbeühmten Kolossalstatue des **»David«** (1501 – 1504, Galleria dell' Accademia; ►Baedeker Wissen S. 186, ►Abb. S. 1, 184) aus, einer klassischen Kontrapostfigur mit starken Gegensätzen zwischen Ruhe und Bewegung, Gelöstheit und Anspannung. Die Skulptur, für die Außenfassade des Doms geplant, dann vor dem Palazzo Vecchio aufgestellt, bildet den Abschluss einer um 1400 begonnenen ganzen Serie von Darstellungen des alttestamentlichen Helden in Florenz, der neben seiner religiösen Bedeutung auch Vorbildfunktion für ritterliche Tapferkeit und im übertragenen Sinn für Zivilcourage hatte.

## MANIERISMUS

**Epochenbegriff**

Für die Epoche der Spätrenaissance, der Zeit von 1520 bis 1600, hat sich für den italienischen Kunstraum der Begriff Manierismus eingebürgert als Bezeichnung für den antiklassischen Stil, der anstelle des ideal überhöhten Naturvorbilds zu einer Dynamisierung aller Ausdrucksformen gelangt und dabei auch Verzerrungen der Wirklichkeit bis hin zur Darstellung des Abnormen und Irrealen erlaubt.

**Architektur**

Das wichtigste Zeugnis der Architektur des Manierismus in Florenz ist die **Biblioteca Laurenziana**. Mit dem Bau wurde nach Plänen **Michelangelos** 1524 begonnen, aber erst nach seinem Tod wurde die Bibliothek 1571 ihrer Bestimmung übergeben. Weniger der Bibliothekssaal als vielmehr das Vestibül gehört zu den eigenwilligsten Raumschöpfungen Michelangelos und seiner Epoche. Die hohe und enge, zudem monumental gegliederte Vorhalle steht als triumphaler Eingang und Aufgang zur Bibliothek in der Architekturgeschichte einmalig da. Der Betrachter weiß zunächst gar nicht recht, wo er sich aufhält – in einem Haupt- oder Zwischengeschoss, einem Innen- oder Außenraum. Das Raumgefüge wird durch Doppelsäulen in einzelne Abschnitte geteilt. Eigenartig wirkt auch die Treppenanlage, die auf kürzestem Raum einen großen Höhenunterschied überwinden muss. Breit und gerundet fließen die mittleren Stufen aus dem Portal heraus, und beim Besteigen der geländerlosen Seitentreppen macht sich ein Gefühl von Instabilität bemerkbar. Dieses Hervorrufen von Unsicherheit durch die Umkehrung architektonischer Kräfte ist typisch für den Manierismus.

**Giorgio Vasari** (1511 – 1574), Maler, Baumeister und Schriftsteller, orientierte sich an der Formensprache Michelangelos und schuf mit dem Bau der **Uffizien** (1560 – 1580) ein Verwaltungsgebäude des toskanischen Großherzogtums. Es handelt sich um einen sich extrem verkürzenden, hofartigen Architekturprospekt, dessen Bewegungsrichtung sich nicht in einem Mitteltrakt sammelt, sondern durch die offene Loggia in die Ferne führt. Mit dem sogenannten Studiolo (Studierzimmer) für Großherzog Francesco I. im **Palazzo Vecchio** lieferte er ab 1570 sein Kabinettstück des Manierismus, eine philosophisch inspirierte Schöpfung mit einander durchdringenden Formen von Architektur, Malerei und Plastik, die die Grenze zwischen realem und Kunstraum vollends aufheben.

# Genie aus der Toskana

*Das Universalgenie Michelangelo war als Bildhauer, Maler, Baumeister, Dichter und Forscher tätig. Sein unruhiger Geist zeigte sich auch im mehrmaligem Wohnortwechsel zwischen Florenz und Rom. In beiden Städten leistete er Bahnbrechendes auf verschiedenen Gebieten: in Florenz als Bildhauer mit der weltberühmten Statue des David in der Akademie und den Figuren in der Neuen Sakristei von San Lorenzo, in Rom als Maler mit der Sixtinischen Kapelle im Vatikan und als Architekt beim Neubau der Papstkirche St. Peter.*

▶ **Lebensstationen**
Zeit in

- **Bologna**
- **Florenz**
- **Rom**

Michelangelo wird am 6. März 1475 in Caprese geboren.

▶ **Michelangelo als Bildhauer**

Ⓐ **Kentaurenschlacht**
**Zeitraum:** 1492–1493
**Ort:** Casa Buonarroti, Florenz
**unter Aufsicht von:** Lorenzo de' Medici, der Prächtige

Ⓑ **Pietà**
**Zeitraum:** 1498–1499
**Ort:** Petersdom, Rom
**Auftraggeber:** Kardinal Jean Bilhères de Lagraula Abt von St-Denis und französischer Botschafter beim Heiligen Stuhl

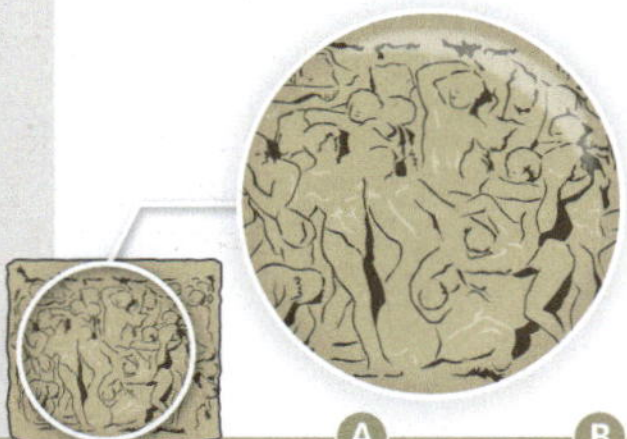

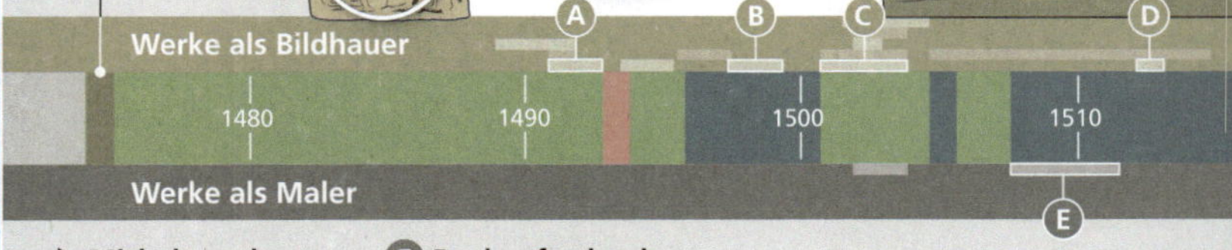


▶ **Michelangelo als Maler**

Ⓔ **Deckenfresko der Sixtinischen Kapelle**
**Zeitraum:** 1508–1512
**Ort:** Sixtinische Kapelle, Rom
**Auftraggeber:** Papst Julius II.

- Vorfahren Jesu
- Sibyllen
- Propheten
- Noah
- Adam und Eva
- Schöpfung
- Szenen aus dem Alten Testament

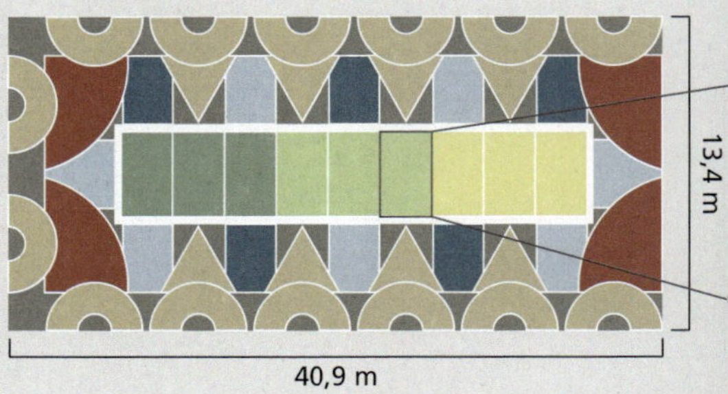

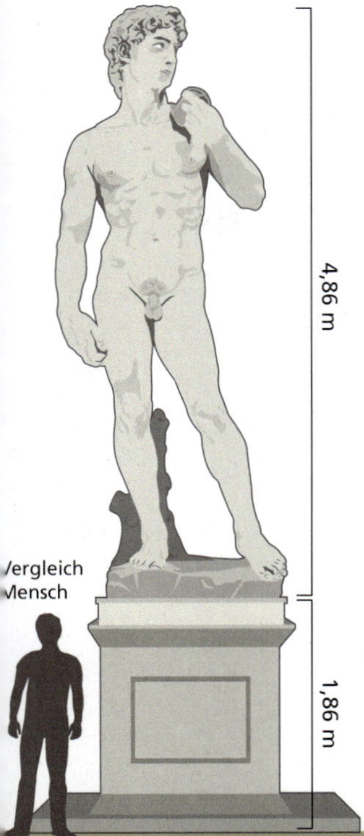


**C David**
**Zeitraum:** 1501–1504
**Ort:** vor dem Palazzo Vecchio und auf der Piazzale Michelangelo, Florenz (Kopien); Original seit 1873 in der Galleria dell' Accademia
**Auftraggeber:** Dombauhütte

**Ein Meisterwerk der Renaissance**
Die David-Statue entstand aus einem einzigen Mamorblock und gilt als Sinnbild von Kraft und der Macht des Geistes. Sie wurde von Michelangelo als Siegesdenkmal der Florentiner für die Stadtrepublik erschaffen.

**D Sterbender Sklave**
**Zeitraum:** um 1513
**Auftraggeber/Ort:**
Papst Julius II. für sein Monumentalgrab im Petersdom in Rom
**Heute:** Louvre, Paris



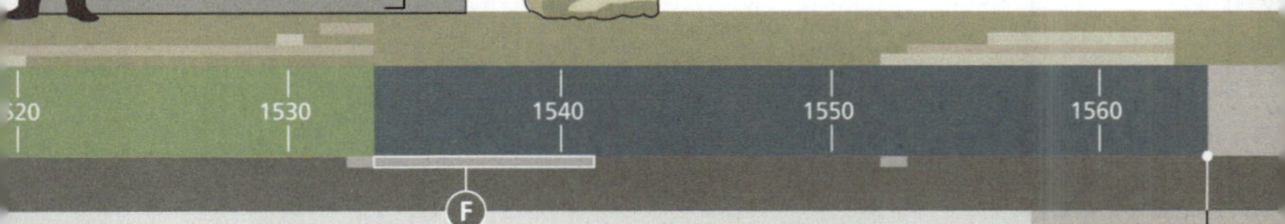


**Die Erschaffung Adams**
Mit ausgestrecktem Zeigefinger erweckt Gott Adam zum Leben.

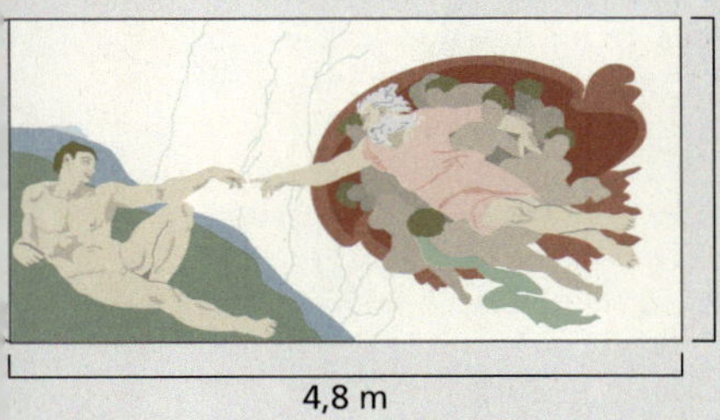


**F Das Jüngste Gericht**
**Zeitraum:** 1534–1541
**Ort:** Sixtinische Kapelle
**Auftraggeber:**
Papst Paul III.

Im Zentrum des Freskos hat Michelangelo Jesus im Moment unmittelbar vor der Verkündung des Urteilsspruchs dargestellt.

Michelangelo stirbt am 18. Februar 1564 in Rom.

Grotte von Buontalenti

Der wohl vielseitigste Architekt des Manierismus in Florenz war **Bernardo Buontalenti** (1536 bis 1608), als Innenausstatter, Festungsbaumeister, Gartenplaner, Theateringenieur und Kostümbildner gleichermaßen geschätzt. Die Tribuna (um 1581), ein kunstvoll ausgestatteter, herrschaftlicher Achtecksaal in den Uffizien, die Grotten im Boboli-Garten (um 1585, Planung von Vasari), die Innenausstattung des Palazzo Vecchio (1588) sind Baumaßnahmen zum Zweck fürstlichen Müßigganges. Der Palazzo Nonfinito (1593), die Festung Forte di Belvedere (1590 – 1595) und die Fassade von Santa Trínita (1593) sind weitere bedeutende Bauwerke Buontalentis.

Zu den ersten Vertretern der Malerei des Manierismus in Florenz zählt Giovanni Battista Rosso (1494 – 1540), genannt **Rosso Fiorentino**. Das Fresko »Himmelfahrt Marias« (1517, Santissima Annunziata) und das Tafelbild »Madonna mit vier Heiligen« (1518, Uffizien) sind seine frühesten Werke, die sein vermutlich bei Andrea del Sarto erworbenes Können beweisen. Die Altartafeln »Madonna mit vier Heiligen« (1522, Palazzo Pitti) und die »Verlobung Marias« (1523, San Lorenzo) zeichnen sich durch einen asymmetrischen Bildaufbau, changierende Farben und raffinierte Gestaltung der Gewandfiguren aus. Ungewöhnlich ist auch die aus starken Farb- und Richtungskontrasten aufgebaute Komposition von »Moses verteidigt die Töchter Jethros« (1523, Uffizien) mit puppenhaft wirkenden Menschenkörpern. **Jacopo da Pontormo**, eigentlich Jacopo Carrucci (1494 – 1557), nahm in seinem frühen Fresko »Heimsuchung« (1514 – 1516, Santissima Annunziata) noch Bezug auf den Monumentalstil seines vermutlichen Lehrers Andrea del Sarto. In dem Verkündigungsfresko und der Kreuzabnahme (1526 – 1528, beide Santa Felicità) wirken die Gestalten durch raffinierte Gewandbehandlung in kühlen, transparenten Farben fast schwerelos. Pontormos postume Bildnisse der Medici, Cosimos d. Ä. und Lorenzos des Prächtigen, sind von großer Feinheit und Einfühlsamkeit.

Skulptur

Charakteristische Beispiele für die Bildhauerkunst des Manierismus sind die Skulpturen für das Grabmal Papst Julius' II., die sogenannten Sklaven (um 1519, Galleria dell' Accademia) und die Medici-Gräber (1520 – 1534) in der Neuen Sakristei (San Lorenzo) von **Michelangelo** mit einer nie zuvor erreichten Komplexität der Bewegung und Steigerung des Ausdrucks zur Sichtbarmachung seelischer Spannungen und Leidenschaften. Da alle Arbeiten unvollendet sind, geben sie lediglich Einblick in den Arbeitsprozess Michelangelos. Und dennoch wirken die Skulpturen im unvollendeten Zustand geradezu überzeitlich modern als grundsätzliche Veranschaulichung eines existentiellen Kampfes zwischen Freiheit und Gebundenheit sowie zwischen Geist und Materie. Der Bildhauer setzte sich immer wieder in dem Thema der Pietà mit der christlichen Heilslehre auseinander. Die Dom-Pietà (Museo dell' Opera del Duomo) und die Pietà di Palestrina (Galleria dell' Accademia) sind unvollendete Werke von erschütternder Tragik.

**Benvenuto Cellini** (1500 – 1571) war einer der führenden Goldschmiede und Bronzebildner des Manierismus. Seine Büste von Cosimo I. (1545, Bargello) mit überreichem Detailschmuck der Rüstung ist ebenso ein Meisterwerk wie die lebensgroße Perseus-Statue (1545 bis 1554; Loggia dei Lanzi, Piazza della Signoria). Kennzeichnend für seinen Stil ist die momentane szenische Bewegung der Figur, die stets gut ausgewogen ist und eine feine Körpermodellierung erfährt.

Einen letzten Höhepunkt erreichte die Skulptur in Florenz Ende des 16. Jh.s mit den Werken von **Giambologna** (1529 – 1608), einem Flamen aus Boulogne sur Mer. Sein wesentlicher Beitrag zur Entwicklung der Plastik, nicht zuletzt im Hinblick auf die Barockskulptur, war die »figura serpentinata«, eine auf Vielansichtigkeit ausgerichtete Figur, die aufgrund ihrer spiralförmigen Bewegung den Betrachter zum Umschreiten zwingt. Die Marmorgruppen »Florenz siegt über Pisa« (1570, Bargello) und »Raub der Sabinerinnen« (1583, Loggia dei Lanzi, Piazza della Signoria) sind hervorragende Beispiele dafür. Auf dem Gebiet der Bronzeplastik schuf der Bildhauer mit dem **»Geflügelten Merkur«** (um 1580, Bargello) ein virtuoses Standbild, das die Gesetze der Statik aufzuheben scheint und im Raum zu schweben beginnt. Das Reiterdenkmal für Großherzog Cosimo I. de Medici (um 1594) auf der Piazza della Signoria gilt als das erste öffentliche in der Epoche des Absolutismus. Ein Herrscherdenkmal in Imperatorhaltung, hoch zu Ross über den Köpfen des Volkes, ist die letzte Steigerung der Verherrlichung von Fürstenmacht und zeigt schlaglichtartig die politischen Verhältnisse in Florenz auf. Aus den republikanisch gesinnten Bürgern sind gegen Ende des 16. Jh.s Untertanen geworden, die dem Fürsten huldigen.

Giambologna: »Geflügelter Merkur«

## BAROCK

**Kein barockes Zentrum** Florenz war ein Nebenschauplatz der barocken Kunst. Wirtschaftlicher Niedergang und ein rigides politisches System hatten seit Beginn des 17. Jh.s zum Rückgang des Kunstschaffens in Florenz geführt. Man widmete sich fortan der Pflege und Bewahrung der Kulturgüter der vorangegangenen Jahrhunderte.

**Architektur** Das größte Bauprojekt in der Arnostadt im 17. und 18. Jh. war die Errichtung der **Fürstenkapelle** (begonnen 1608) in **San Lorenzo**, ein riesiges überkuppeltes Oktogon als prunkvolles Mausoleum für die Medici-Großherzöge. Nach mehrfachen Planänderungen und Bauverzögerungen wurde sie 1737 fertiggestellt, die Innenausstattung wurde allerdings erst im 20. Jh. – Altar mit Einlegearbeiten von 1939 – vollendet. Weitere Baumaßnahmen waren die Erweiterungen des **Palazzo Pitti** als Fürstenresidenz mit der Verlängerung der Fassade (1620 – 1640) durch Giulio und Alfonso Parigi und der Ausbau der Seitenflügel zwischen 1764 und 1783, sodass sich ein Ehrenhof nach dem Vorbild französischer Barockresidenzen ergab. Der **Palazzo Corsini** (1648 – 1656), von Gherardo Silvano errichtet, bietet ein gutes Beispiel eines barocken Stadtpalasts mit einer monumentalen Treppenanlage im Innern. Auf dem Gebiet der Sakralbaukunst entstand um 1685 mit der Neugestaltung der Choranlage von **Santa Maria dei Pazzi** ein bedeutendes Werk in Zusammenarbeit von Pier Francesco Silvani (Architektur) und Ciro Ferri (Malerei).

**Malerei** Um 1600 war die Malerei in Florenz noch von den Nachklängen des Manierismus bestimmt. **Alessandro Allori** (1535 – 1607) machte sich zunächst als Porträtmaler einen Namen und freskierte unter dem Einfluss Michelangelos 1560 ein Jüngstes Gericht in Santissima Annunziata. Er neigte um 1570 zu ekstatischen gegenreformatorischen Bildideen und malte schließlich auch Themen aus der Mythologie und antiken Geschichte mit einer Reihe von Aktdarstellungen. Die »Opferung Isaaks« (1589/1601, Uffizien) ist eine episodenhafte Bilderzählung mit starkem Hang zur Landschaftsdarstellung. Sein Werk »Maria mit dem Kind« (um 1590, Palazzo Pitti) zeigt im Rückgriff auf die Malerei des Quattrocento einen ausgeprägten Realismus. Für die Ausmalung einiger Innenräume des **Pitti-Palastes** konnte **Pietro da Cortona** (1596 – 1669) von den Medici-Fürsten gewonnen werden. Seine illusionistische Wand- und Deckenmalerei mit sinnlichem Pathos lässt sich gut in den Sälen der Venus, des Mars, des Jupiter und des Apoll sowie in der Sala della Stufa (»Ofensaal«) sehen, die von 1637 bis 1641 von ihm ausgemalt wurden.

**Pietra dura** Ein bedeutsames Kunsthandwerk im Florenz der Barockzeit war das Florentiner Mosaik, »pietra dura« genannt, Einlegearbeiten in Stein (häufig Edelsteine), das besonders in der Fürstengruft von San Lorenzo zu bewundern ist. 1588 gründete Großherzog Francesco I. de' Medici die Werkstätten, die bald in ganz Europa berühmt waren und heute noch existieren (Opificio delle Pietre Dure).

## MODERNE (19./20. JAHRHUNDERT)

**Architektur**

Klassizismus und Historismus haben einige Spuren vornehmlich beim Wohnhaus- und Stadtpalastbau hinterlassen. Für die Anlage des großbürgerlichen Flanierplatzes **Piazza della Repubblica** wurde um 1890 das mittelalterliche Viertel mit dem Mercato Vecchio und dem Ghetto abgerissen und durch einen Triumphbogen, den sogenannten Arconte (1895) ersetzt, umgeben von einer Reihe von Verwaltungspalästen, die mit ihrer antikisierenden Formensprache an das römische Forum erinnern, das sich einst an dieser Stelle befand.
Im Sakralbau wurde die Marmorfassade von **Santa Croce** (1853 bis 1860) von Niccolò Matas vermutlich nach den Ideen Cronacas (15. Jh.) vollendet. Die Fassade des **Doms Santa Maria del Fiore** gestaltete man von 1875 bis 1887 nach Entwürfen von Emilio de Fabris im Stil der Neogotik.
Von den Bauten des 20. Jh.s sind die **Stazione di Santa Maria Novella**, der Hauptbahnhof, vom Architektenteam Baroni, Berardi, Gamberini, Guarnieri, Lusanna und Micheluzzi 1933 errichtet, und das **Sparkassengebäude** von G. Micheluzzi (1958) erwähnenswert. Ein jüngeres Beispiel für ambitionierte zeitgenössische Architektur ist das 2012 eingeweihte, ästhetisch und technisch hochmoderne Musiktheater, das Nuovo Teatro dell' Opera.

**Malerei**

Um die Mitte des 19. Jh.s machte eine toskanische Künstlergruppe von sich reden unter dem Namen **»Macchiaioli«** (macchia = Fleck), die sich bewusst vom Akademiestil ab- und der Freilichtmalerei nach dem französischen Beispiel der Schule von Barbizon und des Impressionismus zuwandte, mit lockerer Pinselführung, natürlichen Farben und realistischen Themen (▶Baedeker Wissen S. 62). Die Werke u. a. von G. Boldini, G. Fattori, S. Lega sind in der **Galleria d' Arte Moderna** im Pitti-Palast ausgestellt. Zu Beginn des 20. Jh.s hatte der Futurismus auch in Florenz seine Anhänger. Während der Mussolini-Diktatur war die abstrakte Kunst unbeliebt und zum Teil verboten, sodass erst nach dem Zweiten Weltkrieg wieder der Anschluss an die modernen Malströmungen gefunden wurde.

**Skulptur**

Bekanntester klassizistischer Bildhauer des 19. Jh.s in Florenz war **Pio Fedi** (1816 – 1892), dessen »Raub der Polyxene« (1866) unter den Statuen der Loggia dei Lanzi einen Ehrenplatz erhalten hat. Um die Jahrhundertwende gab es auch in Florenz eine Reihe von Epigonen,

# Auch moderne Kunst

*Kann es in einer Stadt, die derart vom genialen Kunstschaffen großer Künstlerpersönlichkeiten aus der Vergangenheit beherrscht ist, Raum und Atemluft für moderne Künstler geben? Das Interesse für Kunst ist ja grundsätzlich vorhanden, fast darf man sagen, es liegt in der DNA von Florenz.*

Alles dreht sich hier um Kunst. In kaum einer anderen Stadt leben und arbeiten so viele Kunstrestauratoren und Kunsthistoriker wie in Florenz. Dabei geht es aber immer wieder um die große Kunst der Vergangenheit. Das muss die in der Gegenwart lebenden Künstler doch erdrücken und einschüchtern. Oder auch herausfordern – was die vielen Künstlerreisen nach Florenz im Lauf der letzten Jahrhunderte bezeugen. Manche sind gleich in Florenz geblieben und hier gestorben. So wurden auf dem Cimitero Evangelico degli Allori (Via Senese 184) etwa der Maler Arnold Böcklin und Hans-Joachim Staude begraben.

Um heutigen jungen Künstlern die Reise nach Florenz zu ermöglichen, unterhält der deutsche Staat ein Künstlerhaus, die **Villa Romana**, mit Atelierwohnungen für Stipendiaten. In der Villa kann man in regelmäßigen Ausstellungen das Schaffen der Heutigen kennenlernen (Via Senese 68, www.villaromana.org).

Tatsächlich hat es auch in neuerer Zeit immer wieder künstlerische Impulse gegeben, die von Florenz ausgingen. Da ist zum Beispiel die Bewegung der **Macchiaioli** aus der Mitte des 19. Jh.s mit Künstlern wie Giovanni Fattori und Telemaco Signorini, die mit ihrem antiakademischen, antiromantischen und antiklassizistischen Impetus soziale Themen in die Malerei einführten und den linearen Pinselstrich in »Kleckse« (»macchie«) auflösten und somit die moderne Malerei in Italien einleiteten.

Im 20. Jahrhundert war es die Florentiner **Designszene** der 1960er- und 1970er-Jahre mit Gruppen wie Archizoom und Superstudio, die den italienischen Designboom auslösten. Großes Renommee in ganz Italien haben die Kunstfachschule Istituto d'Arte sowie die Architekturfakultät.

Doch gibt es keine herausragende Sammlerszene noch ein spannendes Museum für Gegenwartskunst, wie es mittlerweile fast alle größeren Städte in Italien haben.

2014 ist das **Museo Novecento** im mittelalterlichen Ex-Krankenhaus Le Leopoldine an der Piazza Santa Maria Novella eröffnet worden, in das die vormals hier und dort verstreuten Sammlungen zur Kunst des 20. Jh.s zusammengeführt wurden, so etwa die Raccolta Alberto della Ragione.

Ein paar Galerien leisten gute Arbeit und verschaffen Florentiner Gegenwartskünstlern eine Bühne, so etwa die Galleria Biagiotti (Via delle Belle Donne 39 r, www.artbiagiotti.com), Otto luogo dell'arte (www.ottoluogodellarte.it) sowie der Centro d'Arte Spaziotempo (Via Val di Marina 15).

Museo Marino Marini, eines der wenigen Museen für moderne Kunst der Stadt

Eine ganze Reihe von guten Adressen für Gegenwartskunst gibt es auch in der näheren **Umgebung von Florenz**, allen voran das Museum für Gegenwartskunst Luigi Pecci in Prato, und mitten im mittelalterlichen Zentrum von San Gimignano überrascht in den Räumlichkeiten eines alten Kinos die Galleria Continua mit herausragender Gegenwartskunst. Auch sei hier auf den grandiosen Skulpturenpark des engagierten Sammlers von Gegenwartskunst Giuliano Gori bei Pistoia hingewiesen: Fattoria di Celle (www.goricoll.it).

Zudem verbindet Pistoia und Florenz ein großer italienischer Künstler des 20. Jh.s, der in Pistoia geborene Bildhauer **Marino Marini** (1901–1980), dessen enormes Schaffen zwei Museen füllt (und viele weitere Sammlungen in Italien), das Museo Marino Marini in Florenz und das in Pistoia. Der engagierte Direktor des Florentiner Marini-Museums veranstaltet zudem sehr interessante Ausstellungen mit Arbeiten junger Gegenwartskünstler.

Einen Schauraum hat die heutige Kunst auch im Palazzo Strozzi gefunden, im **Centro di Cultura Contemporanea Strozzina** (www.strozzina.org). Große Ausstellungen zur Gegenwartskunst werden zudem im Forte Belvedere veranstaltet. Und eine interessante und seit 20 Jahren sehr erfolgreiche Veranstaltungsreihe zu neuen Kunstformen in Tanz, Theater, bildender Kunst, Mediakunst u.v.m. nennt sich **Fabbrica Europa**, mit Spielorten wie dem alten Bahnhof Stazione Leopolda und dem ehemaligen Gefängnis Le Murate (www.fabbricaeuropa.net). Florenz gibt auch der modernen Kunst eine Chance.

Im Pitti-Palast ist auch moderne Kunst vertreten.

die sich für den Skulpturenstil von Rodin begeisterten. Heroismus und Pathos bestimmten dann die Skulptur während des Faschismus. Nach dem Zweiten Weltkrieg wurden die Grenzen zwischen Malerei und Plastik zunehmend aufgehoben. Installationen, Environments und Inszenierungen kommen in der zeitgenössischen Kunst häufig vor und erschließen auf diese Weise auch der Skulptur eine neue Dimension.

# Kulturleben

**Seit der Renaissance hat sich Florenz seinen Rang als Zentrum von Kultur und Kunst bewahrt. Wichtiger noch, es hat das Stadtbild seiner Blüte behalten. Die Kirchen und Paläste, Plätze und Brücken, Fresken und Gemälde, die in den Jahrzehnten seiner kulturellen Hoch-Zeit entstanden, blieben erhalten.**

---

**Kunstzentrum**

Die Stadt zieht nicht nur allgemein interessierte Touristen an, sondern in besonderem Maße auch Künstler, Kunsthistoriker, Geschichtswissenschaftler und Kunstrestaurateure. Universitäten und wissenschaftliche Forschungsinstitute, Theater und Orchester, Oper und Bibliotheken beweisen die Lebendigkeit des Florentiner Kulturlebens.

**Universitäten, Bibliotheken**

Neben der seit 1924 bestehenden Staatlichen Universität – als Hochschule 1349 gegründet – gibt es folgende Hochschulen: Università di Parigi, Università Europea (Sitz in Fiesole), Università Internazionale dell' Arte, Università Libera per Attori. Neun öffentliche Bibliotheken stehen dem Publikum und Wissenschaftlern zur Verfügung.

**Akademien, wissenschaftliche Institute**

Florenz bietet mit seinen Kirchen, Palästen und Museen einzigartige Möglichkeiten für künstlerische und historische Studien. Deshalb kümmern sich zahlreiche Akademien und Institute um die **Pflege von Wissenschaft und Kultur**, wie etwa die Accademia della Crusca per la Lingua Italiana um die Förderung der italienischen Sprache. Daneben unterhalten auch ausländische Nationen wissenschaftliche Institute in Florenz, so Deutschland das Istituto Tedesco di Storia dell' Arte (»Deutsches Kunsthistorisches Institut in Florenz«).

**Theater, Musik**

Zwölf Theater, an der Spitze das **Teatro Comunale** bzw. das neue **Operntheater**, erfüllen den Wunsch nach klassischen und modernen Schauspielen sowie Opernaufführungen. Die Konzertveranstaltungen können hohen Ansprüchen gerecht werden, besonders die Darbietungen des **Maggio Musicale Fiorentino**, des »Musikalischen Mai von Florenz« (von Mai bis Ende Juni), der mit Unterbrechungen seit 1933 veranstaltet wird.

**Museen**

Etwa **50 Museen und Kunstsammlungen** sind in Florenz der Öffentlichkeit zugänglich. Weltberühmt sind die Uffizien. Aber auch die Galleria dell' Accademia, das Museo Nazionale del Bargello, der Palazzo Pitti mit seinen Kunstschätzen sowie zahlreiche kleinere Museen bewahren Kunstwerke von unermesslichem Wert.
Angesichts dieser übermächtigen Kunsttradition tut sich die moderne bzw. zeitgenössische Kunst schwer, in Florenz Raum und Aufmerksamkeit zu finden. Lichtblicke sind interessante temporäre Ausstellungen, die Internationale Biennale zeitgenössischer Kunst in der Fortezza da Basso (www.florencebiennale.org) wie auch das 1988 eröffnete Museum des berühmten toskanischen Bildhauers Marino Marini.

**Original oder Kopie**

Ein Großteil der Kunstwerke von Florenz befindet sich jedoch nicht in Museen, sondern ist bzw. war ursprünglich im Freien aufgestellt. Um Skulpturen und bauplastischen Schmuck vor Umweltschäden durch die Luftverschmutzung zu retten, wurden in der Vergangenheit zahlreiche Kunstwerke nach umfassender Restaurierung in Museen untergebracht und an ihrem eigentlichen Standort durch Kopien ersetzt. Einige von ihnen fertigte man aus Kunststoff an. Dass dieser Weg auch in der Zukunft bei zahlreichen Kunstschätzen gegangen werden muss, ist unbestritten. Diskutiert wird in Florenz allerdings die Frage, ob für die Imitationen statt Kunststoff das Originalmaterial verwendet werden soll. Man unternimmt große Anstrengungen, um die unschätzbar wertvollen Kunstwerke zu erhalten. Überall wird restauriert, nicht nur die Gemälde in den Uffizien, sondern auch Kirchen und deren Kunstwerke sowie andere Gebäude. Diese **Restaurierungsarbeiten** werden durch städtische, staatliche und EU-Mittel sowie durch Sponsoren finanziert.

# Berühmte Persönlichkeiten

## FRA ANGELICO (1395 – 1455)

**Maler**

Der Sohn eines wohlhabenden Landwirts aus dem Mugello-Tal, eigentlich Guido di Pietro mit Namen oder auch Giovanni da Fiesole genannt, trat mit zwanzig Jahren in das Dominikanerkloster von Fiesole ein. Dort verbrachte er viele Jahre als malender Mönch mit der Ausschmückung seines Heimatklosters durch Fresken. Sein Ruf als vorzüglicher Maler – weitgehend ein Naturtalent – verbreitete sich rasch, und als in Florenz 1436 das Dominikanerkloster **San Marco** neu gestaltet wurde, erhielt Fra Giovanni den Auftrag, die Klosterzellen mit Themen aus der Passion Christi auszugestalten.
Seine Malerei ist trotz starker Anlehnung an den gotisch-flächigen Stil von erstaunlicher Plastizität und Wirklichkeitsnähe. Sein Realismus ist teilweise so wirkungsvoll, dass die Mitbrüder beim Anblick der Kreuzigungsdarstellungen wegen des vielen Bluts in Ohnmacht fielen. Diese Art des Mitleidens war durchaus beabsichtigt und gab der Malerei neue emotionale Impulse. Darüber hinaus ist der Malermönch auch ein wichtiger Neuerer der Bildkomposition, der vor allem Halbkreis und Kreis als konstituierende Elemente des Bildaufbaus nutzte. Die glanzvolle Farbigkeit, der beseelte Ausdruck und die innige Frömmigkeitshaltung der Figuren, vor allem auf seinen Altartafeln, kennzeichnen seinen Malstil. Die Nachwelt hat seine Lebensweise und seine künstlerische Leistung verklärt, indem sie ihm den Beinamen »Il beato Angelico« (»Der selige Engelsgleiche«) gab. Während eines Aufenthaltes in Rom starb er 1455 und wurde in Santa Maria sopra Minerva begraben. 1984 wurde er von Papst Johannes Paul II. offiziell selig gesprochen und zum Schutzpatron der Künstler erhoben.

## GIOVANNI BOCCACCIO (1313 – 1375)

**Dichter**

Boccaccio wurde als unehelicher Sohn eines großbürgerlichen Kaufmanns aus Certaldo vermutlich in Paris geboren, wuchs in Florenz auf und ergriff zunächst den Beruf seines Vaters. Handelsreisen führten ihn mit Anfang 20 nach Neapel, wo er mit höfischen Kreisen in Berührung kam, sich zum Studium der alten Sprachen entschloss und anschließend als Autor lateinischer und italienischer Literaturwerke für viele Jahre dort blieb. Um 1340 hielt er sich wieder in Florenz auf, wo er mit dem Humanisten und Gelehrten **Petrarca** zusammentraf und sich beide um die Wiederbelebung der lateinischen und griechischen Sprache sowie der Literatur bemühten. In dieser Zeit entstand u. a. Boccaccios psychologischer Liebesroman »Fiammetta« (1343), der auf ein persönliches Liebeserlebnis am Hof von Neapel zurückgeht. Boccaccio überlebte die große Pestepidemie von 1348,

**Florenz hat seinen großen Dichter Dante nicht gut behandelt.**

die mehr als die Hälfte der Einwohner von Florenz dahinraffte, und verfasste unter dem Eindruck dieser Katastrophe seinen berühmten Novellenzyklus **»Il Decamerone«** (»Das Dekameron«, 1348 – 1353), der heute als Ursprung der italienischen Prosa überhaupt angesehen wird und die Weltliteratur entscheidend beeinflusst hat (Shakespeare, Rabelais, Lessing). In den 100 Erzählungen, von zehn Personen an zehn Tagen vorgetragen, geht es in praller realistischer Darstellung um Lebenslust und Daseinsfreude sowie um Fragen der Liebesmoral. Das Thema reicht von der hohen Kunst der Minne bis zur triebhaften Liebe, auf dem Hintergrund einer die Schranken der Gesetze, der Religion und Moral außer Kraft setzenden Pestkatastrophe. Neben vielen weiteren Werken in italienischer und lateinischer Sprache schrieb Boccaccio als Bewunderer Dantes auch eine historisch umstrittene »Vita di Dante« (um 1360) und erhielt 1373 von der Stadt Florenz den ersten öffentlichen Lehrstuhl für die Deutung der »Göttlichen Komödie« des Dichters übertragen.

## SANDRO BOTTICELLI (1445 – 1510)

**Maler**

Der in Florenz geborene Maler Alessandro di Mariano Filipepi, der den Spitznamen Botticelli (»Fässchen«) schon in seiner Jugend erhielt, erfuhr zunächst eine Ausbildung als Goldschmied und kam von dort in die Lehre zu Filippo Lippi. Sehr früh gewann er die Gunst der Medici-Familie, die ihn durch viele Aufträge förderte, ja er war sogar mit dem etwa gleichaltrigen Lorenzo dem Prächtigen befreundet. Botticelli war humanistischen Ideen sehr aufgeschlossen, die er auch in seinen Gemälden verarbeitete, erhielt Anregungen durch die Platonische Akademie zu Florenz, neigte aber in seinen späteren Jahren zur Mystik und gehörte schließlich zu den **Anhängern Savonarolas**. . Seine Hauptwerke – darunter die berühmten Gemälde **»Der Frühling«** und **»Geburt der Venus«** –, entstanden in der Zeit von 1470 bis 1495, sind in den Uffizien entwicklungsgeschichtlich gut und umfangreich präsentiert. In seinen Bildvorstellungen vereinen sich die glanzvolle Lebensart der Epoche Lorenzos des Prächtigen mit humanistischer Bildung, starker Empfindsamkeit und scharfem Geist in Verbindung mit feiner, eleganter Linienführung des Pinsels und rhythmischen Farbklängen. Trotz einiger Aktfiguren ist Botticellis Malweise im Grund »neogotisch«, da er auf den plastischen Realismus der Renaissancekunst bewusst verzichtet und statt dessen seinen Bildern einen verklärenden, geheimnisvollen Zauber verleiht. Nach Tod und Vertreibung der Medici-Mäzene 1494 geriet Botticelli in eine persönliche und künstlerische Krise, die zum Teil durch religi-

öse Bilder aufgefangen wurde, ohne sich aber mit der neuen Malerei eines Leonardo, Michelangelo oder Raffael auseinanderzusetzen. Es ist nicht verwunderlich, dass er gegen Ende seines Lebens über 90 Federzeichnungen zu Dantes »Göttliche Komödie« fertigte und sich mystisch mit dem Erlösungsgedanken auseinandersetzte.

## FILIPPO BRUNELLESCHI (1377 – 1446)

**Baumeister, Bildhauer**

Der gebürtige Florentiner Baumeister und Bildhauer Filippo Brunelleschi ist der eigentliche Schöpfer der Renaissancearchitektur. Voraussetzung für die Erneuerung der Baukunst war die intensive Beschäftigung mit antiker Architektur. Brunelleschi zog sogar mit seinem Freund, dem Bildhauer Donatello, nach Rom, um vor Ort die antiken Überreste zu studieren. Als Ergebnis der Messungen und Berechnungen entwickelte er geometrische und stereometrische Formen, die die Grundlage für seine Bauten bildeten. Aus der optischen Lehre von Euklid leitete er schließlich zwischen 1410 und 1420 seine epochale Entdeckung der **zentralperspektivischen Projektion** ab, d. h. die wissenschaftlich exakte Darstellung eines dreidimensionalen Raums auf einer Fläche, was vor allem der Malerei ungeahnte Möglichkeiten eröffnete.
Zu Brunelleschis großen Ingenieurstaten zählt außerdem die gewaltige freitragende, doppelschalige Konstruktion der **Domkuppel** in Florenz, die von 1420 bis 1436 ausgeführt wurde (▶Baedeker Wissen S. 170). Im Profanbau setzte er mit der Ospedale degli Innocenti, dem Findelhaus, neue Akzente durch die Verwendung von Hängekuppeln. In der Sakralarchitektur gelangen ihm mit **San Lorenzo** und **Santo Spirito** revolutionäre Langbauten, die die gotische Baukunst als völlig überholt erscheinen ließen. In einer kühnen Synthese aus frühchristlichen basilikalen Baugedanken und antikisierender Formensprache (Säule, Pilaster, Kapitell, Gebälk) schuf Brunelleschi ein lichtdurchflutetes, proportional gleichgewichtiges Raumgefüge, in dem das Raumganze in ständiger Wechselwirkung mit den Einzelformen steht. In **San Lorenzo** beispielsweise wiederholt sich der Halbkreisbogen der Langhausarkaden in verkleinertem Maßstab in den Obergadenfenstern, in den Bögen der Kapellenöffnungen und in den Schildbögen der Hängekuppeln in den Seitenschiffen. In Santo Spirito bildet das Vierungsquadrat (Schnittfläche von Langhaus und Querhaus) die Maßeinheit für den ganzen Bau. Auf dem Gebiet des Zentralbaus orientierte sich Brunelleschi an byzantinischen Kuppelbauvorbildern. Die **Alte Sakristei** von San Lorenzo (quadratischer Kuppelraum) und die **Pazzi-Kapelle** als Kapitelsaal der Franziskaner von Santa Croce, wo er einen überkuppelten Rechteck- mit einem Quadratgrundriss kombinierte, bieten interessante Varianten des neuzeitlichen Zentralbaus. Als Bildhauer nahm Brunelleschi 1402

am Wettbewerb um die Gestaltung der zweiten Bronzetür des Baptisteriums mit dem Relief »Die Opferung Isaaks« teil, das jedoch gegen den Entwurf Ghibertis unterlag; beide Reliefs befinden sich heute im Bargello-Museum. In Konkurrenz zu seinem Freund Donatello schuf er ein Kruzifix mit einer ebenmäßig schönen, idealisierten Christusgestalt im Sinn einer klassisch-antiken Aktfigur (**Santa Maria Novella**). Im Dom zu Florenz fand der große Baumeister seine letzte Ruhestätte.

## DANTE ALIGHIERI (1265 – 1321)

**Dichter**

Dante wurde 1265 als Sohn angesehener Patrizier in der Arnostadt geboren und wuchs zu einer Zeit auf, als in den Städten Norditaliens Kämpfe zwischen rivalisierenden Adelsfamilien stattfanden, die als Parteigänger des Kaisers Ghibellinen und als die des Papstes Guelfen genannt wurden. Vielfach ging es diesen Familien aber gar nicht um die Durchsetzung von Reichs- oder Papstinteressen, sondern um ihre Vormachtstellung in der jeweiligen Stadt. Dantes Familie gehörte zur Ghibellinenpartei, die sich in Florenz **»weiße Guelfen«** nannte, und musste mehrfach ins Exil gehen, wenn die päpstlichen schwarzen Guelfen wieder einmal die Regierung stellten. Als Dante geboren wurde, war dies der Fall, sodass ein Teil seiner Familie in der Verbannung leben musste. In Bologna studierte er anschließend Rechtswissenschaft und ging daraufhin mit etwa 20 Jahren in die Politik. 1295 gehörte er zum Rat des Capitano del Popolo, 1296 zum Rat der Hundert und 1297 zu dem des Podestà, bis er schließlich 1300 als Prior zum Mitglied der Signoria gewählt wurde. In diesem Jahr seiner politischen Tätigkeit brachen erneut blutige Kämpfe zwischen den Adelsgruppen in der Stadt aus. Der Papst schickte Karl von Valois nach Florenz, um die Ordnung wiederherzustellen. Die weißen Guelfen wurden der Verschwörung beschuldigt und ihre Anführer aus der Stadt verbannt. Auch Dante machte man als ihrem Anhänger den politischen Prozess: 1302 wurde er zu lebenslanger Verbannung verurteilt, die fünf Jahre später in Abwesenheit Dantes in eine **Todesstrafe** umgewandelt wurde. Dante lebte fortan verbittert und auf fremde Hilfe angewiesen in verschiedenen Städten Norditaliens, in Verona, in Treviso und Ravenna, wo er zuletzt als Botschafter in den Diensten von Guido Novello della Polenta stand und 1321 starb. Sein Grab befindet sich in Ravenna. In Santa Croce zu Florenz erinnert ein Kenotaph an ihn.

Während seiner Exiljahre schrieb Dante seine wichtigsten staatsphilosophischen und literarischen Werke. Dazu zählen u. a. die lateinisch verfassten Abhandlungen »Monarchia« und »De vulgari eloquentia« sowie die im toskanischen Dialekt, dem Vorläufer der italienischen Nationalsprache, geschriebene **»Commedia«**, später mit dem Beinamen **»Divina«** versehen. Sie ist ein aus 100 Gesängen in Versform komponiertes allegorisch-lehrhaftes Gedicht, das, enzyklopädisch verfasst, die wichtigsten geistigen Auseinandersetzungen des Mittelalters über Theologie und Philosophie, Kirche und Staat sowie die politisch-soziale Situation Italiens zur Zeit Dantes zum Thema hat. In dieser »Göttlichen Komödie« und in Gedichten taucht immer wieder die Frauengestalt Beatrice auf, eine Jugendbegegnung Dantes, die sich mit zunehmendem Alter zur Personifizierung der erlösenden Liebe wandelt. Mit dieser Minnevorstellung bleibt der Dichter noch stark dem mittelalterlichen Denken verhaftet.

## DONATELLO (UM 1386 – 1466)

**Bildhauer**

Donatello – sein eigentlicher Name lautet Donato di Niccolò di Betto Bardi – ist **der bedeutendste Bildhauer des 15. Jh.s**, in seiner Zeit von keinem anderen Künstler an Ausdruckskraft, Themenvielfalt und Reichtum des Schaffens übertroffen. Als Lehrling arbeitete er in der Werkstatt Ghibertis und bei Nanni di Banco, als Meister fertigte er in seiner Heimatstadt Florenz Standbilder für die Fassade, die Außenseiten und den Campanile des Doms sowie für die Kirche Orsanmichele an. Die Begegnung mit der römischen Antike führte ihn dann weit über das mittelalterliche Kunstempfinden und Können hinaus. Er schuf die erste Aktdarstellung (Bronze-David, um 1430, im Bargello) und das erste vollkommen freistehende Gruppenmonument (»Judith tötet Holofernes«, 1440, vor dem Palazzo Vecchio), die in der Neuzeit entstanden sind. Hervorzuheben sind weiter das Tabernakel mit der Verkündigung in der Kirche **Santa Croce** (um 1434) und die **Sängertribüne** mit tanzenden Kindern für den Dom (1433 - 1440, im Dommuseum). Seine realistische Bildhauerkunst ist Schönem wie Hässlichem gleich gewachsen und erweitert – beispielhaft für die nachfolgenden Künstler – die plastische Gestaltung der Figuren. Die Medici ehrten den Bildhauer, indem sie ihn in der Krypta Cosimos des Älteren in San Lorenzo beisetzen ließen.

## GALILEO GALILEI (1564 – 1642)

**Naturwissenschaftler**

In Pisa geboren, wuchs Galilei in Florenz auf und studierte hier Literatur und Mathematik (►Baedeker Wissen S. 72). Im Alter von 25 Jahren ging er als Lektor für Mathematik an die Universität von Pisa, doch die besten wissenschaftlichen Studien fanden damals in Padua statt, wo er über 18 Jahre lang einen Lehrstuhl innehatte. 1610 kehrte er nach Florenz zurück – als Hofmathematiker im Schutz und

# *Und sie bewegt sich doch!*

*Dass Galileo Galilei diesen Satz sagte, nachdem er offiziell der kopernikanischen Theorie abgeschworen hatte, fällt in den Bereich der Legende. Tatsache ist aber, dass die Katholische Kirche erst 1992 Galileo rehabilitiert hat – 360 Jahre nachdem sie seine Lehre als ketzerisch verurteilt hat.*

▶ **Geozentrisches Weltbild (schematisch; nach Ptolemäus/Aristoteles)**
Das geozentrische Weltbild stellte die Erde und somit auch den Menschen im Mittelpunkt des Universums. Es gehörte zu den Grundüberzeugungen der Katholischen Kirche.

▶ **Stationen des Galileo Galilei**

▶ **Planeten und ihre Abstände zur Sonne in Mio. km (schematische Darstellung)**

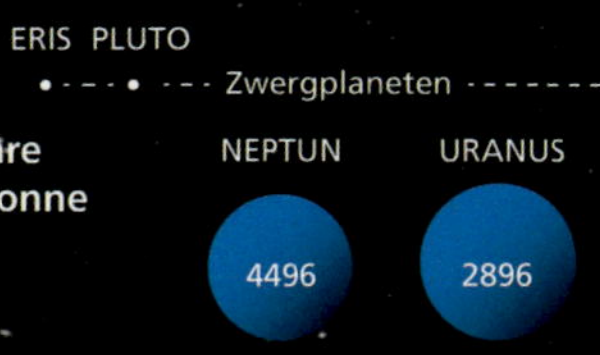


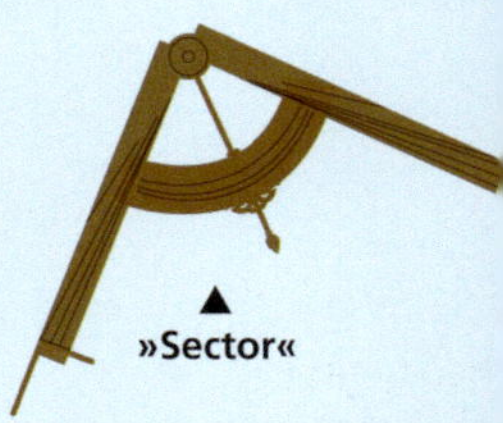

▲ **»Sector«**

▶ **Leben, Entdeckungen und Erfindungen des Galileo Galilei**

**1564** Galileo Galilei wird geboren

**1592–1610** Professor für **Mathematik** an der Universität von Padua

**1593** Galileo erfindet eine **Wasserpumpe,** die von Pferden angetrieben wird. 1594 bekommt er dafür das Patent vom Venezianischen Senat.

**1597** erfindet Galile den **»Sector«**, ein Instrument zur Berechnung von Proportionen. Es wurd u.a. eingesetzt in der Landvermessun und in der Navigatio

◀ **Heliozentrisches Weltbild (schematisch; nach Kopernikus)** Nikolaus Kopernikus (1473–1543) untermauerte die Theorie vom heliozentrischen Weltbild. Damit stellte er das geozentrische Weltbild und damit eine Grundfeste der Katholischen Kirche in Frage.

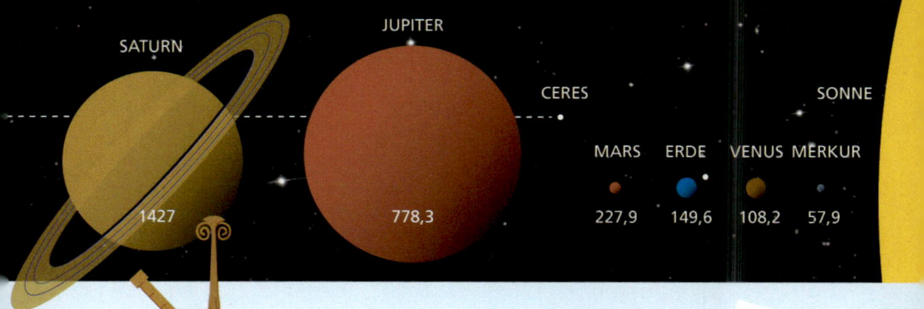

◀ **»Teleskop«**

**»Dialogo«** ▶

**1609–1611**
Galileo entdeckt mit einem von ihm konstruierten **Teleskop** u.a. die bergige Gestalt des Mondes, vier Jupitermonde und die Ringe des Saturns.

**1613 »Lettere solari«,** Die Sonnenbriefe. Galileo schreibt über seine Theorien und Beobachtungen der Sonnenflecken.

**1624–1630**
Galileo verfasst den **»Dialog über das ptolemäische und das kopernikanische Weltsystem.«** Dabei wird das kopernikanische (heliozentrische) Weltbild als das richtige dargestellt.

**1632 »Dialogo«** wird veröffentlicht

**1633 Prozess** gegen Galilei. Er muss der kopernikanischen Theorie abschwören und bekommt lebenslänglichen Hausarrest.

Sold der Medici, was ihm ermöglichte, sich ganz seinen mathematischen, physikalischen und astronomischen Forschungen zu widmen. Er entwickelte wissenschaftliche Geräte weiter, so ein Fernrohr, mit dessen Hilfe er zu neuen Erkenntnissen über Beschaffenheit und Bewegung der Himmelskörper kam. In einem seiner Hauptwerke sprach er sich für die Lehre des Kopernikus aus, nach der die Sonne im Mittelpunkt des Planetensystems steht und nicht die Erde. Den »Dialogo« widmete er dem Medici-Fürsten Ferdinando II., es brachte ihm aber auch seine Verurteilung durch die Inquisition ein. Die Kirche konnte damals unter dem bedrohlichen Druck der Reformation und dem Aufkommen der Aufklärung nicht von ihrem überkommenen Weltbild abweichen. Auf seinem Landgut Arcetri bei Florenz starb der Wissenschaftler 1642, hochbetagt und verehrt, in der Kirche Santa Croce liegt er begraben. Tatsächlich machten Galileo Galilei seine Studien zur Schwerkraft, zu den Bewegungsgesetzen, zur wissenschaftlichen Empirie zu einem der größten Physiker aller Zeiten. Und 350 Jahre später, im Jahr 1992, hat ihn auch die römisch-katholische Kirche offiziell rehabilitiert.

## GIOTTO DI BONDONE (um 1266 – 1337)

**Maler, Baumeister**

Giotto wird allgemein als **Begründer der neuzeitlichen europäischen Malerei** bezeichnet, da er um 1300 bedeutende, wegweisende Werke schuf, die mit der unräumlichen und unkörperlichen Gestaltungsweise der byzantinisch-mittelalterlichen Malerei brach. Auf der Grundlage unmittelbarer Beobachtung von Natur und Wirklichkeit erreichte er in seinen Fresken und Altartafeln mit religiösen Themen ein realitätsnahes Bild der Welt und des Menschen. Er malte Figuren in betonter Körperlichkeit, die überdies menschliche Empfindungen ausstrahlen und als selbstständig handelnde Personen erscheinen. Sein realistischer, monumentaler Figurenstil in Verbindung mit klaren Kompositionsprinzipien (Dreieckskomposition) und leuchtenden Farben wirkte schulbildend und anregend für Generationen von Malern. Darüber hinaus war Giotto noch als Baumeister sowie Bildhauer tätig und erhielt in Florenz 1334 das Amt des **Dombaumeisters** übertragen, wo er in den wenigen Jahren bis zu seinem Tod hauptsächlich den Bau des Campanile vorantrieb. Er unterhielt einen großen Werkstattbetrieb und war neben Florenz noch in Assisi, Padua, Rom, Rimini, Neapel und Mailand tätig.

Als sichere Werke gelten die sechs Fresken aus dem Leben des Franziskus (um 1320) in der Bardi-Kapelle und je drei Szenen aus der Vita Johannes des Evangelisten und des Täufers (um 1325) in der Peruzzi-Kapelle, beide in **Santa Croce**, weiterhin die »Thronende Madonna« (um 1310) in den Uffizien und das Kruzifix in der Sakristei von **Santa Maria Novella**, ein Frühwerk um 1290.

## NICCOLÒ MACHIAVELLI (1469 – 1527)

Historiker, Schriftsteller

Als Historiker war Niccolò Machiavelli der **große Chronist seiner Vaterstadt** und hinterließ eine achtbändige Geschichte von Florenz. Als Kanzleisekretär der Republik Florenz von 1498 bis zum Verlust seines Amts 1512 blieb er trotz der innenpolitischen Zerrissenheit ein überzeugter Anhänger des republikanischen Systems, in dem die Menschen am ehesten zur freien Selbstentfaltung gelangen könnten. Als Vorbild erschien ihm dabei die römische Republik, die den Gemeinnutz zum Wohl aller Bürger vor den Eigennutz gestellt hatte, wie Machiavelli in seinen »Gedanken über Politik und Staatsführung« (»Discorsi«) ausführte. In verschiedenen Werken analysierte er seine eigene Epoche und gelangte vor allem in seiner Schrift **»Der Fürst«** (»Il Principe«) zu scharfsinnigen, aber wenig positiven Erkenntnissen über die Regeln und Verhaltensweisen in der Politik. Zu seinen Lebzeiten waren die Schriften Machiavellis nur einem kleinen Kreis von Intellektuellen bekannt. Erst die Wirkung auf die Nachwelt machte ihn berühmt als Verfechter der Staatsräson, obwohl Machiavelli nur den religiös verbrämten mittelalterlichen Staat entmystifizierte, seine wirklichen Machtmechanismen freilegte und feststellte, dass Vernunft, Wille und Instinkt die Welt regieren und nur sie der menschlichen Labilität und den Schicksalsstürmen gewachsen sind. Weniger bekannt ist, dass Machiavelli auch Novellen, Gedichte und höchst originelle Lustspiele geschrieben hat.

## MASACCIO (1401 – 1428)

Maler

Masaccio (Tommaso di Giovanni di Simone Guidi) gilt als der **Schöpfer der italienischen Malerei der Renaissance**. Auf der Grundlage und in Weiterentwicklung des Giotto-Stils gelangte er mittels der exakt und konsequent angewandten Perspektivlehre, die zwischen 1410 und 1420 von Brunelleschi neu entdeckt worden war, zu einer nie zuvor erreichten Plastizität und Wirklichkeitstreue der Figuren, Räume und Landschaften. Die seelische Eindringlichkeit seiner Malerei bringt das Menschenbild der Renaissance aufs Vollkommenste zum Ausdruck. Masaccio war Schüler von Masolino und seit 1422 in Florenz tätig, wo er zusammen mit seinem Lehrer die Freskenfolge aus der Lebensgeschichte des Apostels Petrus in der Brancacci-Kapelle in **Santa Maria del Carmine** zwischen 1424/1425 und 1427/1428 malte. Eigenhändige Werke darunter sind u. a. »Vertreibung Adams und Evas aus dem Paradies«, den ersten lebensnahen Akt in der Malerei der Renaissance, die »Almosenspende« und die berühmte Darstellung des »Zinsgroschen« mit ausdrucksstarker Mimik und Gestik der abgebildeten Personen. In **Santa Maria Novella** befindet sich das Dreifaltigkeitsfresko (um 1426/1427) mit knieendem Stifterpaar, das Meisterwerk perspektivischer Raumdarstellung in der Frührenaissancemalerei.

## ANNA MARIA LUISA DE' MEDICI

►Baedeker Wissen S. 77

## LORENZO DE' MEDICI, DER PRÄCHTIGE (1449 – 1492)

**Regent**

Die **Verkörperung des Renaissancezeitgeistes** in Regierungsstil, Lebensführung, Weltanschauung, Bildung und Mäzenatentum – das war Lorenzo de' Medici, vom Volk »Il Magnifico« (»Der Prächtige«) genannt. Er verschaffte unter Ausnutzung der Mittel der Medici-Bank und seines Rückhalts in der florentiner Bevölkerung der Stadt eine kulturelle und politische Sonderstellung in Italien. Sein Bruder Giuliano fiel 1478 im Dom der Pazzi-Verschwörung zum Opfer, während Lorenzo sich verletzt in die Sakristei retten konnte. Er förderte die Platonische Akademie und war selbst literarisch tätig. In den Mediceischen Gärten bei San Marco sammelte er antike Skulpturen, zog die Bildhauer seiner Zeit zusammen und ließ junge Talente wie Michelangelo ausbilden. Andrea del Verrocchio, Ghirlandaio und Sandro Botticelli waren für ihn tätig. Als Lorenzo mit 43 Jahren an einer geheimnisvollen Krankheit starb, schrieb Niccolò Machiavelli: »Nie starb in Italien ein Mensch mit dem Ruf so großer Klugheit, noch zu so großer Betrübnis seines Vaterlandes. Alle seine Mitbürger klagten über seinen Tod, keiner unterließ es, seine Trauer über dieses Ereignis zu bezeugen.« Lorenzo wurde zuerst in der Alten Sakristei von San Lorenzo, später zusammen mit seinem Bruder in der von Michelangelo erbauten Neuen Sakristei beigesetzt.

## MICHELANGELO BUONARROTI (1475 – 1564)

**Maler, Bildhauer, Baumeister,** **(►Abb. S. 156)**

Mit dem Universalgenie Michelangelo Buonarroti (►Baedeker Wissen S. 56), Maler, Bildhauer, Baumeister, Dichter und Forscher, vollzieht sich der Übergang von der Hochrenaissance zum Manierismus mit wegweisendem Farb- und Formvokabular. Mit 13 Jahren begann

# *Edle Spenderin*

*Anna Maria Luisa (auch Lodovica) de' Medici, von 1691 bis 1716 als Gemahlin von Johann Wilhelm von Pfalz-Neuburg die pfälzische Kurfürstin am Hof von Düsseldorf, ist es zu verdanken, dass die Museen von Florenz noch heute über ihren Reichtum an Kunstwerken verfügen.*

Anders als es sonst vielen Fürstengeschlechtern erging, deren über Generationen gesammelte Kostbarkeiten nach dem Aussterben ihrer Dynastie in alle Winde verstreut wurden, war es Anna Maria, der letzten Medici, gelungen, die unermesslichen Schätze der Familie aus Gemälden, Skulpturen, Reliquiaren, kostbarem Gold- und Silberschmuck, Teppichen, Porzellan, edlen Möbeln, wissenschaftlichen Sammlungen und vieles mehr testamentarisch an die Stadt Florenz zu vererben. Verbunden war das Erbe mit der strengen Auflage, sie in der Kapitale des Fürstentums zu belassen. Dadurch zeichnete sich Anna Maria als die weise Erbin der humanistischen Grundlagen der Renaissance und ihrer modernen Tragweite aus.

Ihr Vater Großherzog Cosimo III. hatte sie an den deutschen Kurfürsten verheiratet und sie dazu mit einer stattlichen Mitgift ausgestattet. Sie liebte die flämische und niederländische Malerei, ihren Mann steckte sie mit ihrer Kunstbegeisterung an, und zusammen reisten sie inkognito nach Amsterdam und Rotterdam und kauften ein, darunter Rubens und Rembrandt. Zur italienischen Kunst, damals an den europäischen Höfen hochbegehrt, hatte sie natürlich ihre besonderen Kontakte. So umfasste die Sammlung, die sie in Düsseldorf zusammentrug, bald über tausend Werke, hinzu kamen feines Porzellan und Schmuck, die heute das Silbermuseum und das Porzellanmuseum im Palazzo Pitti füllen. Doch als Johann Wilhelm 1716 der Schlag traf, musste sie zurück nach Florenz. Das Paar hatte keinen Erben. Ein kleiner Teil der Sammlung, 50 Gemälde, verblieb in Düsseldorf. Der größte Teil kam nach München an die Erben des Düsseldorfer Kurfürsten, den bayerischen Zweig der Pfalz-Sulzbach, und legte den Grundstein für die Alte Pinakothek. Das, was Anna Maria aus ihrer eigenen Schatulle bezahlt hatte, nahm sie mit nach Florenz, darunter viele Niederländer, die heute in den Blauen Sälen in den Uffizien zu bewundern sind. In Florenz war es ebenfalls zu Ende mit der Medici-Dynastie, der letzte Fürst, ihr Bruder Gian Gastone, war kinderlos geblieben. Aber immerhin, den immensen künstlerischen Familienbesitz konnte die letzte Medici-Erbin für die Stadt mit ihrer berühmten, »Familienpakt« genannten testamentarischen Verfügung retten.

Michelangelo seine Lehre in der Werkstätte des Florentiner Malers Domenico Ghirlandaio. Neben der Neigung zur Malerei entwickelte sich mehr und mehr die Leidenschaft zur Bildhauerkunst. 1489 wurde der junge Michelangelo in die Bildhauerakademie der Mediceischen Gärten aufgenommen. 1494 verließ er Florenz (vor der Vertreibung der Medici und dem politischen Umsturz – der Dominikanermönch Savonarola sollte bald die Macht übernehmen) und arbeitete nach einem kurzen Aufenthalt in Venedig in Bologna. Sein nächster Wohnort war wiederum Florenz (1495/1496). Dann reiste Michelangelo nach Rom und blieb dort von 1496 bis 1501. Von 1501 bis 1505 hielt sich der Künstler wieder in Florenz auf. Er schuf den **»David«** (Galleria dell' Accademia), das Rundrelief »Madonna Pitti« (Bargello) und das Gemälde »Die Heilige Familie« (Uffizien).
Sein unruhiger Geist und viele Aufträge ließen ihn zwischen 1505 und 1534 ein unstetes Wanderleben zwischen Florenz, Rom und Bologna führen. In diesen Jahren entstanden die **Grabkapelle der Medici** bei San Lorenzo, die »Sklaven« (Galleria dell‘ Accademia), der »Apoll« (Bargello) und die »Vittoria« (Palazzo Vecchio), dazu viele Zeichnungen. Mit kurzen Unterbrechungen blieb Michelangelo von 1534 bis zu seinem Tod 1564 in Rom. In diese Zeit fallen Projekte für die Biblioteca Laurenziana. Sein Alterswerk, u. a. die Marmorgruppe der »Pietà« im Dommuseum zu Florenz, stellt den christlichen Erlösungsgedanken wieder in den Vordergrund. Der Leichnam Michelangelos wurde von Rom nach Florenz übergeführt und in der Kirche Santa Croce bestattet.

## RAFFAEL (1483 – 1520)

**Maler**

Raffael (sein eigentlicher Name lautet Raffaello Santi/Sanzio) ist der Künstler, der die **»Malerei der Hochrenaissance am reinsten, vollkommensten und umfassendsten ausgedrückt hat«** (J. Jahn). In Urbino geboren, trat Raffael mit 17 Jahren in die Malerwerkstätte des Perugino in Perugia ein. 1504 zog er nach Florenz, wo er die Werke der alten und »modernen« Maler mit Hingabe studierte. Von 1508 an lebte er in Rom; dort wurde ihm nach dem Tod Bramantes die Leitung der Bauarbeiten in St. Peter übertragen. Während dieser zwölf römischen Jahre erreichte er seinen künstlerischen Höhepunkt in den Fresken der Stanzen im Vatikan. Raffael wurde als einzigem Künstler die Ehre zuteil, im Pantheon in Rom begraben zu werden. Von den vielen Gemälden Raffaels in Florenz seien nur einige hervorgehoben: In den Uffizien »Papst Leo X. mit zwei Kardinälen«, »Papst Julius II.«, »Madonna mit dem Stieglitz« und »Bildnis des Perugino« und im Palazzo Pitti »La Donna Velata«, »La Donna Gravida« und »Madonna del Granduca«.

## LEONARDO DA VINCI (1452 – 1519)

Maler, Bildhauer, Baumeister, Naturforscher, Ingenieur

Die italienische Renaissance hat zahlreiche vielseitige Persönlichkeiten hervorgebracht, doch nur das **Genie** Leonardo da Vincis vereint Fähigkeiten als Maler, Bildhauer, Baumeister, Naturforscher und Ingenieur. Allein Michelangelo ist ihm vergleichbar. Als Künstler führte er die Renaissance auf einen Gipfel, und seine Erkenntnisse und Erfindungen im technischen Bereich zeigen seinen weitumfassenden Geist. Leonardo war Schüler Verrocchios und wurde bereits mit 20 Jahren in die Malergilde von Florenz aufgenommen. Von 1482 bis 1498 wirkte er am Hof von Herzog Lodovico Sforza in Mailand. In Florenz lebte er wieder von 1500 bis 1506, danach in Mailand, schließlich von 1513 bis 1516 in Rom. 1517 folgte er einer Einladung von König Franz I. nach Frankreich.

Seine Werke aus den letzten zwanzig Lebensjahren sind fast alle verlorengegangen oder nur als Kopien seiner Schüler erhalten. Sein wohl berühmtestes Gemälde, die **»Mona Lisa«**, befindet sich im Pariser Louvre. Leonardo war als Festungsbaumeister tätig, widmete sich intensiv wissenschaftlichen Aufgaben, sezierte Leichen, schrieb einen Aufsatz über die Anatomie des menschlichen Körpers und illustrierte ihn mit Zeichnungen. Außerdem führte er Flugexperimente durch, beobachtete den Vogelflug, untersuchte die Strömungsgesetze in Luft und Wasser, betrieb botanische und geologische Studien. Seine zahlreichen Zeichnungen, die Bewegungsstudien des menschlichen Körpers, naturwissenschaftliche Untersuchungen, Entwürfe für Bauten und technische Projekte beweisen die Universalität dieses Renaissancegenies.

# ERLEBEN UND GENIESSEN

Wohin am Abend? Was sind Florentiner Spezialitäten? Welches sind die schönsten Hotels? Wo findet man gute Restaurants? Lesen Sie es nach – am besten schon vor der Reise.

# Am Abend

# Bars und mehr

**Natürlich beeinflussen die vielen Touristen und ausländischen Studenten auch das abendliche Ausgehen sowie das Kulturprogramm der Stadt. Das Angebot reicht von Pubs über Lounge- und Cocktailbars bis hin zu anspruchsvollen Opern- und Konzertreihen.**

---

**Ausgehmeilen**

Abends verwandeln sich ganze Straßenzüge in eine einzige Feiermeile, so etwa im Viertel Santa Croce die Via de' Benci und Via Verdi oder die Gassen um die Piazza dei Ciompi, die bei jungen Leuten und ausländischen Studenten beliebt sind. Auf dem linken Arnoufer trifft sich ein eher alternatives Publikum in den Bars an der Piazza Santo Spirito, und die einheimischen Szenegänger zieht es ins Viertel San Niccolò zwischen den Brücken Ponte delle Grazie und Ponte San Niccolò. In den Sommermonaten wird hier zudem ein Strand am Flussufer (Lungarno Serristori) eingerichtet, auf dem man sich abends zu Musik und Cocktails trifft.

**Veranstaltungen**

Im Sommer beleben sich auch andere Schauplätze mit Barbetrieb, Livemusik, Tanz- und Theateraufführungen, etwa die Limonaia der Villa Strozzi (**Estate nella Limonaia**, www.officinecreative.fi.it) sowie der stimmungsvolle Innenhof des Museo Bargello (**Estate al Bargello**, www.estatealbargello.it). Sommerveranstaltungen finden zudem in der großen Parkanlage Le Cascine am Arnoufer im Florentiner Westen oder in der Fortezza da Basso statt. Viele abendliche Events, Partys und Musiksessions begleiten die glamourösen Modetage von Pitti Uomo und Pitti Immagine Woman in der ersten Januarhälfte (www.firenzetoday.it). Und schließlich geht es zum nächtlichen Feiern gegen Mitternacht in die Diskotheken.

**Klassisches**

Für Theater, Oper, Konzerte und Tanzaufführungen hält die Stadt eine Reihe von Spielstätten bereit. Das nagelneue Nuovo Teatro dell' Opera am Park Le Cascine löst das bisherige Teatro Comunale als Schauplatz des renommierten Konzert- und Opernfestivals Maggio Musicale Fiorentino ab (►S. 106). Für die Sommerveranstaltungen dieses Festivals wie Konzerte und Tanz geht es unter freien Himmel in den Hof Cortile dell' Ammanati des Palazzo Pitti. Das hochkarätige Orchester der Region Toskana (ORT) hat seinen Florentiner Sitz und Auftritt im Teatro Verdi – in dem auch Musikrevuen und Operetten aufgeführt werden –, und im Sommer spielt es auf Plätzen und in Kirchen. Im **Auditorium Flog** sowie im **Nelson Man-**

**Rockkonzert vor der Kulisse des Doms: ein Erlebnis!**

**dela Forum** treten italienische und internationale Popgruppen auf. Eine besondere Spielstätte ist das Teatro Romano in Fiesole, wo im Rahmen der **Estate Fiesolana** Theateraufführungen und Konzerte stattfinden (►Baedeker Tipp S. 180). Den Tageszeitungen La Nazione und La Repubblica ist das Kulturprogramm zu entnehmen. Zudem gibt es am Kiosk den ausführlichen Veranstaltungskalender Firenze Spettacolo (auch mit englischem Text).

**Kinos** Im Sommer finden Filmvorführungen im Freien an zahlreichen Orten statt, z. B. im Nelson Mandela Forum (Viale P. Paoli 3; www.mandelaforum.it) und in der Arena Estiva Poggetto des Flog.

## Am Abend – wohin?

❶ etc. ►Stadtplan S. 98

### BARS, LOKALE

**❶ The Book Pub**
Piazza Lorenzo Ghiberti 11/12R
Nahe beim Mercato Sant' Ambrogio ist das die Adresse für anspruchsvolle Biertrinker, mit grandioser Bierauswahl und gemütlicher Kneipenatmosphäre.

**❷ Caffetteria delle Oblate**
Via dell' Oriuolo 26
Tel. 055 2 63 96 85
www.lospaziochesperavi.it/caffetteriadelleoblate
Im Zentrum ganz nah beim Dom bleibt das schlichte studentische Café der Stadtbibliothek Biblioteca delle Oblate im oberen Arkadengang des Ex-Konvents auch den Abend über geöffnet. Man kann sich etwas zu trinken holen und den Blick auf die Domkuppel genießen, manchmal gibt es Konzerte – eine echte Oase.

**❸ Colle Bereto**
Piazza Strozzi 5/r
Tel.055 28 31 56
www.cafecollebereto.com
Dieses schicke elegante Lokal befindet sich gegenüber dem Palazzo Strozzi. Man kann hier frühstücken, tafeln, vor allem aber am Ritual des Aperitifs teilnehmen, dafür eine besonders angesagte Adresse oder den späten Abend mit einem der guten Cocktails krönen.

**❹ Golden View**
Via dei Bardi 54/58 r
Tel. 055 21 45 02
www.goldenviewopenbar.com
Café, Aperitifbar und Restaurant: eine Folge von modern gestylten Räumen, alle mit fantastischer Aussicht auf den Arno und den Ponte Vecchio, dazu guter Service und häufig Live-Jazz.

**❼ Kitsch**
Via San Gallo 22r
Tel. 36 63 90 65 64
www.kitschfirenze.com
Der Name des Lokals sagt es deutlich: hier tobt sich der Gestaltungsfuror der Betreiber aus, mit Boudoirskulpturen, Samt und Neon; eine Cocktailkneipe unweit von San Marco, in der sich junge Leute zum exzellenten Aperitifbuffet treffen.

**Im Sommer wird auch die Straße zur Bar.**

### 5 Moyo

Via de' Benci 23 r
Tel. 055 2 47 97 38
Unter jungen Szenegängern beliebte Cocktailbar im Santa-Croce-Viertel, wo Hochstimmung zur Aperitif-Zeit zwischen 19.00 und 22.30 Uhr herrscht; Freitag- und Samstagabend mit DJ-Set

### 6 O' Tel

Via Generale della Chiesa 9
Tel. 055 65 07 91
www.otelvariete.com
Restaurant mit Varieté-Shows, Cocktaillounge und Aperitifbuffet

### 8 Il Rifrullo

Via San Niccolò 55 r
Tel. 055 2 34 26 21
www.rifrullo.com
Gestyltes Lokal am Arnoufer. Sommers sitzen die Gäste im Garten an der Porta San Niccolò. Man kommt hierher zum Essen, zum Aperitif, zum Afterdinner und zum Sonntagsbrunch – eine Institution!

### 9 Rivalta

Lungarno Corsini 14 r
Tel. 055 28 98 10
www.rivaltacafe.it
Sonntags trifft man sich in diesem modern gestylten Lokal zum Brunch. Doch richtig lebhaft wird es vor allem gegen Abend zunächst zum Aperitif mit reichem Fingerfood-Buffet und spät am Abend zu erstklassigen DJ-Sets.

### Se.sto on Arno

►Baedeker Tipp S. 230

### 10 Tender Club

Via Luigi Alamanni 4
www.tenderclub.it
Im Winter öffnet dieser Club nahe dem Hauptbahnhof Do., Fr. und Sa. seine Pforten für Livekonzerte wie alternativer Rock und New Folk. Das anspruchsvolle Programm macht ihn zum besten Musikklub der Stadt.

### 11 Terrazza Brunelleschi

Piazza Unità Italiana 6

Tel. 055 2 35 80
www.hotelbaglioni.it
In den Sommermonaten wird auf den Dachterrassen des edlen Grand Hotel Baglioni ein erfrischender Aperitif zu fantasievollen Gemüse- und Früchtehappen serviert, den man zum grandiosen Panorama genießt.

**⓬ Il Trip per Tre**
Via Borgo Ognissanti 144 r
Tgl. ab 19.00 Uhr
Vor diesem beliebten Pub im Zentrum parken Harley Davidsons, und das holzgetäfelte Innere wurde mit Fotos von Motorrädern und Rockgrößen tapeziert. Entsprechend rockig ist die Musik und würzig das frische Bier.

### DISKOTHEKEN

**⓭ Manduca**
Via San Biagio a Petriolo 2
Tel. 055 66 45 41
Am nordwestlichen Rand des Parks Le Cascine öffnet im Sommer diese elegante Diskothek Do., Fr. und Sa. Vor dem Tanzen kann man unterm Sternenhimmel tafeln und am Pool Cocktails schlürfen. Es empfiehlt sich zu reservieren.

**⓮ Space Electronic**
Via Palazzuolo 37
Tel. 055 29 30 82
www.spaceclubfirenze.com
Große, ganzjährig geöffnete Diskothek im Zentrum. Man tanzt zu Dance und Hip-Hop. Die zivilen Preise richten sich an junge Leute und Studenten.

**⓯ Tenax**
Via Pratese 46 r
Tel. 055 30 81 60
www.tenax.org
Die bewährte Diskothek, ein Klassiker des italienischen Nachtlebens, hat eine Generalüberholung hinter sich und läuft wieder auf Hochtouren, besonders angesagt sind die Dinnerpartys am Freitagabend.

### KINOS

**Fulgor**
Via Maso Finiguerra 22 r
Tel. 055 2 38 18 81
Donnerstags laufen englische Filme.

**Odeon**
Piazza Strozzi
Tel. 055 21 40 68
www.odeonfirenze.com
Regelmäßig werden Filme in Originalversion gezeigt.

## Konzerte, Oper, Theater

### VORVERKAUFSSTELLEN

**Box Office**
Via delle Carceri Vecchie 1
Tel. 055 21 08 04
www.boxofficetoscana.it
Mo. – Fr.
10.00 – 19.00,
Sa. 10.00 – 14.00 Uhr

**Maggio Musicale Fiorentino**
Spielorte: Opera di Firenze, Teatro Goldoni (Via Santa Maria 15)
Box Office
Via delle Carceri Vecchie 1
Tel. 055 2 77 93 50
www.operadifirenze.it

**Teatro della Pergola: die älteste bespielte Bühne Italiens**

## KONZERTE, OPER

### Opera di Firenze

Piazzale Gui 1
www.operadifirenze.it

### Auditorium Flog

Via Mercati 24 b
Tel. 055 48 51 45
www.flog.it

### Forum Nelson Mandela

Arena für Sportevents und Popkonzerte
Piazzale Enrico Berlinguer
www.mandelaforum.it

### Orchestra della Toscana (ORT)

Via Verdi 5
Tel. 055 2 34 27 22
www.orchestradellatoscana.it
Karten beim Teatro Verdi (s. u.)

## THEATER

### Teatro della Pergola

Via della Pergola 18/32
Tel. 055 0 76 33 33
www.fondazioneteatrodellapergola.it
Theater auf der ältesten bespielten Bühne (1656) Italiens; Sommerprogramm im Bargello-Museum

## REVUETHEATER

### Teatro Verdi

Via Ghibellina 91 r – 101 r
Tel. 055 21 23 20
www.teatroverdionline.it

# Essen und Trinken

# Ländliche Küche

**Der Sinn der Toskaner für Maß und Qualität prägt auch die Küche, sie ist einfach und schmeckt herzhaft. Es gibt kaum Unterschiede zwischen dem Land und der Stadt.**

---

**Enge Verbindung zwischen Stadt und Land**

In den Restaurants in Florenz isst man die gleichen rustikalen Speisen wie auf den Bauernhöfen und Trattorien in den Hügeln des Chianti. Das rührt daher, dass die Verbindung zwischen Stadt und Land in der Toskana von jeher sehr eng war, einstmals hatten die meisten Familien der städtischen Oberschicht ein Gut auf dem Land: Man baute sich schöne **Landvillen**, auf die weithin sichtbare Zypressenalleen zuführten, und teilte das Land in Halbpacht unter Bauernfamilien auf. Deren harter Arbeit auf dem eher kargen Boden der hügeligen, teils wilden Landschaft ist letztlich die Schönheit der Toskana mit ihren gepflegten Olivenhainen und Weinbergen zu verdanken.

**Viehhaltung: Grundlage der Küche**

Auf den Höfen mit Gemüse- und Obstgärten halten die Bauernfamilien **Kleinvieh** wie Kaninchen und jede Art von Geflügel, meistens Hühner und vor allem Enten. Als Katherina de' Medici 1533 als Braut von Heinrich II. an den französischen Hof zog, brachte sie aus der Florentiner Renaissancekultur neben feinen Tischsitten auch ihre Köche mit, deren Rezept Ente mit Orange zu einem Klassiker der französischen Küche werden sollte.
Auch **Schweine** gehörten zum Hofbestand, für Würste wie die Finocchiona, eine weiche, mit Fenchelsamen aromatisierte Salami, oder für den luftgetrockneten würzigen Schinken. Für Braten und Wurst verwendet man auch gern das dunkle Fleisch der Wildschweine, die im Dickicht der Waldflecken hausen. Aus den Wäldern kommen zudem Hasen sowie Kastanien und Pilze.

**Rustikale Küche für alle**

Wo es an ausgedehntem fruchtbaren Ackerland fehlte, konnte sich ein Grundgefühl von Überfluss kaum einstellen. Deshalb achtete man darauf, aus dem, was man hatte, das Beste zu machen. Zudem musste in der Halbpacht mit dem Grundbesitzer geteilt werden. Somit aß die Oberschicht die gleichen Bohnen wie der Bauer. Hülsenfrüchte sind dann auch die Grundlage der vielen Suppen, ebenso Kohl und Getreide wie der Dinkel (»farro«) aus der Garfagnana. Und natürlich das für die Toskana typische salzlose Brot, das im Gegensatz zum Rest Italiens hier auch die Rolle der Pasta einnimmt (▶Baedeker Wissen S. 96). Alles zu verwerten gilt nicht nur für altbackenes Brot, sondern auch für **Innereien**: Als Antipasto werden Crostini,

**In der Trattoria Il Latini hängt der Himmel voller Schinken und Chianti.**

geröstete Brotscheiben, mit einer Paste aus Hühnerleber belegt. Nur hier in Florenz finden sich Imbissstände, an denen man Brötchen mit marinierter trippa (Kutteln) oder lampredotto (Labmagen vom Rind) bekommt, und man staunt, wie gut das schmeckt.

**Gutes Fleisch**

Dass solche Gerichte nach wie vor fester Bestandteil der Küche sind, zeigt, wie stark die Toskaner an ihren Speisetraditionen festhalten. Warum auch sollten sie diese verändern, passen sie doch gut in die Moderne, mit dem frischen vitaminreichen Olivenöl, dem vielen Gemüse, dem hochwertigen Fleisch, denn wenn Fleisch, dann am liebsten von lokalen Viehrassen fern jeder Massentierhaltung.
Dazu wird um Siena und südlich von Florenz eine besondere Schweinesorte gezüchtet, die Cinta Senese, die halbwild im Wald mit Bucheckern und Eicheln lebt. Im Chianatal und in der Maremma sieht man große weiße **Rinder** weiden, sie liefern das Fleisch für die saftige Bistecca alla fiorentina, das berühmte toskanische T-Bone-Steak. Um die Nachfrage zu bedienen, kommt das Steakfleisch heute allerdings auch aus Argentinien. Das rohe Stück Fleisch am Knochen, mit Filet und Rumpsteak, wiegt bis zu 800 g, davon wird man gut zu zweit satt. Zur Fleischküche gehört auch **Lamm**, vor allem in der südlichen Toskana sieht man die Schafherden über die Hügel ziehen. Sie liefern zudem die Milch für den Schafskäse Pecorino, mal mild, mal schärfer gereift, zu dem karamellisierte Feigen und wilder Honig passen.

**Wein**

Zum Abschluss jeder Mahlzeit gehört ein Gläschen des süßen Dessertweins **Vin Santo**, in das das harte Mandelgebäck Cantuccini getunkt wird. Apropos Wein: Aus der Toskana kommt einer der bekanntesten Rotweine der Welt, der **Chianti** aus der herben erdigen Traube Sangiovese, je nach Verarbeitung ein rustikaler oder feiner Tischwein. Beliebte Tafelweine sind auch der Morellino di Scansano aus der südlichen Maremma oder der Vino nobile di Montepulciano. Und weltberühmt sind die teuren Edeltropfen, Supertuscans genannt, wie Sassicaia, Ornellaia, Solaia sowie der Klassiker Brunello di Montalcino. Zu den wenigen Weißweinen zählen der frische Galestro oder der traditionsreiche Vernaccia di San Gimignano. Einige der großen Weingüter haben in Florenz ihre Weinstuben mit Imbiss, Weinverkostung und Laden.

**Restaurants**

Das Angebot an Restaurants in Florenz ist sehr vielfältig. In vielen Bars und Bistrotlokalen bekommt man neben dem Panino auch warme Speisen und Salate. Überall gibt es Osterien und Trattorien im typischen rustikalen Stil mit dem klassischen Menüangebot, mittags oft zu einem günstigen Preis. Das bieten seit Neuem auch viele gehobene Restaurants an. Denken Sie daran, dass die Mittagsküche gegen 14.15 Uhr schließt, dass ein Gedeckpreis berechnet wird und dass

Abendessen auf der lauschigen Piazza Santo Spirito

man den Tisch vom Kellner zugewiesen bekommt. In Restaurants und Bars gilt **Rauchverbot**, es sei denn, Sie befinden sich in einem abgeschlossenen, separat belüfteten Raucherraum. Auf die Kulanz der Gastwirte sollte man nicht vertrauen, denn es drohen Strafen von bis zu 2200 €.

Cafés

Etliche traditionsreiche Cafés wie das Gilli, das Paszkowski, das Giubbe Rosse, alle sehr elegant und auch mit Restaurantbetrieb, säumen die **Piazza della Repubblica**. So wird der großzügige Platz im Sommerhalbjahr zu einem einzigen Straßencafé. Man sitzt unter Markisen und großen Sonnenschirmen in durch Blumenkübel voneinander abgegrenzten Arealen. Die meisten Cafés sind bis weit in die Nacht hinein geöffnet und daher auch nach dem Abendessen oder einem Konzert- oder Theaterbesuch noch ein beliebter Treffpunkt.

Trinkgeld

Trinkgeld wird sehr locker gehandhabt. wer möchte und wem die Bedienung besonders gut gefallen hat, hinterlässt ein Trinkgeld. Meist lässt man auf dem Tisch runde Beträge liegen, etwa um 5 %, aber auch mehr. Das gilt auch für Cafés, wenn man sich am Tisch hat bedienen lassen. In manchen Restaurants wird von vornherein ein Service von 10 % berechnet.

# Typische Gerichte

*Wer Wert auf regionale Spezialitäten legt, sollte von den typischen florentinischen Gerichten probieren: von den leckeren Antipasti bis zum Traubenkuchen Schiacciata con l' uva.*

**Antipasti**: Die Mahlzeit kann mit Affettati tipici beginnen, wie dem würzigen toskanischen Schinken, der pfeffrigen Salami und der Finocchiona, einer weichen, mit Fenchelsamen gewürzten Wurst. Zu den Antipasti gehören auch die Crostini, kleine geröstete Brotscheiben, die mit Hühnerleberpastete bestrichen sind, gern auch mit Pasten aus pürierten Oliven und Artischocken.

**Pappardelle alla lepre**: Natürlich gibt es auch in der Toskana ein paar Pastagerichte, vor allem die Pappardelle, das sind breite Bandnudeln aus Eierteig, die gern mit einer Soße aus zerkochtem Hasenfleisch kombiniert werden. Die Toskaner sind leidenschaftliche Jäger. Aber auch Soßen mit dem Fleisch von der Ente oder vom Kaninchen passen zu den Pappardelle.

**Trippa alla fiorentina**: Die vom Metzger schon gesäuberten und vorgekochten Kutteln aus dem Kalbsmagen werden in einem Sud aus Tomaten, Knoblauch, Staudensellerie, Karotten, Lorbeer und Weißwein weich geköchelt und am Ende vor dem Servieren mit viel geriebenem Parmesan bestreut, so will es die Florentiner Variante der Kuttelzubereitung.

**Fritto misto**: Eine besonders beliebte Art, Gemüse zuzubereiten, ist das Frittieren. Dazu schneidet man Zucchini, Auberginen, Mangoldstiele in kurze Streifen, viertelt die kleinen Artischocken, zerpflückt den Blumenkohl in Röschen, sucht nach Zucchini- und Kürbisblüten, tunkt die Stückchen in ein Gemisch aus Ei und Mehl und frittiert sie in heißem Öl. Auch kleine Hühner- und Kaninchenfleischstücke kann man frittieren.

**Ribollita**: Der Klassiker unter den toskanischen Brotsuppen aus altbackenem Brot, Grünkohl, Wirsing oder Mangold, dazu weißen kleinen Bohnen, nennt sich so, weil diese dicke Suppe einmal zubereitet vor dem Servieren erneut aufgekocht – »ribollita« – wird, die Aromen vermengen sich dann besser, und die Konsistenz wird geschmeidiger. Ein Schuss kaltes Olivenöl darf am Ende nicht fehlen.

**Castagnaccio**: Im Spätherbst, wenn das frische süße Esskastanienmehl auf den Markt kommt, erhält man in den Florentiner Bäckereien diesen flachen Blechkuchen aus Kastanienmehl – die Apenninwälder oberhalb von Lucca, Pistoia und dem Mugello sind voller Kastanienbäume –, der mit Rosinen, Pinienkernen und Rosmarin gewürzt wird.

**Schiacciata con l' uva**: Wenn die Weinberge abgeerntet werden, schlägt die Stunde dieses einfachen Blechkuchens aus Hefeteig, der mit der sehr süßen und wasserhaltigen Traubensorte Canaiolo angereichert bzw. durchtränkt wird. Eine simple Köstlichkeit, die im Spätsommer in den Bäckereien dufte

**Fagioli all' uccelletto**: Die kleinen weißen Bohnen der Sorte cannellini – es dürfen auch andere Bohnensorten sein – werden in Olivenöl und Knoblauch angedünstet und weiter mit ein wenig Tomaten und viel Salbei weich gekocht. In Florenz werden sie gern als Beilage zur Bistecca alla fiorentina gegessen.

# Gelato artigianale

*Was auf Deutsch profan »Speiseeis« heißt, ist für Italiener eine Kunst. Sie können zwar nicht unbedingt beanspruchen, »Handwerklich Gefrorenes« erfunden zu haben, ihre Meisterschaft in dieser Disziplin ist aber unbestritten – was man auch in Florenz nachprüfen kann.*

▶ **Empfohlene Eisdielen in Florenz**

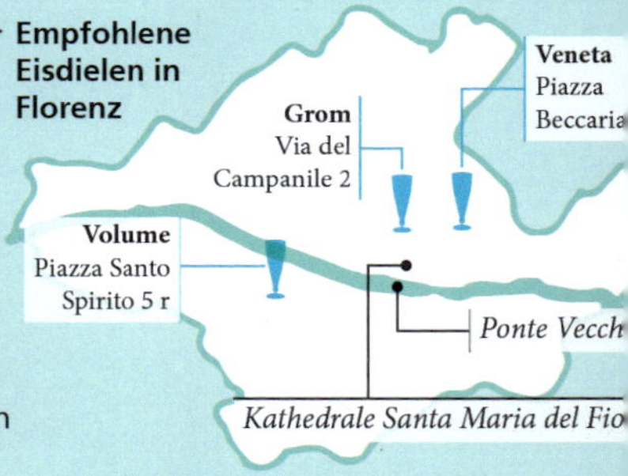


▶ **Beliebte Eiskreationen**

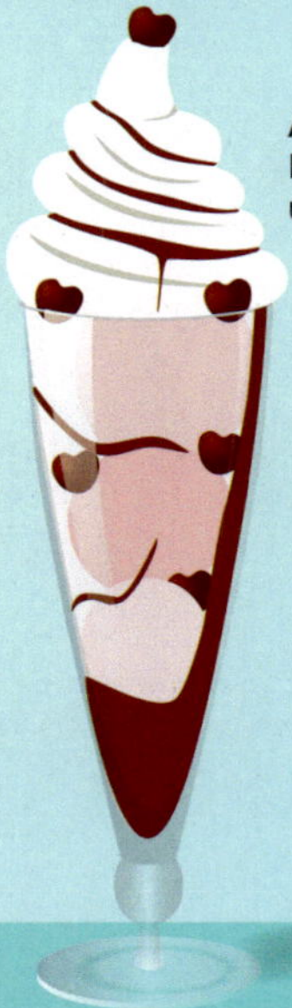

**Amarena-Kirsch**
Eingelegte Kirschen und versch. Eissorten

**Eiskaffee**

**Tartufo**
Vanilleeiskugel mit Schokosaucenfüllung und Kakao bestreut

▶ **Die 10 beliebtesten Eissorten der Deutschen**
nach: Verband der italienischen Speiseeishersteller in Deutschland

**1. Vanille** **2. Schokolade** **3. Haselnuss** **4. Erdbeer** **5. Joghurt**

**6. Stracciatella** **7. Latte Macchiato** **8. Sahne-Kirsch** **9. Fior di Latte** **10. Man**

**Europas Top-5 Eisesser**
Pro-Kopf-Verbrauch 2011

©BAEDEKER

**Spaghettieis**
Vanille-Eis über einem gefrorenen Sahnekern, mit Erdbeersoße übergossen. Erfunden 1969 in – Mannheim.

**Banana Split**
Der Klassiker mit der gespaltenen Banane

## ▶ Geschichte der Eiscreme

**Antike**
Bereits um 1000. v. Chr. soll man in China eine eiskalte »schneeweiße Köstlichkeit« (xuebaite) verspeist haben. In der griechischen Antike war mit Honig, Nektar, Früchten und Gewürzen verfeinertes Natureis bekannt. Mit dem Ende des Römischen Reichs gingen diese Rezepte verloren.

**Mittelalter**
Marco Polo bringt aus China ein Rezept für ein Halbgefrorenes aus Wasser mit, das mit einer Salpeterlösung gekühlt wird.

**16. Jh.**
In Italien wird die Kunst perfektioniert, Flüssigkeiten mittels Salpeterlösung zu gefrieren. Italienische Eismacher arbeiten an europäischen Fürstenhöfen.

**Um 1790**
In Amerika wird die erste Speiseeismaschine erfunden. Heutige Maschinen arbeiten immer noch nach dem gleichen Prinzip.

**Ab 1870**
Italienische Auswanderer führen den Straßenverkauf von Eis im übrigen Europa ein. Italo Marchioni (1868 – 1954) erfindet das Waffelhörnchen.

## Der richtige Eisbecher

**Langes, schlankes Glas**
für Eiskaffee und Ähnliches sowie Früchtebecher

**Sundae-Becher**
der Klassiker für Eisbecher mit vielen Früchten, Sahne und Likör

**Langstieliges, breites Glas**
für handgemachtes Eis und Deko

**Schale**
für Banana Split und andere Spezialitäten

# Brot ohne Salz

*Das toskanische Brot – »pane sciocco«, wie es die Florentiner nennen – ist ungesalzen und wirkt beim ersten Biss ziemlich fad. Und dennoch, eine Mahlzeit ohne dieses augenscheinlich langweilige Brot wäre schier unvorstellbar.*

Der Brotlaib aus hellem Weizenmehl hat eine knusprige Außenkruste und im Innern eine weiche lockere Krume, manche Backstube backt ihn noch im Holzofen. Er hält sich viele Tage und wird in Scheiben aufgeschnitten.

Was macht dieses Brot nun so unverzichtbar? Und weshalb ist es ohne Salz? Man erzählt, das sei die Schuld von Pisa, der Erzfeindin von Florenz, die im Mittelalter als Hafenstadt am Meer das **Salzmonopol** innehatte und es auf dem Höhepunkt der Feindseligkeiten im 12./13. Jh. ihrer Rivalin nur zu unbezahlbaren Preisen überließ. Das veranlasste die stolzen Florentiner, ihren Salzkonsum radikal zu drosseln. Im Brot blieb dieser Verzicht tradiert, vielleicht auch, weil man herausfand, dass der neutrale Geschmack des Brots bestens zur Küche passte.

Ein extrem schlichtes und zugleich überzeugendes Beispiel ist die Fettunta, bei der auf die geröstete und noch warme Scheibe Brot das frische fruchtige Olivenöl geträufelt wird. Die Bruschetta ist ebenfalls eine geröstete Scheibe Brot mit Öl, Knoblauch und kleinen frischen Tomatenstückchen. Auch erweist sich das Pane sciocco als die ideale Ergänzung zur Würze des in Scheiben geschnittenen Spanferkelbratens Porchetta oder des toskanischen Schinkens, ebenso zum aromatischen Schafskäse Pecorino.

Ist das Brot einmal trocken und altbacken geworden, wird es keineswegs entsorgt, das ginge dem sparsamen Toskaner sehr gegen den Strich. Vielmehr hat seine Weiterverwertung eine ganze Reihe sehr schmackhafte Suppenrezepte inspiriert, allen voran die Ribollita aus altem Brot, Grünkohl und weißen Bohnen. Oder die Pappa al Pomodoro, eine dicke Tomatensuppe aus frischen Tomaten, altem Brot und Basilikum.

Im Sommer weicht man das hart gewordene Brot ein wenig ein und gibt klein geschnittene Gurken, Tomaten, Staudensellerie, Basilikum und Olivenöl dazu, was die köstliche kalte Panzanella ergibt. Von wegen fad und langweilig – hier auf dem Speiseplan in der Toskana und in Florenz ist das salzlose Brot das Salz der Küche.

## Empfohlene Restaurants

❶ etc. ▸ Stadtplan S. 98

### PREISKATEGORIEN

für ein Hauptgericht
€€€€ über 28 €
€€€ 15 – 28 €
€€ 10 – 15 €
€ ab 9 €

### SPITZENRESTAURANTS

**❶ Borgo San Jacopo €€€€**
Borgo San Jacopo 62 r
Tel. 055 28 16 61
www.lungarnocollection.com
Das exzellente Restaurant am Arnoufer spiegelt den eleganten Stil von Ferragamo wieder, der berühmten Florentiner Schulmarke, zu dem auch edle Hotels gehören. Die Speisen halten dem raffinierten Level stand, ebenso die Location, etwa an den wenigen Tischen auf dem Balkon überm Fluss, für den ganz besonderen Abend.

**❷ Cibreo €€€ – €€€€**
Via del Verrocchio 8 r/
Via dei Macci 122 r
Tel. 055 2 34 11 00
www.cibreo.com
Geschl. Mo.
Im Feinschmeckerlokal unweit vom Markt Sant' Ambrogio kann man beste toskanische Küche genießen, die Chef Fabio Picchi seit Jahren zelebriert und modernisiert – eine Institution. Reservierung erforderlich. Günstiger isst man allerdings in der angeschlossenen Trattoria. Außerdem gehören ein Café und das kulinarische Teatro del Sale zum Cibreo-Imperium.

**❸ Alle Murate €€€ – €€€€**
Via del Proconsolo 16 r
Tel. 055 24 06 18
www.allemurate.it
Geschl. Mo
Dieses schicke Lokal in einem hochherrschaftlichen, mit Fresken geschmücktem Palazzo (14. Jh.) nicht weit vom Dom bietet dank der Kreativität von Chefköchin Giovanna Iorio eine spannende Kombination ausgesuchter Zutaten aus den italienischen Regionen, eine der besten Speiseadressen im Stadtzentrum. Mittags gibt es preiswerte Menüs (€€).

**❹ Pinchiorri €€€€**
Via Ghibellina 87
Tel. 055 24 27 77
Geschl. So., Mo., mittags
www.enotecapinchiorri.com
Das legendäre Sternerestaurant in einem Stadtpalast (16. Jh.) mit sehr schönem Innenhof verspricht zweifellos ein kulinarisches Erlebnis allererster Güte, was allerdings auch seinen Preis hat. Berühmt ist der Weinkeller mit Spitzenerzeugnissen aus aller Welt.

### REGIONALE KÜCHE

**❺ Gargani €€€**
Via del Moro 48 r
Tel. 055 2 39 88 98
www.garganitrattoria.com
Geschl. mittags, Mo.
Pure Farb- und Mallust bezeugen die Wände dieser originellen gehobenen Trattoria in einer Altstadtgasse zwischen Santa Maria Novella und dem Arno. Dazu pas-

## Essen, Ausgehen und Übernachten

### Essen

1. Borgo San Jacopo
2. Cibreo
3. Alle Murate
4. Pinchiorri
5. Gargani
6. Targa
7. Antico Ristoro dI Cambi
8. Dino
9. Filipepe
10. Il Latini
11. Io Osteria Personale
12. Pane e Vino
13. Pepo
14. Santo Bevitore
15. Zà Zà
16. Il Desco
17. Mario
18. Pallotino
19. Il Santino
20. Il Sasso di Dante
21. Toscanella
22. Trattoria del Carmine
23. Cantinetta de Verazzano

### Übernachten

1. Brunelleschi
2. Four Seasons
3. Helvetia & Bristol
4. Regency
5. Villa Mangiacane
6. Principe
7. Torre di Bellosguardo
8. Antica Torre di Via Tornabuoni 1
9. Gallery Hotel Art
10. Loggiato dei Serviti
11. Guadagni
12. Villa Carlotta
13. Alessandra
14. Annalena
15. Beacci Tornabuoni
16. Casci
17. Al Palazzo del Marchese di Camugliano
18. Crocini
19. Il Guelfo Bianco
20. Liana
21. Palazzo del Borgo
22. La Scaletta
23. Johanna & Johlea
24. Orti di Cambue
25. In Centro
26. Le Stanze del Duomo
27. La Medicea
28. Ostello Archi Rossi
29. Ciao
30. Florence Youth Hostel
31. Soprano Suites
32. La Casa di Morteo
33. Plus Hostel Florence

## Ausgehen

1. The Book Pub
2. Cafetteria delle Oblate
3. Colle Bereto
4. Golden View
5. Moyo
6. O'Tel
7. Kitsch
8. Il Rifrullo
9. Rivalta
10. Tender Club
11. Terrazza Bruno Ileschi
12. Il Trip per Tre
13. Manduca
14. Space Electronic
15. Tenax

## Cafés und Eisdielen

1. Giacosa
2. Giubbe Rosse
3. Rivoire
4. Terrazza di la Rinascente
5. Volume
6. Grom

sen die Früchte und Blütenblätter, mit denen die Florentiner Spezialitäten dekoriert werden. Auch Kochkurse werden angeboten.

### 6 Targa €€€

Lungarno Cristoforo Colombo 7
Tel. 055 67 73 77
www.targabistrot.net
Geschl. So.
Die sorgfältige, einfallsreiche Küche des Bistros, darunter auch viel Fisch, und die exzellenten Weine genießt man sommers auf einer stimmungsvollen Terrasse über dem Arno.

### 7 Antico Ristoro dei Cambi €€

Via Sant' Onofrio 1r
Tel.055 21 71 34, geschl. So.
www.anticoristorodicambi.it
Unter dem Deckengewölbe hängen die Schinken, in der Kühltheke am Eingang warten riesige Steaks: Die alteingesessene Trattoria im Viertel San Frediano auf der linken Arnoseite ist eine Kultadresse für die klassische Bistecca alla fiorentina vom echten Chianina-Rind. Im Sommer sitzt man draußen auf der Piazzetta..

### 8 Dino €€ – €€€

Via Ghibellina 51 r
Tel. 055 24 14 52
rwww.ristorantedino.it
Geschl. Mo.mittag, So.
Feines Restaurant in gepflegtem Trattoriastil mit ausgesprochen angenehmer Atmosphäre im historischen Zentrum, nahe der Kirche Santa Croce. Die Küche basiert auf historischen Rezepten. Probieren Sie den mit Rosinen, Mandeln, Ingwer und Zimt gewürzten Wildschweinbraten! Großes Angebot an Weinen

### 9 Filipepe €€

Via San Niccolò 39 r
Tel. 055 2 00 13 97
www.filipepe.com
Geschl. mittags
Mal etwas ganz anderes: gute Mittelmeerküche in charmant-kreativem Ambiente in Oltrarno, auf der südlichen Arno-Seite

### 10 Il Latini €€

Via dei Palchetti 6
Tel. 055 21 09 16
www.illatini.com, geschl. Mo.
Der Klassiker unter den Trattorien auf der südlichen Arno-Seite und ein Touristenmagnet, der aber auch die Einheimischen überzeugt: der Himmel voller Schinken, unter den Füßen Terrakottakacheln und das saftige Florentiner Steak vom echten Holzkohlengrill auf dem Teller. Zu allem Überfluss sollten Sie sich zum Nachtisch das frische Tiramisu gönnen.

### 11 Io Osteria Personale €€ – €€€

Borgo San Frediano 167 r
Tel. 055 9 33 13 41
Geschl. So. und mittags
www.io-osteriapersonale.it
Das Viertel San Frediano auf der linken Arnoseite überrascht mit Lokalen wie diesem: modernes urbanes Ambiente unter rustikalen Balken, fernab von touristischer Folklore, wo sich die jüngeren arrivierten Florentiner treffen. So ist auch die Küche mit frischen Zutaten – auch Fisch – genussfreudig und verspielt.

### 12 Pane e Vino €€–€€€

Piazza di Cestello 3
Tel. 055 2 47 69 56,
www.ristorantepaneevino.it
Geschl. mittags, So.
Das elegante Lokal der Brüder Pierazzuoli auf der südlichen Arno-Seite hat nichts Biederes, genauso wenig wie die sorgfältige Küche, die sich auf Grundlage der Tradition immer wieder Neues einfallen lässt. Probieren Sie hier die Gnudi, heiße Bällchen aus Spinat, Ricotta und Salbei, oder die exzellenten Süßspeisen.

### 13 Pepò €€

Via Rosina 4/6 r, Tel. 055 28 32 59
tgl. geöffnet, www.pepo.it
Ganz nah bei der Piazza del Mercato Centrale sollte man in dieser besonders ansprechenden Osteria Spezialitäten probieren wie Fritto misto, frittiertes Fingerfood aus Gemüse-, Huhn- und Kaninchenstückchen, oder Peposo, eine Art Rindergulasch mit viel Pfeffer.

### 14 Il Santo Bevitore €€

Via Santo Spirito 64–66 r
Tel. 055 21 12 64
www.ilsantobevitore.com
Geschl. So.mittag
Man isst hier gute italienische Küche mit einer Prise Fantasie, sitzt nett in rustikal-elegantem Ambiente, wird freundlich bedient, zahlt nicht zu viel, und alle fühlen sich wohl, Touristen wie Florentiner: ein beliebter Dauerbrenner unweit der Piazza Santo Spirito. Reservieren Sie!

### 21 Toscanella €€

Via Toscanella 32 r
Tel. 055 28 54 88
Geschl. So.abend
www.toscanellaosteria.com
Gelungenes modernes Styling unter den hohen Gewölben eines alten Palasts nahe dem Palazzo Pitti, dazu frische schmackhafte Traditionsküche und ein preiswertes Mittagsmenü – für eine entspannte Pause.

### 22 Trattoria del Carmine €€

Piazza del Carmine
Tel. 055 21 86 01
Geschl. So.mittag
Die Einkehr in dieser gemütlichen Trattoria, ein Florentiner Klassiker mit ebensolcher Küche, rundet den Besuch der berühmten Cappella Brancacci in der Chiesa del Carmine genüsslich ab. Im Sommer sitzt man hübsch auf der Piazza.

### 15 Zà Zà €€

Piazza del Mercato Centrale 26 r
Tel. 055 21 54 11
www.trattoriazaza.it
Tgl. geöffnet
Unter den vielen Trattorien auf der lebhaften Piazza del Mercato Centrale zeichnet sich diese Trattoria durch farbenfrohes Ambiente und schmackhafte Küche aus. Da immer voll, am besten reservieren. Nebenan im dazugehörigen Bistro-Café gibt es Snacks und leckere Aperitifs.

### 16 Il Desco €–€€

Via Cavour 27
Tel. 055 28 83 30
www.ildescofirenze.it
Geschl. So.
Zwischen den überwiegend touristischen Snackbars unweit der

Piazza San Marco erfreut dieses kleine Bistro des Hotels Il Guelfo Bianco mit saisonfrischen Salaten, fantasievollen Gemüsegerichten, delikater Fleischküche und freundlicher Atmosphäre.

### 17 Mario €
Via Rosina 2 r
Tel. 055 21 85 50
http//:trattoria-mario.com
Die winzige Trattoria in der Nähe des Mercato Centrale ist ein typischer florentinischer Familienbetrieb und sehr beliebt – wo sonst würde man bei einem vollen Restaurant auf dem Gehweg warten, bis der Padrone die Gäste zu Tisch bittet?

### 18 Pallottino €
Via Isola delle Stinche 1 r
Tel. 055 28 95 73
www.trattoriapallottino.com
Geschl. So.
In dieser handfesten, über hundert Jahre alten Trattoria im Gassengewirr zwischen Dom und Santa Croce sitzt man an einfachen Holztischen vor weiß gekachelten Wänden und lässt sich die Hausmannskost schmecken. Beliebt nicht nur bei Touristen, sondern auch bei Einheimischen

### 19 Il Santino €
Via Santo Spirito 60 r
Tel. 055 2 30 28 20
Zum Restaurant Il Santo Bevitore gehört gleich nebenan dieses kleine Bistro mit hochwertiger Käse- und Schinkenauswahl.

### 20 Il Sasso di Dante € – €€
Piazza delle Pallottole 6 r
Tel. 055 28 21 13
www.sassodidante.it
Geschl. So.abends
Ganz nah beim Dom, wo gute Speiseadressen rar sind, empfiehlt sich dieses gemütliche einfache Restaurant mit schmackhafter Traditionsküche. Probieren Sie hier die dicken toskanischen Spaghetti, »pici« genannt, oder die Ricottaspinatbällchen Gnudi. Im Sommer sitzt man auf einem stillen Plätzchen.

### 23 Cantinetta del Verrazzano € – €€
Via dei Tavolini 18 r
Tel. 055 26 85 90
www.verrazzano.com
Geschl. So.abend
Obwohl in der höchsten Touristendichte zwischen Piazza della Repubblica und Piazza della Signoria gelegen, sind die Focaccie, Crostini sowie Käse- und Schinkenplatten dieser schönen Wein- und Imbissstube immer gut und frisch.

## CAFÉS, EISDIELEN
1 etc. ▸Stadtplan S. 98

### 1 Giacosa
Via della Spada 10 r
Tel. 055 2 77 63 28
www.caffegiacosa.it
Dank des Restylings durch den Florentiner Modeschöpfer Roberto Cavalli, dazu eingebettet in dessen Nobelboutique in der Via Tornabuoni, hat es dieses Traditionscafé ins 21. Jh. geschafft. Genießen Sie hier feinste Chocolaten. In dem Café wurde einst der berühmte Cocktail Negroni aus Gin, Campari und Martini kreiert.

### Gilli
►Baedeker Tipp S. 255

### ❷ Giubbe Rosse
Piazza della Repubblica 13/14 r
Tel. 055 22 21 80
Durch seine Ausstellungen und Kulturevents ist dieses schöne, alteingesessene Künstler- und Literatencafé auch heute noch nicht nur für Touristen, sondern auch für die Florentiner attraktiv.

### Gucci-Café
►Baedeker Tipp S. 260

### ❸ Rivoire
Piazza della Signoria 5 r
Tel. 055 21 44 12
www.rivoire.it
Teuer, aber direkt auf dem herrlichen Platz. Besonders köstlich ist die heiße Schokolade mit Sahne.

### ❹ La Terrazza di La Rinascente
Piazza della Repubblica 1
Tel. 055 28 36 12
Vom Dachcafé des feinen Kaufhauses Rinascente an der Piazza della Repubblica hat man einen fantastischen Nahblick auf die Domkuppel und die Dächer der Altstadt. Dazu gibt es Cappuccino, Cocktails und frische kleine Mahlzeiten.

### ❺ Volume
Piazza Santo Spirito 5 r
Tel. 055 2 38 14 60
www.volume.fi.it
Das besonders reizvolle Café zeigt die Schönheit des Handwerks: Alte Werkzeuge und Holzmodelle

zieren die Wände dieser ehemaligen Hutmacherwerkstatt, heute ein beliebter Treff der Kreativen zu Musik, Lesungen, Weinen und leckeren Kleinigkeiten.

### ❻ Grom
Via del Campanile 2
Tel. 055 21 61 58
Erstklassige Zutaten – wie frische Eier und Früchte, die besten Nusssorten usw. – sind es, die das Eis dieser erfolgreichen Eisdielenkette beim Dom so köstlich machen.

### Vivoli
►Baedeker Tipp S. 224

# Feiertage · Feste · Events

# Vorliebe für Tradition

**Wie feiern die Florentiner? Die urbane Eventkultur findet in dieser Stadt besonders schöne Schauplätze. Man denke nur an den Firenze Estate und den Estate Fiesolana in Fiesole mit seinen vielen Veranstaltungen unter freiem Himmel, mit Livekonzerten klassischer Musik und von Popgruppen sowie modernen Tanzaufführungen, die in den Innenhöfen der alten Palazzi, im römischen Theater von Fiesole, am Ufer des Arno, auf grandiosen Plätzen und vor Kirchenkulissen stattfinden.**

**Maggio Musicale Fiorentino**

Ein Highlight im Kulturkalender nicht nur der Stadt, sondern ganz Italiens ist der Maggio Musicale Fiorentino, ein Festival hochkarätiger Opern-, Konzert- und Tanzaufführungen, das im Mai beginnt. Im Jahr 1933 hatten es der faschistische Regierungsbeamte und Florentiner Adlige Luigi Ridolfi Vay da Verrazzano und der Orchesterdirigent Vittorio Gui ins Leben gerufen. Als Anlass diente der Frühlingsbeginn im Mai, der in der Toskana seit jeher mit dem Calendimaggio gefeiert wurde. Weltberühmte Dirigenten, Musiker und Gesangskünstler wurden alljährlich zu dem Festival verpflichtet. In den letzten Jahren leidet das Festival unter finanzieller Not. 2013 konnte nur der Verzicht auf Bühnenbilder und Gagenreduzierung die Veranstaltung retten, 2015 musste dem Ballettcorps gekündigt werden. All das und zusätzliche Spenden haben allerdings die Schulden abgetragen und somit den Fortbestand des Festivals sichern können.

**Traditionelle Feste**

Florenz versteckt auch eine sehr traditionelle, volkstümliche Seele, die ein paar Mal im Jahr deutlich wird. Das passiert zum Beispiel anlässlich des Festes des Stadtpatrons am 24. Juni, dem Johannistag, wenn man sich am Nachmittag auf den Tribünen auf der Piazza Santa Croce einfindet, um seine Mannschaft beim ziemlich brutalen historischen Fussballspiel Calcio in Costume anzufeuern (▶Baedeker Wissen S. 108).

**Fußball**

Der ACF Florenz spielt in der ersten italienischen Liga, der Serie A. Die Glanzzeiten der »Fiorentana« liegen schon einge Jahrzehnte zurück: Die letzte Meisterschaft konnte man 1969 feiern. Seine Heimspiele trägt der Klub im Stadio Artemio Franchi (Viale Manfredo Fanti; beim Bahnhof Campo Marte) aus. Das Stadion wurde 1930 errichtet. Tickets und weitere Informationen findet man unter http://en.violachannel.tv

**Beim Scoppio del Carro kracht und brennt es.**

## Termine

### FEIERTAGE

1. Januar: Neujahr
6. Januar: Erscheinungsfest (Hll. Drei Könige)
März/April: Ostermontag
25. April: Tag der Befreiung (1945)
1. Mai: Tag der Arbeit
2. Juni: Fest der Republik Italien
15. August: Mariä Himmelfahrt
1. November: Allerheiligen
8. Dezember: Mariä Empfängnis
25./26. Dezember: Weihnachten

## Veranstaltungskalender

### JANUAR

**Hll. Drei Könige (6.)**
**La Cavalcata dei Magi**

Dieser Festumzug ist seit dem Jahr 1417 in Quellen nachgewiesen. In der damaligen Zeit nahmen die Medici bisweilen als Heilige Drei Könige daran teil. Die spektakuläre Kostümparade beginnt am Palazzo Pitti und erreicht über den Ponte Vecchio und die Piazza Signoria schließlich ihr Ziel, den Dom mit der Weihnachtskrippe.

### MÄRZ/APRIL

**Scoppio del Carro**

(►Baedeker Wissen S. 108)

**La Notte Bianca**

Offene Museen und Kunstevents in der Nacht des letzten Aprilsamstags
www.nottebiancafirenze.it

### APRIL – SEPTEMBER

**O Flos Colende**

Das ist der Titel einer anspruchsvollen Konzertreihe von Kirchenmusik, die von Mitte April bis Anfang September im Dom zu hören ist. Der Eintritt ist in der Regel frei.
www.firenzeturismo.it

### APRIL/MAI

**Mostra Internazionale dell' Artigianato**

Diese renommierte Kunsthandwerkermesse in der Fortezza da Basso Ende April/Anfang Mai vereint einige der besten Kunsthandwerker aus Florenz und der Toskana, aber auch internationales Handwerk.
www.mostraartigianato.it

### MAI

**Mostra dell' Iris**

2. – 20. Mai: Ein zauberhafte Schau von Schwertlilien, der Blume im Wappen von Florenz, in den hübschen Gärten unterhalb der Piazzale Michelangelo.

### MAI

**Festa del Grillo**

So. nach Himmelfahrt:
(►Baedeker Wissen S. 108)

### MAI/JUNI/JULI

**Maggio Musicale Fiorentino**

Dieses Festival steht seit Jahren und trotz der derzeitiger Finanznot für hochkarätige Opern- und Konzertaufführungen mit internationalen Künstlern (►S. 105). Spielorte sind die neue Opera di Firenze und das Teatro Goldoni,

**Historische Umzüge sind ein fester Bestandteil des Festkalenders.**

die Sommerveranstaltungen des Maggio Fiorentino im Juli – Freilichtkonzerte, Ballett – finden vor allem im Hof des Palazzo Pitti statt (►S. 86).

## SOMMER

### Estate Fiorentina

Jedes Jahr kommen neue Schauplätze für die vielfältigen Musik- und Unterhaltungsevents hinzu, die den Florentiner Sommer beleben: Rockkonzerte auf der Freilichtbühne im Park Cascine, Live- und DJ-Musik am Arno-Strand von San Niccolò, Ethno-Musik im ehemaligen Gefängnis Le Murate, Kulturveranstaltungen im Innenhof des Bargello-Museums oder in den Gärten des Stibbert-Museums oder der Villa Strozzi und Sommerkino auf der Piazza Santissima Annunziata.
www.estatefiorentina.it

### Estate Fiesolana

In Fiesole Konzert, Theater, Film- und Ballettaufführungen
►Baedeker Tipp S. 180

## JUNI

### Calcio in Costume

24. Juni
►Baedeker Wissen S. 108

# Florentinische Feste

*Die Florentiner haben sich einige traditionelle Feste bis in die heutige Zeit hinüberretten können, auf die sie nach wie vor großen Welt legen und die mit viel Hingabe begangen werden.*

Fast scheint es, als überlebten in diesen Festen die Tugenden der Ritter- und Renaissancezeit, in Wettkämpfen und Geschicklichkeitsbeweisen, etwa in der Kunst der Fahnenschwenker, die alle Feste begleiten. Und oft gehört auch der religiöse Aspekt dazu.

Den Auftakt zu den populären Festen im Jahr bildet am Ostersonntag der **Scoppio del Carro**, eine Art Feuerwerk auf der Piazza del Duomo, um die Auferstehung Christi lautstark zu verkünden. Nach der Ostermesse im Dom zischt vom Hochaltar aus eine »la colombina« (»das Täubchen«) genannte Rakete an einem Seil hinaus auf den Domplatz, wo sie den mit Knallkörpern festlich geschmückten totenwagenähnlichen Carro (»Karren«) »sprengt«. Bei starker Sprengkraft und Rauchentwicklung bedeutet der Karren ein ertragreiches Jahr für Bauern und Kaufleute.

Viele Florentiner treffen sich am Himmelfahrtstag im Parco delle Cascine, um im Grünen die Merenda (»Vesper«) einzunehmen und um dabei den zirpenden Klängen der Grillen zu lauschen, dem Klang des italienischen Sommers. Zur **Festa del Grillo** fing man ursprünglich die Grillen selbst, später wurden sie in kleinen Holz- oder Bastkäfigen angeboten und den Kindern geschenkt. Heute klingt aus den Käfigen ein mechanisches Zirpen. Das Fest hat allerdings seinen Charme nicht nur dadurch verloren, sondern auch, weil die traditionellen Marktstände heute leider vornehmlich Trash anbieten.

Harte Jungs beim Calcio in Costume

Am Johannistag (24. Juni) geht es zu Ehren des Stadtpatrons Johannes dem Täufer wieder eher lautstark und schlagkräftig zu. Auf der Piazza Santa Croce versammeln sich Jung und Alt, um die jeweilige Mannschaft beim **Calcio in Costume** anzufeuern. Dieses traditionelle Ballspiel in historischen Kostümen fand erstmals 1530 statt, als die Florentiner ihren Belagerern Gelassenheit und Stärke zugleich demonstrierten, indem sie sich noch Zeit für ein Spiel nahmen. Ein farbenprächtiger Umzug aus allen Stadtteilen führt von Santa Maria Novella zur Piazza Santa Croce. Die vier Mannschaften sind an ihren stadtteilbezogenen Farben zu erkennen. Gespielt wird eine Art Fußball mit kräftigem Hand- und Ellbogeneinsatz nach schwer durchschaubaren Regeln.

## AUGUST/SEPTEMBER

### Festa Democratia/dell' Unità

Das traditionelle Fest der italienischen Linken in Florenz findet alljährlich von Ende August bis Mitte September im Parco Le Cascine am Arnoufer statt. Mal heißt es Festa Democratica, mal Festa dell' Unità. Man kommt zum Schlemmen und zu Konzerten, aber auch zu engagierten politischen Debatten.

## SEPTEMBER

### La Rificolona

Am 7. September feiern Erwachsene und Kinder die Jungfrau Maria mit einem Papierlaternenzug. Mittelpunkt dabei ist die Piazza Santissima Annunziata.

### Nextechfestival

Mit diesem Festival in der ersten Septemberwoche in der Kulisse der Fortezza da Basso hat Florenz einen der interessantesten Events zur elektronischen Musik in Italien zu bieten.
www.nextechfestival.com.

## SEPTEMBER/OKTOBER

### Biennale Internazionale dell' Antiquariato di Firenze

Die renommierte Antiquitätenausstellung präsentiert Ende September/Anfang Oktober in den prächtigen Räumen des Palazzo Corsini sull' Arno herrliche Möbel mit Florentiner Intarsien und wertvolle Gemälde aus der Renaissancezeit, und zwar an allen ungeraden Jahreszahlen.
www.biaf.it

## DEZEMBER

### Festival Internazionale del Film Documentario

In der ersten Dezemberwoche zeigt dieses traditionsreiche Filmfestival zum sozialen Dokumentarfilm viele herausragende Produktionen aus aller Welt, noch dazu im wunderschönen alten Kinosaal Odeon.
www.festivaldeipopoli.org

# Mit Kindern unterwegs

# Auch Spaß und Spiel

**Selbst in einer Kunststadt wie Florenz, wo vor allem Museen und Kirchen zu besichtigen sind, findet man Anregungen, um den Besuch auch für Kinder attraktiv zu machen – angefangen mit den vielen guten Eisdielen und einem Aufstieg in die Kuppel des Doms Santa Maria del Fiore.**

**Angebot**

In den großen staatlichen und in den städtischen Museen ist der Besuch für Kinder bzw. Jugendliche bis 18 Jahre kostenlos. Mit Kindern empfiehlt es sich besonders, die Eintrittskarten für den Besuch wie Uffizien oder Galleria dell' Accademia vorzubestellen, um das mühsame Schlangestehen zu vermeiden (►S. 115). Viele Museen bieten auf Kinder spezialisierte Besuchsprogramme an (meist auf Italienisch). Und manche überraschen mit besonders spannenden Ausstellungsstücken wie einem lebensgroßen Reiterzug im ►Museo Stibbert, den nachgebauten Maschinen des genialen Leonardo da Vinci (►Baedeker Tipp S. 53) und den Mammutskeletten, Fossilien und Anatomiemodellen in den Wissenschaftsmuseen (►S. 116/117). Die Kinder können auch auf dem Arno raften, sich in den Cascine im Schwimmbad tummeln, auf Stadttouren Verbrechen aufklären oder in Kochkursen lernen, Pizza zu backen und Eiscreme herzustellen.

**Grünanlagen**

Im nicht besonders grünen Stadtzentrum lassen sich außer dem kostenpflichtigen Monumentalpark Giardino di Boboli doch ein paar hübsche Grünanlagen nennen, in denen Kinder frei herumlaufen können. Das sind der gratis zugängliche lauschige Park des ►Museo Stibbert, dann unweit der Piazza della Santissima Annunziata die gepflegte Grünanlage auf der Piazza M. D' Azeglio mit allerlei Spielgeräten für die Kleinen und nahe beim Konvent San Marco der (kostenpflichtige) botanische Garten Giardino dei Semplici (►S. 275) mit einer beeindruckenden Kakteensammlung und schließlich der Giardino delle Rose unterhalb des Piazzale Michelangelo. Der Park der Villa Vogel (Viale Canova, tgl. ab 8.00 Uhr geöffnet) liegt im südwestlichen Bezirk am Innenstadtrand; man erreicht ihn mit dem Bus 1 vom Bahnhofsvorplatz aus; er hat Spielplätze, eine Rollschuhbahn und Trampolins (www.rollerclubfirenze.it).

Im **Parco delle Cascine,** dem größten Park von Florenz, am Arno-Ufer im Nordwesten der Stadt lässt es sich auf weiten Wiesen herrlich Fußball spielen, im Schatten der Bäume picknicken, und man kann sich Räder und Rollerblades mieten. Außerdem gibt es Kinderspiel-

**Begegnung der besonderen Art**

plätze und an der Uferpromenade eine Minikirmes. Im Sommer öffnen Kioske mit Getränken, Pizza und Eis, und mittendrin das hübsche Freibad Le Pavoniere (Viale della Catena 2) mit Kinderbecken, dazu eine Hüpfburg für die Kleinen. Das Café Magnificenza mit Restaurant und Cocktailbar sorgt für das leibliche Wohl.

## Angebote für Kinder

### Agenzia Accord

Via Condotta 27 r
Tel. 055 239 94 93
Handy 0039 34 08 33 75 00
www.accordsolutions.it
Bei der Historical WhoDunit Tour gilt es, einen in der Renaissancezeit verübten Mord aufzuklären, die entscheidenden Hinweise führen dann zu einer aufregenden Stadterkundung. Tgl. dreistündige Tour auch auf Deutsch, Kinder bis 5 Jahre kostenlos, von 6 bis 12 Jahre 50 % Ermäßigung. Die Agentur bietet auch Kochkurse zum Pizza backen an sowie Raftingtouren in großen Schlauchbooten auf dem Arno. Kinder dürfen ab 4 Jahre mit ins Boot, 4 – 7 Jahre gratis.

### Biblioteca delle Oblate

Via dell' Oriuolo 26
Caffetteria und Bibliothek:
Mo. 9.00 – 14.00, Di. – Sa. 9.00 – 24.00 Uhr
Kinderlesesaal:
Mo. – Sa. 9.00 – 18.40 Uhr
Die große Stadtbibliothek mitten im Zentrum nahe beim Dom bietet Schmökerecken, in denen man mit eigenen Büchern pausieren kann. Zudem kann man hier Zeichentrickfilme anschauen oder in der preisgünstigen Caffetteria in den weitläufigen Kreuzgängen ungestört verschnaufen, so lange man möchte.

### Lago di Bilancino

Im nahen Barberino di Mugello im Norden von Florenz, nahe dem großen Outletcenter breitet sich dieser große künstliche See aus, einst als Wasserreservoir für die Stadt angelegt, heute eine Wassersportoase mit Kanu, Windsurfen, Segelbötchen und Strandbädern, das ideale Ausflugsziel für heiße Florenztage.

### Museo dei Ragazzi

Palazzo Vecchio
Piazza della Signoria
Tel. 055 2 76 82 24
www.musefirenze.it
Tgl. 9.00 – 18.00 Uhr
Diese Initiativen für Kinder im Museum sind beispielhaft. Museumspädagogen animieren zu spannenden Touren durch ausgewählte Stadtmuseen mit Experimenten, Spielstunden, Simulationen, Workshops zu Freskomalerei und vieles mehr. Die täglichen Programme erfährt man im Museum im Palazzo Vecchio. Sie sind vorwiegend auf Italienisch, zunehmend auch auf Englisch, und vieles lässt sich auch ohne Sprachkenntnisse gut mitmachen.

### Parco Avventura Il Gigante

Via Fiorentina 276
April – Okt. Di. – So. 10.00 – 19.00 Uhr,
sonst nur am Wochenende

**Sehr anschaulich: Reiterzug des 16. Jh.s im Museo Stibbert**

Eintritt: Erw. 18 €
Kinder bis 12 Jahre 15 €
Kinder 3 – 6 Jahre 10 €
www.parcoavventurailgigante.it
Der größte Abenteuerpark in der Toskana liegt nur 10 Autominuten von Florenz entfernt im nördlichen Pratolino bei Vaglia. Er bietet 7 abenteuerliche »Hängepartien« von Baum zu Baum über Seile, Netze, Leitern usw. für Kinder ab 3 Jahren.

### Parco Avventura Vincigliata

Fiesole
Via Vincigliata 12
Tel. 055 3 98 40 36
www.treeexperience.it
Juni – Okt. tgl. 10.00 – 19.00 Uhr
Eintritt: Kinder bis 11 Jahre ab 10 €, 11 bis 18 Jahre ab 15 €, Erw. 18 €
Dieser schattige und gut ausgestattete Abenteuerpark, nahe bei Fiesole gelegen, ist gratis zugänglich, man zahlt die einzelnen Parcours.

### Villa Demidoff

Pratolino-Vaglia
Via Fiorentina 276
Mai – Okt. Fr. 10.00 – 17.00
Sa., So. bis 20.00 Uhr
Gleich gegenüber vom Abenteuerpark Il Gigante geht es in diesen großen schönen und frei zugänglichen Villenpark, den der Medici-Fürst Francesco I. mit wundersamen Überraschungen ausstatten ließ, darunter eine gigantische Brunnenfigur aus Stein und ein Koloss, der den Bergzug Apennin darstellen soll. Man kann hier herrlich picknicken.

# Museen

# Die Stadt – ein einziges Museum

**Florenz zählt über 60 Museen, die ganze Stadt ist ein Museum. Die Vorstellung von Orten, an denen die Vielfältigkeit der menschlichen Kreativität in Kunst und Wissenschaft vorgeführt und bewundert werden konnte, wurde schon von den Medici bewusst gepflegt.**

**Museumslandschaft**

Zu den großen Kunstsammlungen kommen zahlreiche Galerien privater Sammler und Kunsthistoriker, Museen, die einzelnen Genies gewidmet sind wie Michelangelo, Leonardo da Vinci und Dante. Hinzu kommen Freskenzyklen und die für Florenz typischen Abendmahlsdarstellungen und vieles mehr – kaum ein Museum, dessen Besuch sich nicht lohnen würde.

**Eintritte**

Ab März bis einschließlich Oktober empfiehlt sich vor allem für den Besuch der Uffizien, der Galleria dell'Accademia sowie des Museo di San Marco die Vorbestellung der Eintrittskarten, um lange Warteschlangen zu vermeiden. Das kann man entweder telefonisch oder im Internet. Oder man reserviert direkt an den Schaltern von Firenze Musei bei der Kirche bzw. dem Museo di Orsanmichele (Ecke Via dell' Arte della Lana/Via de Calzaiuoli und in der Buchhandlung MyAccademia (Via Ricasoli 105 r). Mit der drei Tage gültigen **Firence Card** kann man für 72 € alle Museen an den Warteschlangen vorbei besuchen sowie die öffentlichen Verkehrsmittel benutzen (www.firenzecard.it). Für EU-Bürger bis 18 Jahre ist der Eintritt in die staatlichen und kommunalen Museen frei und von 18 bis 25 Jahren, in kommunalen Museen auch ab 65 reduziert. Die staatlichen Museen stehen außerdem gratis offen in der alljährlich in April stattfindenden Kulturwoche und ebenso am letzten Septemberwochenende zu den Europäischen Kulturtagen (www.beniculturali.it). Sämtliche Museen kann man am ersten Sonntag im Monat kostenlos besuchen, ebenso städtische am 18. Februar, zum Todestag der Mäzenin Anna Maria Luisa de' Medici (▶Baedeker Wissen S. 77).

## Museen in Florenz

### KARTENBESTELLUNG UND INFORMATIONEN

Tel. 055 29 48 83
www.b-ticket.com
Sonderschalter direkt in den Uffizien und im Palazzo Pitti

www.polomuseale.firenze.it
www.museicivicifiorentini.comune.fi.it
www.firenzeturismo.it

**Uffizien: eines der bedeutendsten Kunstmuseen der Welt**

### GESCHICHTE

**Museo Ebraico**
►Synagoga e Museo Ebraico

**Museo Galileo**
►Galleria degli Uffizi

**Museo di Preistoria (Museum für Urgeschichte)**
Via San Egidio 21
Mo. 15.30 – 18.30
Di., Do. 9.30 – 12.30
Fr., Sa. 9.30 – 12.30 Uhr
www.museofiorentinopreistoria.it
Ausgestellt sind Exponate aus vorgeschichtlicher Zeit.

### KUNST, ARCHÄOLOGIE

**Casa Buonarroti**
►S. 155

**Galleria dell' Accademia**
►S. 182

**Galleria del Costume**
►Giardino di Boboli

**Galleria dello Ospedale degli Innocenti**
►Ospedale degli Innocenti

**Galleria Rinaldo Carnielo**
Piazza Savonarola 3
Zurzeit geschlossen
Sklupturen des Bildhauers Carnielo (1854 – 1910)

**Galleria Strozzina**
►Palazzo Strozzi

**Galleria degli Uffizi**
►S. 188

**Museo Archeologico Nazionale**
►S. 212

**Museo Stefano Bardini**
►S. 215

**Museo del Bigallo**
► Piazza del Duomo, Loggia del Bigallo

**Museo della Fondazione Horne**
►Santa Croce

**Museo Marino Marini**
►S. 217

**Museo Nazionale Alinari della Fotografia**
►Santa Maria Novella

**Museo Nazionale del Bargello**
►S. 219

**Michelangelos Pietà im Museo dell' Opera del Duomo**

**Museo dell' Opera del Duomo**
►S. 225

**Museo dell' Opera di Santa Croce**
►Santa Croce

**Museo di Palazzo Davanzati**
►Loggia di Mercato Nuovo

**Museo di San Marco**
►San Marco

**Museo Santa Croce**
►Santa Croce

**Museo di Santa Maria Novella**
►Santa Maria Novella

## KUNSTHANDWERK

**Museo Roberto Capucci**
►Giardino di Boboli

**Museo Gucci**
►Piazza della Signoria

**Museo delle Porcellane**
►Giardino di Boboli

**Museo Salvatore Ferragamo**
►Santa Trinità, Palazzo Spini-Ferroni

**Museo Stibbert**
►S. 229

**Museo degli Strumenti Musicali Antichi**
►Palazzo Pitti

**Opificio e Museo delle Pietre Dure**
►Galleria dell' Accademia

## LITERATUR

**Casa di Dante**
►Museo Nazionale del Bargello

## NATURKUNDE NATURWISSENSCHAFT

**Museo Botanico**
►San Marco

**Museo di Paleontologia**
Via G. La Pira 4
www.msn.unifi.it
Juni – Sept. Mo., Di., Do., Fr. 10.00 – 13.00, Sa., So., Fei. 10.00 – 18.00, Okt. – Mai Mo., Di., Do., Fr. 9.00 – 13.00, Sa., So., Fei. 10.00 – 17.00 Uhr
Neben einer umfangreichen Sammlung von Fossilien sind urzeitliche Tiere und Pflanzen vor allem aus Italien ausgestellt.

**Museo Galileo**
►Galleria degli Uffizi

**Museo Leonardo**
►Baedeker Tipp S. 53

**Museo di Mineralogia**
Via G. La Pira 4
Geöffnet wie das Museo di Paleontologia
www.msn.unifi.it
Das Museum enthält eine große Sammlung von Mineralien und eine Kollektion von Gegenständen aus Halbedelsteinen.

**Museo Zoologica**
►Palazzo Pitti

## VÖLKERKUNDE

**Museo Nazionale di Antropologia ed Etnologia**
►S. 218

# Shopping

E DI MONTEGEMOLI
TTO A LEGNA
Si organizzano cene a domicilio
Pecorino al tartufo €.18.08Kg
Pecorino del pastore
Prosciutto di Praga
Agli marinati
Scorze di arance e limoni

# Nicht nur Mode

**Die Innenstadt von Florenz ist ein einziges Shoppingparadies, der Vielfalt des Angebots sind keine Grenzen gesetzt, neben den zahlreichen Nippesshops, wie sie in jeder Touristenmetropole vorkommen, gibt es viel Lohnenswertes zu entdecken.**

**Modezentrum**

Beim Bummel durch die Gassen überraschen immer wieder Boutiquen und Läden mit Schönem, Ausgefallenem und Originellem. Dank vieler zahlungskräftiger Touristen aus aller Welt begegnet man hier natürlich all den **großen italienischen und internationalen Mode- und Schmucklabels** – von Armani, Gucci, Prada und Bulgari bis zu französischen, amerikanischen und japanischen Marken. Sie haben ihre edlen Geschäfte mit Russisch, Japanisch, Chinesisch sprechenden Verkäuferinnen mitten in der Altstadt, in den Palazzi an der Via Tornabuoni, der Piazza della Trinità und der Via della Vigna Nuova. Das Herz des modebewussten Italiens schlägt ja nicht nur in Mailand oder Rom, sondern genauso heftig in Florenz.
Hier fand 1951 die erste Haute-Couture-Show zum Made in Italy statt, von hier kommen Gucci, Ferragamo, Enrico Coveri, Roberto Cavalli, Emilio Pucci und Patrizia Pepe. Man spürt es auch alljährlich anlässlich der großen Modemessen Pitti Immagine im Januar und Juni, wenn die Schauen im Palazzo Pitti, in der Fortezza da Basso, in der Stazione Leopolda eröffnet werden und überall in der Stadt Mode-, Designevents und Partys steigen. Doch neben den großen Namen werden Sie kleine Boutiquen entdecken, in denen Modeschneider und Schmuckdesigner ihren persönlichen Stil vorstellen.

**Lederwaren en Masse**

Eine zentrale Einkaufsstraße ist die **Via de' Calzaiuoli**, sie verläuft zwischen Piazza Duomo und Piazza della Signoria. Ihr Name »Schuhmacher« verweist auf ein wichtiges Standbein der traditionellen Florentiner Warenwelt. Kaum anderswo haben sich so viele Geschäfte mit Schuhen, Taschen und Lederjacken wie in Florenz angesiedelt, das ballt sich in und um den Mercato di San Lorenzo und um die Piazza Santa Croce.

**Souvenirs**

Klassische Souvenirs aus Florenz sind hübsche Papierprodukte, Hefte, Alben, Schachteln und vieles mehr mit Pfauenfeder- und Marmormuster.
Wer etwas wirklich Besonderes mit nach Hause nehmen möchte, dem sei ein eigens für einen selbst gemischtes **Parfüm** empfohlen. Das bieten einige herausragende Parfümmeister wie Paolo Vranjes (Via San Gallo 63 r, Borgo La Croce 44 r, Via della Spada 9 r, Internet:

Im Mercato Centrale gibt es eine Fülle an Lebensmitteln.

www.drvranjes.it) oder Lorenzo Villoresi (nach tel. Voranmeldung: Tel. 055 2 34 11 87, Via de' Bardi 14, www.lorenzovilloresi.it).
Oder wie wäre es mit einem dieser reizenden, typisch florentinischen **Strohhüte**, die schon im 18. Jh. die Damen in Leipzig und München verrückt machten? Aus dem Arno-Tal kam nämlich eine besonders geschmeidige und zugleich resistente Getreide- bzw. Strohsorte. Die Familie Grevi lässt ihre entzückenden Modelle bereits in der vierten Generation flechten (Via della Spada 11 – 13 r, www.grevi.it).

**Kunsthandwerk** Überhaupt zeigt sich der seit Jahrhunderten geschulte Sinn für Schönheit in einer reichen Tradition an Kunsthandwerk (►Baedeker Wissen S. 122). Heute müssen die Botteghe, die alteingesessenen Werkstätten, um ihr Überleben kämpfen. Zugleich aber bilden sie auch den Humus für Neues, für moderne Schmuck- und Hutmacher, Keramikkünstler sowie Designer, auf die Sie bei Ihren Streifzügen durch die Gassen stoßen werden. Diesen stadtgenetischen Schönheitssinn offenbaren auch die vielen Antiquitätenläden, die sich in der Gegend am nördlichen Arno-Ufer und auf der südlichen Flussseite um die Piazza Pitti konzentrieren, z. B. in der Via Maggio.

**Märkte** Florenz ist zudem eine Stadt der Märkte, allen voran der üppige Kleider- und Ledermarkt Mercato di San Lorenzo (So./Mo. geschl.), nun von der Basilica San Lorenzo an den nahen Mercato Centrale umgezogen. Für Souvenirs eignet sich auch der Mercato Nuovo unter der Loggia del Porcellino. Zwei große Markthallen sind Lebensmitteln vorbehalten: Mercato Centrale und Mercato Sant' Ambrogio, und jeden 3. Sonntag im Monat findet der Biomarkt La Fierucolina auf der Piazza Santo Spirito statt. Ein kleiner Flohmarkt auf der Piazza dei Ciompi lädt am letzten Sonntag im Monat zum Stöbern ein.

**Preiswertes** Preiswerte Kleidung hängt jeden Dienstagvormittag im großen Stadtpark auf dem **Mercato delle Cascine** aus. Und eine Art modernes Marktdorf ist das **Outletcenter Barberino di Mugello** 35 km nördlich vor Florenz. Hier locken über 90 Läden mit bekannten Modemarken und Porzellan zu guten Preisen die Kunden an.

## Einkaufsadressen

### ACCESSOIRES

**Aprosio & Co.**
Via della Spada 38 r
www.aprosio.it
Im Atelier hinter dem Laden entwirft die Designerin Ornella Aprosio mit farbigen Perlen aus Muranoglas und böhmischem Kristall wunderschönen Modeschmuck und bestickt Taschen und Schals damit. Stilvolle Glitzeraccessoires.

**Ammentos**
Via dello Studio 30 r
http://ammentosfirenze.muzy.com

Bei diesen edlen Accessoires wie Gürteln, Broschen, Armreifen, Taschen und Wandschmuck, die ihre Inspiration aus Sardinien holen, fällt die große handwerkliche Sorgfalt auf. Hergestellt wird in der Werkstatt hinterm Laden.

## DELIKATESSEN

### Eataly

Via dei Martelli 22
www.eataly.it
Auch Florenz hat nun sein Schlemmerparadies der erfolgreichen Eataly-Kette, mit guten, dabei nicht zu teuren Delikatessen und Bistrotecken.

### Pegna

Via dello Studio 8
www.pegnafirenze.com
In diesem Gastronomieladen, den es seit 1860 nahe beim Dom gibt, decken sich die Florentiner für ihre Festessen ein. Neben erstklassigem Fleisch, Wurst, Schinken und ausgezeichnetem Käse, allem voran die besten Pecorino-Sorten, gibt es hier Olivenöl,und frischgemahlenen Kaffee von der Florentiner Rösterei Manaresi. Zudem sind im Angebot Kekse und Pralinen der besten Bäcker und Chocolatiers der Toskana, Cremes und Soßen sowie eine Riesenauswahl an toskanischen Weinen.

## GESCHIRR

### Richard-Ginori

Via dei Rondinelli 17 r
Seit 1802 hat die traditionsreiche Florentiner Porzellanmanufaktur ihren Flagshipstore in diesem eleganten Palazzo. Sie ist bekannt für ihre edlen und auch schicken Tafelgeschirre.

**Typisch toskanische Vase**

### Mario Luca Giusti

Via della Vigna Nuova 88 r
www.mariolucagiusti.com
Natürlich steht Florenz für das feine Porzellan von Ginori, es gibt aber auch Designer, die mal etwas anderes ausprobieren möchten. Die Teller, Schüsseln, Gläser und Krüge von Giusti sind alle aus synthetischen Materialien und leuchten in tollen Farben, selbst die Tischdecken in weißer Spitze sind aus Plastik.

## KAUFHAUS

### La Rinascente

Piazza della Repubblica 35 r
www.rinascente.it
Das ist die beste italienische Kaufhauskette, mit umfangreichen Modeabteilungen, Kosmetik, Bademode, schicken Haushaltswaren und Gastronomiebereich. Versäumen Sie nicht die verdiente Shoppingpause oben im Dachcafé mit spektakulärer Aussicht.

# Die Liebe zum Schönen

*Für die kunstvolle Herstellung von Gebrauchsgegenständen war Florenz schon immer berühmt. Die Hochkultur der Renaissance hatte verschiedene Handwerkskünste zum Blühen gebracht, allen voran alles, was das Wohnambiente aufwertete und was Kirchenfassaden, Fußböden und Möbel verschönerte.*

Das herausragende Beispiel ist die Kunst der **Pietre Dure**, des Mosaiklegens aus Steinteilchen. Man schnitt aus farbigem Gestein, aus Marmor, Kristallen und Halbedelsteinen die Puzzlestückchen, aus denen man feinste Bilder legte: Blumengirlanden mit Vögelchen, geometrische und heraldische Muster, auch Stadtansichten – für Tischplatten, als Wand- und Bodendekorationen und für Altäre. Die Steine kamen aus der Toskana, aber noch viel ausgefallenere Gesteinsfarben konnten sich die Medici mittels ihrer Handelsbeziehungen aus fernen Teilen der Welt besorgen. Auf diese hochspezialisierte teure Technik ging die Gründung der Florentiner Werkstatt Opificio delle Pietre Dure zurück, heute Museum und Restaurierungszentrum dieser Kunst (▶S. 20). Kaum zu glauben, aber es gibt Leute, die dieses Handwerk immer noch beherrschen, zu sehen beispielsweise in der Bottega I Mosaici di Lastrucci im Santa Croce-Viertel (Via dei Macci 9, www.imosaicidilastrucci.it) oder in der Ladenwerkstatt Scarpelli Mosaici (Via Ricasoli 59 r, www.scarpellimosaici.it) nicht weit vom Dom.

Hier ist nunmehr die junge Generation an der Reihe, genauso wie bei Pietra di Luna, wo Sohn und Tochter in die Fußstapfen des Meisters Bianco Bianchi getreten sind: Sie halten an der nicht minder diffizilen Kunst der **Scagliola** fest, einer Stucktechnik, bei der Gips mit verschiedenen Pigmenten eingefärbt und kunstvoll zu zarten Mustern gelegt wird (www.biancobianchi.com). Zu sehen ist dieses Kunsthandwerk in vielen Kirchen und Villen. Beides, Stucktechnik und Marmor-intarsien, vereint Simone Fiordelisi in seinen Tischplatten (Arte Decorativa, Via de' Barbadori 41 r, www.tavolidimarmo.it).

Des Weiteren brauchte man für die Innenausstattung der Palazzi, Kirchen und Konvente Handwerker, die sich auf die Herstellung von Beschlägen aus Bronze verstanden, die Bronzisti, dann Glasbläser, Juweliere, Silber- , Gold- und Metallschmiede, Vergolder, Kunstmaler, Seidenstoff- und Teppichweber, Tischler, Keramiker sowie natürlich Restauratoren. Noch vor dem Krieg wimmelte es auf der linken Arnoseite im Viertel Oltrarno um die Piazza Santo Spirito nur so von Werkstätten, heute haben es diese aufwendigen und entsprechend teuren Künste schwer, zu überleben. Viele Handwerker leben davon, das zu restaurieren, was schon da ist.

Einen regelrechten »Cluster« in Sachen Goldschmiedekunst bilden die **Juwelierläden am Ponte Vecchio**. Dieses pittoreske Sammelsurium von Anbauten längs der Brücke

Wundervoller Tisch in Pietre-Dure-Technik

war im 15. Jh. für die Fleischer entstanden, denn von hier konnten sie ihre Abfälle direkt in den Fluss fallen lassen, für damalige Verhältnisse ein hygienischer Fortschritt.

Doch zur Aufwertung des fürstlichen Korridors, den die Medici im 16. Jahrhundert über die Brücke bauen ließen, wurden die Schlächter baldigst durch Goldschmiede ausgetauscht. Als ein herausragendes Beispiel für einen heutigen Schmuckkünstler kann man Alessandro Dari nennen mit seinem Ateliermuseum im Palazzo Nasi-Quaratesi (Via Santo Niccolò 115 r, www.alessandrodari.com).

Eine traditionsreiche Adresse ist das **Antico Setificio Fiorentino**, das an die Seidenstoffproduktion des 14. und 15. Jh.s anknüpft, die den Reichtum einiger adliger Florentiner Familien begründete. Dieses Setificio stellt auch heute noch wunderbare Brokat- und Damaststoffe her, für die Innenausstattung von Luxushotels auf der ganzen Welt, aber auch für die Kostüme der großen toskanischen Feste, allen voran des Palio von Siena (Via Bartolini 4, http://anticosetificio.com).

Fragen Sie im Tourismusbüro nach Material und Besichtigungstouren zu den Botteghe artigiane. Alljährlich gegen Ende April/Anfang Mai findet eine große Verkaufsausstellung in der Fortezza da Basso statt, die **Mostra Internazionale dell' Artigianato**, auf der Kunsthandwerker aus Florenz, aus Italien und auch von auswärts ihre Fertigkeiten vorstellen (www.mostraartigianato.it). Einen wunderbaren Rahmen für die besten Kunsthandwerker der Stadt bildet der Palazzo Corsini und sein italienischer Heckenpark mitten im Zentrum zur alljährlichen Veranstaltung **Artigianato e Palazzo** Mitte Mai (Via della Scala 115, www.artigianatoepalazzo.it).

## LEDERWAREN

### Braccialini

Via Vacchereccia 11 r
www.braccialini.it
Scandicci
Via della Vigna Nuova 32 r
Die Firma aus Florenz hat die Welt mit ihren bunten, modernen und lustigen Taschen und Portemonnaies erobert. Natürlich besitzt sie in der Stadt ihren Flagshipstore. Wer aber für die Lederwaren nicht ganz so viel ausgeben möchte, dem sei der Factory Store im Vorort Scandicci empfohlen.

### Cellerini

Via del Sole 37r
www.cellerini.it
Im Familienbetrieb – der sich tapfer und erfolgreich gegen die Taschenkonkurrenz aus Asien hält – wird noch alles per Hand gemacht, jeder Schnitt, jede Naht. Die feinen Leder kommen aus Italien und Frankreich. Die Modelle an Taschen, Gürtel und Geldbörsen sind von klassischer Eleganz und die handwerkliche Sorgfalt kaum zu überbieten.

### San Lorenzo

►Baedeker Tipp S. 267

## MÄRKTE

### Flohmarkt

Piazza dei Ciompi
Mo. – Sa. 9.00 – 19.00 Uhr
Der Markt lädt zum Stöbern zwischen verstaubten, ausgefallenen Preziosen ein.

### Mercato Centrale

Via dell' Ariento
Mo. – Fr. 7.00 – 14.00
Sa. 7.00 – 17.00 Uhr
Im Erdgeschoss der Markthalle werden frische Lebensmittel verkauft, und im Obergeschoss kann man essen.

### Mercato Sant' Ambrogio

Piazza Ghiberti
Mo. – Sa. 7.00 – 14.00 Uhr
Vor allem frische Lebensmittel aus der Region, aber auch Kleidung und Schuhe

## MODE

### L' abito che vorrei

Via Romana 62 r
www.labitochevorrei.it
Neben den großen Luxusmarken überraschen kleine Schneiderateliers mit unkonventioneller individueller Mode, wie hier Giuliana Becattini an der Via Romana, überhaupt eine empfehlenswerte Bummelmeile mit Kunsthandwerkern und netten kleinen Läden.

### Ottod'Ame

Via della Spada 19 r
www.florenceparfum.it
Die weiche, auch romantische und sehr tragbare Mode der Toskanerin Silvia Mazzoli – in Italien geschneidert – ist in nur wenigen Jahren ein echter Tipp geworden.

## PARFÜM

### Aqua Flor

Borgo Santa Croce 6
Der Parfümeur Sileno Cheloni aus Lucca hat in Florenz einen wunderschönen Laden mit seinen edlen Parfüms, Essenzen, Badezusätzen und Ölen eröffnet. Wie seine Kollegen Vranjes und Villoresi kreiert er ganz persönliche Duftnoten, eine Einmaligkeit, die natürlich ihren Preis hat.

Pineider: edle Schreibutensilien und Taschen aller Art

**Farmacia Santissima Annunziata dal 1561**
Via dei Servi 80 r
www.farmaciassannunziata1561.it
Nicht nur die legendäre Apotheke von Santa Maria Novella (►Tipp S. 289) steht für die alte Florentiner Tradition der Kräuterheilkunde ließ. Eine ganze Reihe dieser alten Apotheken hat die Jahrhunderte überdauert, so die Farmacia Santissima Annunziata (16. Jh.) mit Regalen aus dem 17./18. Jh., in denen die Produkte angeboten werden: wunderbare Duftwasser, Hautcremes und Seifen.

## SCHMUCK

**Giuggiù di Angela Caputi**
Via Santo Spirito 58 r
Borgo Santi Apostoli 44/46
www.angelacaputi.com
Die Designerin benutzt für ihre modernen Modeschmuckkreationen Materialien wie Plastik und Kunstharz, ausgefallen und dennoch leicht und tragbar, was ihren Schmuck sehr erfolgreich macht.

## SCHREIBWAREN

**Pineider**
Piazza de' Rucellai 4/7
www.pineider.com
Das Traditionsunternehmen von 1774 mit Sitz in einem ehemaligen Zunfthaus bietet handgemachtes Papier, auch marmoriert nach toskanischer Art, und sehr schöne Schreibutensilien an. Auch Byron hat hier schon eingekauft.

## WÄSCHE

**Loretta Caponi**
Piazza Antinori 4 r
www.lorettacaponi.com
Anspruchsvolle Florentiner Bürgerfamilien und internationale Prominente geben ihre Aussteuer, ihre Taufkleider oder Babywäsche bei Loretta Caponi in Auftrag, die bereits mit neun Jahren ihre ersten Stickarbeiten verkaufte. Der Besuch dieses Traditionsgeschäfts, dem eine Schneiderwerkstatt angeschlossen ist, lohnt sich schon wegen der schönen mit Deckenmalerei und Stuck dekorierten Räume.

# Stadtbesichtigung

# Florenz entdecken

**Wer zum ersten Mal nach Florenz kommt, kann sich mit einer Sightseeingtour in einem Doppeldeckerbus einen ersten Überblick über die Anlage der Stadt auf beiden Seiten des Flusses Arno verschaffen.**

**Informationen**

Die Touristenbüros halten zahlreiche aktuelle Flyer mit Angeboten zu Stadtführungen, Ausflügen und Museumsführungen bereit, darunter etwa der berühmte Vasari-Korridor, der nur über private Agenturen zu besichtigen ist. Das Fremdenverkehrsamt gibt zudem Broschüren heraus mit Vorschlägen zu anregenden Spaziergängen durch die Stadt (www.firenzeturismo.it).

**Sightseeingbusse**

Zwei Sightseeingbuslinien mit offenem Oberdeck ziehen täglich ihre Runden. Beide starten am Hauptbahnhof: die blaue Linie A ums Stadtzentrum bis auf den Piazzale Michelangelo hinauf und die rote Linie B, die ebenfalls auf die linke Arnoseite fährt und dann wieder durchs Zentrum bis hinauf nach Fiesole. An 19 bzw. 25 Haltestellen kann man immer wieder zu- und aussteigen. Audioguides auch auf Deutsch begleiten die Fahrt. Die **Bustickets** (ab 25 € für Erw., ab 12,50 € für Kinder von 5 bis 15 Jahren), die man im Bus, in Hotels und in den Touristenbüros bekommt, gelten 48 Stunden lang und erlauben auch die Fahrt mit den Bussen und der Bahn der städtischen Verkehrsgesellschaft ATAF.

**Bustouren**

Zahlreiche Agenturen organisieren Bustouren ins toskanische Umland, nach Pisa, Lucca, Siena und Weinausflüge ins Chianti. Food & Wine-Touren durch Florenz, über Märkte und zu kulinarischen Spezialitäten sind z. B. unter der Internetadresse www.florencetasting.com (Tel. 055 2 39 88 55) oder unter http://florenceforfoodies.com aufgelistet. Die meisten dieser Touren werden von in Florenz lebenden Amerikanern oder Engländern angeboten.

**Führungen mit Fahrrad und Segway**

Großer Beliebtheit erfreuen sich geführte Sightseeingtouren mit dem Fahrrad oder auf dem Segway, wobei man mit meist sehr ordentlichen Rädern sowie Helmen versorgt wird. Die zunehmende Verkehrsberuhigung im Zentrum und **immer mehr Radwege**, z. B. am Arnoufer entlang, sowie nette kompetente Führer – meistens auf Englisch, auf Anfrage aber auch auf Deutsch – machen diese Ausflüge zu einem lohnenden Spaß. In der Regel kosten sie für 3 St. etwa 35 €. Mit dem Segway muss man ab 75 € rechnen.

**In den Sightseeingbussen erhält man einen Eindruck von Florenz.**

**Auch mit einer Rikscha kann man sich fortbewegen.**

**Individuelle Führungen** Für individuell geführte Spaziergänge und Museumsbesuche bieten sich die offiziellen Stadtführer an, ortskundige muttersprachliche Kunsthistoriker, die in oder um Florenz leben. Angebote z. B. im Internet unter www.stadtfuehrung-florenz.de.

## Wichtige Adressen

### Sightseeingbusse

www.firenze.city-sightseeing.it

### CAF Tours & Travel

Via degli Alfani 151 r
Tel. 055 28 32 00
www.caftours.com
Alteingesessene Agentur mit reichem Tourenprogramm durch Florenz, in die Toskana, mit Bussen, Segways, Rädern, Vespa usw., auch auf Deutsch.

### Città nascosta

Lungarno B. Cellini 25
Tel. 055 6 80 25 90
www.cittanascosta.it
Kundige Stadtführer bieten interessante Themenspaziergänge an, auch auf Englisch.

### Florence Town

Via de' Lamberti 1
Tel. 055 0 28 11 03
www.florencetown.com

www.ibikeflorence.com
Radtouren durch Florenz sowie Segway- und Vespatouren

### Italy Segway Tours

Via dei Cimatori 9 r
Tel. 055 2 39 88 55
www.segwayfirenze.com
Segway-, Radtouren sowie Weinausflüge u. v. m.

### My Tours

Via Cavour 21 r
Tel. 055 28 47 70
www.mytours.it
Die Agentur bietet thematische Stadtführungen an sowie Touren durch Florenz und die Toskana auf dem Rad, dem Vesparoller, zu Pferd oder in historischen Booten auf dem Arno, außerdem Kochkurse und vieles mehr.

### I Renaioli

Anleger bei der Ponte alle Grazie
Piazza Mentana
Tel. 34 77 98 23 56
www.renaioli.it
Der Ruderverein I Renaioli hat die alten, für den Arno typischen Ruderboote (barchetti) mit Platz für maximal 12 Personen wieder flusstüchtig gemacht und bietet von Mai bis September Ruderausflüge an, mit tollem Blick auf die Stadt am Ufer.

## DEUTSCHSPRACHIGE FÜHRUNGEN

Tel. 3477 35 05 37
www.florenzfuehrung.de
Die deutsche, in Italien offiziell anerkannte Kunstführerin Monika Eva Sandberger bietet individuelle Führungen durch Florenz an, zu ausgesuchten Kunstthemen, aber auch für Familien mit kleinen Kindern. Sie arbeitet mit in der Region lebenden deutschen Kunsthistorikern zusammen.

# Übernachten

# Für jeden Geschmack

**Unter den Dächern von Florenz kommt es sage und schreibe zu 12 Mio. Übernachtungen pro Jahr, in Hunderten von Hotels, darunter den zahlreichen Luxusherbergen mit 5 Sternen bis hin zu einfachen Pensionen mit einem Stern, aber auch in zahllosen Ferienwohnungen und B & B-Zimmern.**

**Übernachtungsmöglichkeiten**

Die Luxusherbergen, aber auch viele Mittelklassehotels oder Residenzen sind in historischen Palazzi untergebracht, in den Renaissancepalästen (▶Baedeker Wissen S. 132). Viele Hotels wurden in den letzten Jahren renoviert worden. Zur Verbesserung der Standards der mittleren und einfachen Hotels trägt zudem die Konkurrenz der B & B-Anbieter bei. Eine weitere Unterbringungsmöglichkeit sind **Residenzen**, d. h. möblierte Apartments oder Zimmer mit Koch-ecke, die auch tageweise vermietet werden. Wer einen längeren Aufenthalt plant oder dem Leben in der Stadt näherkommen möchte, dem sei eine Ferienwohnung empfohlen, wie sie über zahlreiche Agenturen wochenweise vermittelt werden. Privatzimmer ▶ S. 21

**Kurtaxe**

Seit ein paar Jahren erhebt die Stadtverwaltung auf jede Übernachtung pro Gast eine Art Kurtaxe (tassa di soggiorno), die zusätzlich auf den Hotelpreis angerechnet wird. Sie beträgt für die Nacht in der Jugendherberge oder im B & B-Zimmer von Privatanbietern 1 € und steigt an auf 5 € für die Übernachtung im Luxushotel.

**Zentrumsnah wohnen**

Bei der Wahl der Hotels sollte man das Zentrum ins Auge fassen. Zum einen kann man so die historischen Gebäude unmittelbar erleben und andrerseits in der heißen Mittagszeit eine Ruhepause einlegen. Dann darf man allerdings nicht geräuschempfindlich sein, denn das Leben und Treiben in Florenz geht ununterbrochen weiter bis nach Mitternacht. Auch die Parkplatznot im Zentrum wie auch die hohen Parkkosten sind nicht zu unterschätzen.

**Preise und Buchung**

Auf dem Internetportal des Touristenauskunft ist eine aktualisierte Liste aller Unterkünfte in der Stadt und Umgebung eingestellt (www.firenzeturismo.it). Auf jeden Fall sollte man rechtzeitig die Zimmer reservieren. Die Hotelpreise variieren je nach Saison erheblich. Die meisten Hotels sind heute online buchbar, was den Preisen zusätzlich Spielraum gibt (z. B. www.booking.com, www.hrs.de). Luxushotels können da zu bestimmten Zeiten selbst für normale Geldbörsen erschwinglich werden. Auch finden sich zahlreiche B & B-Zimmer in Florenz (Internet: www.bbitalia.it, www.bed-and-breakfast.it).

**Das Hotel Four Seasons residiert in einem alten Palazzo.**

# In der Geschichte wohnen

*Palazzi, Palazzi, Palazzi – Die Renaissance hat ja nicht nur all die wertvollen Kunstwerke oder die großartigen Kirchen hinterlassen, sondern einen ganzen Lebensstil, der in den Residenzen der Florentiner Adels- und Bürgerfamilien seinen Ausdruck fand.*

Kennzeichnend für die Renaissancepalazzi sind ihre eleganten ausgewogenen Formen, ihre Innenhöfe, Loggien und Gärten. Bei der Innenausstattung beeindrucken die kunstvoll gelegten Steinböden, die bemalten Decken und Dachbalken, die Teppiche, die kostbaren Stoffe, die bronzenen Beschlägen und das strenge Mobiliar, Zeugen der Handwerkskünste, wie sie heute noch in Florenz lebendig sind. Hunderte von diesen Palazzi stehen auch heute noch im Gassengeflecht der Stadt, viele von ihnen beherbergen die großen und kleinen Museen, in ihnen finden Stiftungen, Büros, Verwaltungen und Antiquitätensammlungen ihren prestigereichen Rahmen. Und manche sind noch von den Nachfahren der Erbauerfamilien bewohnt. Selbst bei einem Kurzaufenthalt kann man in einem originalen Renaissancepalast wohnen, denn eine ganze Reihe der Palazzi wird als Hotels genutzt.

Eines der jüngsten Beispiele für diese Nutzung ist das Luxushotel **Four Seasons** (▸Hotelliste), das im Jahr 2008 im **Palazzo della Gherardesca** eingeweiht wurde. Dieser war um 1480 als Renaissancevilla mit einem großartigen quadratischen Innenhof und einer Parkanlage entstanden, kam dann 1585 in den Besitz des späteren Medici-Papstes Leo XI.; seine Schwester beerbte ihn, sie hatte den Adligen Ugo della Gherardesca geheiratet. Noch jüngeren Datums (2010) ist die Umwandlung einer wunderschönen Renaissancevilla in Fiesole in das Luxushotel **Il Salviatino** (www.salviatino.com), die im 15. und 16. Jh. Familien wie den Bardi, den Orsini und den Rucellai gehört hatte.

Ein bezauberndes Hotel in einer Renaissancevilla ist auch die **Villa Mangiacane** (▸Hotelliste) draußen auf den Hügeln. Ursprünglich hatte sie der Familie Machiavelli gehört, später kam sie an die einflussreiche Patrizierfamilie Mazzei.

Ein heutiger Nachfahre dieser Familie ist Jacopo Mazzei, einer der Manager der luxuriösen Residence aus 36 eleganten Wohnungen, die man nun nach jahrelanger Restaurierung im **Palazzo Tornabuoni** bewohnen kann. Dieser gigantische Palast aus der Mitte des 15. Jh.s geht sogar auf einen Entwurf von Michelozzo zurück, einem der Stararchitekten der Renaissance, den die Familie Tornabuoni beauftragt hatte. Deren Kunstsinn stand dem der Medici kaum nach, denn sie finanzierten die kostspielige Freskierung der großen Hauptchorkapelle in Santa Maria Novella durch den Maler Domenico Ghirlandaio.

Ein herrliches Renaissancehotel ist auch die **Villa Bellosguardo** (▸Hotelliste) auf einer Anhöhe am Stadtrand, nach ihrem mittelalterlichen Turm benannt. Ein guter

**Im Hotel Torre di Bellosguardo liegt einem Florenz zu Füßen.**

Freund Dantes, der Dichter Guido Cavalcanti, hatte ihn als Jagdturm mit weiter Aussicht errichten lassen. Im 16. Jh. entstand die Villa, deren Freskenschmuck auch heute noch erhalten ist. Im Jahr 1913 kam die Villa in den Besitz der deutschen Baronin Marion Hornstein, sie machte einen Treffpunkt und ein Gästehaus für Künstler und Politiker daraus. Ihr Enkel, Baron Amerigo Franchetti, betreibt in der Villa seit 1988 ein kleines feines Hotel.

Aber auch wer nicht so viel ausgeben möchte, kann in einem Renaissancepalast wohnen, z. B. im Hotel Palazzo Guadagni (►Hotelliste) oder im Hotel La Scaletta (►Hotelliste). Über und über mit Freskomalerei dekoriert ist der Palazzo Tolomei aus der Renaissance, der heute ein Residencehotel beherbergt (www.palazzotolomei.it).

Manche Geschichten könnten die Hotels erzählen, die zu den **Adressen der Grand-Tour-Reisenden** seit dem 18. Jh. wurden, wie die Pension Pendini (►Hotelliste) oder die Pension Loggiato dei Serviti (►Hotelliste) in einem Kloster (16. Jh.), noch dazu an der Piazza Santissima Annunziata.

Eine andere Geschichte ist mit dem Hotel Principe (►Hotelliste) in einer zauberhaften Villa (1820) verbunden. Sie hatte sich König Vittorio Emanuele II. höchstpersönlich zum Hotel auserkoren, als Florenz von 1865 bis 1871 Hauptstadt des gerade geeinten italienischen Nationalstaats wurde.

## Empfohlene Unterkünfte

### PREISKATEGORIEN

€€€€ über 250 €
€€€ 150 – 250 €
€€ 90 – 150 €
€ bis 90 €

### HOTELBUCHUNG

**Consorzio Firenze Albergo**
Tel. 055 2 70 72 78
www.firenzealbergo.it

1 etc. ►Stadtplan S. 98

**1 Brunelleschi €€€€**
Piazza Santa Elisabetta 3
Tel. 055 27 37-0
www.hotelbrunelleschi.it, 96 Z.
Dieses sehr angenehme, 2012 frisch renovierte Hotel ganz in Domnähe zeichnet sich durch exzellenten Service sowie durch modernes Design und edle Materialien in einem interessanten Gebäudekomplex aus. Zu diesem gehört der mittelalterliche Turm Torre Pagliazza, der erst beim Bau des Hotels 1989 entdeckt wurde und als Gefängnis gedient hat. Reizvoll ist die Dachterrasse mit herrlichem Stadtpanorama.

**2 Four Seasons €€€€ (►Abb. S. 130)**
Borgo Pinti 99
Tel. 055 2 62 61
www.fourseasons.com, 116 Z.
Dieses 2008 eingeweihte Traumhotel im größten Privatpark der Stadt steht für den puren Luxus: mit feinen Spitzenrestaurants, den schönen stilvollen Möbeln in großzügigen Suiten, den Wellness-, Pool- und Fitnessanlagen. Und all das in einer Renaissancevillenanlage, die einstmals die Residenz des uralten toskanischen Adelsgeschlechtes della Gherardesca war.

**3 Helvetia & Bristol €€€€**
Via dei Pescioni 2
Tel. 055 2 66 51
www.niquesahotels.com, 67 Z.
Gegenüber dem Palazzo Strozzi liegt die traumhafte Nobelherberge, Mitglied der Leading Hotels of the World. Sie wurde Ende des 19. Jh.s erbaut und avancierte schnell zu einer der ersten Adressen von Florenz, wo u. a. Strawinsky und de Chirico abstiegen; im florentinisch-englischen Stil gehaltene prachtvolle Zimmer; schöner Wintergarten.

**4 Regency €€€€**
Piazza d' Azeglio 3
Tel. 055 24 52 47
www.regency-hotel.com, 35 Z.
Kleine, elegante, in englischem Stil eingerichtete Villa mit hübschem Garten für ein romantisches Frühstück

**5 Villa Mangiacane €€€€**
San Casciano, Val di Pesa
Via Faltignano 4
Tel. 055 8 29 01 23
www.villamangiacane.it
26 Z. und Suiten
Mit der Villa Mangiacane eröffnete eine weitere Luxusherberge für den Florenzurlauber mit hohen Ansprüchen für eine britische Klientel. Die komplett renovierte Renaissancevilla thront auf einem Hügel inmitten von Olivenhainen und Weinbergen. Dass man nur

**Edles Ambiente im Hotel Villa Mangiacane**

12 km von Florenz entfernt ist, wird vor allem auf der traumhaften Loggia deutlich, von der man einen unvergesslichen Blick auf die Arno-Stadt genießt.

### 17 Al Palazzo del Marchese di Carmigliano €€€€

Via del Moro 15
Tel. 055 2 65 45 78
www.palazzodicamugliano.com
10 Zi.
Hier wohnt man nicht nur in den Gemäuern einer altehrwürdigen Residenza d' Epoca, vielmehr ist der Betreiber der Marchese persönlich, der heutige Nachfahre der alten Adelsfamilie, der mit viel Stilgefühl sein wunderbares Ambiente zu höchster Perfektion aus Alt und Neu geformt hat und exklusive Gastlichkeit bietet.

### 6 Principe €€€€

Lungarno Vespucci 34
Tel. 055 28 48 48
www.hotelprincipe.com, 20 Z.
Stilvolles Haus mit Zimmern, von denen man den Blick auf den Fluss oder den Garten hat

### 7 Torre di Bellosguardo €€€€

Via Roti Michelozzi 2
Tel. 055 2 29 81 45
www.torrebellosguardo.com, 6 Z.
Wer ruhig und vornehm wohnen möchte, sollte diese wunderschöne Renaissancevilla auf einem südlich des Zentrums gelegenen Hügel mit herrlichem Blick auf die Stadt wählen. Im Park gibt es einen Pool.

### 8 Antica Torre di Via Tornabuoni 1 €€€ – €€€€

Via de' Tornabuoni 1
Tel. 055 2 65 81 61
www.tornabuoni1.com, 27 Zi.
An der feinsten Innenstadtstraße hat sich eines der ältesten Turmhäuser aus dem Mittelalter erhal-

ten, seit 2008 ein besonders elegantes Hotel. Zum Frühstück auf der obersten Ebene gehört das fantastische Stadtpanorama.

### 9 Gallery Hotel Art €€€ – €€€€

Vicolo dell' Oro 5
Tel. 055 2 72 63
www.lungarnocollection.com, 71 Z.
Zum Stilimperium der bekannten Modemarke Ferragamo gehören in Florenz auch zwei schicke Hotels. Die Lage ist ideal, ganz nah bei der Brücke Ponte Vecchio auf dem südlichen Arno-Ufer. Zeitgenössische Eleganz und schöne Materialien in Braun-, Beige-, Weißtönen, der diskrete Service, die leichte, asiatisch inspirierte Küche des staurants, die guten Cocktails, all das macht aus dem Haus eine komfortable Oase. Höhepunkt im wahrsten Sinn sind drei Suiten mit je eigener Dachterrasse.

### 11 Guadagni €€€ – €€€€

Piazza Santo Spirito 9
Tel. 055 2 65 83 76
www.palazzoguadagni.com, 14 Z.
Im Guadagni wohnt man in erhabenen, mit toskanischen Antiquitäten eingerichteten Räumen im 2. und 3. Stockwerk eines Renaissancepalazzo direkt an der Piazza Santo Spirito. Höhepunkt der Grand-Tour-Atmosphäre und tollen Lage ist die Loggia-Terrasse zum Schauen, Lesen und Entspannen.

### 10 Loggiato dei Serviti €€€

Piazza Santissima Annunziata 3
Tel. 055 28 95 92, 38 Z.
www.loggiatodeiservitihotel.it
Stimmungvolles gepflegtes Hotel an einem schönen Platz, das in dem 1527 für den Servitenorden errichteten Gebäude untergebracht ist.

### 31 Soprarno Suites €€€

Via Maggio 35
Tel. 055 0 46 87 18
www.soprarnosuites.com, 10 Zi.
Eine schicke Unterkunft für anspruchsvolle Individualisten: Auf der linken Arnoseite nahe Palazzo Pitti und Piazza Santo Spirito bietet dieses kleine zeitgenössische Hotel in schönen alten Gemäuern – geräumige, besonders originell und stilsicher eingerichtete Zimmer, dazu kommt eine angenehme, einladende Atmosphäre.

### 12 Villa Carlotta €€€

Via M. di Lando 3
Tel. 055 2 33 61 34
www.hotevillacarlotta.it, 32 Z.
Patriziervilla in der Nähe des Palazzo Pitti mit schönem Garten; Restaurant mit toskanischen Spezialitäten.

### 13 Alessandra €€

Borgo Santi Apostoli 17
Tel. 055 28 34 38
www.hotelalessandra.com, 25 Z.
Ausgesprochen angenehm ist das ruhige Hotel in den oberen Stockwerken eines mittelalterlichen Palasts, in einer stillen Seitenstraße gelegen. Die Zimmer, von denen einige einen schönen Blick auf den Arno bieten, sind allesamt hell und nett eingerichtet, einige besitzen allerdings kein eigenes Bad.

### 14 Annalena €€
Via Romana 34
Tel. 055 22 96 00
www.hotelannalena.it, 20 Z.
Wer etwas Grün um sich herum haben möchte und das Flair von Annodazumal mag, dem empfiehlt sich diese altmodische Pension in einem ehemaligen Kloster (16. Jh.). Es liegt gegenüber des Eingangs in den Boboli-Garten, zudem schaut man aus den Fenstern auf eine verwunschene Gärtnerei. Fragen Sie nach den Zimmern – einige mit Stilmöbeln eingerichtet – mit Balkon. Das Frühstück ist italienisch karg.

### 15 Beacci Tornabuoni €€ – €€€€
Via dei Tornabuoni 3
Tel. 055 21 26 45
www.tornabuonihotels.com
29 Z.
Zentral gelegenes gepflegtes Hotel in einem Palast aus dem 15. Jh. in der renommierten Einkaufsmeile; Frühstück auf der Dachterrasse

### 16 Casci €€
Via Cavour 13
Tel. 055 21 16 86
www.hotelcasci.com, 25 Z.
Einfaches Hotel – einst Palast von Gioacchino Rossini – in zentraler Lage mit modernen Zimmern; der Speisesaal ist mit Deckenmalereien geschmückt.

### 19 Il Guelfo Bianco €€ – €€€
Via Cavour 29, Tel. 0 55 28 83 30
www.ilguelfobianco.it, 40 Z.
Zentral gelegenes Patrizierhaus aus dem 18. Jh. mit hübschen Gästezimmern im florentinischen Stil. Viele hübsche Details, die beachtliche Kunstsammlung der Besitzer und der nette Service machen aus dem Haus eine beliebte Adresse.

### 21 Palazzo dal Borgo €€ – €€€
Via della Scala 6
Tel. 055 21 62 37
www.palazzodalborgo.it, 34 Z.
In Bahnhofsnähe liegt dieses feine kleine Hotel in einem Palast (1480). Einige Räume weisen noch Stuckdekor aus der Renaissance auf; schattiger begrünter Innenhof fürs Frühstück.

### 22 La Scaletta €€ – €€€
Via Guicciardini 13
Tel. 055 28 30 28
www.hotellascaletta.it, 13 Z.
Hotel in einem verwinkelten historischen Gebäude aus dem 15. Jh. in der Altstadt. Von der idyllischen Dachterrasse eröffnet sich ein schöner Blick auf die Stadt.

### 32 La Casa di Morfeo € – €€
Via Ghibellina 51
Tel. 055 24 11 93
www.lacasadimorfeo.it, 9 Zi.
Im beliebten Santa Croce-Viertel bietet dieses 2012 eröffnete kleine Hotel sorgfältig eingerichtete Zimmer in modernem, auch r omantischem Design und einen besonders netten Service, kurz, zum Wohlfühlen.

### 23 Johanna & Johlea € – €€€€
Via San Gallo 80
Tel. 055 4 63 32 93

www.johanna.it
Unter dieser Bezeichnung findet sich eine Reihe von besonders behaglich und stilvoll ausgestatteten Gästehäusern, B & B-Zimmern und Ferienwohnungen, die auf das historische Zentrum von Florenz verteilt sind. Zum Guest House Antica Dimora Johlea gehört sogar eine zauberhafte Dachterrasse.

**20 Liana €–€€**
Via V. Alfieri 18
Tel. 055 24 53 03/4
www.hotelliana.com, 24 Z.
Ruhiges Hotel in einem Jugendstilgebäude, wo ehemals die britische Botschaft untergebracht war; kleiner Garten und noble Zimmer; hoteleigener Parkplatz

**24 B & B Orti di Cimabue €**
Via Cimabue 25
Tel. 055 9 06 40 34
www.ortidicimabue.it, 5 Z.
In einem Wohnviertel in Fußnähe zum Arno und zu Santa Croce bietet diese Adresse saubere und wohnliche Zimmer, von denen zwei auf den Garten hinausgehen, in dem die Gäste relaxen. Das Frühstück macht ebenfalls Freude.

**25 B & B In Centro €–€€**
Via del Ponte Sospeso 22
Tel. 34 74 31 40 58
www.bbincentro.com, 5 Z.
Auf der südlichen Arno-Seite im Südwesten von Florenz finden sich diese fünf charmanten modernen Gästezimmer. Das Frühstück bekommt man in einer nahen Pasticceria mit ofenfrischen Cornetti. Die Wohngegend liegt außerhalb der strikten Verkehrsbeschränkungen der Innenstadt, entsprechend gut stehen die Chancen, einen bezahlbaren Parkplatz zu finden.

**18 Crocini €–€€**
Corso Italia 28
Tel. 055 21 29 05
www.hotelcrocini.com, 20 Z.
Günstiges Hotel in Fußnähe zum Zentrum mit hübschem Garten; nett ausgestattete, ruhige Zimmer, manche in recht altmodischem Stil; Frühstücksraum zum bepflanzten Innenhof hin

## RESIDENZEN

**26 Le Stanze del Duomo €€**
Via De' Martelli 8
Tel. 055 290012
www.lestanzedelduomo.it, 11 Z.
Zentraler geht es kaum: Dieses frisch restaurierte Haus mit B & B-Zimmern mit Frühstück in der nahen Bar oder Wohneinheiten mit Kochecke, alle in einfallsreichem Boutiquestil und mit Klimaanlage und Wlan ausgestattet, liegt zwischen San Lorenzo und Dom.

**27 La Medicea €**
Via dell' Ariento 31
Tel. 33 58 11 66 88
www.residencelamedicea.com
11 Whg.
In zentraler Lage gleich bei San Lorenzo kann man hier in diesem restaurierten Palazzo mit Dachterrasse in angenehmen, gut ausgestatteten Wohnungen unterschiedlicher Größe übernachten. Zum üppigen Lebensmittelmarkt Mercato Centrale sind es nur ein paar Schritte.

## VERMITTLUNG VON FERIENWOHNUNGEN

### Acacia

Via dei Pepi 7
Tel. 055 24 47 50
www.acaciafirenze.it

### Florence and Abroad

Via San Zanobi 58
Tel. 055 48 76 03
www.florenceandabroad.com

### www.oh-florence.com

Das Online-Portal vermittelt über 150 Ferienwohnungen im Stadtgebiet von Florenz, in allen Größen und von schlicht bis elegant.

## JUGENDUNTERKÜNFTE

### 28 Ostello Archi Rossi

Via Faenza 94 r
Tel. 055 29 08 04
www.hostelarchirossi.com, 30 Z.
Die gut ausgestattete Jugendherberge liegt in der Nähe des Hauptbahnhofs; günstige Mahlzeiten; große Terrasse.

### 29 Ciao Hostel

Via Guido Monaco 34
Tel. 055 32 10 18, 15 Räume
www.ciaohostelflorence.com
Das Hostel mit 15 Schlafräumen, darunter Doppelzimmer, Familienzimmer, 8-Bettzimmer, ist neu und modern eingerichtet, gepflegt und sauber. Westlich des Hauptbahnhofs gelegen, erreicht man es in 10 Min. zu Fuß.

### 33 Plus Hostel Florence

Via Santa Caterina d' Alessandria 15
Tel. 055 6 28 63 47
http://plushostels.com/it/plusflorence, 170 Plätze in 1- bis 8-Bettzimmern
Hostel für Backpacker und für preisbewusste Reisende im nördlichen Zentrum. Es kann sogar mit einem Innen- und einem Außenpool aufwarten, dazu mit Restaurant und Waschsalon.

## CAMPING

### Auskunft

www.camping.info
www.camping.it
Auf den beiden Internetseiten sind alle Campingplätze in der näheren Umgebung von Florenz aufgeführt.

### Camping Village Panoramico Fiesole

Fiesole
Via Peramonda 1
Tel. 055 59 90 69
www.florencevillage.com
Oberhalb von Florenz, in den Hügeln von Fiesole liegt dieser Platz mit Bungalows und Stellplätzen im Schatten von Zypressen.

ENETO

# TOUREN

Sie wissen nicht, wo es langgehen soll? Diese Tourenvorschläge, die alle Highlights der Stadt umfassen, helfen Ihnen bei der Planung des Besuchsprogramms.

# Touren durch Florenz

**Vier Spaziergänge – wer gut zu Fuß ist, schafft sie in den Mindestzeiten. Aber lassen Sie sich lieber Zeit, vor allem für die großen Museen wie die Uffizien.**

**Tour 1** **Absolute Highlighttour**
Der Spaziergang berührt die wichtigsten Sehenswürdigkeiten der grandiosen Kunststadt.
▸Seite 144

**Tour 2** **Auf den Spuren Michelangelos**
Michelangelo und seinen Werken begegnet man in der Sagrestia Nuova von San Lorenzo und der Galleria dell' Accademia.
▸Seite 145

**Tour 3** **Auf den »Kreuzberg«**
Der Aufstieg auf den Monte alle Croce wird mit einer fantastischen Aussicht auf die Stadt belohnt.
▸Seite 146

**Tour 4** **Volkstümliches Florenz**
Die etwas andere Seite der Arnostadt ist hier zu entdecken.
▸Seite 147

Hautnaher Ausblick vom Campanile auf die Domkuppel

★ San Marco
★ Piazza della Santissima Annunziata
★ Palazzo Medici-Riccardi
★★ San Lorenzo
★★ Santa Maria Novella
★★ Dom
Palazzo Antinori
Piazza del Duomo
★ Palazzo Rucellai
★ Palazzo Strozzi
★ Santa Trinità
★ Orsanmichele
★★ Museo Naz. del Bargello
★ Casa Buonarroti
★ Piazza della Signoria
Piazza Santa Croce
★ Palazzo Spini-Ferroni
Santa Maria del Carmine
★★ Galleria degli Uffizi
★ Ponte Vecchio
★ Santo Spirito
Ponte alle Grazie
★★ Palazzo Pitti
★ Giardino di Boboli
★ Piazzale Michelangelo
★ San Miniato al Monte
Fortezza da Basso o di San Giovanni Battista
Palazzo delle Esposizioni
Stazione Centrale F. S. Santa Maria Novella
Palazzo dei Congressi
Pal. degli Affari
Chiesa Russa
Palazzo degli Uffici Finanziari
Ospedale Militare
Questura
Piazza della Libertà
Porta San Gallo
Pal. Pandolfini
Chiostro dello Scalzo
Chiesa Inglese
Museo Botanico
Casino Mediceo
Loggia dei Tessitori
Museo di A. del Castagno
Universita
Giardino della Cherardesca
Palazzo Capponi
Biblioteca Marucelliana
Galleria dell' Accademia
Mus.d. P. Dure
Pal. Grifoni
Museo Archeologico
Galleria Ferroni
Cenacolo di Foligno
S. Barnaba
Mercato Centrale
Pal. Niccolini
Santa Maria degli Angeli
Pal. Pucci
Pal. Panciatichi
Teatro Niccolini
Museo dell' Opera d. Duomo
Arcispedale di Sanat M. Nuova
Crocifissione del Perugino
Synagoge
Teatro della Pergola
Duomo Santa Maria del Fiore
Battistero San Giovanni
San Francesco dei Vanchetoni
Loggia di San Paolo
San Paolino
Ognissanti
Ospedale di San Giovanni di Dio
Museo Marino Marini
San Gaetano
Santa Maria in Campo
Museo Antropologia
Pal. Altoviti
Badia Fiorentina
Bargello
Teatro G.Verdi
San Simone
Pal. Corsini
Santa Trinità
Museo di Pal. Davanzati
Pal.di Parte Guelfa
San Stefano al Ponte
Loggia dei Lanzi
Pal. Vecchio
San Remigio
Uffizi
Santi Apostoli
Palazzo Frescobaldi
San Frediano in Cestello
SAN FREDIANO
SANTO SPIRITO
Santa Croce
Museo dell'Opera di Santa Croce
Biblioteca Nazionale
Museo Horne
San Jacopo Sopr' Arno
Santa Felicità
Palazzo Ridolfi
SAN GIORGIO
Palazzo Torrigiani
Giardino Bardini
Museo Bardini
Palazzi dei Mozzi
SAN NICCOLÒ
Palazzo Serristori
San Niccolò sopr' Arno
Casa Museo Rudolfo Siviero
P.ta San Niccolò
Villa Bardini
Forte di Belvedere
Guadagni
San Felice
Museo Zoologico
Giardino di Boboli
Porta San Giorgio
Museo delle Porcellane
Villa San Leonardo
Villa Razzolini
San Leonardo
La Loggia
San Salvatore al Monte
Convento delle Stimmatine
San Miniato al Monte
Piazzale Michelangelo
Istituto d'Arte
Calza Romana
Fiume Arno
400 m
©BAEDEKER

# Unterwegs in Florenz

**Überwältigende Fülle an Kunstwerken**

Man kann natürlich auch nur einige Stunden Florenz besuchen, aber so ein kurzer Trip kann nur einen ersten Eindruck von der überwältigenden Kunststadt vermitteln. Besser ist es, sich einige Tage Zeit zu nehmen. Sehr zu empfehlen ist eine Woche, dann hat man Gelegenheit, die unermessliche Fülle an Kunstwerken zu entdecken. Allein die Uffizien, eine der bedeutendsten Gemäldegalerien der Welt, erfordern einige Stunden oder bei großem Interesse auch einen Tag.

**Stadt der kurzen Wege**

Es ist nicht empfehlenswert, mit dem Auto Florenz zu besuchen. Zum einen ist die Innenstadt Fußgängerzone, und Parkplätze sind auch im weiteren Umfeld Mangelware. Zudem liegen die bedeutendsten Sehenswürdigkeiten sehr nah beieinander, sodass man sowieso kein Fahrzeug benötigt. Und die etwas weiter weg liegenden Highlights sind gut mit dem Bus zu erreichen. Zu Fuß kann man in Ruhe durch die Gassen schlendern, wo an jeder Ecke ein Café oder eine Eisdiele zum Verweilen einladen.

## Tour 1 Absolute Highlighttour

**Start und Ziel:** Vom Dom zum Giardino di Boboli
**Dauer:** 2 Tage

**Tour 1 umfasst die Piazza del Duomo und die Piazza della Signoria, zwei nahe beieinanderliegende zentrale Plätze von Florenz, wo auf kleinem Raum weltberühmte Kunstschätze versammelt sind. Die Tour ist ein Muss in jedem Besichtigungsprogramm. Da man für die Uffizien, eine der bedeutendsten Gemäldesammlungen der Welt, und auch für die wertvolle Kunstkollektion im Palazzo Pitti jeweils mehrere Stunden braucht, muss man für den Rundgang zwei Tage vorsehen.**

**Grandioses Domensemble**

Ausgangspunkt des Rundgangs ist die ❶ **Piazza del Duomo**, die von dem beeindruckenden ****Duomo Santa Maria del Fiore** mit seiner majestätischen Kuppel und dem freistehenden harmonischen Campanile eingenommen wird. Der ****Battistero San Giovanni** daneben fasziniert vor allem durch sein wunderschönes Paradiesportal, das hier in Kopie zu sehen ist. Da das Original im ****Museo del Opera del Duomo** gezeigt wird, sollte man den Besuch dieses Museums mit einplanen. Außerdem fand hier neben weiteren kostbaren Ausstattungsstücken des Doms die ergreifende Pietà, ein Meisterwerk von Michelangelo, ihren Platz.

Man geht nun die Via Calzaiuoli in südlicher Richtung und trifft auf die Kirche ❷ *Orsanmichele mit ihren bedeutenden bildhauerischen Werken. Der Straße weiter folgend, wird bald die geschichtsträchtige ❸ ***Piazza della Signoria**, das touristische Herz von Florenz, erreicht. Eine wichtige Rolle in der Stadtgeschichte spielt der ****Palazzo Vecchio**. Die schöne gotische ***Loggia dei Lanzi** enthält wichtige Werke der Bildhauerkunst.

Bevor man sich der ❹ ****Galleria degli Uffizi**, eine der berühmtesten Gemäldegalerien der Welt, widmet, für deren Besichtigung man mindestens einige Stunden veranschlagen sollte, kann man im Café Rivoire eine Pause einlegen und die berühmte Trinkschokolade probieren.Das nächste Ziel ist der nahegelegene malerische ❺ ***Ponte Vecchio**, wo sich ausschließlich Goldschmiede niedergelassen haben. Nach Überqueren der Brücke mit ihren Schmuckläden erreicht man vorbei an der **Kirche Santa Felicità**, der wohl ältesten Kirche der Stadt, nach kurzer Zeit den ❻ ****Palazzo Pitti**, dessen Gemäldegalerie ebenfalls von großem Wert ist. Nach allen Besichtigungen kann man im schönen weitläufigen ❼ ***Giardino di Boboli** eine Pause von der Kunst einlegen. Im höher gelegenen Teil hat man einen schönen Blick über die Stadt.

## Auf den Spuren Michelangelos

Tour

**Start und Ziel:** Von Santa Maria Novella zum Museo Archeologico
**Dauer:** 1 – 2 Tage

**Höhepunkte der Tour, die in den nördlichen Teil des Zentrums führt, sind Meisterwerke des genialen Bildhauers Michelangelo: die neue Sakristei von San Lorenzo mit hervorragenden Statuen und die originale David-Skulptur, der man auch sonst im Stadtbild begegnet, in der Galleria dell' Accademia.**

**Berühmte Kirchen**

Tour 2 beginnt bei ❶ ★★**Santa Maria Novella**, einer der wichtigsten Kirchen von Florenz. Von noch größerer kunstgeschichtlicher Bedeutung ist die Kirche ❷ ★★**San Lorenzo** weiter östlich mit der berühmten, von Michelangelo gestalteten Sagrestia Nuova mit ihren Statuen. Der ❸ ★**Palazzo Medici Riccardi** schräg gegenüber demonstriert die Macht der einst die Stadt beherrschenden Familie Medici. Man folgt nun der Via Cavour in nördlicher Richtung und kommt zum Kloster ❹ ★**San Marco**, wo besonders die ausdrucksvollen Fresken von Fra Angelico hervorzuheben sind.

**Ein Muss: der David in der Akademie**

Scharen von Besuchern zieht die nahegelegene ★★**Galleria dell' Accademia** an wegen der weltberühmten Statue des David von Michelangelo. Geht man in südöstlicher Richtung weiter, kommt man bald zur ❺ ★**Piazza della Santissima Annunziata**, ein einmaliges architektonisches Ensemble. Besonders sehenswert hier sind die Kirche ★**Santissima Annunziata**, ein architektonisches Meisterwerk, und der ★**Ospedale degli Innocenti** mit der schönen Loggia.

## Tour 3 Auf den »Kreuzberg«

**Start und Ziel:** Vom Museo Bargello zu San Miniato al Monte
**Dauer:** 1 Tag

**Vom Museo Bargello, in dem Meisterwerke der Bildhauerei präsentiert werden, bis hinauf auf den Hügel mit der Kirche San Miniato al Monte, wo man ein herrliches Stadtpanorama genießen kann, spannt sich der Bogen dieser Tour.**

Ausgangspunkt des Rundgangs ist das ❶ ★★**Museo Nazionale del Bargello**, in dem hervorragende Skulpturen des 14. bis 16. Jh.s präsentiert werden. Geht man anschließend die Via Ghibellina entlang in östlicher Richtung, kommt man zur ❷ ★ **Casa Buonarroti**, deren Hauptattraktion zwei Originalwerke von Michelangelo sind. Die weite ❸ **Piazza Santa Croce** etwas weiter südlich wird von ★★**Santa Croce** beherrscht. Die Kirche gehört mit ihren Grabmälern und Kunstwerken zu den eindrucksvollsten Sakralbauten Italiens.

Nach der Besichtigung der Kirche empfiehlt sich ein Spaziergang hinauf zum Piazzale Michelangelo. Wem das zu Fuß zu anstrengend ist, der kann den Bus Nr. 13 nehmen. Wer sich für den Spaziergang entschieden hat, überquert zunächst den ❹ **Ponte alle Grazie**. Vorbei am Museo Bardini biegt man in die Via San Niccolò ein und kommt zur Kirche San Niccolò sopr' Arno (12. Jh.). Von hier führt die Via San Miniato durch das gleichnamige Stadttor von 1258 und dann die Via del Monte alla Croci zum ❺ ★**Piazzale Michelangelo**, wo sich ein herrlicher Ausblick auf die Stadt bietet. Von dem Platz geht es noch etwas höher zur beeindruckend gelegenen Kirche ❻ ★**San Miniato al Monte**, wo man nochmals einen wunderbaren Ausblick genießen kann.

## Volkstümliches Florenz

**Tour 4**

**Start und Ziel:** Dom
**Dauer:** 1 Tag

**Der Schwerpunkt des Spazierganges liegt auf dem Stadtteil Santo Spirito auf der gegenüberliegenden Arno-Seite und zeigt das andere Gesicht der Kunststadt. Hier gibt es noch Kunsthandwerker und kleinere Restaurants.**

**Palazzo-reigen**

Die Tour beginnt am ❶★★**Dom** (►Tour 1). Geht man durch die Via de Cerretani westlich, kommt man an **Santa Maria Maggiore**, einer der ältesten Kirchen der Stadt, vorbei. Bei dem nahegelegenen ❷**Palazzo Antinori**, wo in der gleichnamigen edlen Cantinetta toskanische Gerichte und Weine serviert werden, beginnt die **Via de' Tornabouni**. In der Einkaufsstraße wird teure Mode internationaler Modeschöpfer und wertvoller Schmuck angeboten. Vorbei an der Kirche San Gaetano mit der schönen Fassade (17. Jh.) gelangt man zum ❸★**Palazzo Strozzi**, der als der schönste Florentiner Renaissancepalast gilt. Es folgt ❹★**Santa Trinità** am gleichnamigen Platz, die erste gotische Kirche von Florenz. Im nahegelegenen ❺★**Palazzo Spini-Ferroni** am Ende der Tornabuoni-Straße ist das Schuhmuseum des berühmten Schuhmachers Ferragamo untergebracht.

Ruhigeres Viertel

Nach Überqueren der Brücke Santa Trinità kommt man in der Via Maggio an verschiedenen Palästen und der Casa di Bianca Cappello (Nr. 26) vorbei und erreicht kurz darauf in westlicher Richtung die Kirche 6 ***Santo Spirito**. Sie liegt im Herzen des gleichnamigen Viertels, wo kleine Läden, Trattorien und vor allem Handwerksbetriebe das Bild prägen. Nach Besuch der von dem berühmten Baumeister Brunelleschi entworfenen Renaissancekirche kann man sich an der idyllischen baumbestandenen Piazza eine Pause gönnen. Die Via Sant' Agostino führt nordwestlich zu einer weiteren wichtigen Kirche, der 7 ***Santa Maria del Carmine** mit der kunsthistorisch bedeutenden Brancacci-Kapelle. Der Weg passiert die barock gestaltete Kirche San Frediano in Cestello und den Ponte alla Carraia. An der feinen Einkaufsstraße Via della Vigna Nuova steht der 8 ***Palazzo Rucellai**, ein schönes Beispiel für einen Renaissancestadtpalast. Wer sich für moderne Kunst interessiert, sollte noch einen Abstecher in das **Museo Marino Marini**, einem der wenigen Museen für moderne Kunst in Florenz, einplanen. Man kann die Tour an der unweit östlich gelegenen belebten **Piazza della Repubblica** in einem der vielen Cafés ausklingen lassen.

# SEHENSWERTES VON A BIS Z

Die »Schöne am Arno« ist durch und durch eine Stadt der Kunst, in der geniale Künstler während der Renaissance Werke von unschätzbarem Wert geschaffen haben.

## Bargello

►Museo Nazionale del Bargello

## ★★Battistero San Giovanni

H 6/b III

**Lage:** Piazza San Giovanni
**Buslinien:** C 1, C 2
Mo. – Sa. 11.15 – 18.30, 1. Sa. im Monat, So. 8.30 – 13.30 Uhr; Eintritt: 10 €, das Ticket berechtigt auch für die Besichtigung der Dom-Kuppel und des -Turms sowie der Krypta Santa Reparata, zudem des Dommuseums, www.ilgrandemuseodelduomo.it

**Das Baptisterium verdankt seinen Ruhm den drei monumentalen Bronzeportalen, unübertroffener Höhepunkt der Bildhauerkunst der Gotik und Renaissance in Italien.**

**Vorbild für die Architektur**

Die achteckige »Taufkirche des heiligen Johannes« wurde nach 70-jähriger Bauzeit um 1128 vollendet. Verschiedene Bauherren gaben dem Baptisterium – ab 1128 in dieser Funktion – seine wohlproportionierte, durch mehrere Farben – weißer und grüner Marmor –, Formen und Figuren gegliederte Gestalt. Der romanische Zentralbau galt als Vorbild für ähnliche Architektur in Norditalien. Im 14. und 15. Jh. fügte man dann die drei großartigen und kunstvollen Bronzeportale hinzu.

***Südportal**

Die älteste Tür im Süden im gotischen Stil wurde von **Andrea Pisano** entworfen und von Leonardo d' Avanzano in den Jahren 1330 bis 1336 gegossen. Sie ist in 28 Quadrate mit Vierpassfeldern eingeteilt. 20 Relieftafeln in goldschmiedartiger Ausführung zeigen Szenen aus dem Leben Johannes des Täufers, des Patrons der Kirche; die acht anderen Felder weisen allegorische Darstellungen der christlichen und weltlichen Tugenden auf. Die Figuren, jede für sich in der Modellierung des Gesichts, des Faltenwurfes der Gewänder und der ausdrucksvollen Haltung beispielhaft, treten deutlich unterscheidbar hervor. Die Dekoration der Rahmungen stammt von Vittorio Ghiberti, dem Sohn des Lorenzo; ihre Blätter, Tiere und Früchte weisen schon auf den Formenreichtum der Renaissance hin.

***Nordportal**

Für das Nordportal wurde 1401 ein Wettbewerb ausgeschrieben, den **Lorenzo Ghiberti** gegen sechs Konkurrenten, u. a. Brunelleschi, gewann. Von 1403 bis 1424 führte Ghiberti mit Gehilfen – darunter Donatello – die Bronzetüren aus. Er hielt sich dabei in der Aufteilung eng an das Vorbild des Südportals von Andrea Pisano: 28 Quadrate mit 28 Vierpassfeldern, davon zwanzig Szenen aus dem Neuen Testament und acht Figuren, vier Evangelisten, vier lateinische Kirchenväter. Seine Arbeit geht jedoch in der Eleganz der Figuren und in der Lebhaftigkeit des Ausdrucks weit über das Werk Pisanos hinaus. Der neue Stil des Künstlers wird besonders anschaulich in den Szenen der »Auferstehung« (rechter Türflügel, 1. Reihe von oben, links), der »Taufe« und der »Versuchung Jesu« (linker Türflügel, 4. Reihe von oben, links und rechts), der »Geburt Jesu« (linker Türflügel, 5. Reihe von oben, rechts) und des »Streit mit den Schriftgelehrten« (rechter Türflügel, 5. Reihe von oben, rechts). In anderen Teilen blieb Ghiberti noch den traditionellen Formen verpflichtet. An allen Schnittpunkten der Rahmenleisten ragen kleine Köpfe hervor.

****Ostportal (Porta del Paradiso)**

Gänzlich neue Wege ging **Ghiberti** jedoch bei der Schaffung des Ostportals, seines Hauptwerks. Michelangelo befand es für würdig, die Pforten des Paradieses zu schmücken – deshalb auch sein Name »Porta del Paradiso« (»Paradiesportal«) –, und Ghiberti selbst rühmte es neben seiner Signatur auf dem rechten Flügel als »mira arte fabricatum« (»mit bewundernswerter Kunst geschaffen«). Das Portal wurde 1990 durch eine Kopie in vergoldeter Bronze ersetzt, die Originalplatten sind heute im ►Museo dell' Opera del Duomo zu bewundern. Bis zu Rodin hat sich die bildende Kunst im Bronzerelief nicht so vollkommen ausgedrückt wie in dem von 1425 bis 1452 geschaffenen Tor.

Paradiestür: schauen und staunen

In den zehn Platten, die von Propheten, Sibyllen und anderen biblischen sowie heidnischen Gestalten umrahmt werden, sind jeweils mehrere Szenen meisterlich zusammengefasst. Die Schönheit und Perfektion der Perspektive, die feine Linienführung, die verschiedenen Tiefen der Darstellungsebenen, die Wirklichkeitsnähe der handelnden Personen, die szenische Komposition der Gruppen: All dies führt zu dem **vollkommenen Gesamteindruck** dieses herausragenden Werkes. Die Tafeln zeigen von links oben nach rechts unten: Adam und Eva: Erschaf-

## Battistero San Giovanni

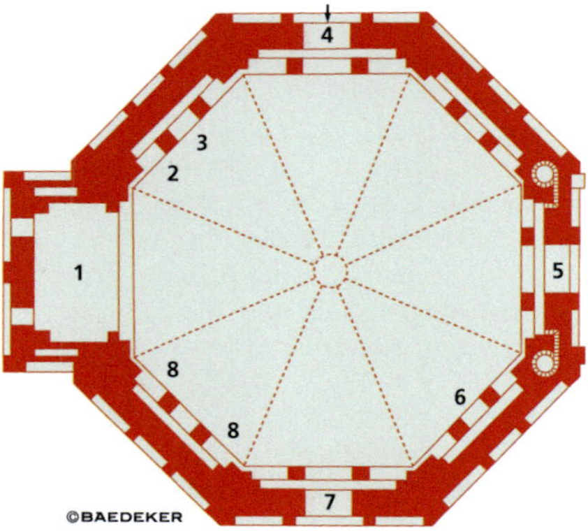


**1** Tribuna mit Mosaiken des Jacopo
**2** Steinsarg des Bischofs Ranieri
**3** Grabmal des Johannes XXIII.
**4** Nordportal (Eingang)
**5** Ostportal (Porta del Paradiso)
**6** Marmorner Taufstein
**7** Südportal
**8** Römische Sarkophage

fung, Sündenfall, Vertreibung aus dem Paradies; Kain und Abel: die Opfer von Kain und Abel, der Mord an Abel, die Bestrafung Kains; Noah: sein Opfer, Auszug aus der Arche, Trunkenheit; Abraham und Isaak: Engel vor Abraham, Opfer des Isaak; Jakob und Esau: Geburt des Esau und des Jakob, Verkauf des Erstgeburtsrechts, Esaus Jagd, Rebekka, Betrug von Isaak; Joseph: Verkauf des Joseph, Benjamin, Joseph und seine Brüder; Moses: Moses empfängt auf dem Berg Sinai die Gesetzestafeln; Josua: die Juden vor Jericho, Zeltlager, Trompetenwunder; Saul und David: Schlacht gegen die Philister, Tötung des Goliath und schließlich Salomon und die Königin von Saba.

**Innenraum** Das Innere des Baptisteriums, das gegenüber der klaren Gliederung des Äußeren durch feierlich-mystisches Dunkel überrascht, wird von der achteckigen, doppelschaligen Kuppel (Durchmesser 26 m) beherrscht, die ganz von einem ****Mosaik** aus dem 13. Jh. bedeckt wird. Es ist eine der bedeutenden Schöpfungen unter byzantinischem Einfluss, die durch ihre thematischen Darstellungen ebenso hervorragt wie durch reiche Ornamentik.

Über der Chorkapelle hält Christus als Weltenrichter das »Jüngste Gericht« ab; die Gestalt des Heilands misst allein 8 m. Um ihn gruppieren sich in den verschiedenen Zonen die Auferstandenen und Verdammten, Engel, Apostel, Propheten und Heilige mit Maria und Johannes dem Täufer, denen das Reich des menschenverschlingenden Teufels gegenübersteht. Weitere Bildstreifen zeigen in bewegten, ausdruckskräftigen Darstellungen die »Erschaffung der Welt«, Szenen aus dem Leben Josephs, Jesu Christi, Mariens und Johannes des Täufers. Weiterhin interessant sind das **Grabmal des Gegenpapstes**

**Johannes XXIII.** (vom Konstanzer Konzil 1415 abgesetzt), ein Meisterwerk von Donatello, sowie der Marmorfußboden mit eingelegten farbigen Steinen (Tierkreiszeichen und Ornamente), das marmorne Taufbecken, der Sarkophag des Bischofs Rainer und der Hauptaltar mit einem Leuchterengel.

## UMGEBUNG DES BATTISTERO SAN GIOVANNI

**Santa Maria Maggiore**

Nicht weit vom Baptisterium, in der Via de' Cerretani, steht eine der ältesten Kirchen von Florenz, die sicher schon vor dem 11. Jh. errichtet und in der zweiten Hälfte des 13. Jh.s erneuert wurde. Der alte **Glockenturm** zeigt noch das tiefere Niveau der romanischen Kirche; in ihm ist hoch oben die »Berta«, eine spätromanische Frauenbüste, eingemauert. Über dem Kirchenportal sieht man die Kopie einer »Madonna mit Kind« der Pisanischen Schule (14. Jh.).
Unter den zahlreichen Gemälden und Statuen, die den stimmungsvollen Innenraum schmücken – eine dreischiffige gotische Halle mit Pfeilern –, verdient vor allem die »Thronende Madonna mit Kind« im Altartabernakel des linken Seitenchors Beachtung. Das große farbige und kostbar vergoldete Tafelgemälde beherrscht eine mittige, aus Holz und Stuck modellierte Marienfigur in feierlicher Versonnenheit. Lange dem Florentiner Coppo di Marcovaldo zugeschrieben, vermutet man heute darin ein Gemeinschaftswerk lokaler und byzantinischer Künstler.

# * Casa Buonarroti

J 6/c III

**Lage:** Via Ghibellina 70
**Bus:** C 1, C 2, C 3, 14
Mo., Mi.–So. 10.0–17.00 Uhr; Eintritt: 6,50 €, www.casabuonarroti.it

**Der weltberühmte Maler und Bildhauer Michelangelo Buonarroti erwarb das Haus für seinen Neffen Leonardo di Buonarroti; selbst hat der Künstler darin nie gewohnt.**

Michelangelo, der gleichnamige Sohn von Leonardo, schmückte es aus und richtete eine Erinnerungsstätte für den großen Künstler ein. Zwei **Originalwerke Michelangelos** verdienen besondere Aufmerksamkeit: die »Kentaurenschlacht«, ein Marmorrelief, das Michelangelo mit 17 Jahren schuf und in dem schon manches Meisterliche späterer Jahre, so Bewegung und Körperlichkeit der Figuren, vorweggenommen ist, und das Relief »Madonna mit Kind« – auch »Madonna della Scala« genannt –, das früheste Werk des jungen

Michelangelo

Künstlers, das er im Alter von 16 Jahren beendete. Das Genie drückt sich schon klar aus, in der räumlichen Gestaltung, der Bewegung und Gegenbewegung auf der Treppe links – daher der Name »Madonna an der Treppe« –, dem reichen Ausdruck des Profils, dem Wehen des Gewandes.

Beachtung verdient auch das Holzkruzifix für Santo Spirito aus dem Jahr 1494, die früheste Arbeit Michelangelos für eine Kirche. Christus wird hier nicht als Schmerzensmann, sondern als sanfter schöner Jüngling wiedergegeben. Andere ausgestellte Gegenstände sind Modelle oder Kopien der Werke Michelangelos oder erinnern an das Leben des Künstlers. Hinzu kommen Skulpturen und Gemälde anderer Meister. In der Casa Buonarroti werden außerdem vielbeachtete Wechselausstellungen veranstaltet.

## UMGEBUNG DER CASA BUONARROTI

**Le Murate** Ein paar Schritte weiter entlang der Via Ghibellina östlich gelangt man zum großen Komplex Le Murate, im 14. Jh. als Frauenkloster entstanden und von 1845 bis 1985 als Gefängnis genutzt. Heute bildet Le Murate ein gelungenes Beispiel für eine moderne Gebäudeumwandlung, an der sogar Stararchitekt Renzo Piano beteiligt war, in eine Wohnanlage mit Sozialwohnungen, als Nachbarschaftstreff und Kulturzentrum mit Café, mit Konzerten und Ausstellungen.

Via Ghibellina 2 – 16; www.lemurate.it

**Loggia del Pesce** Ebenso wie die Loggia di Mercato Nuovo wurde die Loggia del Pesce (nordöstlich der Casa Buonarroti) nicht als Bestandteil eines Bauwerks, sondern als eigenständiges Gebäude errichtet. Die Pläne für die Loggia stammen von Vasari (1567). Ursprünglich war die Fischhalle Bestandteil des Alten Markts auf der heutigen Piazza della Repubblica, erst Ende des 19. Jh.s erhielt sie ihren neuen Standort an der Piazza dei Ciompi. Seit den 1950er-Jahren findet auf dieser volkstümlichen und beschaulichen Piazza ein täglicher Floh- und Antiquitätenmarkt statt.

Geht man ein kurzes Stück nach Osten kommt man zur großen Markthalle **Mercato di Sant' Ambrogio** an der Piazza Ghiberti, neben dem Mercato Centrale bei San Lorenzo der zweite große Lebensmittelmarkt in der Florentiner Innenstadt.

# ★ Certaldo

**Lage:** 40 km südlich
**Provinz:** Firenze (FI)
**Höhe:** 130 m ü. d. M.
**Einwohnerzahl:** 16 000

**Im Hügelland, zwischen Weizenfeldern und Olivenhainen, breitet sich das Städtchen Certaldo aus. Interessant ist die kleine, aber sehr charmante Oberstadt, der Certaldo Alto, wo der Dichter Boccaccio seine letzten Lebensjahre verbrachte.**

## SEHENSWERTES IN CERTALDO

***Certaldo Alto**

Ihre Lage hoch oben auf dem Berg, der geschlossene, weitgehend intakte Mauerring und der rote Ziegelstein, aus dem alle Häuser erbaut sind, verleihen der Oberstadt von Certaldo einen beeindruckend einheitlichen, aber auch geradezu festungsartigen Charakter. Der kleine Ort ist schnell besichtigt. Eine kopfsteingepflasterte Hauptstraße, nach dem berühmtesten Sohn der Stadt Via Boccaccio genannt, führt geradewegs hinauf zum höchsten Punkt des Orts, auf dem der **Palazzo Pretorio** thront.
Das schmale Sträßchen hinauf nach Certaldo Alto ist für den Verkehr gesperrt. Als Alternative zum steilen Treppenweg gibt es aber eine **Drahtseilbahn**, die im 15-Minuten-Takt in die Oberstadt hinauffährt; Abfahrt ist an der zentralen Piazza Boccaccio in der Unterstadt.

**! BAEDEKER TIPP**

*Mercantia ...*

... heißt das wichtigste Ereignis von Certaldo, eine Mischung aus Theater- und Musikfestival sowie Mittelaltermarkt. Die alten Stadtgemäuer bilden eine wunderbare Kulisse für das jährliche Spektakel (3. Juliwoche). Tel. 0751 64 67 21
www.mercantiacertaldo.it

**Casa del Boccaccio**

In der Casa del Boccaccio unterhalb des Palazzo Pretorio soll der große Dichter einige Jahre gelebt haben. Ein Museum mit angeschlossener Bibliothek informiert über Giovanni Boccaccio (►Berühmte Persönlichkeiten S. 67), der mit dem Novellenband »Il Decamerone« bekannt wurde. Der Dichter ist in der benachbarten ehemaligen Klosterkirche dei Santi Jacopo e Filippo beigesetzt ist.

ⓘ Via Boccaccio 18, April – Okt. tgl. 9.30 – 13.30, 14.30 – 19.00, Nov. – März tgl. 9.30 – 13.30, 14.30 – 16.30 Uhr; Eintritt: mit Palazzo Pretorio: 4 €
www.casaboccaccio.it

**Museo di Arte Sacra**

Im Konvent eines einstigen Klosters, ein paar Schritte weiter oberhalb, wurde das Museo del Arte Sacra eingerichtet, eine sehenswerte Sammlung von Altartafeln, Skulpturen und Kirchengerät.

ⓘ Auskunft zur Besichtigung im Palazzo Pretorio, Tel. 0571 66 12 65

## Certaldo erleben

### AUSKUNFT

***Pro Loco***
Palazzo Pretorio
Tel. 0571 66 12 19
www.comunecertaldo.fi.it
April – Okt.

### ESSEN

***Taverna l' Antica Fonte*** €€
Certaldo Alto, Via Valdracca 25
Tel. 0571 65 22 25
www.tavernaanticafonte.it
An schönen Tagen sitzt es sich herrlich auf der Terrasse dieses ansprechenden Esslokals im alten Stadtkern. Bei schmackhafter toskanischer Küche schweift der Blick über die Hügellandschaft und die Silhouette von San Gimignano.

***Osteria di Casa Chianti*** €€
Fiano
Case Nuove 77
Tel. 0571 66 96 88
www.osteriadicasachianti.it
7 km nordöstlich liegt in den Hügeln diese bei Einheimischen wie Touristen gleichermaßen beliebte Trattoria, berühmt für ihre Ribollita, ihre hausgemachten Pici-Nudeln, für das exzellente Fleisch und für die Terrasse mit herrlicher Aussicht. In drei netten Zimmern (Internet: www.casachianti.it, €) im ersten Stock kann man über Nacht bleiben.

### ÜBERNACHTEN

***Agriturismo Il Paluffo*** €€€
Certaldo
Via Citerna 144
Tel. 3355 39 52 73
www.paluffo.com, 4 Z., 4 Wohnungen
Hier in diesem alten idyllischen Landhauskomplex in den Hügeln 8 km nördlich von Certaldo finden Sie den Toskanatraum. Solartechnik, natürliche Wasserregeneration im Pool sowie Biolandwirtschaft in den umliegenden Olivenhainen und Weinbergen machen das Paradies perfekt. Man wohnt in geräumigen geschmackvollen Ferienwohnungen oder Zimmern mit Gemeinschaftsküche für Selbstversorger.

***Palazzo Pretorio** Der wuchtige, mittelalterliche Palast mit seinem reichen Wappenschmuck an der Fassade setzt der Via Boccaccio einen eindrucksvollen Schlusspunkt. In dem Ende des 12. Jh.s errichteten Bau residierten die Grafen Alberti, später Florentiner Verwaltungsbeamte. Von der vorderen Loggia wurden seit 1530 Gerichtsurteile und neue Gesetze verkündet.

In den ehemaligen Amtsräumen, die heute für Ausstellungen genutzt werden, sind mehrere Fresken zu bewundern, darunter eine Pietà (1484), die Pier Francesco Fiorentino zugeschrieben wird, sowie das Fresko »Der ungläubige Thomas« (1490), das vermutlich von Benozzo Gozzoli stammt. An den Wänden der St.-Thomas-Kapelle aus dem 13. Jh. erzählen Freskenfragmente von den 24 Florentiner Podestà. Vom Turm sollte man den Rundblick auf die zauberhafte Hügellandschaft nicht versäumen.

ⓘ Öffnungszeiten und Eintritt wie die Casa del Bocaccio

# * Certosa del Galluzzo

**Lage:** 5 km südlich des Zentrums, Via della Certosa 1
**Bus:** 36, 37 vom Bahnhof Santa Maria Novella
❶ Besuch nur mit Führung durch einen Mönch, Di. – Sa. 9.00, 10.00, 11.00, 15.00, 16.00, So. 15.00, 16.00, im Sommer auch 17.00 Uhr; www.cistercensi.info, Eintritt: freie Spende

**Das architektonisch interessante ehemalige Kartäuserkloster von Galluzzo, berühmt wegen seiner Kunstwerke, erhebt sich hoch über dem Ema-Tal.**

**Stiftung eines Florentiner Staatsmanns**

Man erreicht die Certosa (»Kartause«) über die von Florenz nach Siena führende Straße und folgt am südlichen Ortsausgang von Galluzzo der Beschilderung. Die letzten Kartäusermönche verließen im Jahr 1956 das Kloster, dann ging es an die Zisterzienser über. **Niccolò Acciaiuoli**, ein bedeutender Florentiner Staatsmann sowie Freund Petrarcas und Boccaccios, ließ für die Kartäuser, einen vom hl. Bruno von Köln im ausgehenden 11. Jh. gegründeten Orden, das Kloster 1341 bauen.
Die Anlage umfasst die Zellenhäusern für die Mönche und Stätten des Gebets und des Gottesdienstes. In späteren Jahrhunderten wurde sie mehrfach erweitert und umgebaut. Geprägt ist der Komplex bis heute durch die Lebensweise der Kartäuser, die auf einen Ausgleich zwischen mönchischer Gemeinschaft und Eremitentum bedacht waren. Das Kloster besaß früher reiche Kunstschätze, jedoch raubte Napoleon dem Orden etwa 500 Werke, von denen nur wenige zurückgegeben wurden.

**San Lorenzo**

Über einen weiten Platz geht man zur sehenswerten Kirche San Lorenzo: In der **Cappella di San Tobia** (links vom Hauptaltar) sind das Grabmal des Stifters Niccolò Acciaiuoli († 1365) zu besichtigen sowie drei weitere Grabsteine der Familie Acciaiuoli. Die **Cappella di Sant' Andrea** birgt das berühmte Grabmal des Kardinals Agnolo II. Acciaiuoli, das Francesco da Sangallo zugeschrieben wird. Auch die anderen Kapellen bergen wertvolle Ausstattungsstücke.

**Klostergebäude**

Der Rundgang führt weiter durch die Klostergebäude, die einen Sprechsaal, einen Mittleren Kreuzgang, den Kapitelsaal, den eindrucksvollen **Großen Kreuzgang** (1498 – 1516), das Refektorium und den »Kleinen Kreuzgang« umfassen. Die Gebäude waren nicht Wohnstätte, sondern nur Orte der Zusammenkunft. Die Mönche wohnten in zu dem Komplex gehörenden **Zellenhäusern**. Eines dieser Häuschen, bestehend aus drei Räumen, einer Loggia und einem kleinen Garten, kann besichtigt werden. Im Palazzo degli Studi, den

Acciaiuoli von Jacopo Passavanti und Jacopo Talenti errichten ließ, der aber erst im 16. Jh. vollendet wurde, ist die **Pinakothek** untergebracht. Diese zeigt Beispiele des einst immensen Kunstschatzes, darunter Lünettenfresken (1523 – 1525) von Pontormo mit Darstellungen der Passion Christi und eine »Madonna mit Kind« von Lucas Cranach. Im dem Kloster angeschlossenen **Laden** kann man den von Mönchen hergestellten Kräuterlikör probieren.

# ** Chianti

südlich außerhalb

**Provinzen:** Firenze (FI), Siena (SI)
**Höhe:** 230 – 400 m ü. d. M.

**Wer in Florenz Stadtluft und pralles Kunstprogramm genossen hat und sich nach ländlichen Impressionen sehnt, sollte ins Chianti fahren, das seine Besucher mit einer sanft gewellten Hügellandschaft mit Olivengärten, Wäldern und Weinbergen empfängt.**

**Berühmtes Weinbaugebiet**

Mitten durch das bekannte Weinanbaugebiet, vorbei an Weingütern, Gutshöfen und majestätischen Burgen, durch hübsche kleine Städtchen und mittelalterliche Dörfer führt die Strada Chianti classico, die rund 70 km lange Weinstraße (www.stradachianticlassico.it). Auf vielen Weingütern wird der Chianti Classico direkt zum Kauf angeboten (»Vendita diretta«), einschließlich Weinprobe und Besichtigung. Natürlich feiert jeder Ort im Chianti im September oder Oktober sein Weinfest.

## STRADA CHIANTI CLASSICO

***Impruneta**

Die südöstliche Ausfallstraße von Florenz in Richtung Pontassieve führt geradewegs zum Autobahnzubringer Bologna/Roma. Kurz vor der Auffahrt zur Autobahn (A 1) biegt man nach Grassina ab, dem ersten Ort an der Strada Chianti Classico (SS 222). Man folgt dieser Straße knapp 10 km bis Pitigliolo, wo es nach Impruneta abgeht (5 km). Das Städtchen, das vor allem durch seine Lage in den Weinbergen bezaubert, ist ein **Zentrum der Töpferkunst**. Hier hat das traditionsreiche Terrakottahandwerk noch Konjunktur. Besonders beliebt sind Pflanzenkübel. Auch die Dachziegel für die florentinische Domkuppel wurden in den hiesigen Terrakottaöfen gebrannt.

***Kastelle**

Eingerahmt von Zypressen thront auf einem aussichtsreichen Hügel knapp 4 km vor Greve das **Castello Vicchiomaggio**, dessen älteste

## Chianti erleben

### AUSKUNFT

www.chianti.com
www.terresiena.it

*Castellina in Chianti*
(saisonbedingt geöffnet)
Via Ferruccio 40
Tel. 0577 74 13 92
www.turismo.comune.castellina.si.it

*Greve in Chianti*
(ganzjährig)
Piazza Matteotti 11
Tel. 055 8 54 62 99
www.comune.greve-in-chianti.fi.it

### ESSEN

*Albergaccio* €€€
Castellina in Chianti
Via Fiorentina 63, Tel. 0577 74 10 42
www.albergacciocast.com
Geschl. So., Mi.mittag
Sonia Visman und Francesco Cacciatori schwören auf die erstklassigen Zutaten aus dem Chianti für ihre kreative, gepflegte Küche in diesem ländlich-eleganten Lokal.

*Bottega* € – €€
Volpaia
Piazza della Torre
Tel. 0577 73 80 01
www.labottegadivolpaia.it, geschl. Di.
Einladendes Ausflugslokal mit schmackhafter toskanischer Küche und herrlichem Weitblick auf die Chianti-Hügel

*Oltre il Giardino* € – €€
Panzano in Chianti
Piazza Bucciarelli 42
Tel. 055 85 28 28, geschl. Do.
www.ristoranteoltreilgiardino.it

Besonders gut schmecken die hausgemachte Pasta oder die ausgewählten Käsesorten. Im Sommer sitzt man schön auf der Aussichtsterrasse mit herrlichem Blick auf die Chianti-Hügel.

### ÜBERNACHTEN

*Relais Fattoria Vignale* €€€
Radda in Chianti
Via Pianigiani 9
Tel. 0577 73 80 12
www.vignale.it, 42 Z.
Eine der besten Adressen im Chianti – natürlich in historischem Gemäuer. Das Hotel ist auch Sitz des Weinkonsortiums Chianti Classico. Gourmets sollten das Restaurant testen.

*Belvedere di San Leonino* €€ – €€€
Castellina in Chianti
Loc. San Leonino
Tel. 0577 74 08 87
www.hotelsanleonino.com, 29 Z.
In den Hügeln, aber dennoch an der Route nach Siena gelegenes Hotel im toskanischen Landhausstil mit schön eingerichteten Zimmern, gepflegtem Garten mit Pool und gutem Restaurant.

Teile – der Turm und die Einfriedungsmauer – noch aus dem 13. Jh. stammen. Im benachbarten **Castello di Verrazzano** hat die Chianti-Produktion eine sehr lange, bis ins 12. Jh. zurückreichende Geschichte. Nicht nur die Weinkeller, auch das Schloss und der Garten von Verrazzano können von Besuchern besichtigt werden. Im Gästehaus Foresteria Casanova kann man übernachten.

**Castello di Verrazzano:** Anmeldung unter Tel. 055 85 42 43 oder www.verrazzano.com

***Greve in Chianti**

Greve ist das kleinstädtische Weinzentrum des Chianti mit der wunderschönen dreieckigen **Piazza Matteotti** mit dem Standbild von Giovanni Verrazzano, dessen Stammsitz nicht weit entfernt ist (s. o.).

! BAEDEKER TIPP

*Würste*

Vornehmlich sind es die Würste und Salami, für die die Antica Macelleria Falorni am Marktplatz von Greve renommiert ist. Schon der Geruch, der einen beim Eintritt in dieses Wurstparadies empfängt, macht Appetit. Natürlich gibt es hier die besondere Wildschweinsalami, eine toskanische Spezialität, und auch schmackhafte Fenchelsalami.
Piazza G. Matteotti 71, www.falorni.it

Blumengeschmückte Laubenhäuser mit gemütlichen Trattorien, Cafés und eines der besten Wurstgeschäfte der gesamten Toskana säumen den Platz, der sich beim einwöchigen Weinfest (Rassegna del Chianti Classico) Mitte September in eine Enoteca unter freiem Himmel verwandelt.

***Montefioralle**

Unbedingt zu empfehlen ist der Ausflug in das 2 km oberhalb von Greve liegende Kastelldorf Montefioralle wegen des **herrlichen Panoramablicks**. Das Auto kann man auf dem Parkplatz hinter dem Ort abstellen (ausgeschildert), denn in Montefioralle selbst haben nur die Bewohner Fahrerlaubnis. Dass der Ort mittlerweile kein Geheimtipp mehr ist, zeigt sich nicht zuletzt in der Anwesenheit von Hobbymalern in den steilen, mit Blumen geschmückten Gassen. Wer die Aussicht eine Weile genießen möchte, hat die Wahl zwischen der Terrasse des Restaurants am Ort oder dem schattigen Platz unterhalb der Chiesa Santo Stefano.

**Ruhige Abendstimmung in Greve in Chianti**

***Castellina in Chianti**

Je mehr man sich Castellina nähert, umso bergiger und waldreicher wird die Gegend. Die Hauptstraße des mittelalterlichen Ortskerns, die Via Ferruccio, mit einigen stolzen Palazzi und ihren vielen kleinen Delikatessen- und Weingeschäften, lädt zu einer Entdeckung ein. Auf dem höchsten Punkt des Städtchens thront eine kleine **Burg**, die mit einem **Archäologischen Museum** zu den Etruskern aufwartet. Zudem gibt es hier eine Aussichtsplattform, von der sich ein wunderbarer Ausblick auf die Chianti-Landschaft bietet. Die **Via delle Volte** an der Ostseite der Stadtmauer ist vollständig von Häusern überbaut. Fast jeder Besucher schlendert mittlerweile einmal durch diese alte Gasse, denn sie wurde liebevoll renoviert, und es haben sich hier schicke Galerien und Geschäfte niedergelassen.

***Radda in Chianti**

Von Castellina führt eine Straße über Radda (13 km) an die Südhänge der Chianti-Berge. In den Sonnentälern der Monti del Chianti reifen die edelsten **DOCG-Weine** der Gegend.
Das viel besuchte mittelalterliche Städtchen Radda in Chianti thront aussichtsreich auf einer Hügelspitze. Geparkt wird entlang der alten Stadtmauer, die zugleich eine Art Aussichtsbalkon bildet. Im Zentrum, an der Via Roma, erhebt sich der wappengeschmückte **Palazzo del Podestà** (15. Jh.), heute Rathaus und Sitz der Touristeninforma-

tion Pro Loco (Tel. 0577 73 84 94). Das **Franziskanerkloster Santa Maria al Prato** (11./ 17. Jh.) wurde als Kulturzentrum mit Kunst- und Weinmuseum eingerichtet.

***Volpaia** Volpaia (5 km nördlich von Radda) zählt zu den **hübschesten Dörfern im südlichen Chianti**. Das **Kastell** des Weilers wurde bereits 1172 erstmals schriftlich erwähnt. Alljährlich im September verwandelt sich die Burg in eine Kunstgalerie mit Ausstellungen zum Thema Wein und Kunst.

***Badia a Coltibuono** Eine wunderbare Aussicht bietet sich von der 5 km östlich von Radda gelegenen, 1049 geweihten Abtei von Coltibuono. Die Klostergebäude wurden 1402 von Benediktinermönchen aus Vallombrosa übernommen, die den Kreuzgang sowie die Wohn- und Wirtschaftsgebäude erneuerten. Heute kann man die romanische Klosterkirche besichtigen und anschließend mit herrlichem Blick über das Arno-Tal speisen. Preisgekrönt sind die Weine des dazugehörigen Guts.

❶ Führungen: Apr. – Okt. tgl. stdl. 14.00 – 17.00 Uhr, www.coltibuono.com

**Gaiole in Chianti** Der wenige Kilometer südlich entfernte Ort Gaiole in Chianti ist umgeben von Weingütern, die für ihre ausgezeichneten Tropfen berühmt sind und ihre Produkte meist auch im Direktverkauf anbieten. Er liegt nicht auf der Höhe, sondern im Tal. Auch am Marktplatz mit renovierten Häusern verströmt Gaiole keinen besonderen Charme.

**Chianti-Skulpturenpark** Bei Gaiole kann man wählen zwischen zwei Streckenvarianten der Weinstraße, die im Hinblick auf die landschaftliche Schönheit beide zu empfehlen sind. An der einen Route auf der SP 408 lohnt der kleine Abstecher zum Chianti-Skulpturenpark bei Pievasciata. Der Reiz des Parks liegt vor allem in der Symbiose zwischen der Landschaft und den Skulpturen von **zeitgenössischen Künstlern aus aller Welt**.

❶ April – Okt. Di. – So. 10.00 Uhr bis Sonnenuntergang; www.chiantisculpturepark.it.

**Castello di Meleto** Die andere Route (SP 484) trägt den Namen **»Strada dei Castelli dei Chianti«**, »Straße der Chianti-Burgen«. Dem ersten Beispiel einer Burg begegnet man etwa 4 km südlich von Gaiole in Meleto. Runde Ecktürme (11. Jh.) bekrönen das Kastell von Meleto, das während des 13. Jh.s zu einem der stärksten Festungswerke der Chianti-Liga ausgebaut wurde und bis 1498 allen Belagerungen widerstand.

***Castello di Brolio** Nach weiteren 8 Kilometern in südöstlicher Richtung erblickt man auf einem 530 m hohen Bergrücken das imposante Castello di Brolio. Die Geschichte der Bastion ist eng mit der Familie Ricasoli verbunden, die seit dem 13. Jh. die Region beherrschte. Nach wiederholten

Zerstörungen, zuletzt 1529 durch die Sienesen, kam es im 16. Jh. zu umfangreichen Neubauten. **Bettino Ricasoli**, der 1841 durch seinen Rebenverschnitt das klassische Konzept des körperreichen Chianti entwickelte, ließ die Burg um 1860 zu einem neogotischen Schloss umbauen. Die Innenräume kann man nicht besichtigen, wohl aber Garten, Bastionen, Laufgänge und die Kapelle sowie den grandiosen **Weinkeller** des Barons. Die **Collezione Ricasoli** in einem der Kastelltürme zeigt eine Waffensammlung und informiert über die Geschichte der Festung. In der Osteria (Tel. 0577 74 72 77) im Park kann man zu den guten Weinen essen.

**Garten:** Mitte März – Mitte Okt. tgl. 10.00 – 18.30; 1. Märzhälfte, Mitte Okt. – Dez. Sa., So. 10.30 – 16.30 Uhr
**Collezione Ricasoli:** Di. – So. 10.30 – 12.30, 14.30 – 16.00 Uhr; www.ricasoli.it, Eintritt: 8 €

# ** Duomo Santa Maria del Fiore

J 6/b III

**Lage:** Piazza del Duomo
**Bus:** C 1, C 2
**Kirche:** Mo. – Fr. 10.00 – 17.00, Do. bis 16.00, Sa. 10.00 – 16.45, So. 13.30 – 16.45 Uhr, www.ilgrandemuseodelduomo.it, Eintritt: frei
**Kuppel:** Mo. – Fr. 8.30 – 18.20, Do. bis 16.00, Sa. 8.30 – 17.40 Uhr, Eintritt: zusammen mit Krypta, Campanile und Museo 10 €
**Krypta:** Mo. – Fr. 10.00 – 17.00, Sa. bis 16.40 Uhr, Eintritt: 3 €
**Campanile:** tgl. 8.30 – 18.50 Uhr, Eintritt: 6 €

**Der Kathedrale von Florenz ist mehr als das Wahrzeichen der Stadt. Sie bildet zusammen mit dem Campanile und dem Baptisterium (►Battistero San Giovanni) eines der großartigsten sakralen Ensembles Europas.**

**Unvergleichliches Bauensemble (►Baedeker Wissen S. 170, 172)**

Ohne den Blick auf die Kuppel der Kathedrale können die Florentiner nicht leben. Michelangelo wollte anscheinend das Meisterwerk des Brunelleschi aus seiner Heimatstadt Florenz nach Rom verpflanzen, als er die Kuppel der Peterskirche schuf. Die Bürger von Florenz waren Ende des 13. Jh.s im Bewusstsein der wachsenden Bedeutung ihrer Stadt bestrebt, an der Stelle der Kirche Santa Reparata einen großen Neubau zu errichten, der die anderen Kirchen der Stadt an Schönheit und Ausmaß übertreffen sollte.
Berühmte Baumeister, zuerst **Arnolfo di Cambio** (ab 1296), dann **Giotto, Andrea Pisano, Francesco Talenti und Giovanni Ghini**, führten die Bauten trotz zahlreicher Unterbrechungen so weit, dass

Ungewöhnliche Perspektive auf Dom und Campanile

**Filippo Brunelleschi** sie von 1420 bis 1434 mit dem aufsehenerregenden architektonischen Bravourstück, der Kuppel, krönen konnte. Im Jahr 1436 wurde der Dom, die Bischofskirche der Stadt, der heiligen Jungfrau und Gottesmutter Maria geweiht und erhielt nach der Florentiner Wappenblume, der Lilie, den Beinamen »del Fiore«. Die heutige Fassade, überreich geschmückt, entstand erst von 1875 bis 1887 nach Entwürfen von Emilio de Fabris. Die unvollendete Fassade war 1587 abgerissen worden. Die Maße der Kathedrale sind eindrucksvoll: Länge 161 m, Breite 43 m, im Langhaus 91 m, im Querhaus, Fassadenhöhe 50 m, Höhe der Kuppel 107 m und Durchmesser der Kuppel 46 m. In der Kirche finden ca. 25 000 Menschen Platz. Nach der Peterskirche in Rom und dem Dom zu Mailand ist Santa Maria del Fiore die **drittgrößte Kirche Italiens**.

**Äußeres**

Das Äußere der Kathedrale wird bestimmt durch die reiche Gliederung mit **verschiedenem Marmor**: weißem aus Carrara, grünem aus Prato und rotem aus den Maremmen. Marmor ist das prägende Baumaterial: an der dem gotischen Stil nachgebildeten Fassade, den Flanken der Seitenschiffe bis hinauf zur Langhaushalle, den durch die Konstruktion bedingten Stützen, den kleineren Halbkuppeln und der machtvollen Hauptkuppel. Der Wechsel der Farben zeigt Strenge und Schönheit, die beiden Grundprinzipien der Florentiner Kunst.
Bei einem Rundgang um den Dom sollte man vor allem die vier Portale beachten. Auf der südlichen Seite beim Campanile befindet sich die **Porta del Campanile** mit einem »Segnenden Christus« im Giebel und einer »Madonna mit Kind« in der Lünette, Werke aus der Schule Andrea Pisanos. Es folgt die **Porta dei Canonici**, über der »Maria mit Kind« von Lorenzo di Giovanni d' Ambrogio eingearbeitet ist. Nicht weit davon trifft man auf die Denkmäler der beiden Architekten Arnolfo di Cambio und Brunelleschi sowie auf einen Stein mit der Inschrift »Sasso di Dante« an dem Platz, von wo der Dichter die Bauarbeiten am Dom beobachtet haben soll. Auf der nördlichen Seite: **Porta del Cornacchini** (14. Jh.), die eine vielfarbige Madonna mit Kind und zwei Engeln trägt. An den Seiten stützen Löwen die gedrehten Säulen. Die **Porta della Mandorla**, das schönste Portal der Kirche, wurde von Giovanni d' Ambrogio und Nanni di Banco geschaffen und von verschiedenen Künstlern, Donatello, Niccolò di Pietro Lamberti und Ghirlandaio, vollendet. Das Giebelrelief (1414 bis 1421) der Himmelfahrt Mariens schuf Nanni di Banco.
Brunelleschi wagte mit dem Bau der doppelschaligen ****Kuppel** ein konstruktives Meisterwerk – in weiser Bescheidenheit empfahl er den Bau dem Schutz Mariens –, das mächtig und kunstvoll zugleich wirkt (►Baedeker Wissen S. 170). Die bis in die Laterne gezogenen weißen Rippen geben der roten Kuppeldeckung klare Konturen. Aus den Straßen hinter der Apsis bietet sich ein eindrucksvolles Bild auf das Marmorgebirge des Doms mit der Kuppel des Brunelleschi. Der Tambour der Kuppel wurde an dieser Stelle mit einer Galerie versehen, die zur Zeit Michelangelos gebaut, jedoch von ihm heftig kritisiert wurde. Im Pflaster vor der Apsis ist eine Marmorplatte eingelassen; hier fiel im Jahr 1600, vom Blitz getroffen, die vergoldete Kugel der Kuppel zur Erde und zersprang. Man ersetzte sie durch eine größere, unter dem Kreuz. Die **Laterne** war im Übrigen häufig Ziel von Blitzen, sie wurde jedoch unermüdlich repariert. Heute schützt sie ein moderner Blitzableiter. Man kann die Kuppel besteigen, Aufgang ist an der Porta della Mandorla. Wer vor den engen 463 Stufen nicht zurückschreckt, dem bietet sich von oben ein herrlicher Blick.

**Innenraum**

Strenge und Schönheit prägen auch den Innenraum des Doms, der durch seine gotischen Formen, durch die hoch aufstrebenden Bögen und Pfeiler beeindruckt, ohne dass auffälliger Schmuck die Weite der

## Duomo Santa Maria del Fiore

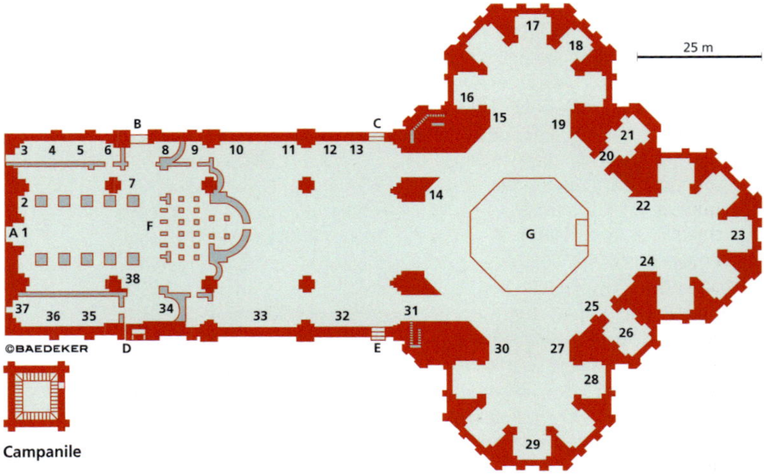


**A** Portale Maggiore mit Relief »Maria in Gloria« von A. Passaglia
**B** Porta dei Cornacchini
**C** Porta della Mandorla von d'Ambrogio und di Banco Über dem Portal die von Engeln getragene Madonna von di Banco
**D** Porta del Campanile mit Verkündigungsgruppe
**E** Porta dei Canonici, darüber »Madonna mit dem Kind« von d'Ambrogio
**F** Krypta Santa Reparata
**G** Kuppel des Brunelleschi mit Fresko des Jüngsten Gerichts von Vasari und wertvollen Glasmalereien
**1** Fenster nach Entwurf von Ghiberti, Mosaik von Gaddi
**2** Grab des Antonio d'Orso
**3** Fenster nach Ghiberti
**4** Büste des Emilio De Fabis von Consani
**5** Statue des Josua (Kopf von Donatello angefertigt)
**6** Büste des Arnolfo di Cambio von Cambi
**7** Nische mit hl. Zenobius von G. del Biondo
**8** Büste des Organisten Squarcialupi von Benedetto da Maiano (1490)
**9** Gemaltes Reiterstandbild des Niccolò da Tolentino von del Castagno (1456)
**10** Gemaltes Reiterstandbild des Giovanni Acuto (John Hawkwood) von P. Uccello
**11** Fenster von 1395. Darunter in der Marmornische eine Statue König Davids von Ciuffagni
**12** »Hll. Cosmas und Damian« von Bicci di Lorenzo (15. Jh.)
**13** Fenster aus dem 14. Jh., darunter »Dante und die Göttliche Komödie« von di Michelino
**14** Statue »San Giacomo Maggiore« von Sansovino
**15** Statue »San Tomasso« von De' Rossi
**16** Gemälde»San Giuseppe« von di Credi
**17** Marmoraltar (Buggiano)
**18** »Madonna mit Heiligen«, Altarbekleidung aus der Schule von Bonaguida
**19** Statue »San Andrea« von A. Ferrucci
**20** In der Türlünette Terrakotta »Auferstehung«, von Luca della Robbia Bronzetor ebenfalls von della Robbia unter Mitarbeit von Michelozzo und Maso di Bartolomeo
**21** Neue Sakristei
**22** Statue »San Pietro« von Bandinelli
**23** Oberhalb des Altars zwei kerzentragende Engel (von L. della Robbia). Unter dem Altar Reliquienschrein des hl. Zenobius von Ghiberti
**24** Statue »San Giovanni« von da Rovezzano
**25** In der Lünette Christi Himmelfahrt aus emaillierter Terrakotta von L. della Robbia
**26** Alte Sakristei
**27** Statue »San Giacomo Minore« von Bandini
**28** Fragment des Freskos »Madonna del Popolo« aus der Schule des Giotto
**29** Altar des Michelozzo
**30** Statue »San Filippo« von Bandini
**31** Zugang zur Kuppel
**32** Büste des Marsilio Ficino von A. Ferrucci
**33** In der Marmornische ein Standbild des Jesaia, von Ciuffagni
**34** »Hl. Bartolomeo« von di Jacopo Franchi
**35** Rundbild von da Maiano, Giotto bei der Arbeit darstellen
**36** Büste des Brunelleschi von A. Cavalcanti
**37** Fenster »San Lorenzo e Angeli« nach Ghiberti
**38** Treppe zur Krypta Santa Reparata

Räume beeinträchtigt. Allerdings wurden bei Restaurierungen spätere Zutaten wieder entfernt. Der Eindruck der Kargheit wird durch den erdigen Farbton der Steine verstärkt. Der Grundriss des Doms zeigt ein lateinisches Kreuz mit Langhaus und zwei Seitenschiffen; die kurzen Querschiffarme und die Apsis werden in der Mitte durch die gewaltige Kuppel gebündelt. Trotz des insgesamt sparsamen Schmucks umfasst die Ausstattung einige Kostbarkeiten.

Die drei **Glasfenster** über den Eingangsportalen mit Darstellungen des hl. Stephanus (links), der Aufnahme Mariens in den Himmel (Mitte) und des hl. Laurentius (rechts) wurden nach Vorlagen von Lorenzo Ghiberti von dem Glasmaler Niccolò di Piero ausgeführt.

Links vom Hauptportal befindet sich das gotische **Grabmal des Bischofs Antonio d' Orso** († 1321), das Tino da Camaino schuf. Es ist unvollständig, verschiedene Teile werden im Museo Nazionale del Bargello aufbewahrt.

In der ersten Marmornische des **linken Seitenschiffes** ist eine **Statue des Josua** (Anfang 15. Jh.), eine Arbeit von Bernardo Ciuffagni, Donatello und Nanni di Bartoli, aufgestellt. Gegenüber dem zweiten Pfeiler erregt ein auf Leinwand übertragenes Fresko des Niccolò da Tolentino (1456) Aufmerksamkeit. Das mächtige **Reiterbildnis des Paolo Uccello** (1436) rechts davon täuscht ein plastisches Denkmal vor und stellt den Befehlshaber des Florentiner Söldnerheeres, John Hawkwood (italienisch Giovanni Acuto), dar. In der folgenden Marmornische steht die **Statue des Königs David** (1434), von Bernardo Ciuffagni für die Fassade geschaffen. Unter dem Glasfenster fällt ein Gemälde von Domenico di Michelino ins Auge, das Dante verherrlicht (1465), eine späte Rehabilitierung des Dichters durch die Stadt, die ihn einst verbannte.

Das kurze **linke Querschiff**, das wie das rechte auch »tribuna« genannt wird, ist in fünf Kapellen gegliedert. Die Glasfenster gehen auf Entwürfe von Ghiberti zurück. In der vierten Kapelle ist eine **zweiseitige Altarrückwand** aus der Schule des Pacino di Bonaguida sehenswert, mit Darstellungen der »Madonna mit Heiligen« sowie »Verkündigung Mariens und Heilige«. Im Boden des Querschiffs dient eine Metallplatte seit 1468 astronomischen Messungen: Am 21. Juni mittags fällt durch ein Loch in der Kuppellaterne ein Sonnenstrahl darauf und gibt die genaue Sommersonnenwende an.

Das Innere der doppelschaligen, in ihrer Raumwirkung äußerst beeindruckenden **Kuppel** schmückt das grandiose **Fresko des Jüngsten Gerichts von Giorgio Vasari**, 1572 begonnen und von Federico Zuccari 1579 vollendet. In den Rundfenstern des Tambours sind Glasmalereien nach Entwürfen von Ghiberti, Paolo Uccello und Andrea del Castagno eingelassen.

An den Tambourpfeilern stehen acht **Apostelstatuen**, von denen Jacopo Sansovino den hl. Jakobus d. Ä. und Vincenzo de Rossi den hl. Thomas (1. Pfeiler links), Andrea Ferrucci den hl. Andreas und

# *Brunelleschis Vermächtnis*

*Die Kuppel des Doms von Florenz ist das erste Bauwerk dieser Art in doppelschaliger Konstruktion und das ingenieurtechnische Vermächtnis des Filippo Brunelleschi.*
*Er verwendete dabei – erstmals auf einem achteckigen Grundriss – die Mauertechnik des Fischgrätverbands (»a spinapesce«), bei der die sich immer schräger auftürmenden Backsteine miteinander verkeilen.*

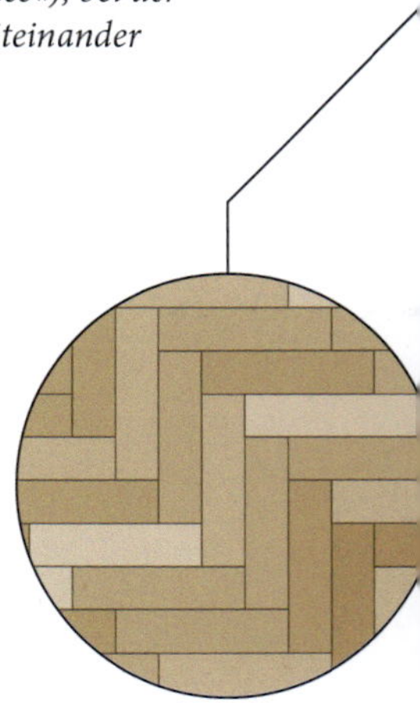

**▶ Angaben zur Domkuppel**

| | |
|---|---|
| Konstrukteur/Ingenieur | Filippo Brunelleschi |
| Auftragserteilung | 1420 |
| Schließung der Kuppel | 1436 |
| Fresken (Vasari, Zuccari) | 4000 m² |
| Durchmesser | 42 m |
| Gewölbehöhe | 84 m |
| Höhe einschl. Laterne | 114 m |
| Masse | 37000 t |

**▶ Baumaterialien:**
Marmor, Stein, Naturstein, Tuffstein, Ziegelstein, Eichenholz, Kastanienholz, Glas (Fenster), Steinketten, Eisenketten



**▶ Berühmte Kuppelbauten im Vergleich**

**Felsendom (690 n. Chr.)**
Jerusalem (Israel)
Kuppeldurchm.: 20 m

**Hagia Sophia (537 n. Chr.)**
Istanbul (Türkei)
Kuppeldurchm.: 31 m

**Saint Paul's Cathedral (17(**
London (England)
Kuppeldurchm.: 34 m

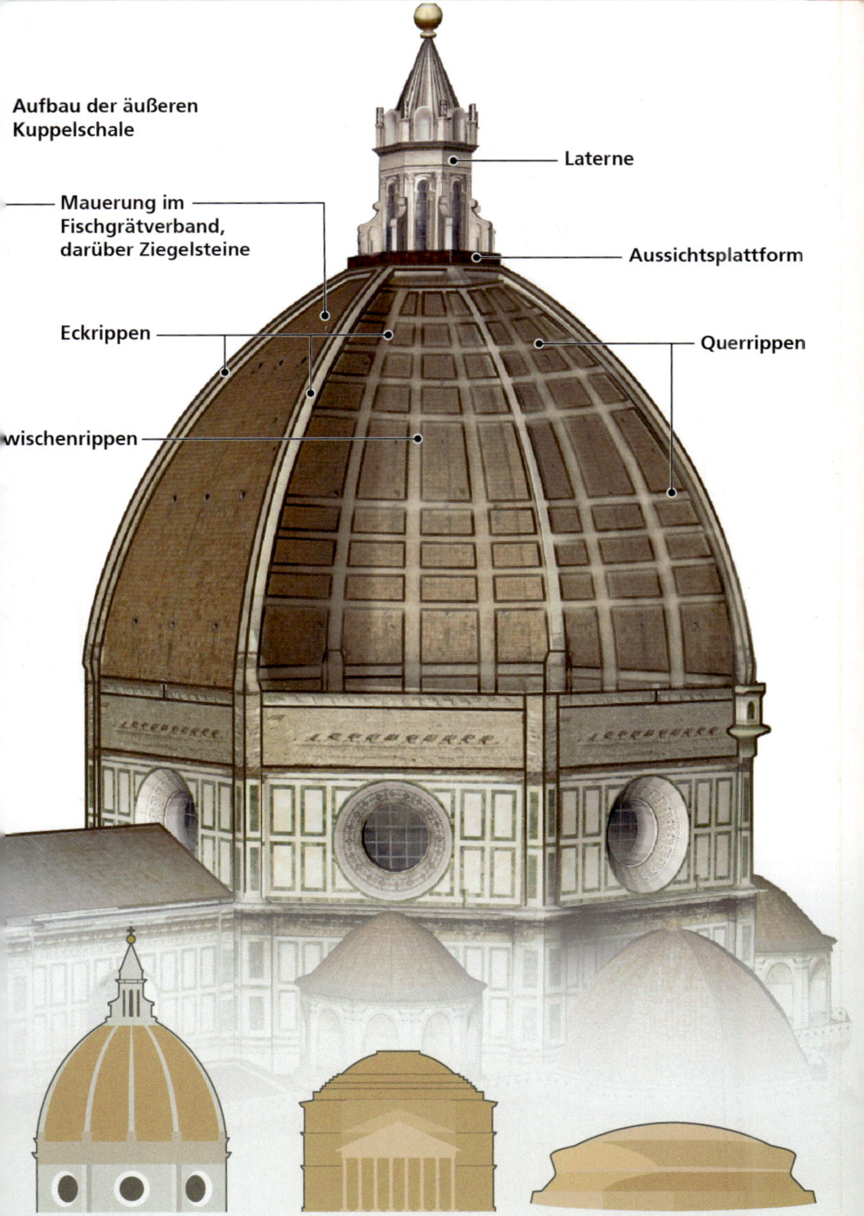


**Santa Maria del Fiore (1436)**
Florenz (Italien)
Kuppeldurchm.: 42 m

**Pantheon (125 n. Chr.)**
Rom (Italien)
Kuppeldurchm.: 43 m

**Superdome (1975)**
New Orleans (USA)
Kuppeldurchm.: 207 m

# ** Duomo Santa Maria del Fiore

*Der Dom ist ein Juwel gotischer Baukunst mit reichem Portalschmuck und weitläufigem Innern. Die doppelschalige Kuppelkonstruktion von Brunelleschi, die erste der Neuzeit, erhebt das Bauwerk in den Rang eines weltweit einmaligen Meisterwerks.*

**1 Fassade**
Reich ist der Figurenschmuck der Fassade: am obersten Zwickel Gottvater; in den darunterliegenden Feldern Brustbilder berühmter Florentiner Künstler; unter einer mächtigen Rosette »Maria mit dem Kind« und Apostelstatuen; darunter in den vier Pfeilernischen Papst Eugen IV., der die Kirche 1436 weihte.

**2 Kuppel**
An der Überkuppelung des riesigen Vierungsraumes scheiterten fast alle Baumeister. Weder ein Holzgerüst schien zur Konstruktion brauchbar noch der Vorschlag, einen gewaltigen Erdhügel aufzuschütten, um darüber die Kuppel zu wölben. Brunelleschi baute sie schließlich zwischen 1420 und 1430 als doppelschalige Konstruktion – eine Ingenieursleistung, die bis zum Barock wegweisend war. (►Baedeker Wissen S. 170)

**3 Innere Eingangswand**
Über dem Haupteingang sieht man ein schönes Mosaik der Marienkrönung (um 1300) von Gaddo Gaddi sowie die berühmte Uhr, in deren Ecken Paolo Uccello 1443 Prophetenköpfe malte und deren Zeiger entgegengesetzt dem Uhrzeigersinn gehen.

**4 Neue Sakristei**
Herausragende Kunstwerke hier sind die »Auferstehung Christi«, eine Terrakottaarbeit von Luca della Robbia, und das Bronzetor desselben Künstlers.

**5 Campanile**
Baumeister des 82 m hohen, architektonisch hervorragenden Campanile war Giotto, und nach dessen Tod führte Andrea Pisano die Arbeiten nach den ursprünglichen Entwürfen weiter. Wer die 414 Stufen auf den Turm nicht scheut, wird mit einem herrlichen Stadtpanorama belohnt.

**Ungewöhnlicher Ausblick vom Campanile auf die Domkuppel**

Filippo Brunelleschi war der Erfinder der bis dahin einmaligen Kuppelkonstruktion, an der er 16 Jahre gearbeitet hat. Seine epochemachende Leistung war die Entdeckung der zentralperspektivischen Projektion.

►Berühmte Persönlichkeiten S. 69

Der Campanile ist ebenfalls ein architektonisch sehr gelungenes Werk.

Im Innern beeindruckt die doppelschalige Kuppel mit ihrer grandiosen Raumwirkung.

Baccio Bandinelli den hl. Petrus (2. Pfeiler links) schufen. Auf der gegenüberliegenden Seite gestalteten Benedetto da Rovezzano den hl. Johannes sowie Giovanni Bandini den hl. Jakobus d. J. (dritter Pfeiler rechts) und den hl. Philippus, zudem Vincenzo de Rossi den hl. Matthäus (4. Pfeiler rechts).
In der Mitte des Kuppelraums befindet sich der **Chor** mit Hochaltar. Die achteckige Marmorbrüstung geht auf einen Entwurf von Baccio d' Agnolo zurück; die 88 Reliefdarstellungen darauf stammen von Baccio und Giovanni Bandinelli. Bemerkenswert sind auch der Hochaltar von Baccio Bandinelli und das Kruzifix von Benedetto da Maiano (1495 – 1497).
Besondere Beachtung verdienen zudem die Sakristeien. Über der Tür der **Neuen Sakristei**, in der Lünette, fällt eine glasierte Terrakotta-Arbeit von Luca della Robbia ins Auge: »Auferstehung Christi« (1444). Auch das **Bronzetor** ist ein Meisterwerk della Robbias (zusammen mit Michelozzo): In zehn Feldern sind Maria mit dem Kind, Johannes der Täufer, Evangelisten und Kirchenväter dargestellt. Ein Wandbrunnen und Holzschränke schmücken den Raum. In der östlichen **Apsis** befindet sich in der Cappella di San Zenobio (»Kapelle des hl. Zenobius«) eine schöne **Bronzeurne**, ein Werk Lorenzo Ghibertis, in der Reliquien des Heiligen aufbewahrt werden. In der **Sagrestia Vecchia** (»Alten Sakristei«) oder dei Canonici (»der Kanoniker«) sieht man außen über der Tür ein Terrakottarelief »Christi Himmelfahrt« von Luca della Robbia, im Innern stehen ein **Wandbrunnen** von Buggiano, der »Erzengel Michael« von Lorenzo di Credi und zwei Leuchterengel aus Terrakotta, ebenfalls von della Robbia.
Auch das kurze **rechte Querschiff** ist in fünf Kapellen gegliedert. In der ersten Kapelle nach der Sagrestia Vecchia ist ein **Fresko des Giotto** sehenswert: »Madonna del Popolo«.
Im **rechten Seitenschiff** sieht man eine **Büste des Marsilio Ficino** (1521), des großen Renaissancephilosophen (unter dem Glasfenster), sowie ein **Medaillon mit dem Bild Giottos**, das Benedetto da Maiano schuf (1490; gegenüber dem letzten Pfeiler). Daneben befinden sich in einer Holznische die **Statue des Propheten Jesaia** von Nanni di Banco (1408) und ein **Medaillon mit dem Porträt Brunelleschis** von Andrea Cavalcanti, genannt Buggiano, der Lieblingsschüler und Erbe Brunelleschis.
Gleich nach dem Eingang des Doms führt eine Treppe hinab in die **Krypta Santa Reparata** zum **Grab von Brunelleschi**, die erst 1972 entdeckt worden ist und zu den Überresten der Vorgängerkirche gehört, die aus dem 4./5. Jh. stammt und im 8. und 11. Jh. erweitert wurde. Zunächst war der Dom um die ältere Kirche herumgebaut worden, endgültig abgetragen wurde diese erst 1375. Teilweise erhalten blieb jedoch die Krypta, die freigelegt wurde und heute als Museum zugänglich ist.

*** Campanile**

Das Stadtbild von Florenz wird entscheidend mitgeprägt durch den Campanile von **Giotto**, den 82 m hohen Glockenturm des Doms. Nach dem Entwurf des Künstlers wurde der Bau 1334 begonnen. Nach Giottos Tod (1337) führte **Andrea Pisano** ihn nach den ursprünglichen Entwürfen weiter. Sein Nachfolger **Francesco Talenti** entfernte sich jedoch von den Plänen Giottos. Der Turm wurde 1384 vollendet. Das Bauwerk beeindruckt durch die Harmonie seiner Abmessungen, die Festigkeit der achteckigen Pfeiler, die feine Gliederung der Mauern dazwischen und den kunstvollen Wechsel in den Marmorfarben. Seinen Schmuck bilden im unteren Teil Kassettenfelder. Die sechseckigen **Kassetten** stammen zum größten Teil von Andrea Pisano, der sie nach Entwürfen von Giotto anfertigte, und von Luca della Robbia. Sie zeigen die Arbeits- und Bildungswelt des Menschen. Die darüber liegenden rautenförmigen Kassettenfelder stellen Allegorien von Planeten, Tugenden, freien Künsten und Sakramenten dar. In den Nischen über diesen Kassetten standen früher Statuen von Heiligen, Propheten und Sibyllen, die bis 1341 von florentinischen Bildhauern geschaffen wurden. Zwischen 1420 und 1435 fügte Donatello weitere Statuen ein. Heute sind diese im ▶Museo dell' Opera del Duomo zu sehen; in die Nischen wurden teilweise Kopien gestellt. Es lohnt sich, die 414 Stufen des Campanile hinaufzusteigen, denn oben bietet sich ein **herrlicher Panoramablick**.

> **! BAEDEKER TIPP**
>
> *Einblick in die Bildhauerei*
>
> An der Südseite des Doms gelangt man in die Gasse Via dello Studio, in der ein kleines altes Gebäude mit der Hausnummer 23 A ins Auge fällt: die Bildhauerwerkstatt des Doms (Bottega dell' Opera del Duomo). Doch neben traditionellem Werkzeug, wie es seit Jahrhunderten zur Steinbearbeitung verwendet wird, kommen heute modernste Computertechniken zum Einsatz, um die Steinmetzdekorationen des Doms zu restaurieren und zu konservieren.

**Battistero San Giovanni**

▶dort

## UMGEBUNG DES DOMS

**San Michele Visdomini**

Im Schatten des Doms liegt San Michele (Via de' Servi), die als Kirche der Familie Visdomini – daher der Zusatz beim Namen – dem Dombau hatte weichen müssen und wenige Meter entfernt im 14. Jh. wiederaufgebaut und im 17. Jh. erneuert wurde. Im Innern gehört zu den Altarbildern des 16./17. Jh.s eine »Sacra Conservazione« (1518) von Pontormo.

**Convento delle Oblate**

Der Convento delle Oblate unweit östlich des Doms war einstmals das Kloster der Ordensschwestern, die die Kranken im nahen Ospe-

dale Santa Maria Nuova pflegten. Heute ist der Konvent ein **Kulturzentrum** mit einer umfangreichen öffentlichen Bibliothek, mit Lesesälen, die bis spät abends zugänglich sind, sowie ein Ort für Konzerte, Veranstaltungen und Ausstellungen.
Zudem gibt es auf der dritten Ebene des Kreuzgangs ein ebenfalls bis spät abends geöffnetes Café mit vielen jungen Leuten, die **Caffetteria delle Oblate** (Via dell' Oriuolo 26), von der aus man einen fantastischen Blick auf die Domkuppel hat.

**Ospedale Santa Maria Nuova**

Das Ospedale Santa Maria Nuova gegenüber dem Konvent, dessen Oblatinnen den Krankendienst versahen, wurde 1287 gegründet und ist damit **das älteste Hospital der Stadt**. Ende des 14. Jhs. wurde es neu errichtet und erhielt dabei den Namen Santa Maria Nuova (»Neu Sankt Maria«). In den Jahren 1611 bis 1618 vergrößerte Giulio Parigi das Hospital erheblich, und 1708 fügte man das Obergeschoss hinzu. Bemerkenswert ist die klare Gliederung der Loggien an der Piazza Santa Maria Nuova. Eingefügt in das Gebäude ist die **Kirche Sant' Egidio**. Die wichtigsten Ausstattungsstücke des Innern wurde in den Uffizien untergebracht. Von dem restlichen Schmuck ist vor allem das Marmortabernakel (1449/1450) links vom Hauptaltar beachtenswert, ein Werk von Bernardo Rossellino.

# ★ Fiesole

L – N 2/3

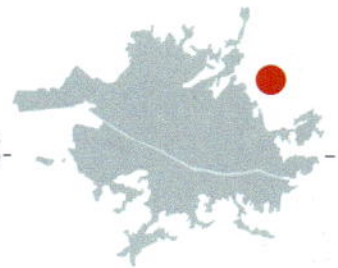

**Provinz:** Florenz/Firenze (FI)
**Höhe:** 295 m ü. d. M.
**Einwohnerzahl:** 14 000

**Wenn es im Sommer in Florenz heiß und stickig wird, flüchten die Florentiner gern nach Fiesole, wo sich die Wohlhabenden ihre herrschaftlichen Villen bauen ließen. Das schöne Städtchen liegt nämlich gerade mal 8 km entfernt, eingebettet zwischen zwei Hügeln, 295 m oberhalb der Arno-Metropole. Einen Ausflug nach Fiesole sollte man nicht nur wegen des grandiosen Rundblickes über Florenz unternehmen, sondern auch wegen der Sehenswürdigkeiten.**

**»Mutter von Florenz«**

Fiesole ist eine **etruskische Gründung** des 7. vorchristliche Jh.s mit Namen »Faesulae«. Der Beiname »Mutter von Florenz« kommt daher, dass die Etrusker schon Handel trieben, bevor Florenz überhaupt gegründet wurde. Gegen Ende des 1. Jh.s v. Chr. entstand die römische Stadt Faesulae neu mit Kapitol, Forum, Tempel, Theater und Thermen, die jedoch in der Zeit der Völkerwanderung niederging und später von dem nahen Florenz gänzlich überflügelt wurde. Seit

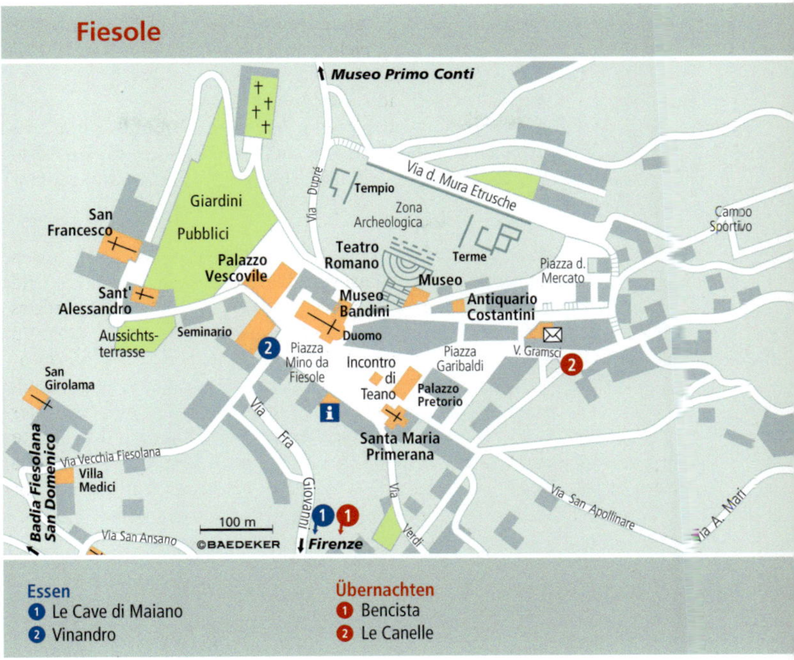


492 ist Fiesole Bischofssitz. Heute sind einige Villen Sitz von Kulturstiftungen, die man auf geführten Spaziergängen besuchen kann. Von Florenz (Piazza San Marco) fährt der Bus Nr. 7 nach Fiesole.

## SEHENSWERTES IN FIESOLE

**Piazza Mino da Fiesole**

Zentrum des sympathischen Orts ist die weite Piazza Mino da Fiesole, benannt nach dem Bildhauer Mino da Fiesole (um 1430 – 1484), die den Platz des antiken Forums einnimmt. Das im Jahr 1906 auf der Piazza enthüllte Denkmal heißt »Incontro di Teano«. Seine beiden bronzenen Reiterstandbilder verkörpern König Viktor Emanuel II. und Garibaldi. Der Platz wird von vielen Straßencafés belebt, die zu einer Erfrischung einladen.

An der Nordseite des Platzes erhebt sich der 1024 begonnene, im 13. und 14. Jh. erweiterte sowie im 19. Jh. veränderte ***Duomo San Romolo**. Schon von Weitem sieht man den 1213 fertiggestellten und gut 42 m hohen, zinnenbewehrten **Glockenturm**, der die ganze Stadt überragt. Im Innern des dreischiffigen Gotteshauses befinden sich ein paar beachtenswerte Fresken und Bildwerke. Das Grabmal des Bischofs Leonardo Salutati in der gleichnamigen Kapelle wurde von

## Fiesole erleben

### AUSKUNFT

Via Portigiani 3–5
Tel. 055 5 96 13 11
www.fiesoleforyou.it
www.comune.fiesole.fi.it

### ESSEN

❶ ***Le Cave di Maiano*** €€
Via Cave di Maiano 16
Tel. 055 5 91 33
Kein Ruhetag
In dieser klassischen Trattoria am südöstlichen Ortsrand schmecken die toskanischen Spezialitäten besonders gut, von der Pappa al pomodoro bis zum zarten saftigen Chianina-Steak. Im Sommer sitzt man auf einer lauschigen Gartenterrasse.

❷ ***Vinandro*** € – €€
Piazza Mino da Fiesole 33
Tel. 055 5 91 21
www.vinandrofiesole.com
Geschl. Mo.
Das Vianandro ist eine gemütliche kleine Weinstube mit leckeren Speisen an der Hauptpiazza.

### ÜBERNACHTEN

❶ ***Bencista*** €€ – €€€
Via Benedetto da Maiano 4
Tel. 055 5 91 63
www.bencista.com
42 Z.
Das schön gelegene Landgasthaus inmitten von Olivenhainen unterhalb von Fiesole zeichnet sich durch einen grandiosem Blick auf Florenz aus.

❷ ***Le Cannelle*** € – €€
Via A. Gramsci 52/54/56
Tel. 055 5 97 83 36
www.lecannelle.com
5 Z.
Das charmante B &B-Gästehaus liegt nur 200 m von der zentralen Piazza entfernt.

Mino da Fiesole um 1465 geschaffen. Die **Terrakottastatue des Kirchenpatrons San Romolo** ist ein Werk von Giovanni della Robbia. Nördlich an den Dom schließt das **Museo Bandini** an. Zusammengetragen wurden die sakralen Kunstwerke dieser Sammlung im ausgehenden 18. Jh. von dem Kanoniker Angiolo Maria Bandini, Wissenschaftler und Bibliothekar an der Biblioteca Medicea Laurenziana in Florenz. Nach seinem Tod ging die Sammlung in den Besitz des Domkapitels von Fiesole über. Ausgestellt sind u. a. Altartafeln, Majolikaarbeiten und Möbel.
Die nordwestliche Schmalseite der Piazza nehmen das 1697 entstandene stattliche Gebäude des **Seminario** sowie der ursprünglich aus dem 11. Jh. stammende **Palazzo Vescovile** (»Bischofspalast«) ein. An der Südwestseite des Platzes stehen der wappengeschmückte **Palazzo Pretorio** (14. Jh.) – Portikus und Loggia wurden im 15. Jh. angefügt – und daneben das mittelalterliche **Oratorium Santa Maria Primerana** mit einem Portikus aus dem 16. Jahrhundert.

ⓘ **Museo Bandini:** Via Duprè 1, Jan., Feb. Fr.–So. 10.00–14.00, April–Sept. Fr.–So. 10.00–19.00, März, Okt. Fr.–So. bis 18.00 Uhr, Eintritt: 5 €

*Area Archeologica

Nordöstlich hinter dem Dom erstreckt sich das Ausgrabungsgelände Area Archeologica, beherrscht von einem zu Beginn des 19. Jh.s wiederentdeckten **römischen Theater**, das schon in der Kaiserzeit (1. Jh. v. Chr.) angelegt und unter den Kaisern Claudius sowie Septimius Severus ausgebaut worden war. Das Halbrund hat einen Durchmesser von 34 m und bietet rund 3000 Zuschauern Platz.
Die römische **Thermenanlage** unweit vom Theater wurde ebenfalls zu Beginn der Kaiserzeit erbaut und unter Kaiser Hadrian erweitert. Obwohl die von mächtigen Pfeilern getragenen Bögen stets sichtbar waren, erkannte man erst Ende des 19. Jh.s, dass es sich hierbei um eine Badeanlage handelte, und legte den Komplex frei. Im Ostteil wurde das Wasser mit Hilfe von Heizöfen und Hypokausten aufbereitet, die drei zentralen Räume waren für Kaltbad (Frigidarium), lauwarmes Bad (Tepidarium) und Warmbad (Caldarium) gedacht, während die größeren Becken im Westteil als Schwimm- und Speicherbecken dienten. In der Nordwestecke des Grabungsfeldes befinden sich die Reste eines römischen und eines etruskischen **Tempels** (1. bzw. 3. Jh. v. Chr.). Nach Norden wird das Grabungsgelände von einem Stück der einst mächtigen **etruskischen Stadtmauer** aus dem

**Römisches Theater: außergewöhnlicher Aufführungsort für Konzerte, Theater und Ballett**

**BAEDEKER TIPP !**

*Eine ganz besondere Spielstätte*

Ein unvergessliches Erlebnis ist eine Theater-, Musik- oder Ballettaufführung im römischen Theater in Fiesole, die während des sommerlichen Kulturprogramms der Estate Fiesolana stattfinden. Auch der Dom steht für Aufführungen zur Verfügung. In den beiden ersten Juliwochen treten zudem im Rahmen des Fiesole Internationale Jazzgrößen aus aller Welt wie Chick Corea und Stefano Bollani im Theater auf. Informationen zu den Festivals sind erhältlich unter Tel. 055 5 96 12 76.

3. Jahrhundert v. Chr. begrenzt. In dem kleinen **archäologischen Museum** oberhalb des römischen Theaters sind Funde aus etruskischer und römischer Zeit ausgestellt. Dazu gehören Überreste eines Marmorfrieses für die Bühnendekoration eines Theaters, eine Grabstele (470 bis 460 v. Chr.) mit der Darstellung von Totenmahl und Tanz, eine Nachbildung des Kopfes von Kaiser Claudius (41 – 54 n. Chr.) und eine Dionysos-Statue, die römische Kopie eines griechischen Originals.

❶ Apr. – Sept. tgl. 10.00 – 19.00, Okt. – März tgl. 10.00 – 18.00, Nov. – Feb. Mo., Mi. – So. 10.00. – 14.00 Uhr; Eintritt: 10 €

**Antiquario Costantini** Die Eintrittskarte für das Ausgrabungsgelände berechtigt auch zum Besuch des Antiquario Costantini unweit östlich des Zugangs zur Zona Archeologica. Die Sammlung umfasst griechische, etruskische und italienische **Keramiken**.

**Museo Primo Conti** Nordwestlich des Ausgrabungsgeländes befinden sich in der Via Dupré 18 die Stiftung und ein kleines Museum für den toskanischen Maler Primo Conti (1900 – 1988). Der Künstler hatte sich zunächst dem Futurismus und Kubismus verschrieben, entwickelte nach dem Zweiten Weltkrieg aber einen eigenen Stil mit wilder Farbigkeit. Ausgestellt sind neben Werken Contis auch Dokumente zum italienischen Futurismus.

❶ Mo. – Fr. 9.00 – 14.00 Uhr, Eintritt: 3 €, www.fondazioneprimoconti.org

***Aussichtsterrasse** Zwischen Bischofspalast und Seminargebäude führt ein Weg steil aufwärts zu zwei kleinen Kirchen und einer schattigen Aussichtsterrasse, von der sich eine herrliche Sicht auf Florenz eröffnet. Innerhalb der kleinen Parkanlage erinnert ein Denkmal an die im Ersten Weltkrieg gefallenen Soldaten, ein anderes an drei Carabinieri, die 1944 von den Nationalsozialisten getötet wurden.

**Sant' Alessandro** Die vermutlich schon im 3. Jh. gegründete Kirche oberhalb der Aussichtsterrasse ist dem Fiesolaner Bischof Alessandro geweiht. Sie erhebt sich über einem alten etruskischen Tempel, der später durch einen römischen Bacchustempel ersetzt wurde. Im 6. Jh. soll Theoderich d. Gr. den Bau in eine christliche Kirche umgewandelt haben, die im Lauf der Zeit mehrfach umgestaltet wurde.

San Francesco

Schräg gegenüber von Sant' Alessandro ragt die Klosterkirche San Francesco auf, ein Bau des 14. Jh.s, der 1407 auf die Franziskaner überging. Die Kirche wurde im Jahr 1905 weitgehend erneuert. Beachtenswert sind im Innern eine »Verkündigung« (um 1500) von Raffaelino del Garbo und die »Anbetung der Hl. Drei Könige« von Cosimo Rosselli.
Einen Blick sollte man in das **Museo Missionario Francescano** werfen, in dem die franziskanische Missionierung dokumentiert wird. Idyllisch ist der kleine **Klosterkreuzgang**.
Vom Vorplatz des Klosters San Francesco führt ein Weg in den **Stadtpark**, auf dem man wieder hinab zum Zentrum von Fiesole gelangt.

**San Francesco:** April – Sept. Di. – So. 9.30 – 12.00, 15.00 – 19.00, So. 11.00 – 12.00 geschl., Okt. – März Di. – So. 9.30 – 12.00, 15.00 – 17.00 Uhr

## UMGEBUNG VON FIESOLE

*San Domenico di Fiesole

Nur gut 1 km südwestlich von Fiesole und unmittelbar an der Stadtgrenze von Florenz liegt der Ort San Domenico di Fiesole. Beachtung verdient hier die von 1406 bis 1435 für Barnaba degli Agli erbaute und im 17. Jh. erweiterte Kirche San Domenico mit reich geschmücktem Innern. Am Altar in der ersten Kapelle links beachte man das schöne **Triptychon** (um 1430) von **Fra Angelico**, der auch die »Kreuzigung« und eine Mariendarstellung für den Kapitelsaal im Konvent schuf. Der Sohn eines wohlhabenden Landwirts aus dem Mugello-Tal trat mit zwanzig Jahren in das Dominikanerkloster ein. Sein Ruf als vorzüglicher Maler verbreitete sich rasch, und als in Florenz 1436 das Dominikanerkloster San Marco neu gestaltet wurde, erhielt Fra Angelico den Auftrag, die Klosterzellen mit Themen aus der Passion Christi auszugestalten. Der Realismus von Fra Angelico hatte eine außergewöhnliche Wirkung: Es heißt, seine Mitbrüder seien beim Anblick der Kreuzigungsdarstellungen wegen des vielen Blutes in Ohnmacht gefallen.

Badia Fiesolana

Auf dem Platz der Badia Fiesolana nordwestlich unterhalb von San Domenico auf der Höhe befand sich bis 1028 die Kathedralkirche von Fiesole, bevor der Dom diese Funktion übernahm. Nachdem zunächst Kamaldulensermönche die Kirche samt einem Kloster (Badia = Abtei) neu aufgebaut hatten, kam die Anlage an den Orden der Benediktiner. In der Zeit der Renaissance gestaltete man Kloster und Kirche wiederum neu; an der Kirchenfassade sind noch romanische Teile aus dem 12. Jh. erhalten. Im Jahr 1778 wurden Kirche und Ordenshaus aufgelöst. Seit 1976 beherbergt die Badia Fiesolana das internationale **Hochschulinstitut »Università Europea«**.

**Villa Medici** Auf der Via Vecchia Fiesolana, die von Fiesole südwestlich abwärts führt, erreicht man die Villa Medici, die der Architekt Michelozzo von 1458 bis 1461 für **Cosimo den Älteren** erbaute. Die Pazzi-Verschwörer planten zunächst hier die Ermordung der Brüder Lorenzo und Giuliano de' Medici, bis sie den Duomo Santa Maria del Fiore für günstiger befanden (1478). Besichtigt werden kann die Villa nur nach Voranmeldung, im Rahmen von organisierten Führungen. Auskünfte erteilt die Touristeninformation.

# ** Galleria dell' Accademia

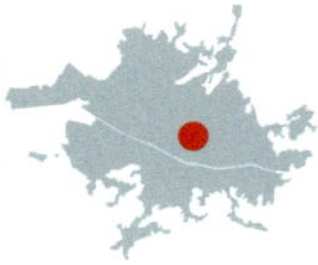

J 6/b II

**Lage:** Via Ricasoli 60

**Bus:** C 1, 7, 10, 25, 31, 32

Di. – So. 8.15 – 18.50 Uhr; Eintritt: 8 €

www.polomuseale.firenze.it, Eintrittskarten reservieren ▸Museen

**Die besondere Rolle unter den Museen von Florenz nimmt die Galleria dell' Accademia durch die herausragende Sammlung von Werken Michelangelos ein, darunter vor allem die weltberümte Skulptur des David.**

**Eine der hochkarätigsten Sammlungen von Florenz** In den weiten Räumen des Spitals von San Matteo ist die Akademie untergebracht, die 1784 von Großherzog Pietro Leopoldo I. als Künstlerschule gegründet wurde. Sie beherbergt heute in Ergänzung zu den anderen berühmten Gemäldesammlungen von Florenz, den Uffizien und dem Palazzo Pitti, wichtige Werke der florentinischen Schule vom 13. bis 16. Jahrhundert. Die Sammlung von Werken Michelangelos gelangte erst Ende des 19. und in den ersten Jahrzehnten des 20. Jh.s in den Besitz der Akademie.

**Salone del Colosso** Im Salone del Colosso sind Werke der florentinischen Kunst des frühen 16. Jh.s ausgestellt, u. a. von **Perugino** und **Filippino Lippi.** Ein Prunkstück ist der bemalte Truhe mit einem Hochzeitszug um 1450. Zudem enthält der Raum das originale Gipsmodell der Skulptur »Raub der Sabinerin« von Giambologna; das Marmororiginal befindet sich in der Loggia dei Lanzi an der Piazza della Signoria.

**Galleria del David** Nirgendwo sonst als in der Accademia kommt man dem Schaffensprozess des **Bildhauers Michelangelo** so nahe. In der Galleria del David stehen vier unvollendete Figuren der sogenannten ***»Sklaven«**, die Michelangelo für das Grab des Papstes Julius II. in Rom anzufertigen plante. Er schuf sie vermutlich um 1519. Nach dem Tod des Künstlers schenkte sie sein Neffe Leonardo dem Großherzog Cosimo I., der sie im Boboli-Garten aufstellen ließ. Vier dieser Figuren

## Galleria dell' Accademia

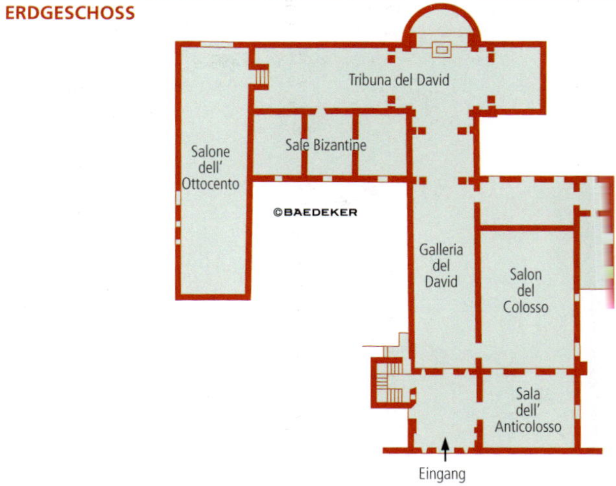


gingen 1909 in den Besitz der Akademie über: der »Erwachende«, der »Bärtige«, der »Junge« und der »Atlas«. Die Statuen sind in der Ausführung unterschiedlich weit fortgeschritten. Michelangelo arbeitete dabei auf der Vorderseite und trug Schicht um Schicht ab. Die Sklaven versuchen, sich aus der Materie zu lösen, nach der platonischen Idee, dass der Körper das Gefängnis für die Seele sei. Zwei Gefangene versuchen, sich konkret von ihren Fesseln zu befreien. Sie streben also Befreiung an, was ihnen allerdings nicht gelingt.
Ebenfalls unvollendet blieb die Figur des Apostels **Matthäus**, an dem Michelangelo bis 1505 meißelte. Er sollte ebenso wie elf weitere nie geschaffene Apostelstatuen im Dom von Florenz aufgestellt werden. Der Block, aus dem die Figur herausgehauen wurde, ist deutlich flacher als die der Sklaven: die Statue war für die Betrachtung in Frontalansicht konzipiert. Ob die in diesem Saal aufgestellte **Pietà von Palestrina** tatsächlich von Michelangelos Hand stammt, wurde in letzter Zeit wegen einiger Unausgewogenheiten bezweifelt; möglicherweise wurde sie von einem Bildhauer der Michelangelo-Nachfolge geschaffen.

**Tribuna del David**

Den **ersten Platz unter allen Skulpturen Michelangelos** nimmt der weltberühmte ****David** (►Baedeker Wissen S. 184) ein. Die Florentiner entfernten ihn bereits 1873 von seinem ursprünglichen Platz auf der Piazza della Signoria wegen der Unbilden der Witterung, ersetzten ihn dort durch eine Kopie und stellten 1887 das Original hier

Viel bewundert und oft gemalt: der David von Michelangelo

auf. Im Jahr 1991 zerstörte ein Besucher eine Zehe des David, die originalgetreu rekonstruiert wurde. 2004 wurde dann die 5 ½ t schwere und fast 5 m hohe Figur einer umfassenden und unter Fachleuten umstrittenen Reinigung unterzogen; dazu wurde die Skulptur mit feuchten Papierschnitzeln beklebt, die den Schmutz aufsogen. Rechts vom David sieht man ein von Daniele da Volterra geschaffenes Bronzeporträt Michelangelos. Ebenso wie die Wände der ganzen Galleria waren die der Tribuna del David früher mit kostbaren Wirkteppichen des 16. Jh.s geschmückt. Wegen ihres schlechten Erhaltungszustands wurden sie jedoch bei der umfassenden, in den 1980er-Jahren erfolgten Museumsneuordnung entfernt und durch **florentinische Gemälde des 16. Jh.s** ersetzt, u. a. von Alessandro Allori, Stefano Pieri und Santi di Tito.

**Sale Bizantine**

In den Sale Bizantine (»Byzantinische Säle«), der Sala di Giotto e della sua scuola, Sala del Duecento e del primo Trecento und der Sala degli Orcagna, werden die ältesten Gemälde der Akademie-Sammlungen aufbewahrt. Sie stammen aus der 2. Hälfte des 13. Jh.s und aus

dem 14. Jahrhundert. Im ersten Saal hängen u. a. Werke von Taddeo Gaddi, einem der bedeutendsten gotischen Maler des 14. Jh.s.
Eines der wichtigsten Werke des Museums enthält der zweite Saal: der ***»Baum des Lebens«** (um 1310) von Pacino di Bonaguida. Dargestellt ist die Kreuzigung Christi an einem Baum mit zwölf Ästen, darunter die Genesis von der Erschaffung des Menschen bis zur Vertreibung aus dem Paradies und im oberen Feld die himmlischen Heerscharen, Heilige, Christus und die Jungfrau Maria.

**Salone dell' Ottocento**

Im Salone dell' Ottocento sind **Arbeiten von Mitgliedern der Accademia delle Belle Arti** des 19. Jh.s ausgestellt sowie Gipsmodelle der Bildhauer Lorenzo Bartolini und Luigi Pampaloni. Nach diesen Modellen wurden später die Marmorversionen geschaffen.

**Instrumentensammlung**

Im Erdgeschoss wurde außerdem der Dipartimento degli Strumenti Musicali eingerichtet, die wertvolle Streichinstrumentensammlung der toskanischen Großherzöge, darunter Geigen von Stradivari.

**Obergeschoss**

In den Räumen des Obergeschosses setzt sich die Ausstellung **Florentiner Malerei** fort: Der große Hauptsaal »Pittura a Firenze 1370 bis 1420 II« zeigt eine Reihe großartiger Altartafeln aus Florentiner Kirchen, so von Niccolò di Pietro Gerini, Lorenzo di Niccolò, Giovanni del Biondo, Spinello Aretino und Lorenzo Monaco.
Im kleinen Nachbarsaal »Pittura a Firenze 1370 – 1420 I« sticht das Tafelbild Cristo morto sorretto dalla Vergine e da San Giovanni Evangelista hervor und eine Pietà, die Giovanni da Milano 1365 für den Florentiner Konvent San Girolamo alla Costa malte. In der Sala del Gotico Internazionale zeigt sich Lorenzo Monaco (1370 – 1425) als herausragender Vertreter des eleganten Form- und Farbkanons der Gotik.

## UMGEBUNG DER GALLERIA DELL' ACCADEMIA

**Opificio e Museo delle Pietre Dure**

Hinter der Accademia befindet sich das Opificio e Museo delle Pietre Dure, »Werkstätte und Museum für Einlegearbeiten in Stein« (Via degli Alfani 78). Das sogenannte **Florentiner Mosaik**, feinste Einlegearbeiten von kostbaren Steinen in Stein, hat eine lange und einzigartige Traditon. Diese Spezialität wird heute hauptsächlich noch zu Restaurationszwecken betrieben. Es gibt aber immer noch einige Florentiner Kunsthandwerker, die diese Kunst betreiben.
Angeschlossen ist der Werkstätte ein interessantes **Museum** mit Beispielen dieses ungewöhnlichen Kunsthandwerks. Ausgestellt sind daneben Werkzeuge und kostbares Steinmaterial sowie einige besonders wertvolle Steine.

ⓘ Mo. – Sa. 8.15 – 14.00 Uhr, www.opificiodellepietredure.it, Eintritt: 4 €

# Glaubenskämpfer und Aktfigur

*Als Verkörperung idealer Männlichkeit fasziniert Michelangelos überlebensgroßer David seit einem halben Jahrtausend die zahllosen Besucher der Stadt. Das Original wird seit 1887 in der Galleria dell' Accademia verwahrt. Kopien stehen vor dem Palazzo Vecchio und auf dem Piazzale Michelangelo.*

Der mittlerweile auf den Eros reduzierte Werbeträger von Florenz war ursprünglich als gerechter Glaubenskämpfer und Symbolfigur der Florentiner Republik zu Ruhm gekommen. Im 15. Jh. hatte der Stadtstaat Florenz alle Mühe, seine Selbstständigkeit gegen machthungrige Fürsten aus Mailand und Neapel zu verteidigen. Erst als der größte Widersacher, der Herzog von Mailand, 1402 vor den Toren der Stadt plötzlich starb, konnten die Florentiner aufatmen und fassten neuen Mut. Sie begannen, sich mit einem Bibelhelden zu identifizieren, der aus einer Position der Schwäche heraus Stärke bewiesen hatte, mit dem Hirtenjungen David nämlich, der den übermächtigen Riesen Goliath tötete und schließlich gar zum König avancierte.

Der Kampf für die gerechte Sache ließ sich auf diese Weise religiös und politisch gut verbrämen. Für den 26-jährigen **Michelangelo** war der Auftrag der Dombauhütte für den David kein einfaches Unterfangen, denn bereits 1464 hatte Agostino di Duccio, ein Schüler Donatellos, den vorgesehenen 5,5 m hohen Marmorblock zur Ausarbeitung einer Statue für einen Strebepfeiler des Doms erhalten, ohne mit der Arbeit weit vorangekommen zu sein, lediglich der Durchbruch zwischen den Beinen war gemeißelt worden. Durch die geringe Tiefe des Blockes war Michelangelo außerdem gezwungen, eine vornehmlich auf Vorderansicht hin angelegte Figur zu gestalten. Die monumentale, zwischen 1501 und 1504 geschaffene Statue war also nicht als freistehende Figur konzipiert worden, sondern für eine Nischenaufstellung in großer Höhe. Michelangelos Lösung ist auf diesem Hintergund denn auch mehr als außergewöhnlich.

## Erste Aktfigur der Neuzeit

Es ist zunächst einmal das Verdienst des Bildhauers, die erste überlebensgroße Aktfigur der Neuzeit geschaffen zu haben in starker Anlehnung an die antike Kunst. Kennzeichnend für den Marmor-David ist der Kontrapost (= Gegensatz), der bei der Figurengestaltung dazu führt, dass ein gegenüber dem Standbein vorgestelltes Spielbein zur Asymmetrie, zur leichten Verschiebung der Körperachsen führt. Entsprechend bilden eine gesenkte und zurückgenommene sowie eine gehobene und vorgeschobene Schulter einen harmonischen Ausgleich zwischen Ruhe und Bewegung, zwischen Gelöstheit und Anspannung. Die angespannte Körpermuskulatur ist dabei deutlich herausgearbeitet, was auf gute anatomische Kennt-

Kopie der Skulptur des David auf der Piazza della Signoria

nisse des Bildhauers schließen lässt. Die Gesichtszüge des David zeigen dagegen wenig Individualität, wenngleich die Augen unter der gekräuselten Stirn den Gegner zu fixieren scheinen. Denn im Vergleich zu Donatello und Verrocchio, die den David nach der Tat in Siegerpose darstellten, gestaltete Michelangelo seinen David in jenem Konzentrationszustand zwischen Ruhe und Bewegung unmittelbar bevor er den in seiner Schleuder gehaltenen Stein als tödliches Geschoss auf den Riesen Goliath schleudert. Michelangelos David spiegelt in Haltung und Bewegung des Körpers die innere Befindlichkeit des biblischen Helden wider bei dieser übermenschlichen Tat, der die Angst verdrängt und im Vertrauen auf Gott sein Werk vollendet.

## *Vorbild für ritterliche Tugend*

Seit dem Mittelalter sah man in Davids siegreichem Kampf gegen Goliath ein alttestamentliches Vorbild zum Sieg Christi über den Satan. Ganz allgemein war David aber auch als jugendlicher Held ein Leitbild und Vorbild für ritterliche Tugend. Sein Kampf für Recht und Freiheit ließ sich nochmals zu Beginn des 16. Jh.s programmatisch gut zur **Selbstdarstellung der Republik Florenz** als Kämpferin für städtische Autonomie gegen die unumschränkte Fürstenherrschaft verwerten. Nach der Vertreibung der Medici 1494 begannen 1502 mit einer neuen Verfassung republikanische Zustände unter Pietro Soderini als Gonfaloniere della Giustizia auf Lebenszeit. Er stützte sich im Wesentlichen auf die mittleren und unteren Volksschichten, machte sich dadurch aber das Patriziat zu Feinden, das schließlich die von Soderini geleitete Republik 1512 stürzte. In seine Regierungszeit fiel die Entscheidung zur Aufstellung des ursprünglich für die Außenfassade des Doms geschaffenen David vor dem Palazzo Vecchio. Es ist die Ironie der Geschichte, dass während der Unruhen bei der erneuten Vertreibung der Medici 1527 der linke Arm der Davidstatue zerbrach. Der junge Künstler Giorgio Vasari sammelte die Bruchstücke auf, die im Jahr 1543 ohne große Verluste an die Figur angefügt wurden. Trotz leichter Blessuren verkörpert der David als grandioses Bildhauerwerk eine zeitlose, bis heute bewunderte kraftvoll-erotische Männlickeit.

# ★★ Galleria degli Uffizi

H/J 7/b IV

**Lage:** Piazzale degli Uffizi
**Bus:** C 1, C 2, 23
ⓘ Di. – So. 8.15 – 18.50 Uhr, www.uffizi.firenze.it, Eintritt: 6,50 €
Reservierung von Eintrittskarten: Tel. 055 29 48 83,
www.polomuseale.firenze.it, www.b-ticket.com; Welcome Desk für Informationen: Piazzale degli Uffizi, Eingang Nr. 2, Di. – Sa. 10.00 – 17.00 Uhr, Tel. 055 28 56 10, www.amicidegliuffizi.it

**Die Uffizien beherbergen eine der bedeutendsten und berühmtesten Gemäldesammlungen der Welt. Sie enthalten nicht nur florentinische und italienische Meisterwerke, sondern auch eine Vielzahl ausländischer Gemälde und wertvolle antike Skulpturen. Die Uffizien sollten in jedem Besuchsprogramm für Florenz enthalten sein.**

**Palazzo degli Uffizi**

Cosimo I. de' Medici, Herzog von Florenz, seit 1569 Großherzog (Granduca) der Toskana, zog um 1540 aus dem Familienpalast, dem Palazzo Medici-Riccardi, in den Palazzo Vecchio, der dadurch zum Palazzo Ducale (»Herzoglicher Palast«) wurde. Den räumlichen Bedürfnissen der herzoglichen Familie mussten die Florentiner Magistraturen und Gerichtsämter langsam weichen. Für ihre Büros, die Uffizi, wurde ein eigener Bau vorgesehen, der sich an den Palazzo Ducale anschließen sollte. Die Grundsteinlegung erfolgte 1560, und 1565 errichtete man in aller Eile – in weniger als einem halben Jahr – einen Korridor, der den Palazzo Vecchio über den Palazzo degli Uffizi und den Ponte Vecchio mit dem Palazzo Pitti verband. 1580 waren die Arbeiten vorläufig abgeschlossen, die von Vasari, Buontalenti und Parigi geleitet worden waren.
Der Palazzo degli Uffizi nahm das alte Zollgebäude, die Zecca, in der die berühmten Münzen, die »Florentiner«, geprägt wurden, und die romanische Kirche San Piero Scheraggio auf. Zugleich wurden Künstlerateliers und Werkstätten sowie Räume für naturwissenschaftliche und alchimistische Studien eingerichtet. Selbst für ein Theater fand man 1585/1586 Platz, in dem die ersten Opern in der Musikgeschichte aufgeführt wurden. Heute ist der Palast Sitz der Galleria degli Uffizi. Im Jahr 1993 fielen einem Bombenanschlag hinter den Uffizien fünf Menschen zum Opfer, und mehr als 200 Gemälde und Skulpturen wurden beschädigt oder zerstört.

**Gestaltung**

Der Palazzo degli Uffizi, der sich U-förmig um den langgestreckten Piazzale degli Uffizi vom Palazzo Vecchio hinunter zum Arno und wieder zurück zur Loggia dei Lanzi legt, ist architektonisch durch seine verschiedenen Bestimmungen charakterisiert: Im Erdgeschoss

**Allein schon das Gebäude der weltberühmten Uffizien ist beeindruckend.**

öffnen sich Kolonnaden mit Säulen und Pfeilern im Wechselspiel, die Verkaufsständen Platz boten und seit alters her vom Treiben der Florentiner und der Besucher der Stadt belebt sind. Die oberen Geschossen nehmen die Räume für die Kunstwerke ein. Die einheitlich streng gegliederten Fassaden verbergen ein unregelmäßiges Inneres, das durch das Zusammenfügen von Bauteilen des 14. und 16./17. Jh.s entstanden ist. Zum ersten Mal in Europa wurden hier übrigens bei einem Bau Zement und Verstrebungen aus Eisen verwendet.

Sammlungen
(▸Baedeker Wissen S. 1[illegible])

Die Sammlungen gingen aus einer Privatgalerie der Medici-Fürsten hervor, die von der letzten Erbin des Hauses, der 1743 verstorbenen Kurfürstin Anna Maria Luisa von der Pfalz, der Stadt Florenz hinterlassen wurde (▸Baedeker Wissen S. 77). Doch werden die Uffizien von den Besuchern nicht nur ihrer Gemälde wegen geschätzt, sondern auch wegen ihrer reizvollen Innenausstattung. Die Korridore sind mit Groteskenmalereien, antiken Skulpturen und wertvollen Wandteppichen geschmückt. Die zahlreichen antiken Statuen römischer und hellenistischer Provenienz, die die Medici zusammentrugen, verdeutlichen das starke Interesse der Renaissancezeit an den Idealen der Antike.
Seit Jahren wird der Museumskomplex einer umfassenden Renovierung unterzogen, **»Nuovi Uffizi«** genannt. Neben dem neuen Ein-

gangs- und Treppenbereich gehören dazu Umhängungen sowie die Erweiterung der Ausstellungsfläche, um dem Publikum weitere Schätze aus den umfangreichen Depots zugänglich machen zu können. 2012 wurde La Tribuna wiedereröffnet, der achteckige Saal für die Lieblingswerke der Medici. Und seit 2013 zeigt der Saal 35 eine neue Präsentation der Werke Michelangelos. Zudem wurden neue Ausstellungsbereiche im ersten Stock eröffnet. Die Renovierung der Säle geht weiter, dabei werden aber die wichtigsten Werke der betroffenen Räume in provisorischer Hängung zu sehen sein.
Der größte Schatz ist aber wohl die **einzigartige Sammlung florentinischer Renaissancemalerei**, die zu den großen Leistungen der europäischen Kunst zählt. Da die in Florenz zwischen ca. 1300 und 1500 geschaffenen Gemälde richtungsweisend für die gesamte abendländische Malerei waren, sollen sie in einer repräsentativen Auswahl im Folgenden vorgestellt und interpretiert werden. Die Erklärungen folgen der Hängung der Bilder in der Galerie nach chronologischen Gesichtspunkten entsprechend den Entstehungsdaten der Werke, sodass sich der Besucher, beginnend mit dem Saal 2 im 2. Stock der Uffizien, relativ leicht an der fortlaufenden Führungslinie im Museum orientieren kann. Von der Tribuna (Saal 18) an kommt zur chronologischen Hängung die Aufteilung in verschiedene Schulen und Regionen, so die Renaissancemalerei des 15. Jh.s aus der Toskana, dem Veneto, der Emilia-Romagna und der Lombardei. Weitere Säle sind der Antikensammlung gewidmet. Das setzt sich im neu erschlossenen ersten Stock fort mit den Sale Blu mit spanischer, französischer, niederländischer Malerei des 17. und 18. Jh.s sowie mit den Sale Rosse des 16. Jh.s mit Meisterwerken des Florentiner Manierismus, aber auch von Raffael, Caravaggio und Giorgone.

## 2. STOCK

**Saal 2: Mittelalterliche Tafelmalerei aus der Toskana**

Im Raum 2 der Galerie sind drei großformatige Madonnenbilder aus der Zeit um 1300 vereint, die den Beginn der toskanischen Malerei und einen ihrer ersten Höhepunkte veranschaulichen. Die ***»Thronende Madonna mit Engeln«** von **Cimabue** (um 1275) steht noch ganz in der Tradition byzantinischer Madonnenmalerei. Die Madonna erscheint statuenhaft und der Wirklichkeit entrückt. Umgeben ist sie von symmetrisch angeordneten Engeln. In einem kryptaähnlichen Raum darunter befinden sich vier Propheten. Die Geste der Madonna, die mit der rechten Hand auf das Jesuskind deutet, ist genauso traditionell gestaltet wie dessen Segensgebärde. Es ist noch keinerlei Austausch von zärtlichen Gefühlen zwischen Mutter und Sohn zu bemerken. Das Jesuskind ist wie ein Feldherr in altrömische Gewänder gekleidet und die Madonna in einen nach byzantinischer Art in zahlreiche dünne Fältchen gelegten Mantel gehüllt.

## Galleria degli Uffizi

### Stock

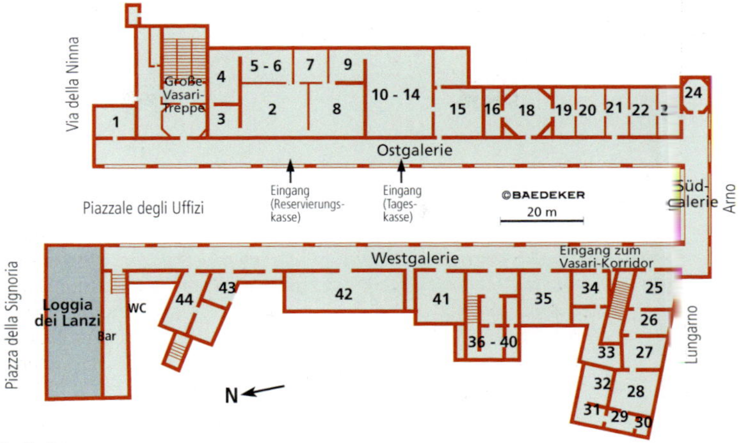


1 Antike Skulpturen
2 Mittelalterliche Tafelmalerei aus der Toskana Cimabue, Giotto u. a.
3 Sienesische Maler des 14. Jh.s
4 Florentinische Maler des 14. Jh.s
/6 Gotische Malerei
7 Frührenaissance
8 Filippo Lippi u.a.
9 Botticelli, Pollaiolo
14 Im Umbau
15 da Vinci
16 Stanzino delle matematiche
18 Tribuna: Griechische Plastiken
19 Frühe Renaissancemalerei aus Siena (15.Jh.)
20 Mantegna, Bellini u.a.
21 Frühe Renaissancemalerei aus dem Veneto (15.Jh.)
22 Renaissancemalerei aus der Emilia-Romagna
23 Renaissance-malerei aus der Lombardei
24 Miniaturen des 15.-18. Jh.s
25-32 Im Umbau
35 Michelangelo
33 Griechische Porträtbüsten
34 Antikes aus San Marco
38 Saal des Hermaphroditen
42 Saal der Niobe

### 1. Stock

A Wechselausstellungen Säle im Umbau
-55 Ausländische Malerei, 17./18. Jh.
-88 Italienische Malerei des 15./16. Jh.s (66: Raffael, 83: Tizian)
-93 Caravaggio
-00 Italienische Malerei des 17. Jh.s

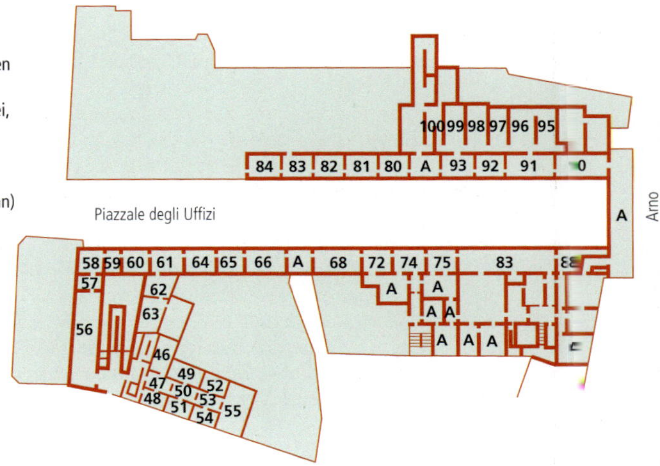

# Kunst statt Akten

*Wo einst die Beamten der toskanischen Herzöge Akten anlegten und bearbeitete[n] ist heute eine der bedeutendsten Gemäldesammlungen der Welt zu Hause. Zwar verzeichnen andere große Kunstgalerien deutlich mehr Besucher, aber nirgends sonst findet man solch großartige Stücke florentinischer Renaissancemalerei.*

**Uffizien, Florenz**
1560 – 1580

Besucher 2014: 1,9 Mi[o.]

▶ **Bedeutende Werke in den Uffizien**

SANDRO BOTTICELLI

LEONARDO DA VINCI

MICHELANGELO

GIOTTO – **»Maesta«** um 1310

TIZIAN

RAFFAEL – **»Madonna mit dem Stieglit[z«]** 1505/1506

LUCAS CRANACH D. Ä.

ALBRECHT DÜRER

ARTEMISIA GENTILESCHI

1250 1300 1350 1400 14[5]

**Louvre, Paris**
1793

Besucher 2014: [illegible]3 Mio.

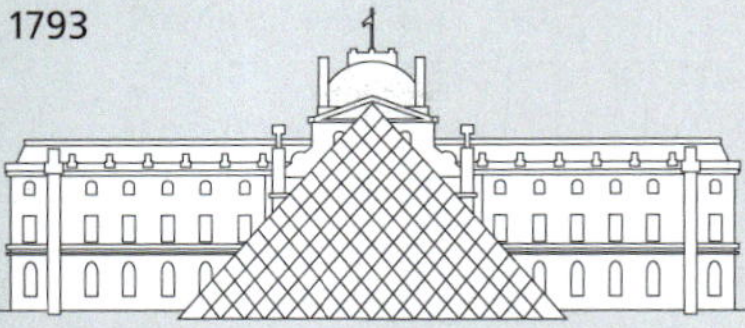

**National Gallery, London**
1824

Besucher 2014: 6,[illegible] Mio.

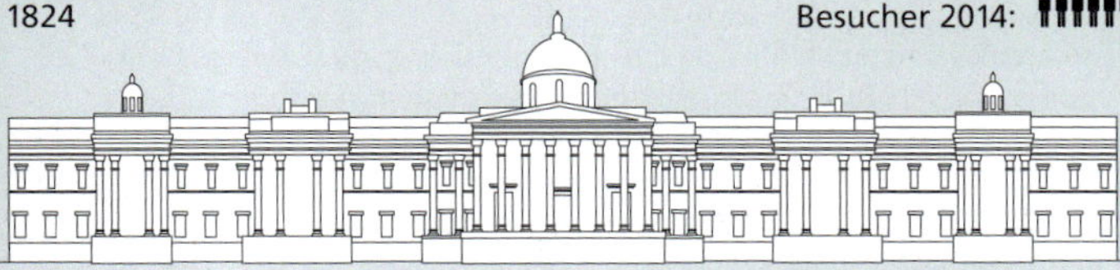

**Eremitage, St. Petersburg**
1764

Besucher 2014: 2,3 Mio.

**»Geburt der Venus«**
1481/1482

**»Anbetung der Weisen«**
1483

**»Heilige Familie«**
1504/1505

**»Flora«**
um 1515

**»Venus von Urbino«**
1538

**»Papst Leo X. mit zwei Kardinälen«**
1517 – 1519

**»Martin Luther und Katharina von Bora«**
1529

**»Anbetung der Könige«**
1504

**»Judith und Holofernes«**
1620

1500 | 1550 | 1600 | 1650

▶ **Polo Museale Fiorentino**
Verbund der Museen von Florenz
www.polomuseale.firenze.it

Giottos »Thronende Madonna«

Am ehesten in eine menschliche Dimension übersetzt wurde das Thema von **Giotto**. In seiner ***»Thronende Madonna«** (um 1310) ist der Thron schon fast greifbar nahe, die Figuren sind körperlich gestaltet und haben Blickkontakt untereinander und mit dem Betrachter. Außerdem stehen alle Figuren auf dem Boden, also in einem wirklichkeitsnahen Raum. Zum ersten Mal wird bei Giotto die Madonna nicht als wesenlose Himmelskönigin dargestellt, sondern als körperlich erfahrbare menschliche Frauengestalt. Auch die Nebenfiguren wirken lebhaft und zeigen einen unterschiedlichen Gesichtsausdruck. Giotto belebt die ganze Darstellung durch neue Farbigkeit, indem er nicht mehr nur die einfachen Erdfarben der Byzantinisten verwendet, sondern auch Farben von stärkerer, differenzierter Leuchtkraft. Traditionell bleibt allerdings der Hintergrund als einfacher Goldgrund, der die Feierlichkeit der Szene betonen soll. Die eigentliche epochemachende Leistung Giottos liegt im Bildaufbau begründet. Als erster Maler konzipierte er einen fest umrissenen **wirklichkeitsgetreuen Bildraum** unter Berücksichtigung des Betrachterstandpunkts. Die weißen Gewänder der Engel bilden zusammen mit dem weißen Obergewand der Madonna die farblichen und geometrischen Eckpunkte einer ausgeklügelten Dreieckskomposition, die noch durch den Dreiecksgiebel des Thrones überhöht wird. Mit dieser Dreieckskomposition schafft Giotto ein für Jahrhunderte gültiges Bildschema. Die persönlichere, individuellere und vor allem realistische Seh- und Malweise Giottos führt im Vergleich zur byzantinischen Kunstauffassung zu einer wahren Renaissance der Malerei.

**Säle 5/6: Hochgotik (15. Jh.)**

In der Folgezeit bleibt der gotische Stil in der Malerei vorherrschend, und noch zu Beginn des 15. Jh.s zeigen die Werke von **Lorenzo Monaco**, »Die Anbetung der Könige« (1420) und »Die Krönung Mariens« (1413), den Formen- und Farbenkanon des internationalen Stils der Gotik. Auch bei **Gentile da Fabrianos** »Anbetung der Könige« (1423) fällt das gotische Schönheitsideal des Künstlers ins Auge. Dieses Bild entstand in einer Zeit des Übergangs von der Gotik zur Renaissance. In seiner verschwenderischen Kostbarkeit der Details zeugt es von den hohen Ansprüchen des Auftraggebers, des reichen Palla Strozzi. Doch ist hier noch nichts von einem radikalen Bruch mit der Tradition zu spüren: statt sich renaissancebewusst für das Charakteristische, Individuelle zu interessieren, schwelgt Gentile ganz in märchenhaft schönen Vorstellungen.

Saal 7: Frührenaissance

Ganz anders dagegen arbeitet sein Zeitgenosse **Masaccio**. Die »Anna Selbdritt« (um 1420) in Zusammenarbeit mit Masolino ist eines seiner Frühwerke, mit dem er die Perspektive, die Abbildung des dreidimensionalen Raums auf der Fläche, in die Malerei einführte. Zusammen mit dem Architekten Brunelleschi und dem Bildhauer Donatello leitet er die Epoche der Renaissance ein. Auf der Grundlage genauer Naturbeobachtung sollte das Bild zu einem neuen Erlebnis der Wirklichkeit führen. Die Altartafel Masaccios gibt sich in ihrer energischen Zeichnung und reliefartigen Modellierung der hoheitsvoll-herben, realistischen Naturschönheit der Gesichter und Körper durchaus als ein jenes großen Kunsterneuerers würdiges Werk zu erkennen.
In der Nähe hängt das Bild eines Zeitgenossen Masaccios, die »Krönung Mariä« (um 1430 – 1435) von **Fra Angelico**, der mit seiner tief religiösen, mystisch-traditionellen Kunstauffassung den Gegenpol zu Masaccio bildet. Der malende Dominikanermönch wird jedoch zu Unrecht als konservativ oder altertümlich charakterisiert. Zwar dominiert bei ihm die Goldgrundmalerei, und auch die Figuren erscheinen eher unkörperlich und vom Gewand bestimmt, doch benutzt er eine reichhaltige Farbpalette und gelangt mit Hilfe der kreis- und halbkreisförmigen Figurenanordnung zu einer eindrucksvollen Komposition.
Allerdings erscheint Fra Angelicos Malweise im Vergleich mit einem passionierten Perspektiviker wie **Paolo Uccello** sicherlich traditionell. Die »Schlacht von San Romano« wurde um 1456 von Uccello in Erinnerung an ein Kriegsereignis von 1432 gemalt, als die Florentiner gegen die verbündeten Truppen Sienas und Mailands siegten. Die ursprüngliche hohe Hängung des Bilds in der Wandtäfelung eines Raumes im Medicipalast erklärt die ausgeprägte Untersicht. Aber auch sonst malt Uccello kein blutrünstiges Schlachtengemälde, sondern eher ein zirzensisches Turnier, bei dem die Akteure fast wie Marionetten auftreten. Die extremen perspektivischen Verkürzungen, etwa der zerbrochenen Lanzen, der hingestürzten Reiter und Pferde, sowie die auf reines Volumen reduzierten Formen der puppenhaften Kämpfer spiegeln das starke Interesse Uccellos an perspektivischen Problemen wider. Insgesamt ist seine Malweise aber eher antinaturalistisch, abstrakt und mutet sogar fast modern an, wenn man die roten und blauen Pferde betrachtet.

**Masaccio: »Anna Selbdritt«**

BAEDEKER WISSEN ?

*Nicht versäumen*

- Madonnentafeln von Cimabue und Giotto (Saal 2)
- Bildnisse des Herzogspaares von Urbino (Saal 8)
- Botticelli: u. a. Geburt der Venus (Säle 10 – 14)
- Venus von Urbino von Tizian (Saal 83)
- Papst Leo X. mit zwei Kardinälen von Raffael (Saal 66)

Einen anderen Schwerpunkt in der Malerei der Frührenaissance bildet das **Porträt**. Es wird aus der Anschauung der antiken Medaillenkunst heraus entwickelt und findet besonders als Profilgestaltung großen Anklang.

Die ***Bildnisse des Herzogspaares aus Urbino** von **Piero della Francesca** um 1465 gemalt, liefern dafür ein gutes Beispiel. Die Köpfe von Federico da Montefeltro und seiner Ehefrau Battista Sforza sind in strenger Profilstellung wiedergegeben. Der Herzog ist mit dem Gesicht nach links gewandt, da er schon in jungen Jahren das rechte Auge bei einem Turnierspiel verloren hatte. Abgesehen von diesem Zugeständnis hat Piero bei keinem seiner Porträts auch nur den geringsten unregelmäßigen Nebenzug, der für die jeweilige Physiognomie der Person charakteristisch war, dem Betrachter vorenthalten. Mit gewissenhafter Sorgfalt hat er die Adlernase des Herzogs, jedes einzelne Fältchen, die dünnen Lippen, den harten Blick und den gedrungenen untersetzten Oberkörper des von ihm hochverehrten Herrschers abgebildet. Auch das abgezehrte wachsbleiche Gesicht seiner Gemahlin ist dem Künstler nicht entgangen. Neben dieser realistisch-strengen Charakterisierung des Herrscherpaars ist die Hintergrundlandschaft von Interesse, ein seltenes Beispiel für die Landschaftsgestaltung der Frührenaissance. Sie dient der Aufwertung des Herrscherpaares: Sein Machtanspruch auf ein Territorium, auf das Herzogtum Urbino mit seinen Berg- und Hafenstädten, wird damit dokumentiert.

Ein weiteres Beispiel florentinischer Porträtmalerei ist die **»Madonna mit Kind und zwei Engeln«** (um 1465) von **Filippo Lippi**. Weitgehend losgelöst von der religiösen Thematik entstand hier als Spätwerk das Bildnis einer schönen, mädchenhaft-jungen Frau in vornehmer Kleidung. Ihr Halbprofil zeigt eine hohe glatte Stirn, die dem Zeitgeschmack entsprechend rasiert ist. Im goldgelben Haar ist kunstvoll ein Schleier eingewoben. Sie sitzt auf einem reichverzierten Sessel am offenen Fenster, und zwei vergnügt lächelnde Engel heben das Jesuskind zu ihr empor. Die Szenerie strahlt Heiterkeit und Anmut aus, obwohl das Christuskind etwas ernst dreinschaut. Da im Hintergrund durch das Fenster hindurch eine Felsenlandschaft erscheint, ist anzunehmen, dass es sich in Verbindung mit dem leidvollen Ausdruck des Kindes um den Golgatha-Hügel handelt, der auf den Kreuzestod Jesu verweist. Wichtiger ist dem Maler allerdings die innige Beziehung zwischen Mutter und Kind, die zarte Körperberüh-

rung und der Blickkontakt. Religiöse Inhalte werden zunehmend gegen Ende des 15. Jh.s verweltlicht und dienen der Darstellung zwischenmenschlicher Beziehungen. Die Mutterrolle der Frau, Kindererziehung, Familienglück sind wichtige Themen, die die Zeitgenossen diskutieren und die Künstler in Bildern gestalten.
In den übrigen Werken Lippis, den Predellentafeln (um 1437), der »Thronenden Madonna mit Heiligen« (um 1445), der »Marienkrönung« und der »Anbetung im Wald mit dem hl. Romuald und Johannesknaben«, verbinden sich die plastisch-monumentale Figurenauffassung Masaccios mit lichtdurchfluteten Architektur- und Landschaftsräumen und geschwungenem elegantem Linienstil.

**Saal 9: Botticelli, Pollaiolo**

Besondere Aufmerksamkeit verdient auch das Frühwerk von Botticelli, dessen Madonnenbilder noch stark an den Stil seines Lehrers Filippo Lippi erinnern.
Die Bildwerke wie die Kleinplastiken der Brüder **Antonio und Piero Pollaiolo** zeichnen sich durch Darstellungen kraftvoller, bewegungsreicher Körper aus, die das Ergebnis intensiver Anatomiestudien sind. In den kleinformatigen **Herkules-Tafeln** (»Ringkampf mit Antäus« und »Tötung der Hydra«) wird dies besonders deutlich.

**Säle 10 – 14: im Umbau**

Da die Säle 10 bis 14 umgebaut werden, sind die Bilder von **Botticelli** in der Zwischenzeit im **Saal 41** ausgestellt.
Mit ungefähr dreißig Jahren malte Botticelli um 1475 das Altarbild **»Anbetung der Könige«** (►Abb. S. 31) während der Herrschaftszeit des um vier Jahre jüngeren Lorenzo des Prächtigen, als sich Florenz im »goldenen Zeitalter« wähnte. Ob Botticellis Dreikönigsbild als Auftragswerk der Medici selbst oder des Medici-Freundes Giovanni del Lama für die Dominikanerkirche Santa Maria Novella in Florenz angesehen werden kann, ist in der kunsthistorischen Forschung umstritten. Auf jeden Fall hat sich die Florentiner Oberschicht in der Versammlung der Anbetenden porträthaft von Botticelli darstellen lassen. Der Maler verwendet für die Gruppenregie einen klassischen Dreiecksaufbau, bei dem die heilige Familie der Dreiecksspitze zugeordnet wird, die Könige, in diesem Fall Mitglieder der Familie Medici, ihr untergeordnet sind, doch zentral und in sozial-politischer Rangfolge – Vater Cosimo der Alte mit seinen Söhnen Giovanni und Piero de Medici – in die Bildmitte gesetzt werden. An den Dreiecksseiten befinden sich die jüngeren Medici, Cosimos Enkel, der nachdenkliche, schwarzhaarige und dunkel gekleidete Lorenzo der Prächtige und sein stolzer lebensfroher, in leuchtende Gewänder gekleideter Bruder Giuliano. Sie werden umrahmt von Gruppen mit Humanisten, aristokratisch-bürgerlichen Freunden und Künstlern vor einem antikisierenden Architektur- und Landschaftshintergrund. Das eigentliche heilsgeschichtliche Bildthema tritt in den Hintergrund und wird zum Vorwand genommen für eine prachtvol-

le Repräsentation der Medici und ihrer Anhänger. Das florentinische Patriziat beschäftigte sich eingehend mit antiker Literatur und Philosophie. Auf diesem geistesgeschichtlichen Hintergrund sind die folgenden Werke von Sandro Botticelli zu interpretieren: »Geburt der Venus« (»Nascita di Venere«) und »Der Frühling« (»Primavera«). Auftraggeber für beide Gemälde war Lorenzo di Pierfrancesco de Medici, ein Vetter von Lorenzo dem Prächtigen.

Die ****»Geburt der Venus«** entstand um 1482/1483. Botticelli verbindet darin antikes und christliches Gedankengut im Sinn der Renaissance als einer Wiedergeburt des Geistes aus antiker Mythologie und christlicher Theologie. So malt er einen weiblichen Akt nach dem Vorbild einer antiken Statue der Liebesgöttin Venus und greift indirekt auf den Typus des christlichen Taufbildes zurück. Nach dem Verständnis des zeitgenössischen Philosophen Marsilio Ficino, eines bedeutenden Lehrers an der von Cosimo de' Medici gegründeten Platonischen Akademie in Florenz, ist Venus als Allegorie der himmlischen Liebe zu verstehen, verkörpert in einer schönen Frau. Bei der

**Immer Anziehungspunkt: die »Geburt der Venus« von Botticelli**

Betrachtung irdischer Schönheit und Vollkommenheit wird eine Sehnsucht erzeugt, zum Ursprung des Schönen und das bedeutet schließlich zum Schöpfer, zu Gott, zurückzukehren.
In ****»Der Frühling«** (»Primavera«, 1485 – 1487) von Botticelli tanzen leicht bekleidete Jungfrauen anmutig auf einer blumenübersäten Frühlingswiese, ein Antikenzitat der drei Grazien. Auch die übrigen Personen sind mythologischer Herkunft. In der Bildmitte tritt Venus zusammen mit ihrem pfeilschießenden Sohn Cupido auf. Am äußersten linken Bildrand erscheint Merkur. Auf der rechten Bildseite wird nach der Art mittelalterlicher Simultanbilder die Verwandlung der Nymphe Chloris – nach ihrer Vergewaltigung durch den Windgott Zephyr – in die blumenspendende Göttin Flora dargestellt. Auf den ersten Blick scheint es sich um ein Frühlingsfest zu handeln, wie der sehr viel später von Vasari willkürlich bestimmte Bildtitel andeutet, doch der Bildsinn ist sehr viel komplexer. Zunächst ist er aus den literarischen Quellen der Antike abzuleiten. Die drei Grazien sind als Atlastöchter oder Hesperiden aus antiken Schriften bekannt. Eine weitere Sinnebene erschließt sich aus den zeitgenössischen philosophischen Betrachtungen über ideelle Liebe und Schönheit. Im Frühling erwachen die Triebe und Gefühle der Menschen. Damit sie sich ungestört entfalten können, hält Merkur mit seinem Stab die dunklen Wolken des Trübsinns fern. In der Dreiergruppe von Zephyr, Chloris und Flora wird der Konflikt zwischen Wollust, Keuschheit und Schönheit sichtbar gemacht. Die in der Bildmitte mit einladender Geste postierte, vornehm gekleidete Venusgestalt erinnert stark an eine Marienfigur. Sie ist Sinnbild für die vergeistigte, moralisch-göttliche Liebe, ein Leitbild für das vollkommene Menschsein.

**Saal 15 Verrocchio, Leonardo da Vinci**

Als Botticelli 1510 starb, war bereits eine neue Generation von Künstlern am Werk. Das renommierte Dreigestirn zu Beginn des 16. Jh.s bildeten Leonardo, Michelangelo und Raffael.
Leonardo da Vinci ging bei Andrea del Verrocchio in die Lehre. Zusammen mit seinem Lehrer malte er die **»Taufe Christi im Jordan«** (um 1470). Verrocchio hatte als Goldschmied begonnen und die meiste Zeit seines Lebens als Bildhauer gearbeitet. Die Gestalten des Heilands und Johannes des Täufers zeigen seine kraftvolle, sogar etwas harte Modellierung, wie sie ihm als Skulpteur entsprach. Der von vorne dargestellte kniende Engel mit vor der Brust übereinandergelegten Händen ist in der Erscheinung zwar recht anmutig, aber mit seinem starkknochigen Kopf und dem kurz geschnittenen Lockenkranz von etwas gewöhnlichem Aussehen. Liebreizender ist der in Profilstellung kniende Engel mit seinem in weichen Wellen über den Nacken hinabfallenden blonden Lockenhaar, seinem gefühlvollen Blick und dem in reichem Faltenwurf niederwallenden Gewand.
Leonardo lebte in einer Zeit, in der die Heilsgeschichte angesichts der naturwissenschaftlichen Entdeckung der Welt und des Menschen als

alleiniges Erklärungsmodell für die komplizierten Zusammenhänge im Universum immer untauglicher wurde. Er hat die Krisenstimmung seiner Zeit in der **»Anbetung der Weisen«** von 1481 auf einfühlsame Weise erfasst. In der Mitte des unvollendeten Bilds erscheint als ruhender Pol die Madonna mit dem Kind. Sie ist umringt von einer wogenden Masse alter und junger Menschen, die der Geburt des Gottessohnes teils mit staunender Verwunderung, teils mit Zweifel und Schrecken begegnen.
War die Weihnachtsgeschichte bisher märchenhaft-volkstümlich dargestellt worden, so gewinnt sie in Leonardos Version eine neue Dimension der Welterlösung. In einer aus den Fugen geratenen, chaotischen Welt – die Ruinen, die Krieger und wilden Reitergruppen im Hintergrund verdeutlichen dies – wird von den Anbetenden alle Hoffnung auf ein kleines Kind gesetzt, das ihnen Kraft und Stärke geben soll. Die Figuren zwängen sich aus dem dunklen Untergrund hervor, und ihre Gesichter werden vom Licht des Erlösers fast geblendet. Ob ihre Erlösungssehnsucht erfüllt werden kann, bleibt aber dahingestellt.

**Saal 16: Stanzino delle matematiche**

Mit dem Saal 16, in dem **toskanische Landkarten** des 16. Jh.s ausgestellt sind, endet der erste Teil des Uffizien-Rundgangs, der in weitgehend chronologischer Reihenfolge den florentinischen und toskanischen Malern von etwa 1300 bis 1500 gewidmet war. An die Tribuna schließen die Säle mit Schulen italienischer sowie deutscher und flämischer Renaissancemalerei an.

**Saal 18: Tribuna**

Der Architekt Bernardo Buontalenti baute 1586 diesen achteckigen Kuppelraum für den Großherzog Francesco I. als Schatzkammer der Medici-Sammlung. Die Wände sind mit roter Seide bespannt, rund 6000 durchschimmernde Muschelschalen verkleiden die achtteilige Kuppel, und farbige Marmorintarsien schmücken den Boden. Ganz dem Renaissanceideal entsprechen die antiken Statuen, so die berühmte **Medici-Venus**, vermutlich eine späthellenistische Marmorskulptur in Anlehnung an die knidische Aphrodite von Praxiteles, **»Apollino«** (nach Praxiteles), **»Arrotino«** (Pergamon-Schule des 3. oder 2. Jh.s v. Chr.), **»Kämpfer«** (Pergamon-Schule) und **»Tanzender Faun«** (Kopie des 3. Jh.s v. Chr.).

❶ Der Raum kann heute nur noch eingesehen, nicht mehr betreten werden.

**Saal 19 – 23: Italienische Renaissancemalerei (15. Jh.)**

An den Wänden der Säle 19 bis 32 verteilen sich Werke, die die Renaissancemalerei der zweiten Hälfte des 15. Jh.s in Mittel- und Norditalien vor Augen führen. So zeigen die Säle 20 und 21 die venetischen Künstler wie Giovanni und Jacopo Bellini und Cima da Conegliano. Einer der Höhepunkt sind im Saal 20 die Werke von **Andrea Mantegna**: **»Triptychon«** (1466) mit Himmelfahrt, Anbetung der Könige und Beschneidung sowie die **»Felsgrottenmadon-**

Tribuna: prachtvoller Rahmen für antike Skulptuen

**na«** (1489). Seine wirklichkeitsnahe Menschendarstellung und seine humanistisch-religiöse Geisteshaltung haben stark auf die Malerei Albrecht Dürers gewirkt.

**Dürer, Cranach**

Es ist vorgesehen, die Werke von Dürer, Cranach, Altdorfer und Memling in **Saal 41** zu präsentieren.
Von **Albrecht Dürer** sind zu nennen **»Madonna mit Kind«** (1526), das **»Bildnis des Vaters«** (1490) und die **»Anbetung der Könige«** (1504), kurz vor seiner zweiten Italienreise entstanden.
Meisterwerke von **Lucas Cranach** sind: Porträts von Martin Luther und seiner Frau Katharina von Bora, ein Selbstbildnis und ein eindrucksvolles Melanchthon-Porträt sowie **»Adam und Eva«**.

**Säle 25 – [illegible]**

Diese Saalgruppe wird zurzeit neu geordnet und voraussichtlich Anfang 2016 eröffnet. Werke wichtiger Renaissancekünstler des 15. Jh.s wie Ghirlandaio, Filippino Lippi, Perugino, Signorelli werden hier vertreten sein.

**Saal 35: Michelangelo** Als eines der bedeutendsten Werke in den Uffizien gilt Michelangelos ****»Heilige Familie«** (1504/1505). Es ist in Rundform gemalt für die Hochzeit von Agnolo Doni mit Maddalena Strozzi, entbehrt aber jedes religiösen Pathos. Die Familie erscheint wie aus einem Block gemeißelt und zeigt unverkennbar Michelangelos starkes Interesse an der Bildhauerkunst, auch in der Malerei. Bildaufbau und Bildthema sind äußerst schwierig. In perspektivischer Untersicht und mit starken Farbkontrasten wird im Vordergrund eine kompliziert ineinandergreifende Figurengruppe aufgebaut, die im Hintergrund von nackten Jünglingen in einem großen Becken umgeben ist. Über die Balustrade schaut ein kleiner Junge. Man hat neuerdings die Hintergrundinszenierung als Taufakt interpretiert und den kleinen Jungen als Johannes den Täufer angesehen. Vielleicht ist es aber auch nur eine Vorstudie zu der Fülle nackter Gestalten in der von Michelangelo einige Jahre später freskierten Sixtinischen Kapelle. Die unnatürlich hellen, changierenden Farben weisen ebenfalls auf die Sistina voraus. Die Mitte des roten Raums beherrscht eine liegende, hellenistische Marmorstatue, die **»Arianna addormentata«** (2. Jh. n. Chr.), nach Vasari, selber Maler, genialer Architekt und großer Kunstkenner, ein wegweisendes Modell für die Künstler seiner Zeit.

**Niobe-Saal (42)** In dem klassizistisch dekorierten Niobe-Saal hat die **Niobiden-Gruppe**, römische Kopien griechischer Originale des 5. und 4. Jh.s v. Chr. einen würdigen Platz gefunden; sie wurde 1583 in Rom entdeckt. Unter den Gemälden des 18. Jh.s ragen die Veduten (Stadtansichten) von **Canaletto** hervor.

**Corridoio Vasariano** Zwischen dem Saal 25 und dem Saal 34 befindet sich der Eingang zum Corridoio Vasariano (Vasari-Korridor). Er ist 1 km lang, beginnt im Palazzo Vecchio, führt durch die Uffizien hinaus über den Ponte Vecchio auf die andere Seite des Arno und endet am Palazzo Pitti bei der Grotte von Bernardo Buontalenti im Giardino Boboli. Seinen Namen verdankt der Gang Giorgio Vasari, der ihn 1565 im Auftrag Cosimos I. errichtete. Durch den Korridor konnten die Medici ungesehen vom Palazzo Vecchio zum Palazzo Pitti gelangen. Ausgestellt ist im Vasari-Korridor eine reiche **Sammlung von Porträts italienischer und ausländischer Künstler**. In erster Linie sind es Selbstporträts, aber auch Bildnisse und Kopien von Porträts. Die Sammlung wird ständig vergrößert, sodass der Besucher neben Darstellungen von Leonardo, Raffael, Michelangelo, Rembrandt oder Velázquez auch auf Selbstporträts von modernen Künstlern wie James Ensor und Carlo Levi sieht.

❶ Um den Korridor zu besuchen, muss man sich an private Agenturen wenden, die geführte Besuche für kleine Gruppen zum Preis von 70 bis 85 € pro Person organisieren. www.corridoiovasariano.com, www.ticketsflorence.com, www.florence-museum.com/de

Der Niobe-Saal hat seinen Namen von der antiken Niobidengruppe.

## 1. STOCK

Die Sale Blu (»Blaue Säle«) beginnen in Saal 46 mit den Spaniern, dazu zählen der berühmte Manierist El Greco (16. Jh.) sowie die Barockmaler Velazquez (17. Jh.) und Goya (18. Jh.). Das **französische Kunstschaffen** im 18. Jh. ist mit Watteau, Boucher, Liotard und Chardin vertreten.

**Sale [illegible] (46 – [illegible]): Auslä[illegible]ische Maler[illegible] des 17./18.[illegible]h.s**

Die **niederländische Malerei** legte im sogenannten Goldenen Zeitalter der Niederlande (17. – 18. Jh.) ein ungemein fruchtbares Kunstschaffen an den Tag, das mit Genrebildern aus dem Alltagsleben, mit Landschaften, Stadtansichten und vor allem Porträts den wirtschaftsstarken Aufstieg des Bürgertums widerspiegelt. So kann sie mit drei wunderbaren Porträtbildern von **Rembrandt** aufwarten. Diese Bestände gehen vielfach auf die Vorlieben des Großherzogs Cosimo III. de' Medici zurück sowie auf die reiche Kunstsammlung seiner Tochter, der Kurfürstin Anna Maria Luisa, und ihres Mannes, des Kurfürsten Johann Wilhelm von der Pfalz-Neuburg. Als große Mäzenin malte sie 1722 der Bartholomäus van Douven im Gemälde »Allegoria degli Elettori Palatini come protettori delle Arti«, heute im Mittelgang der Blauen Säle (►Baedeker Wissen S. 77).

Die Säle 52 und 55 sind den Werken von **Bruegel dem Älteren, Peter Paul Rubens, Antonis van Dyck** u. a. der flämischen Barockmalerei des 17. und 18.Jh.s gewidmet.

**Sale Rosse (57–88): Italienische Malerei des 15./16. Jh.s**

Die Sale Rosse (»Rote Säle«) greifen mit ihren karminroten Wänden eine typische Medici-Farbe auf. Sie sind der italienischen Malerei des 15. und 16. Jh.s gewidmet. Die Sammlung beginnt in den Sälen 57 und 58 mit der beschwingten, formvollendeten Anmut des späten Renaissancemalers **Andrea del Sarto**, der als Wegbereiter der Florentiner Manieristen wie Pontormo und Rosso Fiorentino gilt. Del Sarto hinterließ seine Meisterwerke in Kirchen und Klöstern, so in Santissima Annunziata, im Chiostro dello Scalzo und in San Salvi.

**Säle 60, 61: Florentiner Manieristen**

Mit dem Todesjahr Raffaels (1520) setzt man den Beginn des Manierismus an, der Spätphase der Renaissance bis etwa 1600, die von einem antiklassischen, unnatürlichen Form- und Farbempfinden geprägt ist. Durch Deformation der Wirklichkeit einerseits und mystisch-verklärende Religiosität andrerseits soll eine Ausdruckssteigerung erzielt werden.

Einer der frühen Manieristen war **Rosso Fiorentino** (Saal 60). Seine Vorliebe für den flächenförmigen Aufbau von Körpern und kühle, fahle Farbgebungen zeigt sich in seinem Gemälde »Moses verteidigt die Töchter Jethros« (1523), das Bezug nimmt auf die alttestamentliche Erzählung, nach der Moses die Hirten am Brunnen vertreibt und die Herden der sieben Töchter Jethros trinken lässt. In strenger geometrischer Komposition entstehen auf der Bildfläche zwei etwa gleich große Dreiecke, die sich im linken Knie des Moses verschränken. Die drei Akte sind zwar anatomisch korrekt wiedergegeben, wirken aber dennoch unnatürlich, fast wie Gliederpuppen.

**Jacopo da Pontormo** (Saal 61) hat »Christus in Emmaus« (um 1525) für das Kartäuserkloster nahe Florenz gemalt. Das Werk zeichnet sich durch eine spirituell-geheimnisvolle Darstellung Christi und der Jünger aus bei gleichzeitiger naturalistischer Behandlung der Kartäusermönche unter Verwendung einer effektvollen Lichtregie. Aus den Bildern zur Medici-Familie nicht wegzudenken ist das berühmte Porträt Pontormos von Cosimo dem Älteren (1520).

**Sale Ademollo (62, 63): Vasari**

Die beiden von Luigi Ademollo ausgemalten Räume beherbergen hauptsächlich kleinformatige Werke weiterer manieristischer Meister des 16. Jh.s, u. a. von Alessandro Allori und vor allem vom Großmeister Giorgio Vasari, darunter dessen berühmtes Porträt von Lorenzo dem Prächtigen (1534).

**Saal 66: Raffael**

Von Raffael hängen in diesem Raum drei wichtige Werke: ein **Selbstporträt** (um 1506), das ihn als Dreiundzwanzigjährigen zeigt, seine liebliche **»Madonna mit dem Stieglitz«** in effektvoller Dreieckskomposition und schließlich das Porträt ***»Papst Leo X. mit zwei Kardinälen«** (1517 – 1519). Der Medici-Papst präsentiert sich dem Betrachter als moderner Mensch im Zeitgeist der Renaissance. Raffael bildet den Papst als Einzelindividuum, nicht als Amtsperson ab und schafft zudem einen Ausgleich zwischen Idealgestalt und wirklichem Aussehen, indem er den kunst- und musikliebenden Papst trotz seines unvorteilhaften Äußeren als eine selbstbewusste, willensstarke, durchgeistigte Persönlichkeit darstellt, ohne ihm andrerseits eine aufgesetzt-machtvolle Haltung zu verleihen. Dem Wunsch des Papstes entsprechend malt Raffael auch noch zwei Kardinalporträts im Hintergrund, enge Verwandte und Vertraute des Papstes, die dieser protegiert, was ihm den Vorwurf des Nepotismus (Vetternwirtschaft) einbringt. Er löst die schwierige Aufgabe eines Gruppenporträts Nichtgleichrangiger, indem er den Papst sitzend darstellt, von der Betrachtung eines kostbaren, aufgeschlagenen Miniaturenkodex aufblickend, während die Vertrauten, Kardinal Luigi Rosso und Giulio de Medici, den späteren Papst Klemens VII., stehend, beide den Papst gleichsam einrahmen. Reizvoll ist auch der Gegensatz zwischen den idealisierten Gestalten einerseits und den naturalistisch-genauen Einzelheiten der Handschrift, der feinziselierten Glocke und des Stuhlknaufs, in dem sich der Raum spiegelt.

> ! BAEDEKER TIPP
>
> *Bar mit Ausblick*
>
> Nach all dem Kunstgenuss in den Uffizien ist eine Erfrischung angenehm. Die Bar des Museums mit Dachterrasse bietet neben Getränken, Eis und Kuchen auch einen herrlichen Blick auf die Piazza della Signoria und den Dom.

**Saal 83: Tizian**

Von den Werken des venezianischen Malers Tizian sind die »Venus von Urbino« (1538), daneben »Ludovico Beccadelli« (1552), »Venus und Cupido« (1560), »Eleonora Gonzaga della Rovere«, »Francesco Maria, Herzog von Urbino« und »La Flora«, eines seiner schönsten Frauenbildnisse, hervorzuheben. Die »Venus von Urbino«, gemalt für den Herzog von Urbino, besticht vor allem durch ihre Farbkomposition. Die Rottöne verklammern die einzelnen Bildteile raumperspektivisch und flächendiagonal miteinander.

Hier im ersten Stock sind auch weitere venetische Meister des 16. Jh.s zu sehen, wie **Tintoretto**, der mit folgenden bedeutenden Gemälden vertreten ist: »Leda mit dem Schwan«, »Veneziansicher Admiral«, »Adam und Eva« und diverse Porträts.

**Säle 90 – 93: Caravaggio**

Die Barockmalerei fand in Florenz kaum bedeutende Vertreter, aber natürlich gehört sie in eine Kunstsammlung. Hier ist sie vor allem durch die geniale, kontrastreiche Malerei Caravaggios (Saal 90) vertreten, die großen Einfluss auf andere Maler hatte (91 – 93). Von ihm sind das furchteinflößende Haupt der **»Medusa«**, der **»Jugendliche Bacchus«** und die dramatische **»Opferung des Isaak«** ausgestellt. Nicht minder dramatisch ist die Darstellung von »Judith und Holofernes« (1620) von Italiens berühmtester Barockmalerin **Artemisia Gentileschi**.

## UMGEBUNG DER GALLERIA DEGLI UFFIZI

**Museo Galileo**

In dem an eine Festung erinnernden mittelalterlichen **Palazzo Castellani** hinter den Uffizien hatte von 1574 bis 1841 die Gerichtsbehörde Ruota – daher der Name der Piazza »Giudici« (»Richter«) – ihren Sitz. Seit 1930 beherbergt er das Museum zur Geschichte der Naturwissenschaften«, das sich seit 2010 »Museo Galileo« nennt. Die Themen der Sammlung sind Astronomie, Physik, Mathematik und Optik. Zu den Exponaten gehören Instrumente und wissenschaftliche Objekte, teils aus dem Besitz der Medici, teils aus Florentiner Instituten: optische und mathematische Geräte, darunter ein mechanischer Schreibapparat, elektrische Geräte, Instrumente für Astronomie und Kosmographie sowie physikalische und anatomische Modelle. Ein Raum ist **Galileo Galilei** (►Berühmte Persönlickeiten S. 71 und ►Baedeker Wissen S. 72), der ab 1610 Mathematiker am großherzoglichen Hof war, und seinen Entdeckungen gewidmet. Ausgestellt sind u. a. sein Fernrohr, Zirkel und die Linse, mit deren Hilfe er die Jupiter-Trabanten, die »pianeti medicei«, entdeckte.

ⓘ Piazza dei Giudici 1, M o., Mi. – So. 9.30 – 18.00, Di. 9.30 – 13.00 Uhr, www.museogalileo.it, Eintritt: 9 €

**Collezione Contini Bonacossi**

Beim Westflügel der Uffizien, in der Via Lambertesca 6 ist diese bedeutende Privatsammlung untergebracht, eine Stiftung des Conte Alessandro Contini Bonacossi von 1969. Sie umfasst hochkarätige Kunstwerke, darunter Gemälde von Giovanni Bellini, Andrea del Castagno, Francisco Goya und Tintoretto.

ⓘ Februar, März Mi. 14.30 – 16.00, Anmeldung Tel. 055 2 38 86 93

# ★ Giardino di Boboli

H 7

**Lage:** Piazza Pitti

**Bus:** C 2, 11, 36, 37

ⓘ Jan., Feb., Nov., Dez. tgl. 8.15 – 16.30, März. tgl. 8.15 – 17.30, Apr., Mai, Sept., Okt. tgl. 8.15 – 18.30, Juni – Aug. Di. – So. 8.15 – 19.30 Uhr, 1. und letzter Montag im Monat geschl., www.polomuseale.firenze.it, Eintritt: 7 €, bei Ausstellungen 10 €. Der Eintritt zum Park berechtigt auch zum Besuch der hier gelegenen Museen und des östlich anschließenden Parks Giardino Bardini. Eingänge: Piazza Pitti, Via Romana 37

**Hinter dem Palazzo Pitti erstreckt sich der hübsche Boboli-Garten, eine ausgedehnte, am Hang angelegte Parkanlage. Wer also einmal eine Pause von der Kunst machen möchte und wem der Sinn nach Grün steht, sollte einen Spaziergang im Park einplanen.**

## Giardino di Boboli

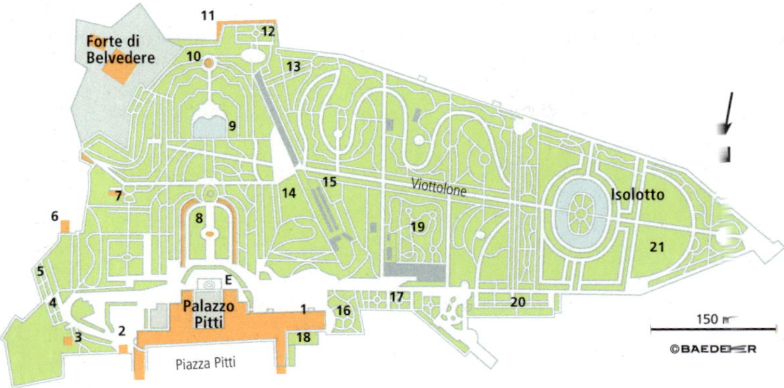


**1** Galleria del Costume
**2** Fontana del Bacco
**3** Grotta del Buontalenti
**4** Jupiter-Garten
**5** Damengarten
**6** Kleine Grotte
**7** Kaffeehaus
**8** Amphitheater
**9** Neptun-Brunnen
**10** Statue der Abbondanza
**11** Museo delle Porcellane
**12** Giardino del Cavaliere
**13** Lavendel-Garten
**14** Kastanienwiese
**15** Korkeichen
**16** Meridiana-Garten
**17** Garten der Sternwarte
**18** Marini-Garten
**19** Ananas-Garten
**20** Orangerie
**21** Säulenwiese

**E** Eingang

**Werk der Medici**

Nachdem Cosimo I. 1549 den Pitti-Palast erworben hatte, wurde auch das angrenzende Areal angekauft, das zuvor teilweise der Familie der Boboli – daher der Name – gehört hatte. Die Arbeiten am Park wurden von **Niccolò Pericoli** zwischen 1550 und 1560 begonnen, von **Bernardo Buontalenti** weitergeführt (1583 – 1593) und von **Alfonso Parigi d. J.** zu Ende gebracht (1628 – 1658).

**Fontana del Bacco**

An der Westseite des Palazzo Pitti sieht man den 1564 von Valerio Dioli geschaffenen »Bacchus-Brunnen«. Die Figur stellt Morgante dar, den **Hofzwerg Cosimos I.**, der auf einer Schildkröte reitet.

**Grotta del Buontalenti** (▶Abb. S. 58)

Die Grotte ganz in der Nähe des Brunnens wurde von Buontalenti von 1583 bis 1593 gestaltet. Die Figuren in den Nischen rechts und links des Einganges zeigen **Ceres** und **Apollo**. Im Innern der Grotte entdeckt man, dass es sich bei den vermeintlichen Stalaktiten um Figuren von Hirten und Schafen handelt. In den Ecken der Grotte ließ Cosimo I. ursprünglich die »Sklaven« von Michelangelo aufstellen.).

ℹ Führungen: 11.00, 13.00, 15.00, März auch 16.00, Apr. – Sept. auch 16.00, 17.00 Uhr

**Im Park von Boboli lässt es sich nach den vielen Kunstwerken entspannen.**

**Amphitheater** Das Amphitheater gegenüber der Südfassade des Palazzo Pitti wurde 1618 von Giulio und Alfonso Parigi erbaut und 1700 umgebaut. Es diente in früheren Zeiten den Großherzögen als Veranstaltungsort prächtiger Feste. Der Obelisk stammt aus Ägypten und das Granitbecken aus Rom.

**Kaffeehaus** Auch im Italienischen wird das »Kaffeehaus« (nordwestlich des Theaters) so genannt, weil es der habsburgisch-lothringische Großherzog Peter Leopold 1776 von Zanobi del Rosso erbauen ließ.

**Neptun-Brunnen** Unweit oberhalb des Kaffeehauses prunkt der Neptun-Brunnen, der von Stoldo Lorenzi 1565 geschaffen wurde. Neptun steht auf einem Fels, umgeben von Tritonen und Sirenen.

**Abbondanza** Noch einige Meter höher erhebt sich am südlichen Parkrand die Kolossalstatue der Abbondanza (»Überfluss«). Begonnen von Giambologna, wurde sie von Pietro Tacca 1637 fertiggestellt.

**Giardino del Cavaliere**

Nur wenige Schritte entfernt trifft man auf den Zugang zum Giardino del Cavaliere. Bei dem »Kavaliersgarten« handelt es sich um eine Terrasse oberhalb der Befestigungsanlage. Hier wurden einst **Seidenraupen** gezüchtet und die ersten Kartoffeln in Italien angebaut. Ein Affenbrunnen ziert die Anlage.

**Museo delle Porcellane**

In der aus dem 18. Jh. stammenden **Palazzina del Cavaliere** im Giardino del Cavaliere ist das Museo delle Porcellane, das »Porzellanmuseum«, untergebracht, das italienisches, französisches und deutsches Porzellan präsentiert. Es stammt aus dem früheren Besitz der Medici und der lothringisch-österreichischen Großherzöge der Toskana.

❶ Öffnungszeiten: wie die des Giardino di Boboli

**Isolotto**

Der Viottola-Fußweg, gesäumt von Zypressen, Steineichen und Pinien, führt hinab zum Isolotto (1618). Die Mitte der ovalen Anlage nimmt die Fontana dell' Oceano ein, dessen zentrale Figur, die **Statue des Okeanos**, von **Giambologna** im Jahr 1576 geschaffen wurde (Kopie, Original im ►Museo Nazionale del Bargello). Die Skulpturen zu Füßen des Okeanos versinnbildichen die Flüsse Nil, Ganges und Euphrat.

**Galleria del Costume**

In der an den Palazzo Pitti grenzenden **Palazzina della Meridian**a ist die Galleria del Costume, eine Kostümsammlung von der Renaissance bis heute untergebracht. Bis zum Ende der italienischen Monarchie hielt sich die italienische Königsfamilie wiederholt in der Palazzina auf. Heute ist der Palast wieder mit Möbeln und Gemälden ausgestattet, die sich bereits im 19. Jh. dort befanden, eine vollkommene Rekonstruktion konnte jedoch nicht erzielt werden.

❶ Öffnungszeiten wie die des Giardino di Boboli, Zugang über die Galleria d' Arte Moderna im Palazzo Pitti

## UMGEBUNG DES GIARDINO DI BOBOLI

**Forte di Belvedere**

Den Forte di Belvedere (Costa di San Giorgio), der sich nordöstlich an den Giardino di Boboli anschließt, ließ Großherzog Ferdinando I. de' Medici von dem **Architekten Bernardo Buontalenti** in den Jahren 1590 bis 1595 wahrscheinlich nach Entwürfen von Giovanni de' Medici ausführen. Das sternförmige Fort war nicht als Schutz gegen einen äußeren Feind vorgesehen, sondern diente zum Schutz der Herrscherfamilie Medici selbst. So sind erstaunlicherweise die Kanonen der Festung auf die Stadt gerichtet, um die Untertanen vor eventuellen Umsturzversuchen zu warnen. Innerhalb der Festungsmauern befindet sich die Palazzina, ein kleiner Palast, auch von Buontalenti entworfen.

**Porta San Giorgio** Die Porta San Giorgio, etwas unterhalb des Forte di Belvedere, wurde 1260 fertiggestellt. Sie ist Teil des zweiten Mauerrings auf dem linken Arno-Ufer, dessen Verlauf noch heute an der Position der Stadttore San Niccolò, San Miniato, San Giorgio, Romana und San Frediano verfolgt werden kann. Das Fresko der Madonna im Innern stammt von Bicci di Lorenzo; außen ist ein Relief des hl. Georgs zu sehen. Dem Besucher der Bastion eröffnet sich hier ein **herrlicher Blick über die Stadt**.

**Giardino Bardini** Was die wenigsten Boboli-Flaneure wissen: Wer den Park am Ausgang Forte di Belvedere verlässt, gelangt an der Straße Costa di San Giorgio Richtung Arno in eine weitere Parkanlage, den Giardino Bardini. Dieser idyllische, terrassenförmig angelegte Villengarten ist voller Rosen und Kamelien. In der eleganten **Villa Bardini** im Park kann man die zauberhaften Roben und Stoffskulpturen des Modeschöpfers **Roberto Capucci** bewundern. Und die traumhafte Aussicht auf die Stadt genießt man am besten von der Loggia des **Cafés Belvedere** aus bei einem leckeren Capuccino.

❶ Öffnungszeiten wie die des Giardino di Boboli

**Porta Romana** Die Porta Romana, **das mächtigste und besterhaltene Stadttor von Florenz**, am südwestlichen Ende des Parks Bardini markiert den Stadtausgang in Richtung Rom, was zu dem Namen des Tors geführt hat. Über dem Bogen im Innern der im Jahr 1326 errichteten Festung ist ein Fresko der Florentiner Schule des 14. Jh.s angebracht: »Madonna mit Kind und vier Heiligen«, gemalt von Franciabigio.

# ★ Loggia di Mercato Nuovo

H 6/b III

**Lage:** Via Porta Rossa
**Bus:** C 1, C 2

**In der Loggia di Mercato Nuovo, wo einst Seide, Schmuck und andere Luxusgüter angeboten wurden, geht es heute einfacher zu: es gibt Leder- und Korbwaren und Souvenirs.**

**Markthalle** Die offene, von Säulen gestützte Markthalle wurde von **Giovanni Battista del Tasso** in den Jahren 1547 bis 1551 errichtet und früher vornehmlich von Seidenhändlern und Goldschmieden genutzt. Eine Marmorplatte in der Mitte der Loggia bezeichnet die Stelle, an der bankrott gegangene Händler sich früher den Schlägen und dem Spott der Öffentlichkeit aussetzen mussten.

**Fontana del Porcellino: Wenn man die Nase des Wildschweins reibt, ist die Rückkehr nach Florenz garantiert.**

Der Brunnen an der Südseite der Loggia wird im Volksmund »Fontana del Porcellino« (»Brunnen des Schweinchens«), genannt, obwohl es sich um ein ausgewachsenes hockendes **Bronzewildschwein** handelt, das 1612 von Pietro Tacca geschaffen wurde. Die Figur ist die Kopie einer in den Uffizien aufbewahrten römischen Marmorskulptur. Wenn man dem Wildschwein die Nase reibt, soll man angeblich nach Florenz zurückkehren.

Fontana del Porcellino

## UMGEBUNG DER LOGGIA DI MERCATO NUOVO

Die gotischen Fenster und die Zinnen des Palazzo di Parte Guelfa direkt hinter der Loggia weisen ins 14. Jh. zurück. Während der städtischen Machtkämpfe zwischen Guelfen und Ghibellinen, den Papsttreuen und der Kaiserpartei, verwalteten die Capitani di Parte Guelfa im 13. Jh. in diesem Haus die konfiszierten Güter der besiegten Ghibellinen. Den Ausbau des Palasts im 15. Jh. leiteten die Architekten **Brunelleschi** und Francesco della Luna. Im Innern des mittelalterlichen Gebäudes an der gleichnamigen Piazza – er ist heute Sitz verschiedener Organisationen – befinden sich herrliche Säle in harmonischen Proportionen; die Verzierungen der Decken und Wände stammen u. a. von Luca della Robbia und Giambologna.

Palazzo di Parte Guelfa

**Museo di Palazzo Davanzati**

Das Museum unweit östlich der Loggia, das auch unter dem Namen Museo dell' Antica Casa Fiorentina bekannt wurde, ist im gotischen Palazzo Davanzati untergebracht und enthält auf drei Stockwerken Möbel, Zeichnungen, Skulpturen, Teppiche, Keramiken und Alltagsgegenstände aus dem Mittelalter, der Renaissance und dem Barock. Die strenge, über fünf Geschosse verfügende Fassade des Palazzo Davanzati wird unten durch drei mächtige Portale geteilt, oben von einer Loggia abgeschlossen und in der Mitte von einem prächtigen Wappen der Davanzati geschmückt. An den Eisenstangen vor den Fenstern wurden bei Festanlässen kostbare Teppiche befestigt. Zuerst errichteten die Davizzi hier 1300 ein Stadthaus; ein Mitglied dieser Familie war 1294 Gonfaloniere der Republik. Im 16. Jh. ging der Palast in den Besitz der Bartolini über, später (1578) in den der Davanzati. Im Jahr 1906 kaufte der Kunsthändler Elia Volpi das Gebäude und stellte den ursprünglichen Charakter wieder her. Seit 1956 beherbergt der Palast das Museo della Casa Fiorentina Antica.
Sehr sehenswert ist der **Papageiensaal** im ersten Stock, der seinen Namen wegen der Dekoration erhielt, denn die illusionistische Wandteppichbemalung zeigt Papageien. Die Exponate wurden aus Beständen des Bargello, aus anderen Sammlungen und durch Schenkungen zusammengetragen. Man gewinnt hier einen Einblick in das hochkultivierte Leben der Florentiner Bürger, die ihre Palazzi mit wertvollen Kunstschätzen und Gebrauchsgegenständen ausstatteten.

ⓘ Via Porta Rossa 13, tgl. 8.15 – 13.50 Uhr, 2., 4. So. 1., 3., 5. Mo. im Monat geschl., 2. und 3. Stock nur nach Anmeldung zu besichtigen, Tel. 055 2 38 86 10, www.polomuseale.firenze.it, Eintritt: 2 €

# * Museo Archeologico

J 6/c II

**Lage:** Piazza Santissima Annunziata 9 b

**Bus:** C1, 6, 31

ⓘ Di. – Fr. 8.30 – 19.00, Mo., Sa., So. 8.30 – 14.00 Uhr; Eintritt: 4 €

**Das Museo Nazionale Archeologico (»Archäologisches Nationalmuseum«), die bedeutendste archäologische Sammlung Norditaliens, 1870 gegründet, präsentiert vor allem Funde aus den etruskischen Siedlungsgebieten Italiens, daneben prähistorische, ägyptische, griechische und römische Exponate.**

**Dreiteiliges Museum**

Im **Palazzo della Crocetta**, erbaut 1620 für die Großherzogin Maria Magdalena von Österreich, die Frau Cosimos II., sind Sammlungen untergebracht, die schon von den Medici begonnen worden waren. Sie unterteilen sich in Museo Topografico dell' Etruria (»Topografisches Museum Etruriens«), Museo Egizio (»Ägyptisches Museum«)

und Antiquario Etrusco-Greco-Romano (»Museum für etruskische, griechische und römische Altertumskunde«).

*Museo Topografico dell' Etruria

Die etruskische Sammlung im 1. Stock, die **nach der Villa Giulia in Rom als die umfangreichste** gilt, zeigt Funde aus Etrurien, die eine differenzierte Vorstellung von der Lebenswelt der Etrusker geben. In Saal IX ist der **Amazonensarkophag** aus dem 5. Jh. v. Chr. bemerkenswert, auf dem der Kampf zwischen Amazonen und griechischen Kriegern dargestellt ist.
Das berühmteste Werk des Museums ist die Bronzeskulptur einer verwundeten ****Chimäre** (Saal XIV), ein hervorragendes Beispiel etruskischer Metallbearbeitung. Das laut Inschrift »heilige« Objekt wurde wahrscheinlich im 4. Jh. v. Chr. gegossen. Das Ungeheuer ist eine Mischung aus Löwe mit Ziegenkopf und Schlangenschwanz.
Ein weiteres bedeutendes Ausstellungsstück in diesem Saal ist der ***»Arringatore«** (»Redner«, 1. Jh. v. Chr.), laut Inschrift Aulus Metellus, in der Amtskleidung eines römischen Senators. Es stellt das seltene Beispiel einer Ehrenstatue für einen Etrusker dar, dem das römische Bürgerrecht 89 v. Chr. verliehen worden war, als Zeichen der Verschmelzung von etruskischer und römischer Oberschicht.
Die große römische Bronzestatue der **»Minerva«** in demselben Saal wurde wahrscheinlich nach einem griechischen Original des 4. Jh.s

Chimäre: eine meisterhafte etruskische Bronzearbeit

v. Chr. kopiert. Ebenfalls eine römische Kopie eines griechischen Bronzeoriginals aus der Spätklassik ist der sogenannte **Idolino** (»kleines Idol«) im Raum XIII, ein anmutiger Lampenhalter aus augusteischer Zeit. Vom reichen Bestand der Sammlung ist nur ein Teil zu sehen.
Rekonstruktionen von Gräbern und Grabdenkmälern werden im Garten gezeigt. Der **»Pferdekopf«** ist auch eine Bronze griechischen Ursprungs, die in römischer Zeit nachgegossen wurde.

**Museo Egizio** Das Ägyptische Museum, das **zweitwichtigste seiner Art in Italien** nach dem von Turin, entstand nach einer großen Expedition (1829) und ist seit 1831 für die Öffentlichkeit zugänglich. Präsentiert werden Statuen, Büsten, Keramik, Reliefs, Sarkophage, Mumien, Bilder und Gebrauchsgegenstände von verschiedenen ägyptischen Dynastien. Bemerkenswert ist ein gut erhaltener Kriegswagen (15. Jh. v. Chr.) aus einem Grab in der Nähe Thebens.

**Vasensammlung** Die vielfältige Vasensammlung im Obergeschoss umfasst griechische und etruskische Exponate in reicher Bemalung. Das bedeutendste Exponat ist ein Mischkrug, die berühmte, nach ihrem Entdecker benannte attische ***»François-Vase«**, ein Werk des Malers Klitias und des Töpfers Ergotimos (6. Jh. v. Chr.). Im Jahr 1900 zerschlug ein geistesgestörter Museumswärter den Krater in Hunderte von Stücken, worauf das Gefäß in mühevoller Kleinarbeit wieder zusammengesetzt wurde. Auf der Vase sind detailliert und lebendig griechische Mythen dargestellt, darunter die Rückkehr der Athener aus dem Labyrinth des Minotauros auf Kreta.

**Topografische Abteilung** Die Abteilung zeigt etruskische Funde aus der Toskana nach ihrem Fundort. Herausragende Werke sind die sogenannte **Mater Matua**, eine Urne des 5. Jh.s v. Chr. in Form einer auf einem Sphinxthron sitzenden Frau, und der farbig gefasste **Terrakottasarkophag der Larthia Scianti** (laut Münzfund spätestens 147 v. Chr.), die als reichgewandete und geschmückte Frau auf dem Deckel ruhend wiedergegeben ist.

## UMGEBUNG DES MUSEO ARCHEOLOGICO

**Santa Maria Maddalena Pazzi** Man erreicht die Kirche Santa Maria Maddalena Pazzi am Borgo Pinti, indem man der Via della Colonna nach Südosten folgt. Maria Maddalena, ein Mitglied der berühmten Florentiner Familie der Pazzi, war 1669 heiliggesprochen worden. Ihr zu Ehren erweiterte man den im 13. Jh. gegründeten Komplex von Kirche und Benediktinerkloster, den schon zwei Jahrhunderte zuvor Giuliano da Sangallo (1480 – 1492) umgestaltet hatte. Der Vorhof der Kirche zeigt daher

den harmonischen Stil der zweiten Hälfte des 15. Jh.s, während andere Teile von Kirche und Kloster barocke Elemente aufweisen. Die Kapellen sind mit wertvollen Gemälden von toskanischen Künstlern des 15. und 16. Jh.s, z. B. von Portelli und Giordano, geschmückt. Das Refektorium des Klosters ist heute Teil einer Carabinieri-Kaserne, und der Kreuzgang des Sangallo gehört zum Liceo Michelangelo.
In der **Sala Capitolare**, dem Kapitelsaal, haben sich ***Fresken von Perugino** erhalten, die zu seinen schönsten Werken zählen. Die zwischen 1493 und 1496, in Peruginos bester Schaffenszeit, entstandenen Wandbilder zeigen Christus am Kreuz und Maria Magdalena, den hl. Bernhard und Maria, die Hll. Johannes und Benedikt, Christus am Kreuz hilft dem hl. Bernhard. Im Hintergrund der Figuren erkennt man die umbrische Landschaft, aus der Perugino, von Perugia abgeleitet, stammte.

ⓘ Zugang zur Sala Capitolare durch den Eingang der Schule (Via Colonna 9), Di., Do. 14.30 – 17.30 Uhr, Juli, Aug. geschl.

# Museo Stefano Bardini

J 7

**Lage:** Via dei Renai 37
**Bus:** C 1, C 3, D, 23
ⓘ Fr. – Mo. 11.00 – 17.00 Uhr, Ein.: 6 €, http://museicivicifiorentini.comune.fi.it

**Das Bardini-Museum präsentiert Skulpturen, Gemälde, Möbel, Keramiken, Teppiche, Waffen u. a. aus der Antike, der Renaissance und dem Barock vor allem aus Norditalien.**

**Sammlung eines Kunsthändlers**

Die Sammlung überließ der Kunsthändler Stefano Bardini 1923 der Stadt Florenz. Sie ist nun in dessen altem Palast aus dem 19. Jh. untergebracht und wurde nach dem Geschmack um 1900 dekorativ angeordet. Beachtenswert sind eine marmorne **Caritas**, eine Allegorie der Liebe, von Tino di Camaino, die **Büste Johannes des Täufers** von Andrea Sansovino, der **»Erzengel Michael«**, ein Gemälde von Antonio del Pollaiolo und **drei Reliefs von Donatello**. Wichtig ist auch eine kleine Stuckarbeit, die Kreuzabnahme, von Michelangelo. Der zum Palast gehörende **Garten** ist ebenfalls zugänglich.

## UMGEBUNG DES MUSEO BARDINI

**Mozzi-Paläste**

Unweit der Piazza de' Mozzi befindet sich der Komplex der drei Mozzi-Paläste (Via San Niccolò 123 – 125), die wahrscheinlich im 13. Jh. errichtet wurden. Die Mozzi waren im Mittelalter Visdomini, weltliche Herrschaftsträger des Bischofs.

**San Niccolò sopr' Arno** Ein Altartabernakel im Stil Michelozzos mit einem schönen Fresko der Himmelfahrt und Gürtelspende Mariens an den ungläubigen hl. Thomas (um 1470) möglicherweise von Piero del Pollaiolo in der Sakristei ist der Hauptkunstschatz der spätgotischen Saalkirche San Niccolò sopr' Arno, unweit östlich an der Via San Niccolò. Die Kirche wurde im 12. Jh. errichtet, im 14. Jh. umgebaut und im 16. Jh. nochmals umgestaltet. Nachdem Florenz von den Truppen des Kaisers und des Papstes eingenommen worden war, soll sich der Künstler **Michelangelo** im Jahr 1530 im Glockenturm der Kirche versteckt haben, um so einer möglichen Verhaftung zu entgehen.

**Porta San Niccolò** Die Porta San Niccolò östlich der Kirche San Niccolò sopr' Arno war für die Verteidigung zu Land und – in Verbindung mit dem auf dem anderen Arno-Ufer gelegenen Turm der Zecca – für die Sperrung des Flusses gleich gut geeignet. Der Turm des 1324 errichteten Bollwerks bildet den Beginn der Stadtmauer auf der südlichen Arno-Seite.
Dieses **Viertel** am Fluss mit seinen alten Palazzi, netten Lokalen, dem Radweg am Ufer erfreut sich großer Beliebtheit.

# Museo del Cenacolo di Andrea del Sarto a San Salvi

L 6

**Lage:** Via di San Salvi 16
**Bus:** 3, 6, 20
Do. – So. 8.15 – 13.50 Uhr, Eintritt: frei, www.polomuseale.firenze.it

**Unter den vielen Darstellungen des »Letzten Abendmahls« verdient auch das Meisterwerk von Andrea del Sarto im Refektorium Sankt Salvi Aufmerksamkeit. Es ist eines der schönsten Fresken in Florenz vom Anfang des 16. Jh.s.**

**Highlight: »Abendmahl«** Das ehemalige Vallombrosaner-Kloster San Salvi, im Jahr 1048 gegründet, wurde in das Museo del Cenacolo di Andrea del Sarto a San Salvi umgewandelt. In den Klosterräumen werden Gemälde Florentiner Maler und vor allem von Andrea del Sarto und seiner Werkstatt gezeigt. Hauptattraktion aber ist das ***Fresko »Abendmahl«**, das del Sarto nach 1519 schuf, inspiriert von Leonardos Abendmahl. Es zeichnet sich vor allem durch die natürlichen Bewegungen und die harmonische Farbgebung aus. Auffallend ist die Weite des Raums, der den Blick des Betrachters von dem Hauptgeschehen ablenkt. Beachtenswert ist auch die **Klosterküche** mit dem großen Kamin.

# ★ Museo Marino Marini

H 6/a III

**Lage:** Piazza San Pancrazio
**Bus:** C 3, D
**ⓘ** Mo., Mi. – Sa. 10.00 – 17.00 Uhr, Aug. geschl.;
www.museomarinomarini.it, Eintritt: 6 €

**In der ehemaligen Kirche San Pancrazio wurde ein Museum für den toskanischen Bildhauer, Maler und Grafiker Marino Marini (1901 – 1980) eingerichtet. Er zählt zu den bedeutendsten italienischen Künstlern des 20. Jh.s.**

San Pancrazio

Die Fassade der mehrfach umgebauten Kirche San Pancrazio stammt im Wesentlichen aus dem 14. Jh.; etliche Bauelemente verraten die Urheberschaft des Baumeisters **Alberti**, der im Auftrag der Familie Rucellai zwischen 1457 und 1467 bauliche Veränderungen vornahm und auch die Cappella Rucellai errichtete. In der Kapelle schuf der Baumeister eine Nachbildung des Heiligen Grabes in Jerusalem, kostbar in weißem Marmor mit schwarzen Steineinlagen gestaltet und seit 2013 wieder für Besucher zugänglich. Nachdem die Kirche lange Jahre als Tabakfabrik und zuletzt als Militärdepot gedient hatte, begann man Anfang der 1980er-Jahre unter Leitung der namhaften Architekten Lorenzo Papi und Bruno Sacchi mit dem Umbau der Kirche. So entstand ein Bau, der mit seiner Verflechtung von Treppe und Galerien sowie durch das Zusammenwirken von Holzverklei-

**Marini-Museum: Hier fand die moderne Kunst eine Heimstatt.**

dungen, Gussbeton und Eisenverstrebungen einen sehr gelungenen Rahmen für die ausgestellten Kunstwerke bietet.

**Museum**

Im Museum zu sehen sind 176 Skulpturen, Gemälde, Zeichnungen und Grafiken von Marini, der viele seiner Werke bereits vor seinem Tod der Stadt Florenz überließ. Sie stammen, angefangen mit dem Gemälde »Die Jungfrauen« von 1916, aus allen Schaffensperioden des Künstlers. In diversen Variationen sind natürlich die **Reiterstandbilder** des Künstlers vertreten. Während die frühen Arbeiten die Pferde meist in Harmonie mit dem Menschen zeigen, so sind es seit Ende der 1940er-Jahre vorwiegend Tiere, die sich aufbäumen und sich ihres Reiters zu entledigen suchen. Bevorzugte weibliche Figur Marinis ist die der »Pomona«, die voluminöse Darstellung einer Fruchtbarkeitsgöttin. Daneben schuf er vor allem Gestalten von Tänzerinnen und Gauklern. Im Untergeschoss des Museums finden interessante Wechselausstellungen zeitgenössischer Kunst statt.

# * Museo Nazionale di Antropologia ed Etnologia

J 6/b III

**Lage:** Via del Proconsolo 12
**Bus:** C 1, C 2
Mo., Di., Do. – So., Fei. 9.00 – 17.00 Uhr, Eintritt: 6 €, www.msn.uni.fi.it

**Das Museo Nazionale di Antropologia ed Etnologia (»Nationalmuseum für Anthropologie und Ethnologie«) ist seit 1869 im Palazzo Nonfinito untergebracht, der – wie sein Name besagt – unvollendet blieb.**

**Ältestes Museum seiner Art in Italien**

Alessandro Strozzi gab 1593 dem Architekten Bernardo Buontalenti den Auftrag, ein neues Stadthaus für seine Familie neben dem Palazzo Pazzi zu errichten. Der große Palast mit dem schönen Innenhof konnte jedoch weder von Buontalenti noch von seinen Nachfolgern fertiggestellt werden. Das Museum umfasst umfangreiche Sammlungen von vielen außereuropäischen Völkern und Kulturen. Die ethnografische Abteilung zeigt Kleider, Schmuck und Waffen und die anthroplogische bedeutende Funde von Knochen und Skeletten. So sind z. B. hölzerne Gegenstände und Amulette aus Afrika, Keramik und Idole aus Asien sowie Kleidung und Boote aus China und Indien ausgestellt. Eine Besonderheit ist die Musikinstrumentenkollektion.

## UMGEBUNG DES MUSEO DI ANTROPOLOGIA ED ETNOLOGIA

**Palazzo dei Pazzi-Quaratesi**

Der Palazzo dei Pazzi-Quaratesi (Via del Proconsolo 10) gegenüber dem Museum wurde für **Jacopo de' Pazzi** gebaut, der 1478 nach der Verschwörung gegen Lorenzo und Giuliano de' Medici hingerichtet wurde. Zunächst leitete **Brunelleschi** den Bau (1430), später übernahm **Giuliano da Maiano** von 1462 bis 1472 diese Aufgabe. Sein Werk zeichnet sich durch sorgfältige Ausführung und Liebe zum architektonischen Detail aus. Die Familie Pazzi, im Mittelalter von Fiesole nach Florenz gezogen, charakterisierte Wirtschaftssinn und Machtbewusstsein. Da Lorenzo de' Medici dem Mordanschlag der Pazzi entkam, konnten sie die Macht der Medici nicht brechen. Die Familie wurde verfemt, und ihr Palast ging zunächst in den Besitz der Familie der Cibo über, später an die Strozzi und Quaratesi.

**Palazzo Altoviti**

Der Palazzo Altoviti befindet sich unweit östlich am Borgo degli Albizi (Nr. 18), einer Straße mit vielen schönen Stadthäusern. Er gehörte erst der Familie der Albizi, dann den Valori und Guicciardini und geht auf Entwürfe von **Benedetto da Rovezzano** zurück. Im 16. Jh. wurde er von Baccio Valori mit Porträts berühmter Florentiner (Vespucci, Dante, Petrarca, Boccaccio u. a.) verziert, sodass er im Volksmund respektlos »Palast der Visagen« genannt wird.

# ** Museo Nazionale del Bargello

J 6/ b III

**Lage:** Via del Proconsolo 4
**Bus:** C 1, C 2
Tgl. 8.15 – 13.50 Uhr, 1., 3., 5. Mo. im Monat geschl.
www.polomuseale.firenze.it, Eintritt: 4 €

**Das in dem mächtigen gleichnamigen Palast untergebrachte Museo Nazionale del Bargello ist eines der bedeutendsten Skulpturenmuseen Italiens. Es enthält zahlreiche epochemachende Werke toskanischer Bildhauer des 14. bis 16. Jh.s, vor allem von Donatello, della Robbia und Michelangelo.**

**Symbol bürgerlicher Macht** (►Abb. S. 41)

Den Palazzo del Bargello, einen wuchtigen gotischen Wehrbau, ließen die Florentiner Bürger nach 1250 als Zeichen ihres Sieges über den Adel errichten. Er prägt mit seinem trutzigen Turm und dem Zinnenkranz die Silhouette der Stadt mit. Der Palast war seit 1261 Sitz der Podestà, der von auswärts berufenen Stadthauptmänner, die als neutrale Instanz für Recht und Ordnung sorgen sollten. Ab 1502 befand sich hier die Niederlassung der Ruota (Gerichtsrat) mit Gefängnis, und ab 1574 war der Palast Sitz des Bargello (Polizeihauptmann). Im Jahr 1859 wurde in seinen Räumen das erste italienische (nichtvatikanische) Nationalmuseum eingerichtet.

**Erdgeschoss** Schon der gotische Innenhof ist äußerst eindrucksvoll. Er wird auf drei Seiten von einem Bogengang mit achteckigen Stützen und Kreuzgewölbe gesäumt. Auf der vierten Seite führt eine Freitreppe in die oberen Geschosse. Wappen der Podestà, der Mitglieder der Ruota, sowie der Stadtviertel und -bezirke schmücken Pfeiler und Wände. Die Mitte des Hofs nimmt ein achteckiger **Brunnen** ein, in dessen Nähe in früherer Zeit, als der Bargello auch als Gefängnis diente, das Schafott aufgestellt war. Heute wird der Hofumgang für die Aufstellung von Skulpturen genutzt. Zu sehen sind u. a. Werke von Bartolomeo Ammanati und Giambologna.

**Saal des Michelangelo** Vom Innenhof aus gelangt man direkt in die Räume mit den hervorragenden Werken Michelangelos. Die unvollendete Marmorbüste **»Brutus«** (um 1540) stellt Lorenzino dar, den »toskanischer Brutus« genannten Mörder des Tyrannen Alessandro de' Medici. Das Rundrelief **»Madonna mit dem Kind und dem jungen Johannes dem Täufer«** (um 1504), das im Auftrag von Bartolomeo Pitti geschaffen wurde, zeigt die Muttergottes als nachdenkliche Seherin. Die Figur **»Apollino«** (um 1531) dreht sich um ihre eigene Achse. Das ausdrucksvolle Frühwerk ***»Trunkener Bacchus«** (um 1497) ist die erste Großplastik Michelangelos, in der sehr naturalistisch die Trunkenheit des jungen Gottes dargestellt wird.
Weitere Werke stammen von anderen Künstlern des 16. Jh.s. Hervorzuheben sind die Statue des »Bacchus« von Jacopo Sansovino (um 1520), die Bronzebüste Michelangelos von Daniele da Volterra sowie die Büste Cosimos I. von Benvenuto Cellini (1557) und andere Werke dieses Künstlers, darunter die Marmorstatue des »Narziss« (1540).

**Erstes Obergeschoss** In der Loggia des ersten Obergeschosses sind von Giambologna die atemberaubend balancierende Bronzestatue des **»Merkur«** (1580) und die bedeutende **»Allegorie der Architektur«** sowie Skulpturen von Baccio Bandinelli und Francesco Moschino ausgestellt.
Meisterwerke des großen Renaissancebildhauers **Donatello** beherbergt der gleichnamige Saal, so die ****Davidfiguren.** Den »Marmordavid« (1408/1409) meißelte der junge Künstler für den Dom. Der weich modellierte, knabenhafte »Bronzedavid«, um 1435 für Cosimo den Älteren gefertigt, ist die erste freistehende, nackte Figur seit der Antike. Hervorzuheben sind außerdem die Marmorstatue des »Hl. Georg« (1417), für die Kirche Orsanmichele gearbeitet, und das dazugehörende Relief, das erste Beispiel für die Anwendung der Zen-

Einst tagte im Bargello das Gericht, heute dominiert die Bildhauerei.

tralperspektive. Meisterhaft gearbeitet ist auch sein »Marzocco« (1420) genannter Löwe mit dem Florentiner Lilienwappen.

Will man einen Stilvergleich zwischen Ghiberti und Brunelleschi durchführen, dienen die Konkurrenzreliefs für die zweite Tür des Baptisteriums, die die Opferung Isaaks (1402) darstellen, dazu. Außerdem sind in dem Saal einige der schönsten Terrakottaarbeiten von **Luca della Robbia** versammelt, so die zauberhafte »Madonna delle Rose«.

Elfenbeinschnitzereien von der Antike bis ins Mittelalter sind im **Saal der Elfenbeinarbeiten** (Saal 1) ausgestellt. Die Ausdrucksvielfalt der gotischen Skulptur des 14. Jh.s zeigen die florentinischen Bildhauerarbeiten von Tino di Camaino, Arnoldi, Talenti und Cambio im **Saal der mittelalterlichen Skulpturen** (2). Bemerkenwert ist das Werk »Madonna mit Kind« von Camaino, das wahrscheinlich für das Grabmal des Bischofs Antonio d' Orso geschaffen worden war.

Keramisches Kunsthandwerk des 16./17. Jh.s enthält der danach benannte **Saal der Majoliken**.

In die **Maddalena-Kapelle**, die mit Fresken (um 1335) aus der Werkstatt Giottos geschmückt ist, wurden die zum Tod Verurteilten geführt, bevor sie hingerichtet wurden.

## Museo Nazionale del Bargello

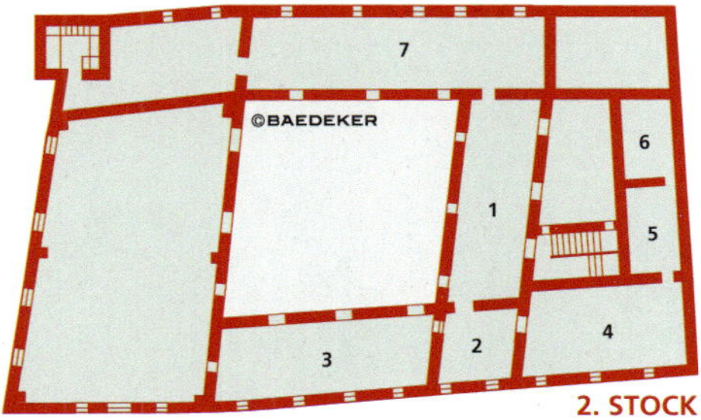


ZWEITER STOCK

- **1** Saal des G. della Robbia
- **2** Saal des A. della Robbia
- **3** Waffensaal
- **4** Saal des Verrocchio
- **5/6** Säle der Barockskulpturen und des Medagliere
- **7** Saal der Kleinbronzen

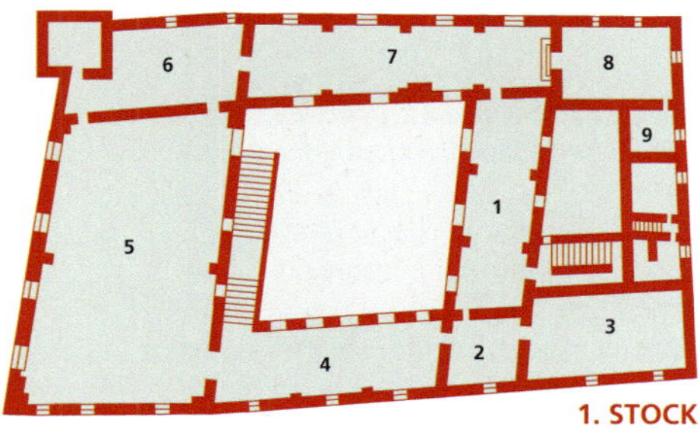


ERSTER STOCK

- **1** Saal der Elfenbeinarbeiten
- **2** Saal der mittelalterlichen Skulpturen
- **3** Saal der Majoliken
- **4** Verone (Loggia)
- **5** Großer Saal des Donatello
- **6** Islamischer Saal
- **7** Carrand-Saal
- **8** Maddalena-Kapelle
- **9** Sakristei

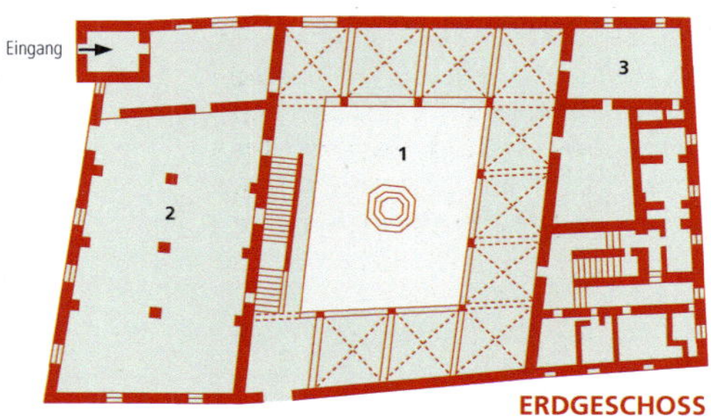


ERDGESCHOSS

- **1** Innenhof
- **2** Saal des Michelangelo
- **3** Saal der mittelalterlichen Skulpturen

**Zweites Obergeschoss**

Die **Säle von della Robbia** sind mit Werken in farbiger glasierter Terrakotta von Giovanni und Andrea della Robbia bestückt, zudem mit einer Porträtbüste der Costanza Bonarelli von Bernini. Wie der Name sagt, werden im Saal des Verrocchio vor allem Werke von **Andrea del Verrocchio**, dem Lehrer Leonardo da Vincis, präsentiert. Sein bronzener »David«, der zum Vergleich mit der gleichen Skulptur Donatellos im 1. Stock anregt, ist eine fein modellierte Figur eines Hirtenknaben. Die »Dame mit Blumenstrauß« (um 1475 bis 1480) lässt antike Einflüsse erkennen. Das Relief »Madonna mit Kind« ist ein Frühwerk des Künstlers. Herausragend sind außerdem die 1474 geschaffene, sehr realistische Porträtbüste des Pietro Melini von Benedetto da Maiano, die Marmorbüste des Matteo Palmieri (1468) von Antonio Rosselino und die Keramikbüste eines jugendlichen Kriegers (um 1475 – 1480) von Antonio Pollaiolo mit einem Herkules-Hydra-Relief auf dem Brustpanzer. In zwei weiteren Räumen werden Barockskulpturen und die berühmte **Medaillensammlung** der Medici gezeigt, die von Lorenzo de' Medici begonnen und von seinen Nachkommen erweitert wurde. Das Geschoss umfasst noch eine Sammlung kleiner **Bronzefiguren**, **Waffen** (13. – 17. Jh.) sowie **Wandteppiche und Stoffe** aus Florentiner Werkstätten.

## UMGEBUNG DES MUSEO DEL BARGELLO

**Badia Fiorentina**

Unverkennbar in der Silhouette der Stadt ist der Spitzturm der Badia gegenüber dem Bargello. Das Benediktinerkloster, einst Reichsabtei, wurde 978 von Willa, Mutter des Conte Ugo, Marchese di Toscana, gegründet und ist damit die älteste Florentiner Klostergründung. Noch heute findet alljährlich am 21. Dezember, dem Todestag des Conte Ugo, eine Seelenmesse für ihn statt. Die Kirche erfuhr Erweiterungen und Umbauten, so im 13. Jh. durch Arnolfo di Cambio und im 17. Jh. durch Matteo Segaloni. An der gotischen Außenfassade beeindrucken das Portal von Benedetto da Rovezzano (1495) und in der Lünette (Bogenfeld) eine glasierte Terrakottaarbeit »Madonna mit Kind« vom Anfang des 16. Jh.s von Benedetto Buglioni.

Bei einem Gang durch die Kirche sind vor allem beachtenswert das Gemälde **»Die Erscheinung der Madonna vor dem hl. Bernhard«** (links am Eingang), ein Meisterwerk von Filippino Lippi (1485), und das **Grabmal des** 1001 gestorbenen **Grafen Ugo di Toscana** links im angedeuteten Querschiff. Dieses Grabmal wurde zwischen 1469 und 1481 von Mino da Fiesole geschaffen. Vom Chor der Kirche aus hat man Zugang zum schönen, stimmungsvollen **Kreuzgang**, der mit einem Freskenzyklus mit Szenen aus dem Leben des hl. Benedikt geschmückt ist, der unmittelbar nach Fertigstellung des Kreuzgangs – vermutlich von 1436 bis 1439 – entstand.

❶ Mo. 15.00 – 18.00 Uhr, Eintirtt: 3 €

BAEDEKER TIPP !

*Lecker!*

Für Eisfans empfehlen wir die nach wie vor hervorragende Eisdiele Vivoli (Via Isola delle Stinche 7 r) unweit östlich vom Bargello, die 1932 gegründet wurde und damit die älteste von Florenz ist. Man hat die Qual der Wahl unter etwa 40 leckeren Eissorten.

**Casa di Dante** In der Via Dante Alighieri, unweit westlich des Bargello steht der Häuserkomplex der Alighieri. In einem Haus davon ist nach Überlieferung 1265 der größte Dichter der Stadt, **Dante Alighieri**, geboren, den Florenz freilich nicht gut behandelt hat. Dante widersetzte sich nämlich den Bestrebungen des Papstes Bonifaz VIII., Florenz und die gesamte Toskana dem Kirchenstaat einzuverleiben. Als Karl von Valois vom Papst als Friedensstifter nach Florenz berufen wurde, verbannte man Dante als Führer der Ghibellinen aus Florenz, wohin er dann niemals wieder zurückkehrte. In einigen Räumen des Gebäudes erinnern Fotografien, Ausgaben seines Hauptwerks »Göttlichen Komödie«, Reproduktionen der Botticelli-Zeichnungen für Dantes Werk und Porträts an den größten italienischen Dichter.

● Via Santa Margherita 1, tgl. 10.00 – 18.00 Uhr, Winter Mo. geschl., www.museocasadidante.it, Eintritt: 4 €

**San Martino** Die unscheinbare Kirche San Martino gegenüber der Casa di Dante wurde bereits 986 gegründet, und 1442 ging sie in den Besitz der Compagnia dei Buonomini über, einer wohltätigen Bruderschaft, die sich der Betreuung der Armen annahm. Dabei handelte es sich um ehemals wohlhabende Bürger, die ihren Besitz verloren hatten. Der heutige Kirchenbau stammt aus der zweiten Hälfte des 15. Jh.s. Einen Besuch lohnt die Kirche wegen ihrer **Fresken**, die die verschiedenen Tätigkeiten der Bruderschaft wie Krankenbesuche und Beherbergung von Pilgern zeigen und damit ein anschauliches Bild des Alltagslebens im Florenz des 15. Jh.s liefern.

**San Firenze** Barocke Inszenierungslust prägt die sakrale Anlage von San Firenze unweit südlich des Bargello, bestehend aus zwei Kirchenfassaden, zwischen denen ein Palast eingebunden ist. Die merkwürdig anmutende Konstruktion erklärt sich aus der Baugeschichte. Anstelle des Oratoriums San Fiorenzo – daher der abgeleitete Name Firenze – wurde von 1645 bis 1696 die Kirche San Filippo Neri errichtet. Die Fassade der Kirche gestaltete 1715 Ferdinando Ruggieri. Neben dieser Kirche folgte zwischen 1772 und 1775 ein weiteres Gotteshaus, dessen Fassade ebenfalls nach den Entwürfen Ruggieris von 1715 geschaffen wurde. Gleichzeitig erstand zwischen den beiden Kirchen ein Palast, der zunächst die Klosterräumlichkeiten aufnahm. Heute ist San Firenze Sitz des Tribunale, der Gerichtsbehörde.

**Palazzo Gondi**

Ein **schönes Beispiel der Florentiner Stadtpaläste** des 15. Jh.s ist der Palazzo Gondi (gegenüber der Kirche), von 1490 bis 1501 von Giuliano da Sangallo erbaut, doch erst 1874 von Poggi vollendet. Charakteristisch für die Fassade ist die nach oben flacher werdende sorgfältige Steinbearbeitung in den einzelnen Geschossen. Besondere Aufmerksamkeit verdient der **Hof**, einer der anmutigsten der Renaissance. Es fällt die Perfektion der handwerklichen Arbeiten an den Kapitellen, der Treppe und dem Brunnen auf.

## ★★ Museo dell' Opera del Duomo

J 6/b III

**Lage:** Piazza del Duomo 9
**Bus:** C 1, C 2, 14, 23
ⓘ Bis Ende 2015/Anfang 2016 geschl., www.operaduomo.firenze.it

**Zahlreiche Ausstattungsstücke des Doms, des Campanile und des Baptisteriums sind heute im sehr ansprechend gestalteten Museo dell' Opera di Santa Maria del Fiore – so der offizielle Name –, dem Dommuseum, ausgestellt, das damit zu den führenden Skulpturensammlungen Europas zählt.**

Das Dommuseum präsentiert Bauplastik des Doms.

## Museo dell' Opera del Duomo

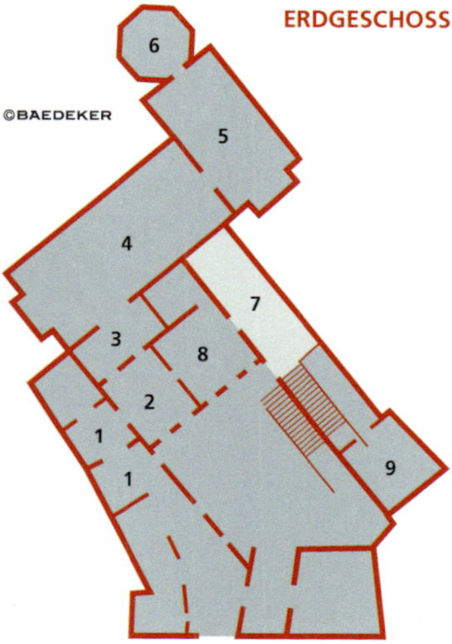


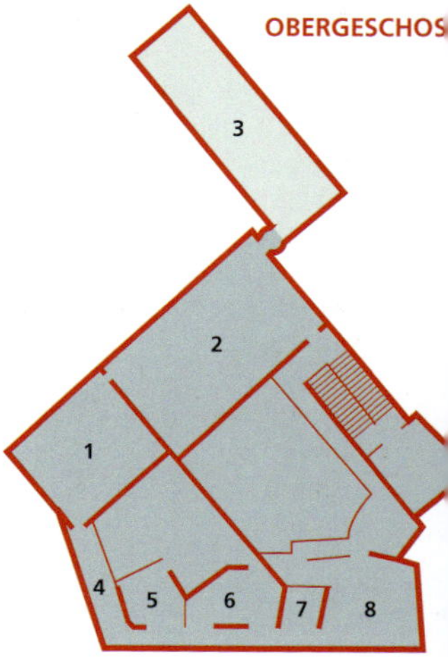


ERDGESCHOSS

**1** Antike Fragmente
**2** Saal für Tino di Camaino
**3** Durchgang
**4** Saal der alten Domfassade
**5** Saal der Gemälde
**6** Kapelle
**7** Lapidarium
**8** Saal der Mandeltür
**9** Michelangelo, Pietà

OBERGESCHOSS

**1** Saal der Bildtafeln des Kampanile
**2** Saal der Sängertribünen
**3** Saal des Silberaltars
**4** Baustelle Brunelleschis
**5** Raum der Galerie
**6-8** Räume der Fassade
**9** Innenhof

**Domschätze** Für die Ausschmückung des Doms mit Campanile und des Baptisteriums schuf eine Vielzahl von Künstlern bedeutende Werke, Skulpturen, Gold- und Silbergeräte, Stickereien und Webarbeiten. Diese Objekte konnten ihren Platz an den Gebäuden und im Innern aus Witterungs- und Sicherheitsgründen nicht behalten. Schon früh wurden sie deshalb an einem geschützten Ort aufbewahrt, seit 1891 dann im Dommuseum. In diesem Gebäude hatte zunächst im 15. Jh. die Dombauhütte ihren Sitz, hier befanden sich Künstlerateliers und Werkstätten für die Handwerker.

Zurzeit wird an einer erheblichen Erweiterung der Ausstellungsfläche gearbeitet, das bedeutet die teilweise und zeitweise Schließung bisheriger Räume. Deshalb kann die neue Anordnung der Werke

noch nicht angegeben werden. Die Eröffnung des erweiterten Dommuseums ist für Ende 2015/Anfang vorgesehen.
Über dem Portal des Museums ist eine **Büste des Großherzogs Cosimo I.** (1572) von Giovanni Bandini dell' Opera angebracht.

**Erdgeschoss**

Der zweite kleine Raum nach dem Eingang ist **Tino di Camaino** gewidmet, der die Skulpturengruppen über den Türen des Baptisteriums 1320/1321 schuf, von denen Fragmente erhalten sind.
Über den Durchgang mit Engelskulpturen des 14. Jh.s erreicht man den **Saal der alten Domfassade**. Im Saal sind Statuen zu sehen, die einst die Domfront schmückten und vor deren Abriss (1587) entfernt wurden. Eine Zeichnung aus der zweiten Hälfte des 16. Jh.s zeigt die unvollendete alte Fassade. Zu den bedeutendsten Arbeiten gehören ferner die Statue des ***Hl. Lukas** von Nanni di Banco und die Statue des ***Evangelisten Johannes** von Donatello. Die Lukasfigur, vertieft in die Lektüre des Evangeliums, strahlt äußere Ruhe und innere Anspannung zugleich aus. Bei der Gestaltung des Faltenwurfs sind gotische und beim Gesicht antike Einflüsse erkennbar. Donatellos von großer Müdigkeit geprägte Johannes-Figur (1415) fasziniert durch das ausdrucksstarke Antlitz und die Helldunkeleffekte, die durch die Gewanddrapierung hervorgerufen werden; sie war Vorbild für Michelangelos berühmte Moses-Statue in Rom. Weitere wichtige Werke sind der **hl. Matthäus** von Bernardo Ciuffagni, der wegen der Ähnlichkeit die Johannes-Statue von Donatello gekannt haben muss, und die Sitzfigur des **Papstes Bonifatius VIII.** (13. Jh.) von Arnolfo di Cambio, die eine Aura erhabener Sakralität umgibt.
Im **Saal der Gemälde** werden Werke des 13. bis 15. Jh.s präsentiert. Aus dem Domchor stammen die marmornen Basreliefs von **Bandinelli dem Älteren**, der an der Basis von Gottvater sein Selbstbildnis mit der Jahreszahl 1156 einfügte.
Der **Saal der Mandeltür** enthält Skulpturenschmuck der Mandorla- (»Mandel«-)Tür von der Nordseite des Doms. Dieses Portal ist benannt nach der Himmelfahrt Mariens von **Nanni di Banco** im Bogenfeld, wo die Muttergottes von einem mandelförmigen Heiligenschein umfangen ist.

****Pietà des Michelangelo** **(►Abb. S. 116)**

Im Zwischenstock steht **eine der berühmtesten Skulpturen der abendländischen Kunst**: die Pietà des Michelangelo, eine ergreifende unvollendete Marmorgruppe, die der Künstler im hohen Alter von 80 Jahren schuf. Der in sich zusammengesunkene Körper Christi, das in seinem Schmerz nur angedeutete Gesicht von Maria, das von Gram gezeichnete Antlitz des Joseph von Arimathia, in dem die Züge Michelangelos erscheinen, das Unvollendete der ganzen Gruppe – dies zusammen bildet einen kaum noch zu steigernden Ausdruck des Todes und der menschlichen Hilflosigkeit gegenüber dem Sterben. Michelangelo zerschlug dieses Standbild, weil ihm die Qualität des Marmors nicht genügte. Und doch war er gleichzeitig so fasziniert, dass er zu Füßen der Statue begraben sein wollte. Sein Schüler Calcagni setzte die Stücke wieder zusammen und nahm, außer an der Christusfigur, Überarbeitungen vor. Die linke Figur der Maria Magdalena wurde später hinzugefügt.

**Erstes Stockwerk**

Im **Saal der Bildtafeln des Campanile** befinden sich die Relieftafeln, die zuvor die Kassettenfelder am unteren Teil des Campanile schmückten und durch Kopien ersetzt wurden. Die sechseckigen Tafeln lassen sich außer fünf von Luca della Robbia nicht gesichert zuschreiben, denn die Arbeiten in den Werkstätten wurden gemeinsam ausgeführt. Dargestellt sind die Schöpfungsgeschichte und Handwerke, die – so die Vorstellung – notwendig wurden, nachdem die Menschen aus dem Paradies vertrieben worden waren. Die rautenförmigen Bildtafeln, auf denen die marmornen Reliefs auf blauem Majolikagrund aufgebracht sind, stammen aus der Schule des Andrea Pisano. Themen sind die Planeten, die Tugenden, die Künste und die Sakramente.

Der **Saal der Sängertribünen** ist benannt nach den zwei marmornen Sängerkanzeln von **Luca della Robbia** (1431 – 1438) und von **Donatello** (1433 – 1439), die für die Chorsänger vorgesehen waren und über den beiden Sakristeitüren angebracht waren. Della Robbias Thema ist der Lobgesang Gottes nach dem 150. Psalm, während Donatello auf der Tribüne furios den Tanz ausgelassener Putti illustriert. Die Tribünen standen bis 1688 im Dom und wurden anlässlich der Hochzeit des Großherzogs Cosimo III. mit Violante Beatrice von Bayern abgebaut. Außerdem werden hier Statuen aufbewahrt, die in den Nischen des Campanile aufgestellt waren. Ausdrucksstarke meisterliche Werke sind ***»Habakuk«** » (1423 bis 1435) und ***»Jeremias«** » (1436) von **Donatello**, bei denen er klassischen Körperaufbau mit gotischer Gewandfigur verbindet und den Statuen Leidenschaft und prohetische Kraft verleiht.

Eine große Kostbarkeit bildet der ****Silberaltar** aus dem Baptisterium, eines der schönsten Werke der Florentiner Schmiedekunst. Mit seiner Anfertigung im gotischen Stil wurde schon 1366 begonnen, in seinem letzten Teil wurde er in der Renaissance vollendet (1480): Propheten und Sibyllen, Szenen aus dem Leben Johannes des Täufers und andere Darstellungen aus der Heiligen Schrift schmücken den Altar.

Ergreifend ist die ausgezehrte greisenhafte Holzfigur der ***»Hl. Magdalena«** (1453 – 1455) von **Donatello**. Wertvolle sakrale Gegenstände wie Kreuze, Reliquiare und Gewänder ergänzen die Abteilung.

Im Korridor wurde die **Baustelle der Domkuppel von Brunelleschi** mit Arbeitswerkzeugen und Flaschenzügen rekonstruiert. Außerdem sind das originale Holzmodell der Laterne des Doms und die Totenmaske des großen Baumeisters zu sehen.

Im sehr ansprechend gestalteten Innenhof sind die goldbronzenen Relieftafeln des wunderschönen Paradiesportals (1429 – 1447) vom Baptisteriums des Künstlers **Ghiberti** aufgebaut, die 1990 durch materialgetreue Kopien aus Bronze und Gold dort ersetzt und im Lauf der letzten Jahre sehr sorgfältig restauriert wurden. Die malerische Wirkung der vielfigurigen, landschaftlich wie architektonisch schönen Reliefs lässt sich hier in aller Ruhe und aus der Nähe betrachten, wenn auch durch ein Schutzglas.

**Tafeln des Paradiesportals

# Museo Stibbert

H/J 4

**Lage:** Via Federico Stibbert 26
**Bus:** 4
**Museum:** Mo. – Mi. 10.00 – 14.00, Fr. – So. 10.00 – 18.00 Uhr,
**Park:** Apr. – Okt. Mo. – Mi., Fr. –So. 8.00 – 19.00, Nov. – März bis 17.00 Uhr, www.museostibbert.it, Eintritt: 8 €

**In der Villa Montughi vor der Stadt sammelte der schottisch-italienische Offizier Frederik Stibbert seit 1860 Kunstschätze, die er im Jahr 1906 Florenz schenkte.**

Besondere Aufmerksamkeit verdient die erstaunliche Sammlung alter europäischer und asiatischer Waffen: ganze Rüstungen sowie Helme, Schwerter, Säbel und Degen. Den Höhepunkt bildet im Kavalkadensaal (Sala della Cavalcata) ein **lebensgroß gestalteter Reiterzug** (►Abb. S. 113) des 16. Jh.s von 14 Reitern und 14 Fußsoldaten, bewaffnet und in voller Rüstung mit italienischen, deutschen und asiatischen Harnischen. Doch auch die anderen Exponate – wertvolle Möbel, Gemälde und Stoffe – zeigen den Kunstsinn und den Geschmack des Sammlers. Zur Villa gehört ein verwunschener **Park** mit Tempelchen und Wasserspielen, der frei zugänglich ist.

Umfangreiche Waffensammlung

# Ognissanti

H 6/a III

**Lage:** Piazza Ognissanti
Bus: C 2, C 3, D
Mo. – Sa. 7.15 – 12.30, 16.00 – 20.00, So. 9.00 – 13.00, 16.00 – 20.00 Uhr, Eintritt: frei, www.chiesaognissanti.it

**Ognissanti, von 1252 bis 1256 als Klosterkirche für die Humiliaten erbaut, war später eine der ersten Kirchen von Florenz, die im Stil des Barock verändert wurde.**

**Ausstattung**

Die Kirche wurde im 16. und 17. Jh. gänzlich erneuert; 1872 und nach der großen Überschwemmung 1966 waren Restaurierungen notwendig. Überragt wird die Kirche von einem romanischen Campanile. An der Fassade sieht man im Tympanon das Majolikarelief der Krönung Mariens. Im Innern ziert die Decke »Die Apotheose des hl. Franz« (1770) von Giuseppe Romei. Der zweite Altar auf der rechten Seite, der von der Familie Vespucci gestiftet worden war, ist mit der »Madonna della Misericordia« (um 1473) von Domenico **Ghirlandaio** geschmückt; der Mann unter dem rechten Arm der Madonna soll der Seefahrer Amerigo Vespucci sein, nach dem Amerika benannt wurde. Beachtenswert ist auch das Fresko mit Pietà (1472) von Domenico und Davide Ghirlandaio. Von Domenico Ghirlandaio ist auch das Fresko »Hl. Hieronymus beim Studium« (1480), während das Fresko »Hl. Augustinus beim Studium« von 1480 als ein besonders bedeutendes Bild von **Sandro Botticelli** gilt, der hier in der Krypta begraben ist. Ein weiterer Höhepunkt findet sich in der Sakristei: Dort hängt eine eindrucksvolle, bemalte Kreuztafel (1315), die nun eindeutig **Giotto** zugeordnet ist.

> **! BAEDEKER TIPP**
>
> *Über den Dächern von Florenz*
>
> An der Piazza Ognissanti befindet sich eines der traditionsreichen Luxushotels der Stadt, das Westin Excelsior. Im Restaurant Se.sto on Arno auf der Dachterrasse im 6. Stock kann man edel speisen oder einfach nur einen Espresso oder einen Cocktail trinken, bei grandiosem Blick auf die Stadt am Fluss. Die Dachbar öffnet im Sommer von 12.00 bis 2.00 Uhr.

**Cenacolo di Ghirlandaio e Museo Ognissanti**

Vom Kreuzgang aus gelangt man in das ehemalige Refektorium mit dem **»Abendmahl« (1480)** des **Domenico Ghirlandaio**, das die gesamte hintere Wand einnimmt. Das Werk ist so gestaltet, dass sich der Raum in der Malerei fortzusetzen scheint. Es beeindruckt durch die realistische Darstellung der Figuren. Der Kopf von Jesus wurde im 17. Jh. ergänzt.

ⓘ Mo., Di., Sa. 9.00 – 12.00 Uhr, freiwillige Spende

# ★ Orsanmichele

H 6/b III

**Lage:** Via dei Calzaiuoli
**Bus:** C 2, C 3, D
**Kirche:** tgl. 10.00 – 17.00 Uhr, Aug. Mo. geschl., Eintritt: frei
**Museum:** Mo. 10.00 – 17.00 Uhr, Eintritt: frei, www.uffizi.firenze.it

**Die filigrane gotische Architektur der Kirche Orsanmichele wird ergänzt durch bedeutende bildhauerische Werke der Renaissance.**

Die heutige Kirche, ein sehr gut erhaltener Bau des 14. Jh.s, entstand aus einem Oratorium – dem San Michele in Orto, der Name wurde gekürzt zu Or San Michele – und einer Verkaufs- und Lagerhalle für Getreide. Das Gnadenbild hier zog mit der Zeit mehr Gläubige als Käufer an, sodass man Ende des 14. Jh.s die geistliche Bestimmung des Baus vorzog. Die feine Gliederung der Außenmauern, die Ornamente, Bögen, Nischen, Figuren, Gesimse, die Marmorfüllungen der Fensteröffnungen und das aufwändige Maßwerk erheben die Kirche in einen hohen architektonischen Rang.

**Ehemalige Verkaufshalle**

In den 14 sorgfältig und kunstvoll bearbeiteten Nischen der Fassade, die von den einzelnen Zünften Ende des 14. Jh.s in Auftrag gegeben wurden, stehen deren Schutzheilige. Daher stammen die meisten Figuren, die heute durch Kopien ersetzt sind, aus dem beginnenden 15. Jh., darunter sehr **bedeutende Zeugnisse der Renaissanceskulptur**, ja der abendländischen Bildhauerei überhaupt.

***Nischenfiguren**

In der Via dei Calzaiuoli, mit der linken äußeren Nische beginnend, sieht man zunächst ein Werk der Frührenaissance, die Bronzestatue **Johannes des Täufers** (1414) von Lorenzo Ghiberti, die er für die Zunft der Tuchhändler und Großkaufleute ausführte. Das in Faltenkaskaden herabfallende Gewand verleiht der Figur tänzerische Anmut, die noch dem gotischen Stilempfinden entlehnt ist. Renaissancehaft dagegen sind der kontrapostische (= gegensätzliche) Aufbau und das ausdrucksvoll-energische Antlitz.

Johannes der Täufer

Zum Hochrenaissancestil zählt die Bronzegruppe **»Christus und der ungläubige Thomas«** (1465 – 1483) von Andrea del Verrocchio für die Nische des Handelsgerichtes. In den nächsten beiden Nischen stehen der **Evangelist Lukas** (1597 –1603) von Giambologna für die Zunft der Richter und Notare sowie der aus dem Umkreis von Donatello stammende **Apostel Petrus** (um 1420) im Auftrag der Schlachter. Für die zwei folgenden Nischen schuf Nanni di Banco den hl. Philippus (1410 – 1412), eine trotz Kontrapost noch flächig dekorativ aufgefasste Gewandfigur für die Gerberzunft, sowie die vier gekrönten **Heiligen** (1414 – 1417) für die Zunft der Steinmetze und Zimmerleute als Gruppe von vier unter Diokletian gemarterten frühchristlichen Bildhauern (Sockelrelief). Beeinflusst von der Antike zeigen die Figuren einen ausgeprägten Kontrapost, togaähnliche Gewänder und römische Barttrachten.
Donatello meißelte den **hl. Georg** (um 1416) als Ritterheiligen für die Nische der Waffenschmiede (Kopie, Original im Bargello). Zwar steht die Figur noch in einer Nische, doch ist der Weg zur freistehenden Statue bereits vorgezeichnet. Die Bronzefigur des **Evangelisten**

**Matthäus** (1424) von Lorenzo Ghiberti für die Geldwechslerzunft wirkt sicherer im Körperaufbau als der hl. Johannes. Statt traditionell frontal erscheint die Gestalt nun leicht seitlich gewendet, und die rechte Hand ist nicht mehr durch das Raffen des Gewands oder Halten eines Attributs gebunden, sondern der Evangelist hebt sie in der Geste eines antiken Redners vor die Brust.
Zwei weitere Nischen zeigen den **hl. Stephanus** (1427 – 1428) von Ghiberti für die Wolltuchhändler und den hoch aufgerichteten **hl. Eligius** (um 1420) von Nanni di Banco für die Hufschmiedezunft. Der folgende **Evangelist Markus** (1411 – 1415) ist von Donatello für die Zunft der Leinen- und Altwarenhändler geschaffen worden. Sein stark durchfurchter Bart, seine wenigen wilden Locken, tiefliegenden Augen und vorspringende Stirn vermitteln geistige Anspannung und innere Erregung. In den weiteren Nischen fanden der **hl. Jacobus** (nach 1422) von Niccolò di Pietro Lamberti für die Kürschner und Pelzhändler Aufstellung, die **»Madonna della Rosa«** (1399), Giovanni di Piero Tedesco zugeschrieben, für die Zunft der Ärzte und Apotheker sowie der **Evangelist Johannes** (1515) von Baccio da Montelupo für die Seidenweber- und Goldschmiedezunft.

**Innenraum**

Das Innere der zweischiffigen Halle beeindruckt durch den Schmuck der Fresken, Gemälde und Glasfenster. Im linken Seitenschiff (hinten) befindet sich der Altar der hl. Anna mit der Marmorgruppe »Hl. Anna, Madonna und Kind«, die Francesco da Sangallo 1526 schuf. Das rechte Schiff wird von dem berühmten gotischen **Marmortabernakel des Orcagna** (1349 – 1359) abgeschlossen, dessen reiche Dekoration das Gnadenbild der Madonna von Bernardo Daddi (1347) verherrlicht. Reliefs am Sockel zeigen Szenen des Marienlebens (vorne) und »Tod und Himmelfahrt Mariens« mit einem Selbstbildnis Orcagnas. Das Tabernakel wird von Engeln und Propheten, Sibyllen, Aposteln und allegorischen Figuren der Tugenden geschmückt. Beachten sollte man auch die Marmorschranke mit Bronzegitter (1366), ein Werk des Pietro Migliore.
Durch eine Brücke (1569) von Buontalenti ist die Kirche mit dem Palazzo dell' Arte della Lana verbunden. Dort befindet sich der Eingang zum **Museo di Orsanmichele**, wo die Originalskulpturen von den Außenseiten gezeigt werden.

**Palazzo dell' Arte della Lana**

Durch Verarbeitung von Wolle und den Verkauf der Produkte wurde Florenz im Mittelalter wohlhabend. Dies zeigt sich in dem Palast der Zunft der Wollweber und Wollhändler (Via dell' Arte della Lana 1), die 200 Läden besaß. Der unregelmäßige Palastkomplex wurde im Jahr 1308 begonnen. 1905 nahm die Dante-Gesellschaft hier ihren Hauptsitz. Heute ist in dem Palast ein Geschäft eingerichtet. An der Ecke der Via dell' Arte della Lana/Via Orsanmichele steht das gotische **Tabernakel Santa Maria della Tromba** (14. Jh.).

# ★ Ospedale degli Innocenti

J 6/c II

**Lage:** Piazza d. Santissima Annunziata 12
**Bus:** C 1, 6, 31, 32
Mo. – Sa. 9.00. – 18.00, zzt. nur Innenhöfe, Loggia und Sala Grazzini zugänglich, Eröffnung des gesamten Koplexes 2016, Eintritt: 3 €

**Das im 15. Jh. erbaute Ospedale degli Innocenti war als Findelhaus Zufluchtsstätte für alle Mütter, die ihr neugeborenes Kind nicht behalten konnten.**

**Ehemaliges Findelhaus**

Die Zunft der Seidenhändler und Seidenschneider beauftragte 1419 den **Architekten Filippo Brunelleschi**, ein Findelhaus zu errichten: Innocenti (»Unschuldige«) wurden die ausgesetzten Kinder in Erinnerung an die ermordeten Kinder von Bethlehem genannt. Mütter, die unerkannt ihre Neugeborenen ins Waisenhaus bringen wollten, konnten sie bis 1875 in einen drehbaren Holzzylinder am Ende der Säulenhalle legen. Das Ospedale degli Innocenti markiert den **Beginn der Renaissancearchitektur in Florenz**. Auch heute noch kümmert man sich hier ums Kindeswohl, mit drei Kinderkrippen, Gemeinschaften für in Not geratene Mütter und Kinder und mit einem Forschungsinstitut zur Situation der Kinder. Ein Museumsbereich ist im Aufbau, um zur künstlerischen Ausstattung auch die geschichtliche Entwicklung der Kinderrechte darzustellen.

**Loggia**

Die Loggia mit ihren von antikisierenden Säulen getragenen Bögen und ihren erstmals konstruierten Hängekuppeln macht den Ruhm des Ospedale aus. Die vollendete Architektur wird ergänzt durch Fresken unter den Arkaden und in den Lünetten über den Türen sowie durch zehn farbige, **Wickelkinder darstellende Medaillons** in glasierter Terrakotta, die **Andrea della Robbia** um 1463 schuf.

**Galleria dello Ospedale degli Innocenti**

In der Galleria dello Ospedale degli Innocenti im ersten Stock sind Gemälde und Fresken aus dem 14. bis 18. Jh. ausgestellt. Hervorzuheben sind die Werke von Giovanni del Biondo, Rossellino, Benedetto da Maiano und vor allem die Arbeiten von Domenico Ghirlandaio und Andrea del Sarto, zudem die Terrakotta-Madonna von Luca della Robbia. Ein bedeutendes Werk ist auch die Altartafel **»Anbetung der Könige« von Ghirlandaio**. Die Sammlung abgelöster Fresken, die man von ihrem ursprünglichen Ort entfernt hat, umfasst Werke Florentiner Künstler, u. a. von Poccetti, Bicci di Lorenzo, Lorenzo Monaco, Allori, Rosselli, Ghirlandaio, Fra Bartolommeo, Perugino und della Robbia.

# Palazzo Antinori

H 6/a III

**Lage:** Piazza Antinori 3
**Bus:** C 1, C 2, 6, 22, 36, 37
**Cantinetta:** Mo. – Fr. 12.00 – 14.30, 19.00 – 22.30 Uhr, www.cantinetta-antinori.com

**An der gleichnamigen Piazza erhebt sich der Stadtpalast der Familie Antinori, die sich seit vielen Generationen dem Anbau und Verkauf guter Weine widmet.**

**Palast von Winzern**

Der strenge und vornehme Bau wurde zwischen 1461 und 1466 im Stil Giuliano da Maianos errichtet. In dem Palast befindet sich die gleichnamige **Cantinetta**, in der man den hauseigenen Wein probieren und toskanische Spezialitäten von den Familiengütern kosten sollte – und nicht zuletzt kann man dabei einen Blick in den hübschen Innenhof mit Brunnen werfen.

## UMGEBUNG DES PALAZZO ANTINORI

**San Gaetano**

**Die schönste Fassade des 17. Jh.s** in Florenz besitzt die Kirche San Gaetano gegenüber aus dem 11. Jh., die jedoch zu Beginn des 17. Jh.s völlig erneuert wurde. Das Innere wird von hellen Figuren vor schwarzem Stein bestimmt, wodurch der Raum eine besondere Stimmung erhält. In der zweiten Kapelle links sieht man »Das Martyrium des hl. Laurentius« von Pietro da Cortona. Die Cappella Antinori des angrenzenden Klosters birgt einen »Gekreuzigten« von Filippo Lippi.

# * Palazzo Medici-Riccardi

H/J 6/b II

**Lage:** Via Cavour 1
**Bus:** C 1,11, 17
● Mo., Di., Do. – So. 9.00 – 18.30 Uhr, www.palazzo-medici.it, Eintritt: 7 €, Reservierung für die Cappella dei Magi: Tel. 055 2 76 03 40

**Der majestätische Quaderbau des Palazzo Medici-Riccardi, schräg gegenüber der Kirche San Lorenzo, verrät die Macht eines reichen Patriziergeschlechts. Zugleich zeigt er in der Beschränkung auf das Wesentliche die kluge Bescheidenheit der bürgerlichen Medici, die einem demokratisch-republikanischen Gemeinwesen vorstanden und sich im 15. Jh. nicht wie Stadtkönige gebärden durften.**

**Wohnsitz der Medici und von Künstlern**

Der Palast wurde von Michelozzo von 1444 bis etwa 1460 für Cosimo d. Ä. erbaut. Der besonders kunstsinnige Lorenzo der Prächtige nahm viele junge Künstler im Palazzo auf, so verbrachte Michelangelo seine Jugendzeit hier. Die Medici-Familie lebte in dem Palast, bis Cosimo I. 1540 in den Palazzo Vecchio umzog. 1659 erwarben ihn die Riccardi, die ihn vergrößerten (Verlängerung der Palastfront), und 1818 ging er in den Besitz der Großherzöge der Toskana über. Der Bau umfasst die bekannte Cappella dei Magi und die Biblioteca Riccardiana. Plünderungen, Zerstörungen und Verkäufe dezimierten den Bestand an wertvollen Kunstschätzen und Einrichtungsgegenständen erheblich.

**Außenansicht**

Die drei Geschosse dieses prototypischen ersten Renaissancepalastes sind streng voneinander abgesetzt, was ihre Eigenart hervorhebt. Im Erdgeschoss bemerkt man »kniende Fenster« – wegen der Konsolen, auf denen die Fensterbänke liegen, so genannt – mit Dreiecksgiebeln und Überfangbögen. Im ersten Geschoss sind die Rundbogenfenster zweigeteilt. Säulchen unterteilen die Fenster auch im zweiten Geschoss, das von einem Dachgesims bekrönt wird. An der Südseite prangt das **Wappen der Medici** mit sechs Kugeln, wovon die oberste mit einer Lilie geschmückt ist.

**Hof**

Durch den Torbogen gelangt man in den schönen ersten quadratischen Säulenhof, der außer mit dem Medici-Wappen mit zwölf Marmormedaillons, Nachbildungen römischer Kameen, über den Arkadengängen verziert wurde. Die Statue des **Orpheus** wurde von Baccio Bandinelli geschaffen.

Orpheus wacht über den Innenhof des Palazzo Medici-Riccardi

***Cappella dei Magi**

Vom Hof des Palazzo führt eine Treppe zur Palastkapelle, der Cappella dei Magi, im ersten Stockwerk, die nach Entwürfen von Michelozzo erbaut wurde. Die Wände der Kapelle schmückte **Benozzo Gozzoli** mit einem Freskenzyklus, der zu seinen Hauptwerken gehört: **»Der Zug der Heiligen Drei Könige nach Bethlehem«** (1459/1460). Gozzoli nahm darin zwei historische Ereignisse in Florenz auf: das prächtige, im Jahr1439 abgehaltene Konzil zur Vereinigung von West- und Ostkirche sowie den Besuch des Papstes Pius II., des großen Humanisten Aeneas Silvius Piccolomini, 1459 in Begleitung des Herzogs von Mailand. Einige der an diesen Ereignissen beteiligten Personen stellte der Künstler dar: als König den Patriarchen Josephus von Konstantinopel (als den ältesten), den oströmischen Kaiser Johannes VII. und Lorenzo de' Medici als jungen Knaben. Die sehr gut erhaltenen, besonders in den Farben eindrucksvollen Fresken vermitteln die Kulturvorstellung der Renaissance in der Florentiner Führungsschicht. Das Altarbild ist die Kopie einer berühmten Darstellung, der »Geburt Jesu« von Filippo Lippi; das Original hängt in der Berliner Gemäldegalerie.

## UMGEBUNG DES PALAZZO MEDICI-RICCARDI

**San Giovanni degli Scolopi**

Dem Stadtheiligen von Florenz, Johannes dem Täufer, steht Johannes der Evangelist zur Seite. Ihm zu Ehren begann der Architekt **Ammanati** 1579 im Auftrag des Jesuitenordens mit dem Bau der Kirche und des angrenzenden Kolleggebäudes gegenüber dem Palazzo Medici. Fertiggestellt wurde die Kirche jedoch erst durch den Architekten **Alfonso Parigi d. J.** (1661). Als die Jesuiten 1773 aus Florenz vertrieben wurden, übergab man die Kirche den Piaristen (Padri Scolopi). Die Innere ist mit Fresken reich geschmückt.

# ★★ Palazzo Pitti

H 7

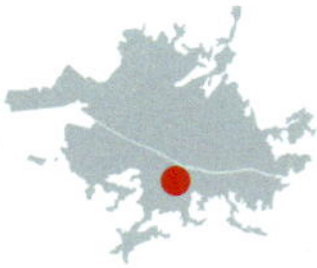

**Lage:** Piazza Pitti
**Bus:** C 3, D, 11, 36, 37
Di. – So. 8.15 – 18.50 Uhr, www.polomuseale.firenze.it,
Eintritt: 8,50, bei Ausstellungen 13 €

**Einst war der Palazzo Pitti Schauplatz der fürstlichen Hofhaltung der Großherzöge, heute ist er mit seiner kostbaren Inneneinrichtung und vor allem mit der umfangreichen Gemäldegalerie von europäischem Rang, für jedermann zugänglich. Außerdem beherbergt der Palast die Appartamenti Reali der ersten italienischen Könige.**

Der Palast besticht durch seine Größe (32 000 m² Fläche, 205 m Fassadenlänge), sein imposantes Äußeres und durch die Lage oberhalb des gleichnamigen weitläufigen Platzes. Die Pitti waren eine angesehene und reiche Florentiner Kaufmannsfamilie. Deshalb plante Luca Pitti (nach 1447) einen großartigen Stadtpalast auf dem südlichen Arno-Ufer, etwas oberhalb der Stadt.
Der **Architekt Luca Fancelli** leitete – möglicherweise nach Entwürfen Brunelleschis – die ersten Bauarbeiten (1457 – 1466). Zwischen 1558 und 1570 ließ Eleonora von Toledo, die Frau Cosimos I., den Palazzo, den sie 1549 erworben hatte, durch Bartolomeo Ammanati gänzlich erneuern: Dabei wurde er beträchtlich vergrößert. Für den Schmuck der Gemächer kauften die neuen Medici-Besitzer, vor allem Cosimo II., wertvolle Bilder, die den Grundstock der Galleria Palatina ausmachen. Antike und zeitgenössische Statuen kamen mit der Zeit hinzu.
Der Palazzo Pitti war von 1864 bis 1871 Residenz der italienischen Könige, als Florenz Hauptstadt eines noch nicht gänzlich geeinten Italien war. König Vittorio Emanuele III. schenkte ihn 1919 schließlich dem Staat, der die Museen erweitern ließ.
Architektonische Höhepunkte stellen die Schauseite des Palasts dar mit den mächtigen Steinquadern, den hochgewölbten Fenstern und den Stufungen der Geschosse sowie der von 1558 bis 1570 in manieristischem Stil von **Bartolomeo Ammanati** angelegte Hof, der als Grotte erscheint und von »rustikaler« Fantasie belebt ist. An ihn schließt nach der Terrasse mit Brunnen und Statuen des ►Giardino di Boboli an. Zwar behielt der Baumeister beim Hof den dreigeschossigen Aufbau mit klassischer Säulenordnung (dorisch, ionisch, korinthisch) bei, zerlegte jedoch die vertikale Säulenstruktur wieder durch horizontale über drei Geschosse variierende Schichten von Rustikaquadern und band auf diese Weise die hervortretenden Säulen wieder in die Wandfläche ein.

## ★★ GALLERIA PALATINA

Sammlung

Vom Innenhof des Palastes gelangt man rechts zum Aufgang der Galleria Palatina im ersten Stockwerk. Die Bilder der Galerie sind nicht nach ihrer chronologischen Entstehung, sondern nach dekorativen Kriterien geordnet, um die Prunkräume zusammen mit dem wertvollen Mobiliar zu schmücken. Die Namen der Räume entsprechen der ausgestellten Thematik bzw. den in ihnen mit Werken vertretenen Künstlern. Besonderes Interesse verdienen die Gemälde von Raffael, Andrea del Sarto, Tizian, Tintoretto und Rubens.

Sala Castagnoli

Von der Treppe aus durchquert man das Vestibül und gelangt in die Sala delle Statue mit antiken Skulpturen, wo der Rundgang beginnt.

## Palazzo Pitti

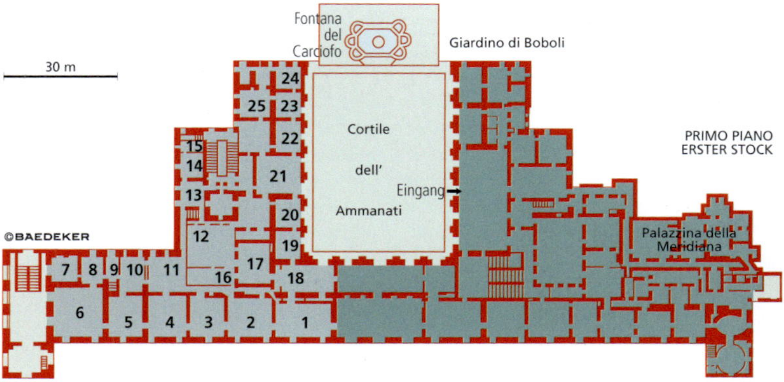


Galleria Palatina

Appartamenti Reali

**1** Sala di Venere
Tizian, Tintoretto
**2** Sala di Apollo
Van Dyck, Rubens, Reni, del Sarto Tizian, Tintoretto
**3** Sala di Marte
Tintoretto, Reni, Tizian, Rubens, Murillo, Veronese
**4** Sala di Giove
Raffael, Bordone, Rubens, del Sarto, Perugino, Guercino
**5** Sala di Saturno
Raffael, Perugino, Ghirlandaio
**6** Sala dell'Iliade
Velázquez, Raffael
**7** Sala della Stufa
Fresken von Roselli, P. da Cortona
**8** Sala dell'Educazione di Giove
Caravaggio, Allori
**9** Bagno di Napoleone
**10** Sala di Ulisse
Raffael, Reni, Lippi
**11** Sala di Prometeo
Signorelli, Lippi, Botticelli, Reni
**12** Corridoio d. Colonne
**13** Sala della Giustizia
Veronese, Tizian
**14** Sala di Flora
Canova, Bronzino
**15** Sala dei Putti
Jordaens, Rubens
**16** Galleria Poccetti
Pontormo, Rubens, Ribera, Dughet
**17** Sala della Musica
**18** Sala Castagnoli
**19** Sala delle Allegorie
**20** Sala delle Belle Arti
**21** Salone d'Ercole
**22** Sala dell'Aurora
**23** Sala di Berenice
**24** Sala di Psiche
**25** Sala della Fama

Die Reihenfolge der beschriebenen Räume entspricht der Nummerierung im Grundriss. Benannt ist der Saal nach dem **Künstler Giuseppe Castagnoli**, der nach 1815 das Deckengemälde schuf. An den Längswänden des Raumes stehen zwei kolossale Marmorstatuen aus der Villa Medici in Rom. Der wertvolle **Musentisch** aus Lapislazuli in der Raummitte, der zwischen 1800 und 1855 im Opificio delle Pietre Dure geschaffen wurde, ist mit pflanzlichen und figürlichen Motiven aus Halbedelsteinen verziert.

**Sala delle Allegorie**

Die mit der Sala delle Allegorie beginnende Saalflucht, die Quartiere del Volterrano, war zur Zeit der Medici Winterwohnung der Großherzogin. Aus der Medici-Zeit stammt nur noch die Dekoration des ersten Raums, die anderen Säle erhielten nach 1815 eine neue Ausstattung. Der von der Großherzogin Vittoria della Rovere in Auftrag gegebene »Saal der Allegorien« ist mit Fresken des Malers Volterrano (1611 – 1689) ausgestattet. Die Plastik **»Michelangelo als Kind«** (1861) von Emilio Zocchi vermittelt den Mythos des genialen Künstlers, der schon in jungen Jahren einen Faun meißelt.

Sala della Musica

Der »Musiksaal« ist benannt nach den Konzerten, die hier stattfanden, auch von Musikinstrumenten nachempfundenen Möbeln inspiriert. Beachtenswert ist der gemalte Fries, der ein Relief vortäuscht.

Sala di Prometeo

Fast alle Tondi der Galleria Palatina hängen in der Sala di Prometeo (»Saal des Prometheus«). Sie stammen ebenso wie die anderen Werke in diesem Raum aus dem 15. und 16. Jahrhundert. Mit Arbeiten vertreten sind hier u. a. Filippo Lippi, Sandro Botticelli, Ridolfo del Ghirlandaio und Guido Reni. Das ***Madonnenbild** (um 1450), das große und einzige Tondo **Lippis**, vereinigt in mittelalterlicher Weise verschiedene Themen: Madonna mit Kind, Szenen aus dem Leben der hl. Anna und die Geburt Mariens. Der Saal ist nach dem Deckengemälde benannt, auf dem Prometheus, der den Menschen das Feuer bringt, dargestellt ist. Die mit farbigen Blumensträußen bemalte und vergoldeten Bronzeverzierungen geschmückte Vase stammt aus der Sèvre-Porzellan-Manufaktur.

Sala della Giustizia

Im »Saal der Gerechtigkeit« hängen in erster Linie Werke der venezianischen Malerei des 16. Jh.s. Herausragend ist **Tizians *»Bildnis des Tommaso Mosti«** (1520 – um 1530), der dem Hof von Urbino angehörte. Typisch für die Meisterschaft des Malers sind die genaue Darstellung des Gesichts und der pelzgefütterten Jacke.

Sala di Ulisse

An der Decke der Sala di Ulisse (»Odysseus-Saal«) ist die Heimkehr von Odysseus dargestellt, eine Anspielung auf die Rückkehr Ferdinands III. von Lothringen nach Florenz (1815). Wichtigstes Werk in diesem Saal ist **Raffaels *»Madonna dell' Impannata«** (um 1514), benannt nach dem Stoff, mit dem das Fenster verhangen ist. Das Gemälde zeigt eine komplizierte Figurenanordnung.

Sala dell' Educazione di Giove

Napoleon diente der »Saal der Erziehung des Jupiter« als Schlafgemach. **Caravaggios »Schlafender Amor«** hier zeigt seinen ausgeprägten Realismus: Als Modell hatte er ein totes Kind, wodurch die mythologische Figur nicht idealisiert ist, sondern die Darstellung eines wahrheitsgetreuen Abbildes eines kindlichen Körpers gelingt.

Sala della Stufa

Die kleine Sala della Stufa (»Saal des Ofens«) wurde zunächst 1627 von dem florentinischen Künstler Matteo Rosselli dekoriert, die Gemälde für die freigebliebenen Wände schuf **Pietro Cortona** 1637 und 1640/1641. Sie thematisieren die **»Vier Lebenszeitalter des Men-**

**schen«**: das goldene, silberne, kupferne und eiserne. Von diesem Saal aus wurden die anderen Räume geheizt.

**Sala dell' Iliade**

Die Ausstattung des »Saales der Ilias« wurde erst zwischen 1819 und 1825 neu geschaffen. Luigi Sabatelli malte das Deckengemälde, das den Olymp zeigt, und die Lünetten mit Szenen aus Homers »Ilias«. Zwei großformatige Bilder Andrea del Sartos, die beide die **Himmelfahrt Marias** zum Thema haben, hängen einander gegenüber und können miteinander verglichen werden. Ferner erfordern das gelungene Frauenporträt ***»La Gravida«** (»Die Schwangere«; um 1507) von **Raffael** und das im barocken Stil gemalte **»Bildnis des Grafen Waldemar Christian«** (um 1660) von **Justus Sustermans**, des Hofmalers der Medici, besondere Beachtung.

**Sala di Saturno**

Das Deckenfresko (1662 – 1665) im »Saturn-Saal« von Ciro Ferri stellt den Fürsten als Herakles dar, der zum Olymp aufsteigt. Beeindruckend in ihrer Schlichtheit und Innigkeit ist die **»Madonna del Granduca«** (um 1506) von **Raffael**. Die ***»Madonna mit Kind und dem Johannesknaben«** (»Madonna della seggiola«; ca. 1516) ist das einzige Madonnenbild Raffaels in Tondoform. Diese Form bewirkt Dichte und Monumentalität der Darstellung. Ebenfalls von Raffael stammen die **Porträts von Agnolo und Maddalena Doni** (beide 1505/1506). Vor allem in der Haltung Magdalenas ist der Einfluss von Leonardo da Vincis »Mona Lisa« erkennenbar. Die Vorliebe des Malers zum Detail wird in beiden Porträts deutlich. Die Doni waren Kunstsammler und Mäzene, die auch Michelangelo schätzten.

**Sala di Giove**

Auch der »Saal des Jupiter« (1642 – 1644) ist mit Deckenbildern von Pietro da Cortona ausgestattet. Der Saal diente als Thronsaal, worauf das Deckengemälde Bezug nimmt. Zu den bedeutendsten Kunstwerken dieses Raums zählt das bekannte Gemälde **»Der Johannesknabe«** (ca. 1525) von **Andrea del Sarto**; bemerkenswert ist die plastische Gestaltung der Figur, die durch den roten Mantel noch verstärkt wird. Eines der wichtigsten Bilder des frühen 16. Jh.s ist die ***»Pietà«** (ca. 1511 – 1512) von **Fra Bartolomeo**; das Werk beeindruckt durch die lebensnahe Darstellung und die intensiven Farben. **»Die drei Alter des Menschen«**, das Giorgione zugeschrieben wird, hat eine Gesangsstunde zum Thema. Die **»Dame mit Schleier«** (»La Velata«), eines der schönsten Frauenporträts **Raffaels**, entstand um das Jahr 1516.

**Sala di Marte**

Die Deckengemälde (1644 – 1646) im »Saal des Mars« stammen von Pietro da Cortona und zeigen das Familienwappen der Medici, umgeben von allegorischen Szenen zu Krieg und Frieden. In Korrespon-

**Dicht an dicht hängen die Gemälde in prunkvollen Räumen.**

denz zur Thematik des Deckenbildes steht **Rubens'** großformatiges Meisterwerk ***»Die Folgen des Krieges«** (1637 – 1638). Dargestellt ist, wie Venus vergeblich versucht, Mars davon abzuhalten, in den Krieg zu ziehen. Rubens schuf das Gemälde unter dem Eindruck des Dreißigjährigen Krieges. Ein Meisterwerk der Porträtkunst des 17. Jh.s ist das Gemälde ***»Die vier Philosophen«** (1611 – 1612) von Rubens, wo sich der Künstler links selbst dargestellt hat. Der Maler schuf das Werk in Erinnerung an seinen verstorbenen Bruder Philipp und dessen Philosophielehrer Justus Lipsius; der rechte Mann ist ein Mitschüler. Die Tulpen bei der Büste Senecas symbolisieren die Blüte des Lebens.
Das **»Bildnis des Ippolito de' Medici«** (1533) malte **Tizian** als Erinnerung an die Kriegstaten des Kardinals bei der Belagerung Wiens durch die Türken. In der Farbgebung und in der Mimik wird denn auch das Kriegerische des Geistlichen betont. Im **»Bildnis des Kardinals Bentivoglio«** (ca. 1625) verherrlicht **van Dyck** den päpstlichen Legaten in den Niederlanden durch die Kardinalsfarbe Rot, die edlen Gesichtzüge und die feinen Hände. **Tintoretto** verdeutlicht im **»Bildnis des Alvise Cornaro«** (ca. 1560 – 1665) neben dem Rang des Literaten auch dessen menschliche Seite.

**Sala di Apollo**

Wiederum schuf Pietro da Cortona die Fresken des »Apollo-Saales«, die er 1646 begann und sein Schüler Ciro Ferri vollendete. Von den aus dem 16. und 17. Jh. stammenden Werken seien besonders genannt: **»Hl. Maria Magdalena«** und **»Bildnis eines Mannes«** (ca. 1535), beide von **Tizian**. Das erstere Gemälde, das um 1535 für den Herzog von Urbino entstand, zeigt in der Haarpracht der Heiligen das typische »Tizianrot«. Im »Bildnis eines Mannes« hebt der Maler den hohen Rang des Porträtierten durch den hochmütigen Blick, das schwarze Gewand und die schwere Goldkette hervor. Die **»Beweinung Christi«** (»Pietà di Luco«) malte **Andrea del Sarto** 1523/1524 für den Hochaltar der Kirche von Mugello. Die changierende Farbgebung des Gemäldes verweist bereits auf den Manierismus. Dem Spätwerk **Guido Renis** zuzurechnen ist die »Kleopatra« (1638/1639) in pathetischer Pose und Lichtführung.

**Sala di Venere**

Die Deckenfresken, die ebenfalls von Pietro da Cortona um 1641/1642 ausgeführt wurden, zeigen im Mittelteil einen jungen Fürsten, der von Minerva der Venus entrissen wird, um ihn den Künsten zuzuführen. Die ovalen Stuckmedaillons stellen die Päpste und Fürsten der Medici dar. In der Saalmitte steht die ***»Italische Venus«** von **Antonio Canova**, die 1810 von Napoleon in Auftrag gegeben worden war. Meisterlich ist bei der Statue die Bearbeitung der Marmors bei der Behandlung der Körperoberfläche und des Gewandes. In den Gemälden »Rückkehr der Bauern vom Feld« (ca. 1640) und »Odysseus auf der Insel Feaci« hebt **Rubens** die heitere Seite der Natur hervor. Eine grandiose Landschaftsdarstellung gelang **Salvatore Rosa** mit dem **»Meer bei Sonnenuntergang«** (ca. 1645), auf dem die untergehende Sonne der Szenerie eine besondere dichte Wirkung verleiht. Drei ****Gemälde** bezeugen die gestalterischen Möglichkeiten von **Tizian**: »Das Konzert« (1510 – 1512) als ungewöhnliches Genrebild sowie »Bildnis einer Edelfrau« (ca. 1536) und »Bildnis von Pietro Aretino« (1545) als einfühlsame Menschenbilder.

## WEITERE MUSEEN

***Appartamenti Reali** **(▶Abb. S. 22)**

Die Sammlung der Kunstwerke in der Galleria Palatina des Palazzo Pitti wird ergänzt durch die Appartamenti Reali (»Königliche Gemächer«), in denen Viktor Emanuel II., Umberto I., Königin Margherita und Viktor Emanuel III. wohnten. Die prunkvollen Räume – auch hier sollte man Fresken und Stuckverzierungen beachten – sind mit kostbaren Möbeln, Gemälden, Statuen, Gobelins und Gebrauchsgüter ausgestattet. Die meisten Einrichtungsgegenstände stammen aus dem 19. Jh., einige Räume bergen daneben noch florentinische Barockmöbel.

In den Appartamenti Reali

Die **Galleria d'Arte Moderna** (▶Abb. S. 64) befindet sich im zweiten Stockwerk des Pitti-Palasts. Sie wurde um 1860 gegründet und kontinuierlich erweitert durch Kunstwerke, die man aus öffentlichen Einrichtungen hierher überführte, sowie durch Schenkungen. Sie zeigt eine beeindruckende Übersicht über die **toskanische Malerei des 19. und 20. Jh.s** sowie anderer italienischer Schulen; hinzu kommen Beispiele der Bildhauerei dieser Zeit. Ein Teil der Sammlung ist den Macchiaioli gewidmet. Die Vertreter dieser toskanischen Schule – u. a. Giovanni Faltori, Silvestro Lega, Telemaco Signorini – erhielten ihren Namen aufgrund ihrer anti-akademischen Pinselführung. Außerdem sind Werke moderner italienischer Maler vertreten. Zu ihnen gehören u. a. Severini, Soffici, De Chirico und Morandi.

**Museo degli Argenti** Im Erdgeschoss des Palazzo Pitti (Zugang vom Innenhof des Palasts, links) ist die **Silberkammer** untergebracht. Neben Silber- und Goldschmiedearbeiten werden hier auch Edelsteine, Schmuck, Elfenbein- und Bernsteinarbeiten sowie bemaltes Glas und Porzellan präsentiert. Die Sammlung des Museums, das nach dem Ersten Weltkrieg gegründet wurde, basiert auf dem Silberfundus des Hauses Medici; weitere Ausstellungsstücke stammen aus den Uffizien, dem Bargello sowie dem Schatz der fürstlichen Erzbischöfe von Salzburg und der italienischen Könige. Zu sehen sind Schmuckkästchen und Reliquienschreine (17./18. Jh.), Vasen, Kristallgefäße, Gobelins, Bernstein- und Elfenbeinarbeiten (16./17. Jh.), die Schmucksammlung der Medici, Becher, goldenes Tafelservice sowie Silberkrüge und -schüsseln.

ⓘ Jan., Feb., Nov., Dez. 8.15 – 16.30; März 8.15 – 17.30, Apr., Mai, Sept., Okt. 8.15 – 18.30, Juni, Juli, Aug. 8.15 – 18.50 Uhr, Eintritt: 7 €, www.polomuseale.it

**Museo delle Carrozze** Das Kutschenmuseum ist im rechten Seitenflügel des Erdgeschosses des Palazzo Pitti untergebracht. Ausgestellt sind Prunkkutschen, Kaleschen und Wagen aller Art, die im 18. und 19. Jh. von den Großherzögen und Königen benutzt wurden.

ⓘ Zzt. wegen Restaurierung geschl.

## UMGEBUNG DES PALAZZO PITTI

**Giardino di Boboli** ▶dort

**Museo Zoologico** Im Palazzo Torrigiani befindet sich das Zoologische Museum, auch »**La Specola**« (»Sternwarte«) genannt, weil Großherzog Pietro Leopoldo 1775 hier ein astronomisches und meteorologisches Observatorium einrichtete. Es wurde bereits 1775 für Besucher geöffnet und gilt damit als das älteste Wissenschaftsmuseum Europas. Das Museum verfügt über eine enorme Quantität an Tierexponaten. Von besonderem Interesse ist die **Sammlung anatomischer Präparate in Wachs**.

ⓘ Via Romana 17, Juni – Sept. Di. – So., Fei. 10.30 – 17.30, Okt. – Mai Di.–So. 9.30 – 16.30 Uhr, www.msn.unifi.it, Eintritt: 6 €

**San Felice** Die Entstehungsgeschichte der Kirche San Felice gegenüber dem Palazzo Pitti geht weit ins Mittelalter (1066) zurück. Die Fassade, ein klassisches Beispiel einfacher, doch wirkungsvoller Renaissancearchitektur, entstand um 1450. Werke der Giotto-Schule (»Gekreuzigter«), der Schule des Filippino Lippi (Triptychon), des Ridolfo Ghirlandaio (»Madonna mit Kind«), des Neri di Bicci (Triptychon) und eine Terrakotta-Gruppe aus der Schule des Giovanni della Robbia bereichern die Ausstattung der Kirche.

# ★ Palazzo Rucellai

H 6/a III

**Lage:** Via della Vigna Nuova 16
**Bus:** C 3, D
ⓘ Führungen n. V., Tel. 055 2 64 59 10

**Der Architekt Bernardo Rossellino errichtete von 1446 bis 1451 nach Entwürfen von Leon Battista Alberti den Palast, der zu den schönsten Stadthäusern der Renaissance in Florenz gehört. Giovanni di Paolo Rucellai war der Auftraggeber, ein Fernhandelskaufmann, der im 15. Jh. zu Geld gekommen war.**

**Palast eines reichen Kaufmannes**

Architekt und Künstler, Alberti und Bernardo Rossellino, konnten sich an diesem Bau frei entfalten, denn der wohlhabende Händler stellte bereitwillig Mittel zur Verfügung. So entstand ein Palazzo, der durch die genaue Zeichnung der Fassade mit nach oben schmaler werdenden Pilastern, verschieden geformten Fenstern, genau behauenen Steinquadern und einer nach oben abnehmenden Geschosshöhe eine klare Konzeption und eine großzügige Ausführung verrät – ein Markstein in der Architekturgeschichte der Renaissance. Über den Fenstern des ersten Geschosses zieht sich ein Fries mit windgeblähten Segeln, dem Handelszeichen der Rucellai. Im Palast wohnt noch heute die Besitzerfamilie Rucellai, außerdem beherbergt er ein amerikanisches Studienkolleg.

## UMGEBUNG DES PALAZZO RUCELLAI

**Palazzo Corsini**

Der Palazzo Corsini steht etwas weiter südlich des Palazzo Rucellai am Arno. Er ist unvollendet, sein linker, symmetrisch zum rechten passender Teil fehlt. Der Palast, noch heute im Besitz der Familie Corsini, wurde von Pier Francesco Silvani und Antonio Ferri von 1648 bis 1656 mit barocken Elementen erbaut.
Der Palazzo beherbergt die **Galleria Corsini,** die bedeutendste Privatsammlung von Florenz, die 1765 von Lorenzo Corsini, einem Neffen Papst Klemens' XII., gegründet wurde. Zu sehen sind schöne Beispiele der italienischen und ausländischen Schulen des 17. Jh.s und der Florentiner Malkunst des 15. und 16. Jh.s, u. a. von Raffael. Im Palazzo finden zudem mondäne Veranstaltungen, Festbankette und alle zwei Jahre eine renommierte edle Antiquitätenmesse statt.
ⓘ Lungarno Corsini 10, zzt. geschl., www.palazzocorsini.it

**Ponte alla Carraia**

Der Ponte alla Carraia (unweit westlich des Palazzo Corsini), der älteste Arno-Übergang nach dem Ponte Vecchio, stürzte mehrfach ein und musste neu erbaut werden: z. B. 1304, nachdem zuviele Schaulustige von der Brücke aus ein Wasserspektakel auf dem Arno verfolgen wollten, oder infolge von Überschwemmungen. Der Baumeister **Bartolomeo Ammanati** gab ihr 1559 die heutige Form mit fünf Bögen. Der Ponte alla Carraia wurde während des Zweiten Weltkrieges von den deutschen Truppen gesprengt, doch gelang es, die Brücke in Anlehnung an ihre ursprüngliche Form wiederzuerrichten.

# * Palazzo Strozzi

H 6/a III

**Lage:** Piazza Strozzi
**Bus:** C 1, 6, 22, 36, 37
Bei Ausstellungen: tgl. 9.00 – 20.00, Do. bis 23.00 Uhr, Eintritt: 10 €, www.palazzostrozzi.org

**Das Stadthaus der machtbewussten Familie Strozzi gilt als der schönste der Florentiner Renaissance-Paläste und legt Zeugnis ab von ihrem großen Selbstbewusstsein.**

**»Mächtiger« Palast**

Die Strozzi fühlten sich im 15. Jh. den Medici durchaus ebenbürtig. Um den einflussreichen Lorenzo de' Medici, den Prächtigen, jedoch nicht durch einen Bau herauszufordern, der den Palazzo Medici-Riccardi an Stattlichkeit in den Schatten stellen würde, plante der reiche Kaufmann Filippo Strozzi für seine Familie ein Stadthaus, das durch sorgfältigste Ausführung, nicht durch Größe und Pracht hervorstechen sollte. So entstand zwischen 1489 und 1536 der Palazzo Strozzi. Im Jahr seiner Fertigstellung beschlagnahmte Cosimo I. den Palast; erst 1568 wurde er der Familie Strozzi zurückgegeben. Die Architekten Benedetto **da Maiano** und – nach seinem Tod – **Cronaca** vereinten in diesem Bau die Errungenschaften der Renaissancearchitektur, eine klassisch-schöne Gliederung im gesamten Entwurf und in den Einzelheiten, mit einer handwerklich vollkommenen Bearbeitung aller Bauelemente. Die Wirkung der Fassade beruht auf der ausgewogenen Gliederung der Geschosse, des Portals, der Fenster und des abschließenden Gesimses sowie der genauen Steinmetzarbeiten an allen Quadern (Bossenstil), die von unten nach oben in ihrer Wölbung abnehmen und horizontal in ihrer Reihe gleichmäßig verlaufen. Die Schmiedearbeiten – Wandringe zum Anbinden der Pferde, Fackelhalter und Ecklaternen – wurden von Niccolò Grosso um 1500 ausgeführt, einem berühmten Eisenschmied, der Aufträge seiner Kunden nur nach Vorauszahlung annahm. Beachtenswert ist der elegante Hof, ein Werk von Cronaca. Der Palazzo beherbergt heute Kultureinrichtungen und große Kunstausstellungen.
In der **Galleria Strozzina** (Center of Contemporary Cultur, CCC), die im Untergeschoss untergebracht ist, werden Ausstellungen mo-

derner und zeitgenössischer Kunst ausgerichtet. Zudem zeigt ein kleines **Museum** hier die Baugeschichte des Palazzos; u. a. ein Holzmodell des Baus von da Maiano.

**Palazzo dello Strozzino**

Die jüngere Linie der Familie der Strozzi ließ 1458, also bevor der heute gegenüberliegende Palazzo Strozzi entstand, von Michelozzo ein Stadthaus errichten, das von Giuliano da Maiano von 1462 bis 1465 vollendet wurde.

# ** Palazzo Vecchio

J 7/b IV

**Lage:** Piazza della Signoria
**Bus:** C 1, C 2
ⓘ April – Sept. Mo. – Mi., Fr. – So. 9.00 – 24.00, Do. 9.00 – 14.00, Okt. – März Mo. – Mi., Fr. – So. 9.00 – 19.00 Uhr, Turm: 10.00 – 17.00, Do. 9.00 – 14.00 April - Sept. bis 21.00 Uhr, Eintritt Museum: 10 €, mit Turm 14 €, Museum, Turm, Ausgrabungen: 16 €, http://museicivicifiorentini.comune.fi.it

**Die Strenge und Schönheit der Stadt, der Stolz und die Bodenständigkeit der Florentiner verkörpern sich im Palazzo Vecchio, dem Sitz der Stadtregierung, auf einzigartige Weise. Der gewaltige wehrhafte Bau aus gotischer Zeit stand am Beginn des Aufstiegs der Stadtrepublik zu Macht und Größe und blieb als Symbol einer geschichtlichen Glanzzeit bestehen.**

**Symbol des florentischen Machtbewusstseins**

Als Ausdruck des Sieges des Bürgertums über den Adel demonstriert der kommunale Regierungssitz als größter mittelalterlicher Profanbau das Selbstbewusstsein des florentinischen Gemeinwesens vom 14. bis 16. Jahrhundert. Der kühn, 94 m hoch aufragende Turm und die Säle repräsentierten den Weitblick und die Kunstliebe der Bürger von Florenz. Den Baubeginn 1299 schreiben die Einwohner dem berühmten **Arnolfo di Cambio** zu. Der wehrhafte gotische Kernbau mit Turm war 1314 fertig. Danach waren mehrere Bauherren - darunter Michelozzo - an der Weiterführung, den Zu- und Umbauten des Palasts beteiligt, der zuerst Amtssitz der Prioren und des Gonfaloniere war, also der Magistrats-Regierung der Republik, der »Signoria«. Seine anderen Namen Palazzo del Popolo und del Comune erhielt er aufgrund des republikanisch-demokratischen Charakters von Florenz in Abgrenzung zu den verschiedenen Versuchen, eine Fürstenherrschaft durch die Medici zu errichten, was dauerhaft erst ab 1530 gelang. Danach zog Cosimo I., Herzog, dann Großherzog der Toskana, 1540 in den Hauptpalast der Stadt, der nunmehr Palazzo Ducale (»Herzogspalast«) hieß. Bald jedoch wechselte der Fürst in den Palazzo Pitti über, sodass der Name Palazzo Vecchio (»Alter Pa-

last«) gebräuchlich wurde. Im 19. Jh. richtete sich hier die Stadtverwaltung ein, und die Prunkräume wurden als Museum der Öffentlichkeit zugänglich gemacht. Nun können auch die Ausgrabungen des römischen Theaters unterhalb des Palazzo besichtigt werden.

**Außenansicht**

Links vor dem Haupteingang steht eine Kopie des von Donatello geschaffenen Marzocco-Löwen mit dem Florentiner Wappen in den Pranken, daneben eine Kopie der Bronzestatue »Judith und Holofernes« von Donatello (das Original befindet sich in der Sala dei Gigli), rechts eine Kopie der Statue des »David« von Michelangelo (Original in der Galleria dell' Accademia) sowie eine Marmorgruppe mit Herkules und Cacus von Bandinelli (1533). Den oberen Teil der Fassade schmücken Fresken mit Wappen der Kommune Florenz.

**Erdgeschoss**

Den ersten Hof, den **Primo Cortile**, gestaltete 1470 Michelozzo um und ließ prachtvolle Säulen errichten. In der Mitte steht ein graziöser Brunnen, dessen Spitze ein Genius mit einem wasserspeienden Delphin (um 1475; Original von Verrocchio im zweiten Stock) einnimmt. Im Oberteil der Wandzonen sind 18 große **Stadtbilder** zu bemerken, die anlässlich der Hochzeit von Francesco I. de' Medici mit Johanna von Österreich 1565 gemalt wurden. In einer Nische steht die Marmorgruppe »Samson und der Philister« von Perino da Vinci. Die **Camera dell' Arme** (»Waffenkammer«) ist insofern sehenswert, als sie der einzige Raum ist, der vom Palast des 14. Jh.s erhalten blieb. Heute wird der Saal für Ausstellungen genutzt.
Im zweiten Hof, dem Cortile della Dogana, befindet sich die Kasse, und über die große Treppe (1560 – 1563) von Vasari gelangt man in die Säle des ersten Stocks.

**Erster Stock**

Der riesige repräsentative **Salone dei Cinquecento** (»Saal der Fünfhundert«) – 54 m lang, 22 m breit und 18 m hoch – ist das Werk von Cronaca (1495). Die Wände sollten ursprünglich zwei berühmte Bilder schmücken: Michelangelos Darstellung der Schlacht bei Cascina und Leonardos Schlacht von Anghiari. Die heutigen Wandmalereien von Giorgio Vasari haben die Kriege gegen Pisa (Wand des Zugangs) und gegen Siena (Wand gegenüber dem Zugang) zum Thema. Die geschnitzte Decke trägt in reichem Schmuck 39 Felder mit allegorischen Darstellungen und Szenen aus der Geschichte von Florenz und der Medici.
Im **Udienza** (»Audienz-Saal«) genannten Teil des Salone (linke Querseite), der für Empfänge und Zeremonien bestimmt war, stehen in den Nischen **Statuen der Medici**: Cosimo I., Papst Leo X., Giovanni delle Bande Nere, Alessandro, Papst Klemens VII., der Kaiser Karl V. krönt, Francesco I., Werke von Bandinelli, De' Rossi und Cac-

**Palazzo Vecchio: Symbol des Selbstbewusstseins der Stadtrepublik**

## Palazzo Vecchio

ZWEITER STOCK

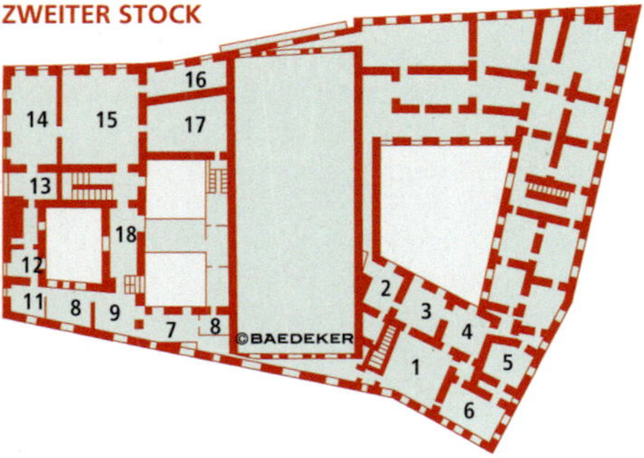


ZWEITER STOCK

Quartiere degli Elementi
- **1** Sala degli Elementi
- **2** Camera di Cerere
- **3** Camera di Opi
- **4** Camera di Giove
- **5** Camera di Ercole
- **6** Loggiato di Saturno

Quartiere di Elenora
- **7** Sala verde
- **8** Cappella di Eleonora
- **9** Sala delle Sabine
- **10** Sala di Ester
- **11** Sala di Penelope
- **12** Sala di Gualdrada
- **13** Cappella dei Priori
- **14** Sala dell' Udienza
- **15** Sala degli Gigli
- **16** Cancelleria
- **17** Sala delle Carta Geografiche
- **18** Salotta

ERSTER STOCK

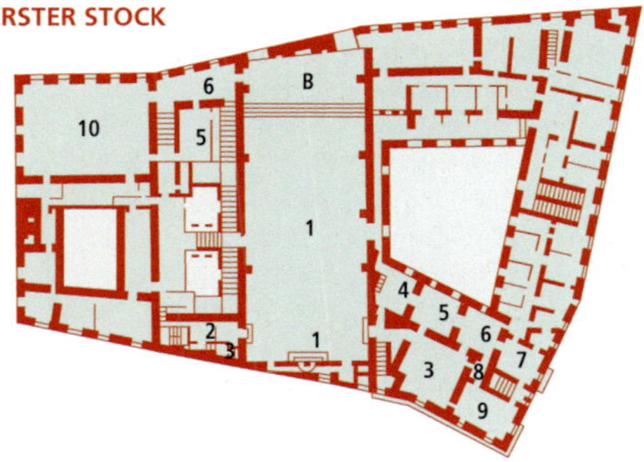


ERSTER STOCK
- **1** Salone dei Cinquecento
- **2** Studiolo di Francesco I

Quartiere di Leone X
- **3** Sala di Leone X
- **4** Sala di Cosimo il Vecchio
- **5** Sala di Lorenzo il Magnificio
- **6** Sala di Cosimo I
- **7** Sala di Giovanni delle Bande Nere
- **8** Cappella di Leone X
- **9** Sala di Clemente VII
- **10** Sala dei Dugento

ERDGESCHOSS

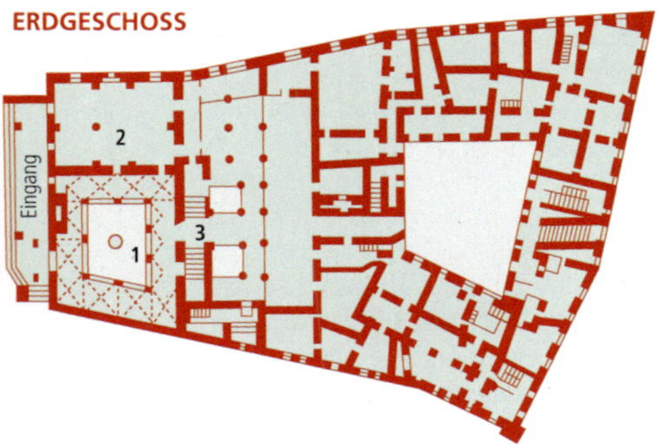


ERDGESCHOSS
- **1** Primo Cortile (Innenhof)
- **2** Camera dell' Arme
- **3** Treppe von Vasari

cini. An der gegenüberliegenden Seite sieht man die berühmte Marmorstatue ***»Genio della Vittoria«** (»Genius des Sieges«, nach 1516) von Michelangelo, deren Funktion nach neuerer Forschung umstritten ist. Die Statue zeigt die souveräne Meisterschaft des Künstlers in der Bearbeitung des Marmors und seine Gestaltungskraft in der Schönheit und den komplizierten Bewegungen der Körper. Daneben stehen in den Seitennischen römische Statuen: Ganymed, Merkur, Apollo und Bacchus. Gemälde, Fresken, Statuen (Herkulesfiguren von Vincenzo de' Rossi) und Wandgemälde vollenden die Ausstattung des Saales. Das **Studiolo von Francesco I. de' Medici** wurde von Vasari in den Jahren 1570 bis 1575 entworfen und ist reich mit Gemälden, Fresken und Statuen ausgestattet. In diesem »Schatzkästlein« des Florentiner Manierismus haben bedeutende Maler (Allori, Naldini) und Bildhauer (Giambologna) gearbeitet.

Michelangelo: Genius des Sieges

Vom Salone dei Cinquecento (auf der gegenüberliegenden Seite des Eingangs, rechts) gehen die **Quartiere di Leone X** (»Gemächer Leos X.«) ab. Die Zimmer dieses Komplexes, benannt nach Giovanni de' Medici, dem späteren Papst Leo X., sind weiteren bedeutenden Mitgliedern der Medici gewidmet: Cosimo dem Älteren, Lorenzo dem Prächtigen, Cosimo I., Giovanni delle Bande Nere und Papst Klemens VII. Viele Malereien stammen von **Vasari** und seiner Werkstatt und haben oft Szenen aus dem Leben der Medici zum Thema.

Zweiter Stock

Die **Quartiere degli Elementi** (»Räume der Elemente«), die von Vasari und seinem Schüler Gherardi von 1556 bis 1566 ausgemalt wurden, sind unterteilt in: **Saal der Elemente**, den allegorische Darstellungen von Feuer, Wasser, Luft und Erde in manieristischem Stil schmücken; den Terrazzo di Saturno, von wo sich ein schöner Ausblick über Florenz eröffnet; die Säle der Ceres, der Göttin der Fruchtbarkeit, der Ops, der Göttin des Überflusses, des Jupiter, des Herkules mit Szenen aus dessen Leben sowie ein kleines Schreibzimmer.
Die **Quartiere di Eleonora di Toledo** sind nach der frühverstorbenen ersten Gattin Cosimos I. benannt. Die **Cappella di Eleonora** weist Meisterwerke der Malerei von Agnolo Bronzino (1503 – 1572) auf. Im Deckengemälde der **Sala delle Sabine** schlichten die Sabi-

nerinnen den Streit zwischen ihren römischen Männern und den sabinischen Verwandten. In der **Sala di Esther** wird die Geschichte der tugendhaften Esther aus der Bibel und in der **Sala di Penelope** der Odysseus-Mythos erzählt. Die **Sala di Gualdrada** ist der schönen Florentinerin gewidmet, die sich weigerte, Kaiser Otto IV. den Willkommenskuss zu geben, weil dies nur ihrem Mann vorbehalten sei, wie das Deckenfresko des Schlafzimmers zeigt. Die **Cappella dei Priori** (1511 – 1514) verfügt über ein großes Fresko von Ridolfo Ghirlandaio. Die prachtvolle **Sala dell' Udienza** (»Audienzsaal«) besitzt eine reichgeschnitzte Decke von Giuliano da Maiano und dekorative Fresken von Francesco Salviati, die **Sala dei Gigli** (»Liliensaal«) ein Fresko (1482 – 1484) mit dem bischöflichen Stadtpatron hl. Zenobius von Ghirlandaio. In diesem Saal kann auch die berühmte Bronzegruppe »Judith und Holofernes« (1455 – 1460) von Donatello besichtigt werden; an ihrem einstigen Standort, beim Haupteingang des Palazzo Vecchio, steht nun eine Kopie.
In der **Cancelleria** (»Kanzlei«) des Sekretärs der Republik befindet sich eine Büste des Niccolò Machiavelli, der dort tätig war, und das Original des »Genius mit Delphin« von Verrocchio (Kopie im Hof). Die **Sala delle Carte Geografiche**, der Garderobenraum, ist mit schönen Holzschränken ausgestattet, die mit historischen Landkarten (1563 bis 1575) bemalt sind. Der hier ausgestellte **Globus war der größte jener Zeit**.

**Zwischengeschoss**

Den Rundgang durch den Palast schließt eine Besichtigung des Quartiere del Mezzanino ab. Das Halbgeschoss, das Michelozzo durch Tieferlegen von Decken gewann, zeigt Werke der **Collezione Loeser**, die der amerikanische Sammler Alexander Loeser bei seinem Tod 1928 der Stadt vermacht hat. Es handelt sich um Bilder und Skulpturen von toskanischen Künstlern des 14. und 16. Jh.s.

# Piazza del Duomo

J 6/b III

**Lage:** Zentrum
**Bus:** C 1, C 2, 14, 23

**Die Piazza del Duomo, der »Dom-Platz«, ist mit der Kathedrale und dem Campanile von Giotto (▸Duomo Santa Maria del Fiore) der geistliche und touristische Mittelpunkt der Stadt.**

**Kunsthistorisches Zentrum**

Der Domplatz, der nach Westen übergeht in die Piazza San Giovanni, wird begrenzt von einigen stattlichen Gebäuden, wie dem Palazzo della Misericordia und Palazzo dei Canonici, dem Palazzo Guadagni und dem Palazzo Niccolini.

Baptisterium, Dom und Campanile: einmaliges Architekturensemble

**Arciconfraternità Misericordia**

Die »Erzbruderschaft der Barmherzigkeit«, die ihren Sitz neben dem Dom hat, ist die **älteste Vereinigung der Florentiner Bürger für soziale und karitative Zwecke**. Ihr Gründungsjahr wird mit 1326 angegeben, als die Pest in Florenz wütete. Michelangelo gehörte einst der Arciconfraternità an, deren Mitglieder früher rote, heute schwarze Kapuzen tragen. Zu ihren Diensten gehörte früher auch die Begleitung der zum Tod Verurteilten zur Hinrichtungsstätte. Heute verfügt die Bruderschaft über einen modernen Krankenwagendienst und eine Unfallstation. Die Mitglieder der Erzbruderschaft, die sich aus Spenden erhält, arbeiten ehrenamtlich.

**Piazza San Giovanni**

Die Piazza San Giovanni erreichte ihre heutige Ausdehnung erst, als der Erzbischöfliche Palast aus verkehrstechnischen Gründen um 50 m zurückversetzt wurde. Die Mitte des Platzes nimmt das Baptisterium (►Battistero San Giovanni) ein. Die hier 1384 aufgestellte Säule des hl. Zenobius erinnert daran, dass der Überlieferung nach eine verdorrte Ulme bei der Überführung der Reliquien des Heiligen von San Lorenzo in die Santa Reparata, der Vorgängerkirche des Doms, im Jahr 429 zu grünen begann.

Die Südseite des Platzes nimmt die **Loggia del Bigallo** ein, ein typisches Bauwerk der Spätgotik, von der Gesellschaft der Barmherzigen Brüder (Compagnia della Misericordia) in Auftrag gegeben, um hier

## Piazza del Duomo

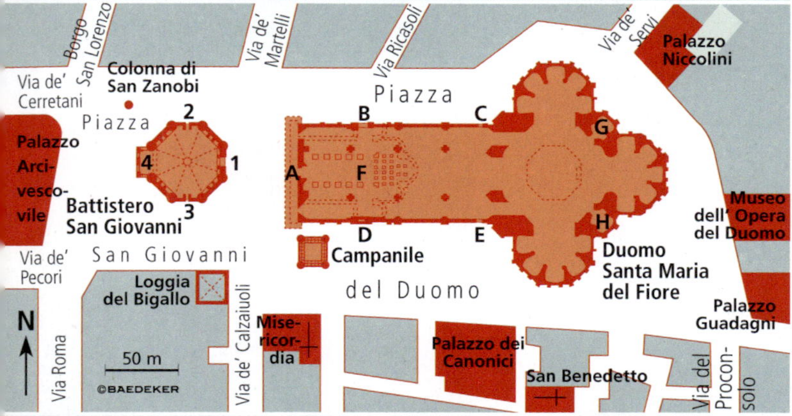


**1** Porta del Paradiso
**2** Nordportal (Eingang)
**3** Südportal
**4** Hauptaltar

**A** Portale Maggiore
**B** Porta dei Cornacchini
**C** Porta della Mandorla
**D** Porta del Campanile
**E** Porta dei Canonici

**F** Santa Reparata (Krypta)
**G** Alte Sakristei
**H** Neue Sakristei

ausgesetzte Kinder zur Adoption »auszustellen«. Die marmorne Loggia und der Palast, zu dem sie gehört, wurden von 1353 bis 1358 erbaut. Im Jahr 1445 malten Ventura di Moro und Rossello di Jacopo Franchi den Streifen unterhalb der Doppelbögen mit Fresken aus, Szenen aus dem Leben des Märtyrers Petrus, die allerdings heute nur noch als Kopien zu sehen sind. Die Originale werden u. a. im **Museum** im Innern des Palasts aufbewahrt, wo außerdem Werke Florentiner Künstler aus dem 14. und 15. Jh. vertreten sind. Ein bemerkenswertes Bild ist die »Madonna della Misericordia« (1342), wo eine der frühesten Stadtansichten von Florenz mit dem noch unvollendeten Dom abgebildet ist.

Der **Palazzo Arcivescovile,** der »Erzbischöfliche Palast« an der Westseite des Platzes, wurde zwischen 1573 und 1584 von Giovanni Antonio Dosio für Kardinal Alessandro Medici, den späteren Papst Leo XI., errichtet, jedoch erst um 1735 von Ciurini vollendet. In dieser langen Zeit entstand ein Gemisch von mittelalterlichen und »modernen« Bauelementen. Im Jahr 1895 wurde der ganze Palast 50 m zurückversetzt, um dem gewachsenen Verkehr der Stadt Platz zu verschaffen.

**Loggia del Bigallo, Museum**: Piazza. San Gionvanni 1, Mo. – Sa. 10.30 bis 16.30, So. 9.30 – 12.30 Uhr, jede St. Führung, Anmeldung: Tel. 055 28 84 96

# Piazza della Repubblica

H 6/b III

**Lage:** Zentrum
**Bus:** C 1, C 2

**Schon allein wegen der eleganten Traditionscafés, die auf der Piazza della Repubblica zum Verweilen einladen, wird fast jeder während seines Florenz-Aufenthaltes diesen großen Platz im Herzen der Stadt schätzen lernen.**

**»Café-zentrum«**

Hier befand sich einst das römische Forum; bis 1888 wurde die Fläche als Mercato Vecchio (»Alter Markt«) genutzt. Dann riss man die Marktbuden ab und baute die hiesige Loggia del Pesce an einem anderen Ort wieder auf. An ihrer Stelle entstanden ein monumentaler Triumphbogen, der sogenannte Arconte (1895), und eine Reihe von Verwaltungspalästen. Auf einer hohen Säule überragt die Statue der Abbondanza (»Überfluss«) den Platz der Republik. Es handelt sich um eine Nachbildung. Die ursprünglich hier stehende Abbondanza Donatellos war die erste profane Statue, die nach der Antike auf einem öffentlichen Platz aufgestellt wurde.

> **! BAEDEKER TIPP**
>
> *Traditionsreich ...*
>
> ... ist das 1733 gegründete Café Gilli (►Abb. S. 80) auf der Piazza della Repubblica, das den Charme der Belle Epoque ausstrahlt. Es ist bekannt für hervorragendes Gebäck und kandierte Maronen, die man auf der Terrasse mit Blick auf den Platz genießen kann.

# ★ Piazza della Santissima Annunziata

J 6/c II

**Lage:** Zentrum
**Bus:** C 1, 6, 11

**Die Piazza della Santissima Annunziata ist dank der ausgewogenen Bebauung ein sehr harmonischer Platz, der von reizvollen Bogengängen umschlossen wird.**

**Architektonisches Gesamtkunstwerk**

Die Kirche ►Santissima Annunziata an der Stirnseite des Platzes prunkt mit einer Säulenvorhalle, die in der Anlage des ►Ospedale degli Innocenti, einem Werk von Brunelleschi, ihre Fortsetzung findet und in den entsprechenden Kolonnaden der Confraternità dei Servi di Maria, die Antonio da Sangallo und Baccio d' Agnolo schufen, zum Abschluss kommt. Auch der **Palazzo Riccardi-Manelli** von

Ammanati wird in das Ensemble miteinbezogen. Gleich links neben dem Säulengang des Ospedale geht es hinein ins ►Museo Archeologico im Palazzo della Crocetta (17. Jh.). Die Platzmitte nimmt das **Reiterstandbild des Großherzogs Ferdinand I.** von Giambologna ein, das 1608 von seinem Schüler Pietro Tacca aus Carrara vollendet wurde. Die zwei bronzenen Brunnen mit Meerestieren (1629) stammen ebenfalls von Tacca, der Bildhauer, Metallgießer und Architekt zugleich war.

**Palazzo Budini Gattai**

Der repräsentative dreigeschossige Palazzo Budini Gattai (vormals Grifoni) beherrscht mit seiner schönen würdigen Fassade gegenüber der Kirche Santissima Annunziata den Platz. Ugolino Grifoni, ein reicher Beamter, beauftragte den **Architekten Bartolomeo Ammanati**, über alten Häusern einen Palazzo zu errichten, was dieser von 1557 bis 1563 mit Geschick tat. Besonders wirkungsvoll ist die Kombination von roten Ziegeln und dem vorherrschenden hellgrauen Stein. Nach wie vor in Familienbesitz, war der Palast bis Ende des 20. Jh.s Sitz der Regionalregierung der Toskana, heute finden hier Kongresse und Veranstaltungen statt.

# ** Piazza della Signoria

H/J 7/b III/IV

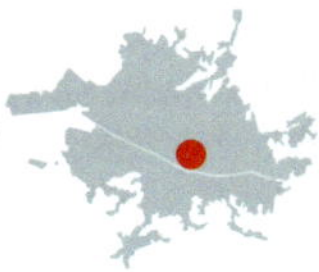

**Lage:** Zentrum
**Bus:** C 1, C 2

**Bereits seit dem 14. Jh. ist die Piazza della Signoria das politische Zentrum der Stadt. Mit dem ►Palazzo Vecchio als Rathaus, dem Palazzo degli Uffizi mit der weltberühmten Gemäldegalerie (►Galleria degli Uffizi), der Loggia dei Lanzi und den Statuen von Michelangelo und Donatello zieht der imposante Platz die Besucher in Scharen an.**

**Touristisches Zentrum** **(►Baedeker Wissen S. 258)**

Wenig ansehnlich präsentierte sich die Piazza della Signoria in den 1980er-Jahren. Bei Probegrabungen waren die Archäologen unter dem Pflaster auf ungeahnte Kulturschätze gestoßen: Funde aus etruskischer und römischer Zeit, aus dem Mittelalter und sogar aus der Bronzezeit waren zu Tage befördert worden. Doch die Florentiner waren nicht geneigt, den schönsten ihrer Plätze durch eine ewige Baustelle oder auch eine unterirdische Ausgrabungsstätte verunstaltet zu sehen. So beugte man sich schließlich dem Druck der Öffentlichkeit und schüttete die Ausgrabungen 1989 wieder zu. Anschließend kam es zu heftigen Auseinandersetzungen über die Pflasterung des Platzes. Obwohl sich die große Mehrheit der Florentiner für den historischen Belag aus roten Terrakottaplatten, wie er vom 14. bis

18. Jh. bestand, aussprach, beschloss die Stadtregierung, die vor den Ausgrabungen vorhandenen Sandsteinplatten wiederzuverwenden. Als diese Restaurierung nicht in authentischer Weise gelang, wurden einige Verantwortliche vor Gericht gestellt und zu hohen Strafen verurteilt.

**Denkmäler**

Zwei besondere Denkmäler befinden sich auf dem Platz: Eine Granitscheibe im Pflaster, nicht weit vom Neptun-Brunnen, erinnert an die Verbrennung **Savonarolas** 1498 auf Geheiß Papst Alexanders VI., nachdem der Gottesstaat des Dominikanerpriors in Florenz gescheitert war. Das Reiterstandbild **Cosimos I. de' Medici** (1594) – erstmalig in Europa auf einem öffentlichen Platz – wurde von Giambologna gefertigt in Erinnerung daran, dass 1569 Cosimo von Papst Pius V. zum Großherzog der Toskana erhoben wurde.

**Fontana del Nettuno**

Platzbeherrschend ist jedoch die Fontana del Nettuno, der **Neptun-Brunnen**. Für die Hochzeit von Francesco de' Medici mit Prinzessin Johanna von Österreich (1565) sollte die Piazza della Signoria mit einem großartigen Werk geschmückt werden, denn die Medici stiegen durch diese Heirat in die großen Herrscherhäuser Europas auf. So musste ein schon begonnener Brunnen links neben dem Eingang zum Palazzo Vecchio eilig fertiggestellt werden. Bartolomeo Ammanati schuf dafür von 1563 bis 1575 die größte Brunnenanlage von Florenz mit dem den Dreizack schwingenden kolossalen Neptun, vier Meerespferden und drei Tritonen.

***Loggia dei Lanzi**

Die Loggia dei Lanzi neben dem Palazzo Vecchio, eines der schönsten Beispiele der Florentiner Gotik, erhielt ihren Namen nach den »Lanzichenecchi« – wie die Schweizer Landsknechte in Italien genannt wurden –, weil sie hier als Wachposten dienten. Sie wurde von 1376 bis 1382 unter der Bauleitung von **Benci di Cione** und **Simone di Francesco Talenti** errichtet. Ihre Maße sind genau auf die Abmessungen des Palazzo Vecchio abgestimmt. Die Arkadenhalle diente der Republik für offizielle Zeremonien: Hier wurden Botschafter und Fürsten empfangen, die Prioren und der Gonfaloniere eingesetzt. Mit Auflösung der Republik ging diese politische Aufgabe verloren, die Loggia besaß nur mehr dekorative Funktion. Schließlich übernahm sie wiederum ihre ursprüngliche offizielle Bestimmung für festliche Anlässe.

Außen über den Rundbögen zeigen Tafeln (1384 – 1389) allegorische Figuren der Kardinal- und theologischen Tugenden, von verschiedenen Künstlern nach Entwürfen von Agnolo Gaddi gestaltet. In der Halle sind bedeutende Werke der Bildhauerkunst zu bewundern: rechts und links neben dem Zugang **zwei Löwen**, einer aus der Zeit der griechischen Klassik, der andere eine Kopie des Originals des 16. Jh.s von Vacca. Blickt man im Uhrzeigersinn durch die Halle, so

# ** Herzstück der Stadt

*Der beeindruckende Platz, auf dem früher die Volksversammlungen stattfanden, wird vom wuchtigen Turm des Palazzo Vecchio beherrscht. Er ist mit den weiteren bedeutenden Sehenswürdigkeiten der Loggia dei Lanzi und vor allem den Uffizien das touristische Herz von Florenz.*

**1 Palazzo Vecchio**
Mit dem Bau des wuchtigen und wehrhaften Palazzo Vecchio, einst Sitz der Regierung der Stadtrepublik Florenz, der Signoria, wurde um 1300 begonnen. Der Palast ist ein Symbol für die politische und kulturelle Glanzzeit der Stadt.

**2 Loggia dei Lanzi**
In der offenen dreijochigen Halle, der »Landsknechtshalle«, sind berühmte Skulpturen aufgestellt wie »Perseus mit dem Haupt der Medusa« von Benvenuto Cellini. Unter der rechten Arkade steht die Marmorgruppe »Raub der Sabinerinnen« von Giambologna .

**3 David**
Vor dem Palazzo Vecchio steht die Kopie des »David« von Michelangelo, eine der berühmtesten Skulpturen der Welt. Wer das Original dieses einmaligen Kunstwerkes sehen möchte, muss in die ►Galleria dell' Accademia gehen.

**4 Fontana del Nettuno**
Der »Neptun-Brunnen« wurde für die Hochzeit von Francesco de' Medici mit Prinzessin Johanna von Österreich 1565 von Ammanati geschaffen. Vielleicht ging der Bau zu schnell voran, denn das Ergebnis war nicht befriedigend. Die Florentiner spotteten: »Ammanato, che bel marmo hai rovinato!« (»Ammanato, welch schönen Marmorblock hast du verhauen!«).

**5 Palazzo degli Uffizi**
In dem an die Piazza della Signoria angrenzenden Palazzo ist die Galleria degli Uffizi untergebracht, eine der berühmtesten Gemäldegalerien der Welt, die über zahlreiche Meisterwerke, vor allem der italienischen Malerei, verfügt.

**Die Fontana del Nettuno wurde als Hochzeitsgeschenk geschaffen.**

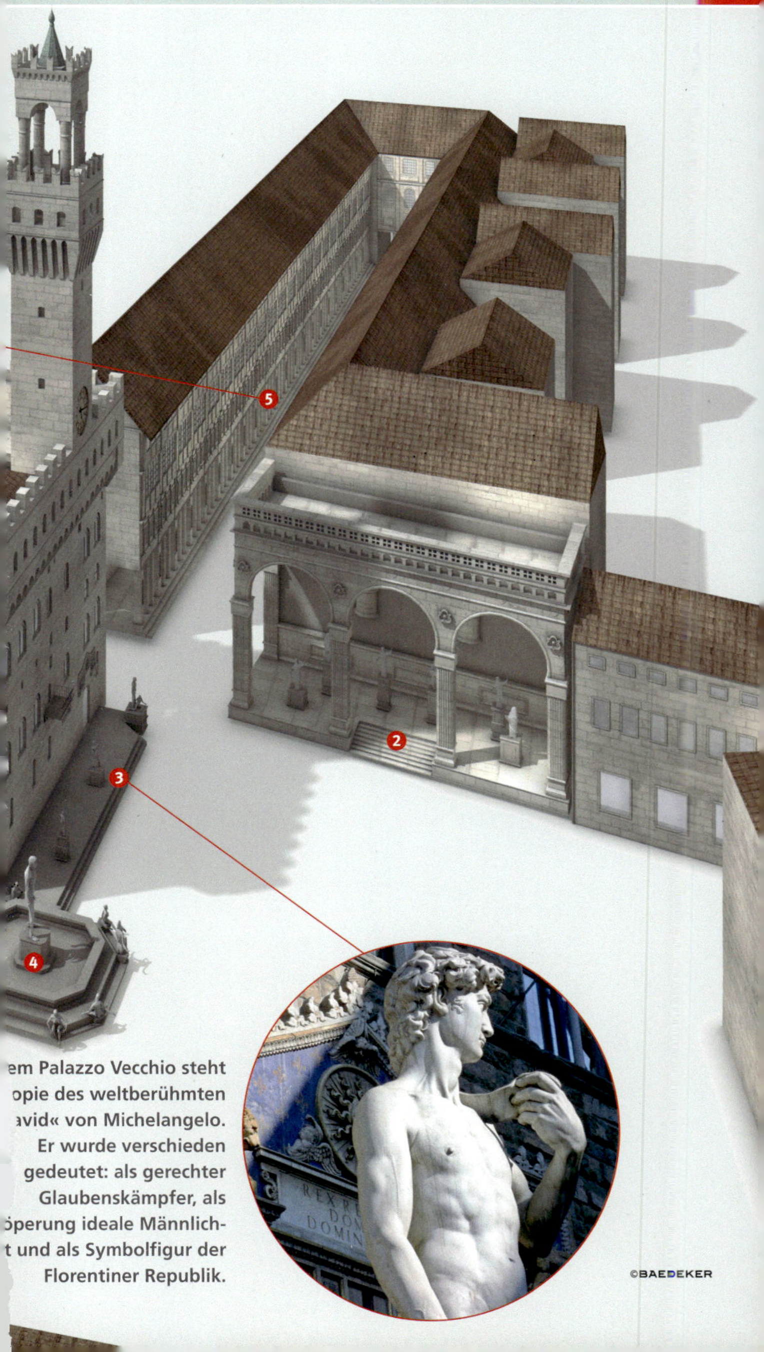


em Palazzo Vecchio steht
opie des weltberühmten
avid« von Michelangelo.
Er wurde verschieden
gedeutet: als gerechter
Glaubenskämpfer, als
öperung ideale Männlich-
t und als Symbolfigur der
Florentiner Republik.

fällt zunächst die Bronzestatue des **»Perseus«** (1545 – 1554) ins Auge. Es handelt sich dabei um ein Meisterwerk des Manieristen Benvenuto Cellini, das durch die Grausamkeit des Themas, die Feinheit der Ausführung und die Sicherheit der Komposition den Betrachter beeindruckt. In der Mitte der Querseite folgen dann der **»Raub der Polyxena«**, eine Marmorgruppe von Pio Fedi (1866) und antike weibliche Statuen an der Längswand (stark restauriert). Die Mitte der nächsten Querseite nimmt wiederum eine Marmorgruppe, **»Herkules kämpft mit dem Kentauren Nessos«**, ein, die Giambologna 1599 schuf. Eine außergewöhnliche Plastik ist an der anderen Längsseite der **»Der Raub der Sabinerin«** (1583), ebenfalls von Giambologna, die erste »figura sepentinata«, die wegen ihrer spriralförmigen Bewegung den Betrachter zum Umschreiten zwingt.

**Gucci-Museum**

Das stattliche gotische Gebäude links vom Palazzo Vecchio war 1359 für das Handelsgericht der Kaufmannsgilde errichtet worden. Auf der Fassade lassen sich noch die Wappen der Handels- und Handwerksstände ausmachen. Heute zeigt hier das weltberühmte Modelabel Gucci seine legendären Koffer, Taschen, Schuhe und Stoffentwürfe in einem eleganten Museum, zu dem ein Shop und ein einladendes Designcafé gehören. 1921 begann sich der Florentiner Schneider Guccio Gucci vor allem auf die Verarbeitung von feinem Leder zu spezialisieren, aus dem er Reisekoffer und Taschen herstellte, die schnell Erfolg hatten.

● Tgl. 10.00 – 20.00, Do. bis 23.00 Uhr, www.guccimuseo.com, Eintritt: 7 €

! BAEDEKER TIPP

*Ruhige Rast*

Wer einen ruhigen Ort zum Entspannen auf der Piazza della Signoria voller Menschen sucht und dennoch dem Treiben zuschauen möchte, dem sei die Terrasse des Gucci-Cafés empfohlen. Im Angebot sind leckere Salate, auch Pasta und Fisch, Törtchen und eine reiche Teeauswahl. Tel. 055 75 92 33

# * Piazzale Michelangelo

J 7

**Lage:** südöstlich des Zentrums
**Bus:** 12, 13

**Nach dem Künstler Michelangelo, den die Florentiner nicht immer freundlich behandelten, ist der Piazzale Michelangelo als schönster Aussichtspunkt von Florenz benannt.**

**Aussichtsplattform**

Der 104 m hoch gelegene Piazzale wurde von Giuseppe Poggi geplant und von 1865 bis 1870 gestaltet. In der Mitte des Platzes erinnern Statuen an Michelangelo: die Bronzekopie des »David« (Original in der ►Galleria dell' Accademia) umgeben die Liegefiguren der

Als langgestrecktes U stößt der Palazzo degli Uffizi an die Piazza della Signoria. In ihm ist die weltberühmte Gemäldegalerie untergebracht.

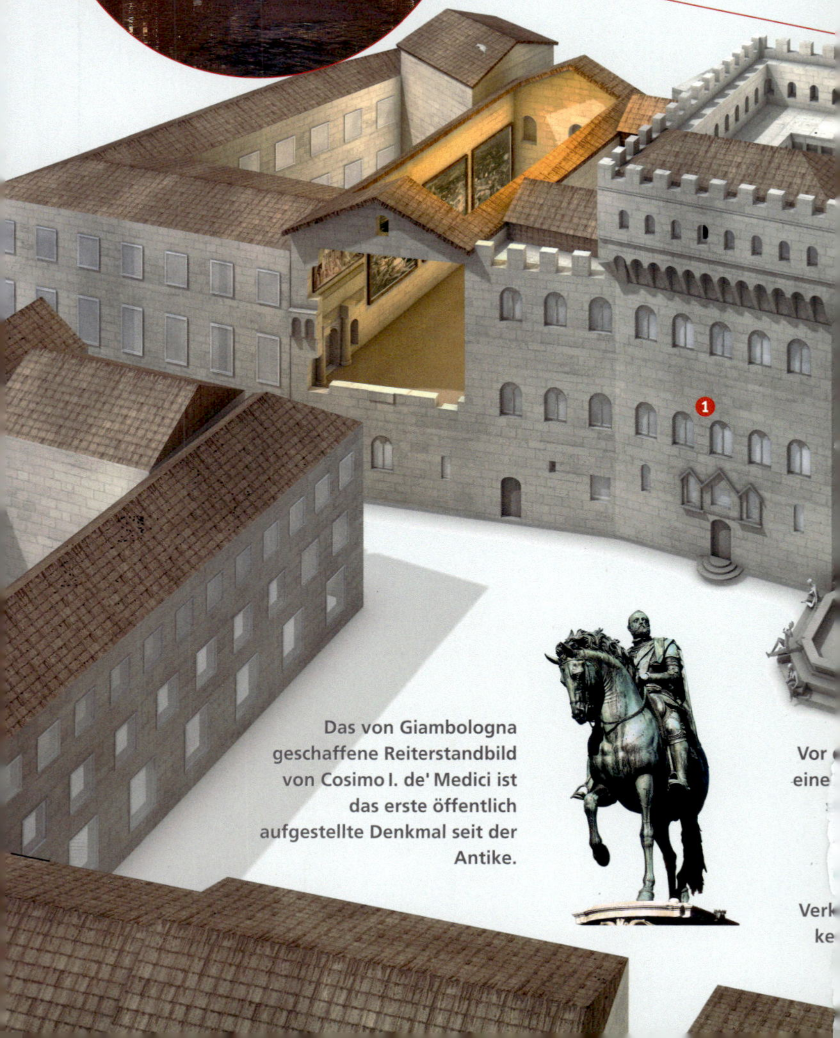


Das von Giambologna geschaffene Reiterstandbild von Cosimo I. de' Medici ist das erste öffentlich aufgestellte Denkmal seit der Antike.

Vor
eine

Verk
ke

Aussichtsgenuss pur vom Piazzale Michelangelo

Medicigräber aus der Neuen Sakristei von San Lorenzo. Die wichtigsten Sehenswürdigkeiten der Stadt lassen sich vom Piazzale Michelangelo aus leicht identifizieren. Man erkennt den Palazzo Vecchio, das höchste Gebäude der Stadt, an seinem zinnenbekrönten Turmaufbau. Ganz in der Nähe ragt der Wehrturm des Bargello auf. Nahebei vor der Domkulisse erhebt sich der schlanke Turm der Badia Fiorentina. In Flussnähe erbauten die Franziskaner ihre Kirche Santa Croce, deren breitgelagertes Schiff das Arnoufer überragt. In entgegengesetzter Richtung, weit im Hintergrund, in der Nähe des heutigen Hauptbahnhofs, wird der Glockenturm von Santa Maria Novella sichtbar. Beherrscht wird das Stadtbild jedoch vom mächtigen Bau des **Doms** mit seiner imposanten Kuppel und dem Campanile.
Unterhalb des Piazzale erstreckt sich über Terrassen der zauberhafte Giardino delle Rose (tgl. 9 bis Sonnenuntergang), durch den man an den Arno beziehungsweise ins Zentrum hinunter spazieren kann

## * Ponte Vecchio

**Lage:** Zentrum
**Bus:** C 3, D

**Der malerische Ponte Vecchio über den Arno mit seinen vielen Schmuckläden ist ein Besuchermagnet. Tagsüber lädt die Brücke zum Bummeln ein, und am Abend ist sie ein beliebter Treffpunkt für Romantiker.**

Ponte Vecchio mit grandioser Lichtregie

**»Schmucke« Brücke**

Vielleicht geht die »Alte Brücke«, die an der schmalsten Stelle des Flusses errichtet wurde, sogar bis in etruskische Zeit zurück. Sicher ist, dass die römische Konsularstraße Via Cassia hier über eine hölzerne Brücke den Arno überquerte. Wegen ihres Alters erlebte der Bau mehr Instandsetzungen – nach Einstürzen oder Überschwemmungen – als die anderen von Florenz. Seit dem 13. Jh. richtete man auf ihr Läden und Wohnungen ein. Die Fleischer etwa konnten ihre Abfälle – sehr praktisch – gleich in den Fluss werfen, zur Freude der Fische und derjenigen Florentiner, die für Sauberkeit zu sorgen hatten. Die Gerüche nahmen jedoch so überhand, dass Großherzog Ferdinando I. »zu Gunsten der Fremden« anordnete, nur **Goldschmiede** dürften auf der Brücke Läden unterhalten, eine Regelung, die bis auf den heutigen Tag eingehalten wird.
In der Mitte der Brücke steht eine Büste des berühmtesten Florentiner Goldschmiedes, **Benvenuto Cellini** (1900). Im Obergeschoss der Brückenhäuser verläuft der **Corridoio Vasariano** (►S. 202), der Verbindungsgang vom Palazzo Vecchio zum Palazzo Pitti.

## UMGEBUNG DES PONTE VECCHIO

**San Stefano al Ponte**

An der kleinen Piazzetta San Stefano unweit nordöstlich des Ponte Vecchio steht die schon 1116 urkundlich erwähnte Kirche San Stefano al Ponte mit Bauelementen der verschiedenen Jahrhunderte: Fassade des 13., Altäre des 16. und Umbauten zu einem Hauptschiff des

17. Jh.s. **Ferdinando Tocca**, der Baumeister der Kirche, schuf auch das Bronzerelief »Die Steinigung des hl. Stephanus« (1656). Die eindrucksvolle Marmortreppe (1574) zum Presbyterium stammt von Buontalenti und der Hochaltar von Giambologna. Heute wird die Kirche als Konzertsaal genutzt.

> **! BAEDEKER TIPP**
>
> *»Zimmer mit Aussicht« ...*
>
> ... so der Titel des bekannten Liebesfilms von James Ivory. Dieses Zimmer gehört zum Hotel degli Orafi (nahe der Ponte Vecchio), das eine Hauptrolle im Film spielt. Das Hotel hat sich seither zwar verändert, geblieben ist aber die schöne Aussicht auf den Arno.
> Lungarno Archibusieri 4
> Tel. 055 2 66 22
> www.hoteldegliorafi.it

Die **Kirche Santa Felicità** – auf der gleichnamigen Piazza unweit südlich des Ponte Vecchio –, **wahrscheinlich die älteste Kirche von Florenz**, wurde über einem frühchristlichen Friedhof errichtet, im 11. und 14. Jh. erneuert und im 18. Jh. gänzlich umgestaltet. Dabei bewahrte man jedoch die Vorhalle und den Korridor des Vasari als Laufgang zwischen dem Palazzo degli Uffizi und dem Palazzo Pitti. Im Innern der Kirche befindet sich über der Eingangstür die Loge der Großherzöge, in der diese am Gottesdienst teilnahmen. Rechts vom Eingang kommt man zur Cappella Barbadoni/Capponi, die die bedeutendsten Kunstwerke der Kirche birgt: zwei Meisterwerke (1526 – 1528) des **Pontormo**, ***Grablegung Christi** und ***Verkündigung**, die zu den besten Beispielen des florentinischen Manierismus gehören.

# San Frediano

G/H 7

**Lage:** Südwestliches Viertel
**Bus:** D, 6, 13

**San Frediano heißt das südwestliche Viertel auf der südlichen Arno-Seite, dem Oltrarno. Besucher kommen zwar wegen der berühmten Brancacci-Kapelle in ▸Santa Maria del Carmine hierher, doch ansonsten zeigt sich dieser eher volkstümliche Stadtteil angenehm untouristisch und lebendig.**

**Volkstümliches Viertel**

Das Viertel wird geprägt von Werkstätten, kleinen kunsthandwerklichen Ateliers und Lokalen um die schöne begrünte Piazza Torquato Tasso. Von hier führt ein Spaziergang (2 km) hinauf auf den **Hügel Bellosguardo**, über die Piazza San Francesco di Paola und auf der Via del Bellosguardo vorbei an schönen Villen auf die Piazza del Bellosguardo mit einem wunderbaren Weitblick über die Stadt. Die Villa Torre del Bellosguardo beherbergt heute ein edles Hotel.

**San Frediano in Cestello**

San Frediano in Cestello, Kirche und Kloster der Karmeliterinnen, als Pfarrkirche dem hl. Frediano geweiht, wurde im 17. Jh. umgestaltet. Die Anlage erhielt dadurch barocken Charakter, der an der eleganten Kuppel und dem zierlichen Glockenturm zu erkennen ist. Das Innere birgt die berühmte **»Lächelnde Madonna«**, eine farbige toskanische Holzstatue aus dem 13./14. Jahrhundert.

# ** San Lorenzo

H 6/a/b II/III

**Lage:** Piazza San Lorenzo
**Bus:** C 2, 4, 22, 36, 37
Mo. – Sa. 10.00 – 17.30, März – Okt. So. 13.30 – 17.30 Uhr, www.operamedicealaurenziana.it
**Kirche:** Eintritt: 4,50 €
**Bibliothek:** Mo. – Sa. 9.30 – 13.30 Uhr, Eintritt: 3 €

**San Lorenzo ist eine der bedeutendsten Kunststätten des Abendlandes. Die Kirche des hl. Laurentius, die Alte Sakristei, die Neue Sakristei, die Fürstenkapelle und die Laurenziana-Bibliothek sind ein Bauensemble von höchstem Rang und bewahren Kunstschätze von unermesslichem Wert.**

**Renaissancekirche**

Die **Medici** spornten in diesem Areal ihrer Pfarrkirche als großzügige Mäzene die Künstler ihrer Stadt, Filippo Brunelleschi, Donatello und Michelangelo, zu immer großartigeren Leistungen an. Die Kirche San Lorenzo sei, wird berichtet, vom hl. Ambrosius 393 gegründet worden, damals außerhalb der Stadtmauern. Der Bau wurde im 11. Jh. in romanischer Form erneuert. Die heutige Gestalt gab ihm von 1421 an der bedeutende Architekt der Florentiner Renaissance, **Brunelleschi**. Im Auftrag der Medici schuf er die Renaissancekirche überhaupt. Die Arbeiten wurden nach seinem Tod, jedoch nach seinen Plänen, von Antonio Manetti von 1447 bis 1460 abgeschlossen. Für die Fassade lieferte Michelangelo Entwürfe – die Zeichnungen und Modelle sind in der Casa Buonarroti ausgestellt –, die jedoch nie verwirklicht wurden, sodass die unverkleidete Backsteinfront bestehen blieb.

**Piazza San Lorenzo**

Vor San Lorenzo auf der gleichnamigen Piazza steht das von Baccio Bandinelli 1540 geschaffene **Denkmal für Giovanni delle Bande Nere** (1498 – 1526), Vater Herzog Cosimos I. und Stammvater der Medici-Fürsten.

**Kircheninnenraum**

Das Innere der dreischiffigen Säulenbasilika zeigt die klare Gliederung von Brunelleschi: ein schöner Marmorfußboden, Säulen mit

## San Lorenzo

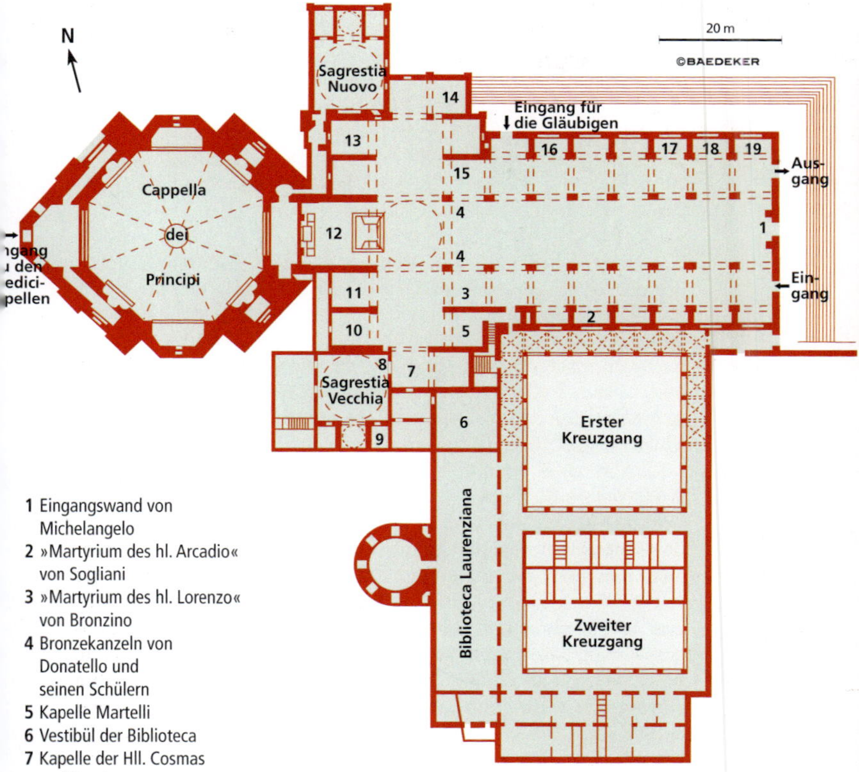


1 Eingangswand von Michelangelo
2 »Martyrium des hl. Arcadio« von Sogliani
3 »Martyrium des hl. Lorenzo« von Bronzino
4 Bronzekanzeln von Donatello und seinen Schülern
5 Kapelle Martelli
6 Vestibül der Biblioteca
7 Kapelle der Hll. Cosmas und Damian
8 Grabmal für Piero und Giovanni de' Medici, von del Verrocchio
9 Marmorbecken aus der Schule des Donatello
10 Altar aus der Schule des Ghirlandaio
11 Holzstatue »Madonna mit Kind« (14. Jh.)
12 Hauptchorkapelle
13 Denkmal des Pietro Benvenuti
14 Grab der Maria Anna Carolina
15 Marmortabernakel von D. da Settignano
16 »Anbetung der Könige« von Macchietti
17 »San Lorenzo« von N. Lapi
18 »Vermählung Mariä« von Fiorentino
19 »Martyrium des hl. Sebastian« von Empoli

korinthischen Kapitellen, auf denen die weiten Bögen ruhen, und eine kunstvolle Kassettendecke mit feinen Rosetten. Die harmonischen Proportionen von Seitenkapellen, Seitenschiffen und Langhaus verleihen dem Raum eine **außergewöhnliche Harmonie** und erheben die Kirche zu höchstem architektonischem Rang.

Hinten im **Mittelschiff** sieht man rechts und links zwei auf Säulen gestellte kastenförmige ****Bronzekanzeln**, Meisterwerke von **Donatello**, die letzten des alten kranken Künstlers (um 1460), die von seinen Schülern Bartolomeo Bellano und Bertoldo di Giovanni vollendet wurden. Die linke Kanzel zeigt in bewegten Darstellungen Szenen der Passion Christi, wobei die meisten Reliefs zwar auf Entwürfe Donatellos zurückgehen, aber von seinen Schülern ausgeführt wurden. Die rechte Kanzel, deren Themen ebenfalls Szenen aus dem Leben Christi, außerdem das Martyrium des hl. Laurentius sind, verdeutlicht stärker in der Ausführung die Handschrift des Künstlers. Beide Kanzeln sind mit Friesen aus Vasen, Kentauren und Rossebändigern geschmückt. Als Donatello zwei Jahre nach Cosimo de' Medici, der die Kanzeln in Auftrag gegeben hatte, starb, wurde er an der Seite seines Förderers in der Krypta vor dem Hochaltar bestattet.
Gegenüber der linken Kanzel von Donatello sieht man ein Fresko von **Agnolo Bronzino**: **Martirio di San Lorenzo** (»Martyrium des hl. Laurentius«, 1565 – 1569), das zu den Hauptwerken des manieristischen Künstlers zählt. Beeindruckend ist die vielfigurige Gruppeninszenierung in changierenden Farben des Manierismus. In der Cappella Martelli dahinter befindet sich auf dem Altar das Diptychon **Verkündigung** (um 1440) von Filippo Lippi, eines seiner Hauptwerke, das in der Komposition gut den Stil der Renaissance erkennen lässt. Vom linken Seitenschiff gelangt man durch eine Tür zum **Kreuzgang**, der 1475 im Stil Brunelleschis errichtet wurde. Hier ist der Zugang zur Biblioteca Medicea Laurenziana (s. u.).
Vom linken Querschiff aus tritt man in die ***Sagrestia Vecchia** (»Alte Sakristei«). Von ihrem Stifter Giovanni Bicci de' Medici zwar als Grabkapelle gedacht, doch mit der öffentlichen Funktion einer Sakristei verbunden, ist sie die erste vollständige architektonische Neuschöpfung von **Brunelleschi** (1420 – 1428), die in Aufbau, Gliederung und Proportionen als erster Zentralraum der Renaissance beispielhaft für die europäische Baukunst wurde. Die Neuartigkeit der Raumgestaltung lag in der Verwendung geometrischer Formen wie Quadrat, Kreis und Halbkugel. Die Ausstattung der Sakristei oblag weitgehend **Donatello**. Auch hier erhöhen Kunstwerke den Wert des Raums:
Unter der Kuppel zeigen vier Rundmedaillons Szenen aus dem Leben des Evangelisten Johannes und vier Stuckreliefs in den Bögen die vier sitzenden Evangelisten. Donatello hat bei diesen Werken mit atemberaubender Perspektive operiert. Vom selben Künstler sind die **Bronzetüren** (1440 – 1443) der Apsis, die Märtyrer und Apostel darstellen. Links an der Wand steht das **Grabmal für Piero und Giovanni de' Medici** (1472), das Andrea del' Verrocchio schuf. Das bronzene Gitterwerk in Form von Seilen wurde bis heute zum Vorbild bei Florentiner Geschäften. Unter dem Marmortisch in der Mitte befindet sich der **Sarkophag von Giovanni Bicci de' Medici und**

BAEDEKER TIPP !

*Günstige Lederwaren*

In den Straßen, die von der Piazza San Lorenzo Richtung Mercato Centrale abgehen, findet werktags ein Markt statt, der vor allem eine gute und reiche Auswahl an Lederwaren bietet. Wer also preisgünstige Taschen oder Gürtel sucht, ist hier richtig. Sommer Mo.– So. 9.00 – 19.00 Uhr

**seiner Frau Piccarda Bueri**. Die Seitenkapelle gegenüber der rechten Bronzekanzel von Donatello besitzt ein fein ausgearbeitetes und reich dekoriertes **Tabernakel** (1461) von Desiderio da Settignano. Die vorletzte Kapelle (zum Ausgang hin) ist mit einem Gemälde von **Rosso Fiorentino, »Die Vermählung Mariens«** (1523), geschmückt.

**Biblioteca Medicea Laurenziana**

Die Biblioteca Medicea Laurenziana, an die Kirche San Lorenzo angebaut – man erreicht sie über den ersten Stock des Kreuzgangs –, verdankt ihre kunstgeschichtliche Bedeutung ihren architektonischen Formen und der in ihr aufbewahrten Handschriften- und Buchkollektion der Medici. Der Bau gilt als **wichtigstes Zeugnis der Architektur des Manierismus in Florenz**. Nachdem die von Cosimo dem Älteren als Schriften- und Büchersammlung gegründete und von Lorenzo dem Prächtigen erweiterte Bibliothek nach Rom gebracht worden war, kehrte unter dem Medici-Papst Klemens VII. ein Teil der Sammlung nach Florenz zurück. Dieser Papst gab auch den Auftrag für den Neubau, in dem die Sammlung öffentlich zugänglich sein sollte.

Den Anfang machte **Michelangelo** 1524, aber erst nach seinem Tod wurde die Bibliothek 1571 ihrer Bestimmung übergeben. Der Künstler, der sich nach seinem Weggang aus Florenz 1534 brieflich und mit Modellen am Weiterbau beteiligte, zeigt sich in der plastischen Gestaltung von Fassade, Vorhalle und Lesesaal wie bei den Treppenaufgängen als Vertreter des Manierismus.

Das ****Vestibül** gehört zu seinen eigenwilligsten Raumschöpfungen. Die hohe und enge, zudem monumental gegliederte Vorhalle steht als triumphaler Aufgang zur Bibliothek in der Architekturgeschichte einmalig da. Der Raum wird durch Doppelsäulen in einzelne Abschnitte geteilt, und die Wandfelder sind durch Vertiefungen, halb Fenster, halb Nischen, gegliedert. Überall scheinen hier die architektonischen Vorschriften ins Gegenteil verkehrt zu sein: Die Nischen sind zu flach, um Figurenschmuck zu tragen, ihre seitlichen Pilaster werden nach unten zu enger statt breiter, und die zarten Voluten des untersten Geschosses sind viel zu schwach, um die Säulen zu tragen.

Die Säulen wiederum werden nur zur dekorativen Wandgestaltung verwendet. Eigenartig wirkt auch die Treppenanlage, die auf kürzestem Raum einen großen Höhenunterschied überwinden muss. Beim Besteigen der geländerlosen Seitentreppen macht sich ein Gefühl von Unsicherheit bemerkbar. Dieses Hervorrufen von Unsicherheit durch die Umkehrung architektonischer Kräfte ist typisch für den Manierismus.
Die **Handschriftensammlung** der Bibliothek umfasst bedeutende Dokumente aus dem alten Ägypten ebenso wie wertvolle Handschriften der Renaissancezeit bis zu Autografen von Napoleon.

## ** MUSEO DELLE CAPPELLE MEDICEE

tgl. 8.15–13.50, 3., 5. Mo., 2., 4., So. im Monat geschl., Eintritt: 6 €, www.polomuseale.firenze.it

**Grablege der Medici**

Die Medici-Kapellen gehören zwar zu San Lorenzo, doch werden sie als eigenständiges Museum geführt und sind somit von der Kirche getrennt. Sie umfassen die Fürstengruft und die Neue Sakristei. Der Eingang zu den Medici-Kapellen führt zunächst in eine Krypta mit Gräbern von Mitgliedern der bürgerlichen Medici-Familie, darunter das Grab der letzten Medici, Anna Maria Luisa de' Medici, Kurfürstin von Pfalz-Neuburg (►Baedeker Wissen S. 77), und dann in die Grabkapelle der Medici-Fürsten, die Cappella dei Principi.

***Cappella dei Principi**

Großherzog Ferdinando I. wollte 1602 für das Medici-Geschlecht eine besonders prächtige Fürstengruft schaffen. So kostbar war der Entwurf geplant, dass das Gerücht entstand, man wolle das Grab Jesu Christi von Jerusalem nach Florenz überführen, denn ein so wertvoller Bau sei nicht für Sterbliche, nicht einmal für Fürsten, bestimmt. Der endgültige Bauplan stammt von Giovanni de' Medici, unehelicher Sohn Cosimos I., die Ausführung leitete der **Architekt Buontalenti** ab 1604. Nach dessen Tod führte **Mario Nigetti** die Arbeiten weiter (bis 1640). Trotz großer Anstrengungen wurde die Kapelle nicht bis zum Tod des letzten Medici-Herrschers in Florenz (1737) fertiggestellt; die mächtige, 59 m hohe, doch schwer wirkende Kuppel vollendete man erst im 19. Jahrhundert.
Die pompöse Ausstattung repräsentiert die Macht des Medici-Geschlechtes: Deckengemälde, die Szenen aus dem Alten und Neuen Testament darstellen, kostbare Mosaiken an den Wänden, 16 Wappen der toskanischen Städte mit Halbedelsteinen und die großen Wappen der Medici in der Höhe, teilweise aus Holz oder sogar Karton. Sechs **Medici-Fürsten** fanden in der Kapelle ihr Grab (von links): Cosimo I. († 1574), Francesco I. († 1587), Cosimo III. († 1723), Ferdinando I. († 1609), Cosimo II. († 1620), Ferdinando II. († 1670). Ihre Wandgräber und Sarkophage haben technisch perfekte Hand-

werker kunstvoll und mit wertvollem Material gearbeitet. Dennoch wirkt die Kapelle in ihrer strengen Pracht fast kalt – ein Zeichen dafür, dass die Hochblüte der Kunst in der Renaissance erfolgte und mit dem 16. Jh. dahinschwand. Hinter dem Altar befindet sich der Zugang zu beiden Räumen der Schatzkammer.

**Sagrestia Nuova

Von der Fürsten-Kapelle geht es zur Sagrestia Nuova. Diese »Neue Sakristei« wurde mit Unterbrechungen von 1520 bis 1534 von **Michelangelo** gebaut und ausgeschmückt als Gegenstück zur Sagrestia Vecchia von Brunelleschi. Die Bezeichnung »Sakristei« ist irreführend, denn es handelt sich um eine Grabkapelle für die Medici.
Die Kapelle war das erste architektonische Werk Michelangelos, in das er zugleich seine malerischen und bildhauerischen Fähigkeiten einbrachte, wie die Wandgliederung im Innern, die plastische Behandlung der architektonischen Elemente, die Nischen und Giebel sowie vor- und zurückgesetzte Bögen und Dreiecke beweisen. Das Innere, in dem als Farben dunkles Grau und Weiß vorherrschen, wird durch die Fenster der Kuppel erhellt. Der Auftrag an den Baumeister wurde ergänzt durch einen zweiten an den Bildhauer: Für Mitglieder der Medici-Familie sollte Michelangelo auch die Gräber meißeln. Es kam jedoch nur zur Ausführung zweier **Gräber, für**

Sagrestia Nuova: Grabkapelle von Michelangelo für die Medici

**Giuliano, Herzog von Nemours** und **Lorenzo, Herzog von Urbino**. Zwar ruhen auch Lorenzo der Prächtige, sein ermordeter Bruder Giuliano und der ebenfalls ermordete Herzog Alessandro in der Kapelle, jedoch ohne Grabmonumente. Weder Giuliano mit dem Feldherrnstab noch Lorenzo mit dem Fratzenhelm auf dem Kopf – vielleicht als Zeichen seiner geistigen Schwäche – sind als unverwechselbare Persönlichkeiten gestaltet. Den Vorwurf der mangelnden Ähnlichkeit mit den beiden Verstorbenen parierte Michelangelo mit der Antwort, nach tausend Jahren würde es niemanden mehr berühren, wie die beiden Männer ausgesehen hätten. Er wollte absichtlich über reine Porträts hinausgehen, zeitlose Gestalten schaffen, und so nennt man die beiden Figuren auch einfach »la vigilanza« (»die Wachsamkeit«) und »il pensiero« (»der Gedanke«). In sitzender Haltung, gekleidet in eine römische Feldherrenrüstung mit einem Kommandostab in der Hand, schaut Giuliano aufmerksam mit seitlich gedrehtem Kopf auf die Madonna und die Heiligen Cosmas und Damian, eine von den Medici sehr verehrte Heiligengruppe frühchristlicher Märtyrerärzte, die sich über dem Grab Lorenzos des Prächtigen erhebt.

Unter ihm liegen auf dem schrägen Sarkophagdeckel die ****Figur der Nacht** mit Halbmond und Stern im Haar, mit Mohn, Eule und Maske sowie die ****Figur des Tags**, deren Blick unergründlich aus dem roh belassenen Stein ins Nichts geht. Beide Sarkophagfiguren sind nach antiken Vorbildern gearbeitet worden. Die Nacht erinnert an eine Leda-Figur eines römischen Sarkophags, und der Tag orientiert sich am Torso von Belvedere. Michelangelo setzte sich also sehr bewusst mit antiker Skulptur auseinander und gab ihr zugleich eine neue philosophisch-christliche Dimension.

Auf der gegenüberliegenden Wand ist, ebenfalls als sitzende Nischenfigur, Lorenzo de' Medici dargestellt. Sein Kopf ist geneigt und auf die linke Hand mit dem etwas abgespreizten Zeigefinger aufgestützt – eine Haltung, die Nachdenklichkeit ausdrückt. Auf dem Sarkophagdeckel unter der Figur liegen die zwei allegorischen ****Figuren des Abends und des Morgens**. Die männliche Figur des Abends verkörpert die geistige Ermattung, die träge Masse des einschlafenden Körpers, wohingegen die weibliche Figur das Erwachen und die sich langsam entfaltende Kraft des Körpers und des Geistes versinnbildlicht. Dieses Gegensatzpaar verdeutlicht darüber hinaus den inneren Kampf von Lorenzo, der in geistiger Umnachtung starb. Auch Lorenzo hat sich wie sein Gegenüber der Madonna mit dem Kind zugewandt in der Hoffnung auf Erlösung. Die Madonna wiederum schaut auf die ihr gegenüberliegende Altarwand und verweist somit auf den Opfertod Christi, der Auferstehung und ewiges Leben verheißt. So kommunizieren alle Figuren miteinander und durchdringen mit ihren Blicken den Raum – eine typische Michelangelo-Konzeption.

# ★ San Marco

J 5/6/b II

**Lage:** Piazza San Marco
**Bus:** C 1, 1, 6, 7, 10, 11, 17, 23, 25, 31, 32
ⓘ Mo. – Fr. 8.15 – 13.50, Sa. So. 8,15 – 16.50 Uhr, 2., 4. Mo. 1., 2., 3. So. im Monat geschl., www.polomuseale.firenze.it, Eintritt: 4 €

**San Marco war die erste Klosteranlage der Renaissancebaukunst des 15. Jh.s und die Heimat des malenden Mönchs Fra Angelico. Es erlangte auch historische Bedeutung durch den Prior Girolamo Savonarola (1452 – 1498), der einige Jahre in Florenz eine Republik nach asketisch-christlichen Grundsätzen errichtete, bis er auf dem Scheiterhaufen verbrannt wurde.**

**Kloster von Fra Anglico und Savonarola**

Die Kirche San Marco, 1299 erbaut, wurde zusammen mit dem Kloster 1436 von Papst Eugen IV. den Dominikanern von Fiesole übertragen. Cosimo der Ältere ermöglichte durch großzügige Schenkungen einen tiefgreifenden Umbau der Kirche sowie einen völligen Neubau des Klosters. Mit den Arbeiten von 1431 bis 1452 beauftragte man den **Architekten Michelozzo**. Giambologna fügte 1588 die Seitenaltäre und die Antoninus-Kapelle sowie die Salviati-Kapelle hinzu. 1678 erfolgte eine Umgestaltung der Kirche durch **Pier Francesco Silvani**, der der Kirche ihr heutiges Aussehen gab; 1780 wurde die Fassade umgearbeitet. Im ältesten Teil des Klosters, das die Kirche umgibt, ist das Museo di San Marco untergebracht, während der weitere Klosterkomplex noch heute von Mönchen bewohnt wird.

**Kircheninnenraum**

Die einschiffige Kirche enthält im Innern wertvolle Ausstattungsstücke. In der Mitte der Innenseite der Eingangswand ist ein »Gekreuzigter« aus der Schule des Giotto sehenswert. Die **Grabkapelle des hl. Antoninus** (1580 – 1589) auf der linken Seite gilt als das architektonische Hauptwerk **Giambolognas**. Aber auch zur Ausstattung trug Giambologna bei: sechs lebensgroße **Nischenstatuen** und **sechs Bronzereliefs** mit Szenen aus dem Leben des hl. Antoninus. Auf der rechten Seite fallen drei Kostbarkeiten ins Auge: eine **barocke Marmortür**, von Cigoli entworfen, die zur Sakristei führt, das byzantinische **Mosaik »Betende Madonna«** (705 – 707) und das Gemälde **»Madonna mit Kind«**, das Fra Bartolomeo schuf (1509).

## MUSEO DI SAN MARCO

**»Künstlerkloster«**

Das Kloster San Marco (Eingang: rechts neben der Kirche), von Michelozzo im Renaissancestil errichtet, vermittelt mit seiner herrlichen Sammlung von Gemälden und Fresken einen treffenderen Eindruck vom geistlichen Leben und dem künstlerischen Interesse der Dominikaner als die Kirche. Am Ende des Mittelalters gingen von ihm starke religiös-geistige Impulse aus, die Florenz zeitweise verwandelten, u. a. durch den Dominikanerprior Antoninus, dem später heiliggesprochenen Erzbischof von Florenz, und vor allem durch **Girolamo Savonarola**. Dieser etablierte nach der Vertreibung der Medici 1494 eine Republik nach asketisch-christlichen Grundsätzen und wurde schließlich 1498 als Ketzer auf dem Scheiterhaufen verbrannt. Seinen Ruhm verdankt das Kloster aber dem Dominikanermönch **Fra Angelico** (►Berühmte Persönlichkeiten S. 67), der die Räume des Konvents von 1436 bis 1445 ausmalte, sodass heute ein »natürlich« entstandenes Museum zu bewundern ist. **Fra Bartolomeo**, ein begnadeter Maler des frühen 16. Jh.s, ist hier ebenfalls mit Bildern vertreten.

**Erdgeschoss**

Im Pilgerhospiz hängen **Tafelbilder Fra Angelicos**, die aus verschiedenen florentinischen Einrichtungen stammen. Fra Giovanni, so der eigentliche Name des Malers, wurde schon von seinen Zeitgenossen »angelico« (»engelhaft«) genannt. Zu den größten Kostbarkeiten zählen: »Madonna dei Linaioli« (1436), die der Maler im Auftrag der Leinweberschaft schuf, Miniaturbilder aus dem Leben Jesu (1450), »Kreuzabnahme« (1435) und »Jüngstes Gericht« (1430).

Im stimmungsvollen **Kreuzgang des hl. Antoninus** sieht man direkt gegenüber dem Eingang auf der anderen Seite das Fresko »Hl. Dominikus zu Füßen des Kreuzes«, diagonal gegenüber dem Eingang in der Lünette das Fresko »Ecce Homo«, beide von **Fra Angelico**.

Im **Kapitelsaal** bedeckt das Fresko »Kreuzigung« von **Fra Angelico** eine ganze Wand, auf dem bedeutende Heilige, darunter Kirchenväter, Bischöfe und Ordensgründer, dargestellt sind.

Die Dominikanermönche von San Marco waren vom **»Letzten Abendmahl«**, das **Domenico Ghirlandaio** 1480 für das Kloster Ognissanti gemalt hatte, so beeindruckt, dass sie ihn um dieselbe Szene (1486) für ihr **kleines Refektorium** baten.

**Erstes Stockwerk**

Der erste Stock weist mehr als vierzig Zellen auf, die **Fra Angelico** eigenhändig und zusammen mit seinen Schülern mit ****Fresken** verziert hat. Sein Stil ist auf allen Gemälden und Wandbildern unverkennbar. Das Strenge, Starre und Steife der mittelalterlichen Heiligen verwandelt er ins Zarte, Sanfte und Liebliche. Unschuld und Frömmigkeit zeichnen seine Heiligen aus, die jedoch keine überirdischen, sondern menschliche Züge tragen. Der Mensch erscheint dadurch verklärt, das Irdische trägt die Spuren des Himmlischen. Es gibt kaum eine innigere Darstellung der **»Verkündigung«** als die von Fra Angelico, die sich gegenüber dem Treppenaufgang befindet. In der »Wohnung des Priors« – am Ende des hinteren Querganges gelegen –

Beschauliche Atmosphäre im Kreuzgang von San Marco

wird das Andenken an **Savonarola** und in einer anderen Zelle an das des Erzbischofs Antoninus von Florenz gepflegt. Zwei Zellen zur Kirche hin (vorderer Quergang, die beiden letzten Zellen rechts) erinnern an Cosimo den Älteren, der öfter hierher zu Meditation und Gebet kam.

Der große Saal der **Bibliothek** mit kostbaren Manuskripten, Messbüchern und Bibeln beeindruckt durch seine strenge und zugleich schöne Renaissance-Architektur. Der Raum ist durch Arkaden mit zierlichen Säulen unterteilt. Die Bibliothek geht auf eine Privatsammlung zurück, die **Cosimo de' Medici** kaufte. Er beauftragte Michelozzo 1444 zur Unterbringung der Sammlung mit der baulichen Umgestaltung von San Marco und gründete damit die **erste öffentliche Bibliothek Europas**. Im 19. Jh. wurde diese in die Biblioteca Medicea Laurenziana eingegliedert. Erst in jüngerer Zeit wurden einige ehemalige Manuskripte aus der Biblioteca Medicea Laurenziana wieder hierhergebracht. Gezeigt werden illuminierte Handschriften des 15. und 16. Jh.s.

## UMGEBUNG VON SAN MARCO

**Casino Mediceo**

Das Casino Mediceo, auf der gegenüberliegenden Seite der Via Cavour gelegen, wurde von Bernardo Buontalenti von 1568 bis 1574 für den Großherzog Francesco I. de' Medici als Laboratorium für wissenschaftliche Experimente errichtet. Das Gebäude wird als Casino

(»kleines Haus«) bezeichnet, weil es damals in ländlichem Gebiet auf dem ehemaligen Gelände der Mediceischen Gärten lag. Hier unterhielt der Großherzog zudem **Künstlerstudios**, in denen junge Künstler arbeiteten. Heute ist das Casino Mediceo Sitz des Berufungsgerichts (Corte d' Appello). Der Innenhof ist mit einer Statue der Göttin Diana aus der Schule von Giambologna geschmückt.

**Chiostro dello Scalzo**

Den benachbarten Chiostro dello Scalzo (»Kreuzgang des Barfüßigen«), einen eleganten Kreuzgang mit schlanken Säulen, malte **Andrea del Sarto** von 1514 bis 1526 für die »Bruderschaft des heiligen Johannes des Täufers« aus, deren Kreuzträger in den Prozessionen barfuß gingen. Die berühmten Fresken, die Szenen aus dem Leben des Täufers darstellen, wurden mehrfach restauriert. Die wichtigsten Fresken – alle in Grisaillemalerei – sind: die Geburt Johannes des Täufers (1526), die Predigt des hl. Johannes (1515) und der Tanz der Salome (1522).

● V. Cavour 69, Mo., Do., 1., 3., 5. Sa., 2., 4. So. im Monat 8.15 – 13.50 Uhr

**San Giovannino dei Cavalieri**

Bei der sich an den Kreuzgang anschließenden Kirche San Giovannino dei Cavalieri (der Johanniter-Ritter) wechselten die Namen so häufig wie die Baumeister: Zuerst »Oratorium der Maria Magdalena« bei einem Heim für »gefallene« Mädchen (1326), dann »San Pier Celestino«, »San Niccolò« (1553), schließlich »San Giovanni dei Cavalieri«, der Patron der Nonnen aus Jerusalem war, die bei der Kirche ein Kloster hatten. Bemerkenswert im Kircheninnern sind eine »Geburt Christi« (1435) von Bicci di Lorenzo und eine »Marienkrönung« (um 1450) von Neri di Bicci.

**Palazzo Pandolfini**

Der berühmte Maler **Raffael** zeichnete für den Bischof von Troia, Giannozzo Pandolfini, den Entwurf eines Palastes, den Giovanni Francesco und Aristotile da Sangallo um 1520 verwirklichten. Der Palast (Via San Gallo 74) unweit nördlich des Casinos besticht durch seine Eleganz und Harmonie, in der Elemente der Renaissance auf vollendete Weise zum Ausdruck kommen. Wahrscheinlich sollte der Palast auch rechts hochgeführt werden, sodass dadurch das vorbildlich in den Baukörper eingefügte Portal in die Mitte gekommen wäre. Unter dem Medici-Papst Klemens VII. – sein Name ist neben dem Leos X. an der rechten Fassadenseite zu lesen –, entschloss man sich jedoch dazu, den halbfertigen Bau in dem jetzt sichtbaren Stadium abzuschließen.

**Sant' Apollonia**

Das ehemalige Benedikterinnenkloster Sant' Apollonia, das heute als Museum eingerichtet ist, lohnt einen Besuch wegen seiner sehenswerten Kirche (15. Jh.) und des schönen Kreuzgangs mit eleganten Säulen, aber vor allem wegen der Abendmahlsdarstellung von Andrea del Castagno. Das Kloster wurde 1808 profanisiert, diente dann als Militärmagazin und beherbergt heute Universitätsinstitute. Das **Museo Cenacolo di Sant' Apollonia** zeigt im Refektorium das ***»Letzte Abendmahl«** (um 1457) von Castagno. Dieses Fresko nimmt einen wichtigen Platz in der Renaissancemalerei ein: Die genaue perspektivische Darstellung und die realistische »körperliche« Zeichnung der Personen – vor allem bei Jesus und dem allein sitzenden Judas – geben dem Bild eine intensive Dramatik. Ebenso beachtenswert sind (darüber) »Kreuzigung«, »Grablegung« und »Auferstehung« sowie in zwei Lünetten »Pietà« und »Gekreuzigter mit der Jungfrau, dem hl. Johannes und Heiliger«, ebenfalls von Castagno.

❶ Via XXVII Aprile 1, tgl. 8.00 – 13.50 Uhr, 2., 4. Mo., 1., 2., 3. So. im Monat geschl.

**Giardino dei Semplici, Museo Botanico**

Der Giardino dei Semplici (»Garten der Heilkräuter«) nördlich von San Marco wurde von Cosimo I. 1545 für die Erforschung exotischer Pflanzen gegründet. Er gehört heute zur Universität. Der Baumbestand stammt überwiegend aus dem 18. Jahrhundert.

Das angeschlossene Museo Botanico (Via Pier Antonio Micheli 3), das größte Botanische Museum Italiens, stellt vor allem einheimische Herbarien und eine umfangreiche Sammlung von Hölzern aus.

❶ Eingang: Via La Pira 4, April – 15. Okt. tgl. 10.00 – 19.00, 16. Okt. – März Mo., Sa., So. 10.00 – 16.30 Uhr, www.msn.unifi.it, Eintritt: 3 €

# * San Miniato al Monte

J 8

**Lage:** Monte alle Croci

**Bus:** 12

❶ Sommer Mo. – Sa. 9.30 – 13.00, 15.00 – 20.00, So. ab 8.15, Winter bis 19.00 Uhr, www.sanmianiatoalmonte.it

**Die hochgelegene Klosteranlage San Miniato al Monte ist ein Juwel romanisch-toskanischer Architektur. Auffallend ist der enge Bezug zur römischen Antike in der Außen- und Innengestaltung. Der Aufstieg lohnt sich allein schon wegen des umfassenden Ausblicks auf die Stadt.**

**Kirche eines Märtyrers**

Von der Piazzale Michelangelo führt ein kurzer Weg hinauf zum Vorplatz von San Miniato al Monte. Den Namen erhielt das Kloster in Erinnerung an den heiligen Minias, der um 250 in Florenz als Märtyrer starb. Über seinem Grab erhebt sich die Klosterkirche, mit deren Bau vermutlich 1018 begonnen wurde. Im Wesentlichen fertiggestellt war die Kirche zu Beginn des 13. Jh.s. Zunächst gehörte das Kloster Benediktiner-Nonnen, von 1373 bis 1552 und heute wieder ist der Komplex Olivetaner-Mönchen anvertraut.

San Miniato: ein kunsthistorisches Juwel in schöner Aussichtslage

**Außenansicht** Die strahlende, weiß-grün inkrustierte zweigeschossige Fassade (wohl um 1100) mit Dreiecksgiebel ist mit dünnen Marmorplatten bedeckt, die als geometrische Muster mit Quadraten, Rechtecken, Rauten und Kreisformen zusammen mit den großen romanisch-römischen Rundbögen die Fassade gliedern. Im Obergeschoss leuchtet ein **Mosaik** (zweite Hälfte des 13. Jh.s), das Christus zwischen Maria und San Miniato darstellt. Der Giebel wird von einem vergoldeten Adler bekrönt, der ein Wollbündel in den Krallen trägt. Er ist das Wappentier der reichen Tuchhändlerzunft, die lange Zeit die Bauhütte von San Miniato finanzierte.

**Campanile** Nachdem der alte Campanile 1499 eingestürzt war, begann man 1518 mit dem Bau eines neuen, der allerdings unvollendet blieb. Er diente in den bewegten Zeiten des frühen 16. Jh.s den Florentinern zur Verteidigung gegen die kaiserlichen Truppen.

**Kirchen-innenraum** Der eindrucksvolle Innenraum der Klosterkirche mit dekorativer Wandinkrustation vermittelt die Bauform der spätantiken, frühchristlichen **Säulenbasilika** als dreischiffige Langhausanlage ohne Querschiff mit offenem Dachstuhl. Die eingestellten Schwibbögen und der damit verbundene Stützenwechsel verleihen dem Hauptschiff eine ungewöhnliche Rhythmisierung. Der traditionell über einem Märtyrergrab erhöhte Chor gab ursprünglich dem eintretenden Pilger den Blick in die Hallenkrypta (11. Jh.) auf die Gebeine des hl. Minias frei, der heute durch ein Renaissancetabernakel im Mittelschiff versperrt ist. San Miniato ist zwar im Wesentlichen ein mittelalterlicher, romanischer Kirchenbau, doch seine Ausstattung enthält zwei herausragende Beispiele der Renaissancekunst: das Marmorziborium von Michelozzo und die Kapelle des Kardinals von Portugal, einen angebauten Zentralraum von Antonio Manetti mit plastischen Arbeiten von Antonio Rossellino.

**Michelozzos** tonnengewölbtes ***Marmorziborium** im Langhaus wurde 1448 im Auftrag Piero de' Medicis geschaffen. Als Rückwand verwendete man ein Altarbild von **Agnolo Gaddi** (um 1396), das Szenen aus dem Martyrium des hl. Minias zeigt. Interessant ist, dass das kleine Bauwerk mit Hinweisen auf den selbstbewussten Stifter übersät ist: Die Zeichen Pieros bestehen aus einem Ring mit einem ungeschliffenen Diamanten und aus Straußenfedern. Nicht nur in der Frieszone, sondern auch im bronzenen Schutzgitter des Tempelchens gehen die Embleme völlig in der Ornamentik auf. Die Rückseite ist mit einem Adler – als Abzeichen der Tuchhändlerzunft – geschmückt, ein Hinweis darauf, dass die Zunft Bauherrin war und Piero de Medici nur ungern diese Bekundung seines Stifterstolzes gestattet wurde. Die Tonnendecke des Tabernakels ist aus glasierten Terrakottakassetten, die in ihrer weiß-hellblauen Farbgebung bezeichnend für den Renaissancekünstler Luca della Robbia sind.

Die ***Cappella del Cardinale di Portogallo** (»Kapelle des Kardinals von Portugal«), im Auftrag des portugiesischen Königs Alfons V. von **Manetti** zwischen 1461 und 1466 an das linke Seitenschiff gebaut, orientiert sich als Zentralraum sehr an der Alten Sakristei von Brunelleschi in San Lorenzo. Die Innendekoration verbindet christliches und antikes Gedankengut. So erinnert Antonio Rossellinos Sarkophaggestaltung an ein römisches Vorbild, ein Mithrasopfer sowie Putti und Engel dekorieren die Grabmalsnische. Die Liegefigur des Toten ist auf den leeren Richterstuhl gegenüber als Mahnung an das Jüngste Gericht ausgerichtet. Insgesamt ist dieses Grabmal als Vorstufe zu den Sarkophagen Michelangelos in der Neuen Sakristei von San Lorenzo zu betrachten. Die Terrakottaskulpturen – Hl. Geist und die vier Kardinaltugenden – stammen von Luca della Robbia.

Hinter dem Marmorziborium führen Treppen hinunter zur **Krypta** mit Kreuzgewölben und Fresken des Taddeo Gaddi.

Die dekorativ skulptierten **Marmorschranken** und die fein gearbeitete **Marmorkanzel** (2. Hälfte de 12. Jh.s) gehören zu den wertvollsten spätromanischen Ausstattungsstücken der Kirche.

Die **Apsis** ziert das Mosaik »Christus mit Maria und San Miniato«. Es lässt byzantinischen Einfluss erkennen, wurde ursprünglich 1297 geschaffen und in der zweiten Hälfte des 19. Jh.s fast völlig erneuert. Von der Apsis aus gelangt man rechts in die **Sakristei**, in der **Spinello Aretino** (nach 1387) mit den »Legenden des hl. Benedikt« sein malerisches Meisterwerk hinterließ.

Von der Sakristei öffnet sich eine Tür zum **Kreuzgang** mit Fresken von Andrea del Castagno und Paolo Uccello.

**Palazzo dei Vescovi** Der Palazzo dei Vescovi (»Bischofspalast«), den Bischof Andrea dei Mozzi 1295 neben der Kirche San Miniato begann und der 1320 vollendet wurde, diente den Bischöfen von Florenz lange Zeit als Sommerresidenz, bis er 1534 ein Teil des Klosters wurde. Heute ist er wieder im Besitz der Olivetaner-Mönche.

**Cimitero delle Porte Sante** Der Friedhof Cimitero delle Porte Sante bei der Kirche wurde 1857 nach Plänen von Nicola Matas angelegt. Hier sind zahlreiche bekannte Persönlichkeiten des 19. Jh.s beigesetzt.

### UMGEBUNG VON SAN MINIATO AL MONTE

**San Salvatore al Monte** Meist wird die nahegelegene Kirche San Salvatore al Monte wegen San Miniato übersehen. Der Sakralbau, den Michelangelo »la bella villanella« (»das schöne Landmädchen«) nannte, lohnt jedoch wegen seiner hervorstechend klaren äußeren und inneren Gestaltung einen Besuch. Für die Durchführung war hauptsächlich **Cronaca** (seit 1499) verantwortlich, der mit erheblichen Schwierigkeiten zu kämpfen hatte: Der Bau konnte wegen des steilen Geländes nur mit Stützmauern ausgeführt werden.

## ** Santa Croce

J 7/c IV

**Lage:** Piazza Santa Croce
**Bus:** C 1, C 2, C 3, 13
Mo. – Sa. 9.30 – 17.00, So. 14.00 – 17.00 Uhr, Eintritt:6 €. Eingang: links am Largo Bargellini, www.santacroceopera.it

**»Santa Croce ist ein Pantheon der würdigsten Art. Die Kirche ist von einer ernsten und düsteren Feierlichkeit, wahrlich eine große Totenhalle, die kein denkender Mensch ohne Ehrfurcht betreten wird«, schrieb Ferdinand Gregorovius, der deutsche Italien-Reisende des 19. Jh.s.**

**Piazza Santa Croce** Vor der Kirche Santa Croce breitet sich der gleichnamige Platz aus, ein für mittelalterliche Verhältnisse ungewöhnlich weiter Platz, der für Feste und Versammlungen des Volkes und auch für Predigten der Franziskanermönche bestimmt war. Der Brunnen aus dem 17. Jh., das große **Dante-Denkmal** (1865) und zwei Palazzi setzen gestalterische Akzente. Der **Palazzo Serristori** der Kirchenfassade gegenüber entstand von 1469 bis 1474 nach Plänen von Giuliano da Sangallo. Den **Palazzo dell' Antella** an der Südseite des Platzes gestaltete Gilio Parigi 1619 aus zwei Palästen des 15. Jh.s.

**Dante wacht über Santa Croce mit ihren vielen Denkmälern.**

Auf dem Platz wurde schon im 16. Jh. eine Art Fußball gespielt; eine runde Gedenkplatte von 1565 beim Palazzo dell' Antella markiert die Mittellinie für den sportlichen Wettkampf. Diese Tradition wird bis heute fortgesetzt: Alljährlich im Juni ist die Piazza Veranstaltungsort des **»Calcio in Costume«** (►Baedeker Wissen S. 108), bei dem das Ballspiel in Kostümen des 16. Jh.s aufgeführt wird.

## KIRCHE

**Ruhmeshalle der Florentiner**

Mit ihren vielen Grab- und Denkmälern sowie zahlreichen bedeutenden Kunstwerken stellt Santa Croce einen der eindrucksvollsten Sakralbauten Italiens dar. Mit ihren stattlichen Maßen von 115 m Länge und 38 m Breite ist sie die **größte Franziskanerkirche überhaupt**. Das Gotteshaus wurde im Jahr 1295 begonnen – vielleicht unter Leitung von Arnolfo di Cambio – und 1443 in Anwesenheit von Papst Eugen IV. geweiht. Die Fassade mit Gliederung durch verschiedenfarbigen Marmor und der Campanile stammen aus dem 19. Jahrhundert.

**Kircheninnenraum**

Das Innere hat die Form einer dreischiffigen Pfeilerbasilika mit offenem Holzdachstuhl und geradem Chorabschluss, wie bei Bettelordenskirchen üblich. Es ist eine hallenartige Kirchenanlage, geeignet für die Bußpredigten der Bettelmönche (Franziskaner), die in diesem

## Santa Croce

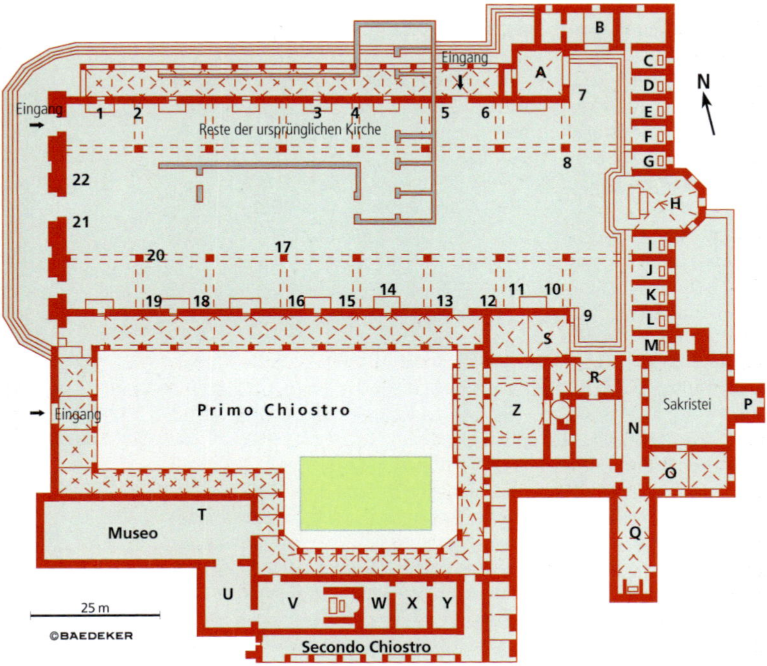


**1** Heiligenfresken
**2** Grabmal des Galileo Galilei von G. Foggini
**3** Grab von Lorenzo und Vittorio Ghiberti
**4** »Pietà« von Bronzino
**5** Grabmal des Vittorio Fossombroni von Bartolini
**6** Grabmal des Carlo Marsuppini von D. da Settignano
**7** Grabmal des Luigi Cherubini von Fantacchiotti
**8** Grabmal des Leon Battista Alberti von Bartolini
**9** Grab des Prinzen Corsini
**10** Grab des Ugo Foscolo
**11** Grabmal des Gioacchino Rossini von Cassioli
**12** Grab des Leonardo Bruni
**13** Nische des Donatello mit Tabernakel »Verkündigung«
**14** »Ölberg» von A. del Minga
**15** Grabmal des Niccoló Machiavelli von Spinazzi
**16** Grabmal des Vittorio Alfieri von Canova
**17** Marmorkanzel von B. da Maiano
**18** Kenotaph des Dante Alighieri von Rici
**19** Grabmal des Michelangelo von Vasari
**20** »Madonna mit Kind« Relief von Rossellino
**21** Grabmal des G. B. Niccolini von Fedi
**22** Grabmal von Gino Capponi von A. Bortone

**A** Cappella Salviati
**B** Cappella Bardi mit Kruzifix des Donatello
**C** Cappella Bardi di Vernio
**D** Cappella Pulci e Beraldi
**E** Cappella Ricasoli
**F** Cappella Capponi
**G** Cappella Tosinghi/Spinelli
**H** Cappella Maggiore
**I** Cappella Bardi mit Fresken des Giotto
**J** Cappella Peruzzi mit Fresken des Giotto
**K** Cappella Giugni
**L** Cappella Calderini
**M** Cappella Velluti
**N** Corridoio della Sagrestia
**O** Durchgang zur Scuola del Cuoio
**P** Cappella Rinuccini
**Q** Cappella del Noviziato von Michelozzo
**R** Cappella Baroncelli mit Fresken des T. Gaddi
**S** Cappella Castellani
**T-Y** Museo dell'Opera di Santa Croce
**Z** Cappelle de' Pazzi des Brunelleschi

traditionellen Wollarbeiterviertel von Florenz großen Zulauf hatten. Im ersten Bereich des linken Seitenschiffes sieht man das Grab des berühmten Naturwissenschaftlers **Galileo Galilei** von Giulio Foggini. Das Monument für den Humanisten und Staatskanzler **Carlo Marsuppini** von Desiderio da Settignano, eines der schönsten Grabmäler des 15. Jh.s, steht neben der Seitentür. In den Boden eingelassen ist die Grabplatte für **Lorenzo Ghiberti**, den Schöpfer der Bronzetüren des Baptisteriums, und seinen Sohn Vittorio.
Das Grabmal für den Florentiner Komponisten **Luigi Cherubini** († 1842) ist ebenfalls sehenswert (linke Querschiffecke). Den krönenden Querhaushauptschluss bildet eine Reihe von Kapellen. In der **Cappella Bardi** hängt der »Gekreuzigte« von Donatello, an dem Brunelleschi kritisierte, dass der Künstler einen Bauern ans Kreuz gehängt habe. Brunelleschi selbst schuf für Santa Maria Novella ein – wie er annahm – schöneres Kruzifix. In der **Cappella Bardi di Vernio** sind die Wände mit Fresken geschmückt, die Szenen aus dem Leben des hl. Sylvester darstellen, sie wurden 1340 von Maso di Banco geschaffen; die Fresken in den Grabnischen führten auch Maso di Banco und Taddeo Gaddi aus. Glasfenster aus der Schule Giottos sind in der **Cappella Tosinghi-Spinelli** bemerkenswert.
Die **Hauptchorkapelle** ist ganz mit Fresken ausgestattet. Die Gewölbemalereien (1380) stammen von **Agnolo Gaddi** und zeigen den »Auferstandenen Christus, die Evangelisten und den hl. Franziskus«. Den Wandfresken, ebenfalls von Gaddi und seinen Gehilfen erstellt, liegt die Legende des hl. Kreuzes zugrunde.
Ebenso wie das linke ist auch das rechte Querschiff in fünf Kapellen gegliedert. In der **Cappella Bardi** sind die Fresken (um 1320) von Giotto beachtenswert, die »Geschichten aus dem Leben des hl. Franziskus« erzählen. Sie gehören zu den reifsten und bedeutendsten Werken des Malers. Auch die **Cappella Peruzzi** daneben zieren bemerkenswerte Freskenzyklen von Giotto mit Szenen aus dem Leben Johannes des Evangelisten und Johannes des Täufers (um 1325). Sie wurden besonders von den Malern der Renaissance, von Masaccio und Michelangelo, bewundert und gründlich studiert. In der letzten Kapelle, der **Cappella Velluti**, sind die beschädigte Fresken (»Erzengel Michael«) eines Cimabue-Schülers und die »Marienkrönung« von Giotto bedeutend. Die Wandmalereien der Propheten (außen) und des Marienlebens (im Inneren) an der Stirnwand des Querschiffs in der **Cappella Baroncelli** stammen von Taddeo Gaddi, einem Schüler Giottos; sie sind seine Meisterwerke. In der anschließenden **Cappella Castellani** sollte man die Fresken (Heiligenleben) von Agnolo Gaddi und seinen Schülern sowie ein schönes Tabernakel von Mino da Fiesole beachten.
Durch die Tür von Michelozzo geht man in einen ebenfalls von Michelozzo angelegten Gang, den Corridoio della Sagrestia, zur **Sakristei**. Sie enthält kostbare Schränke der Renaissance und eine »Kreuzi-

gung« von Taddeo Gaddi. Hinter der Sakristei befindet sich die **Cappella Rinuccini** (14. Jh.) mit Fresken von Giovanni da Milano und am Ende des Sakristei-Korridors die **Cappella del Noviziato**, die Michelozzo im Auftrag von Cosimo den Älteren für die Noviziaten des Klosters 1445 erbaute. Die »Madonna« (1480) in glasierter Terrakotta über dem Altar stammt von Andrea della Robbia.

Im rechten Seitenschiff stößt man auf das Grabmal für den Komponisten **Gioacchino Rossini** († 1868) sowie das Grab des Florentiner Politikers **Leonardo Bruni** († 1444), mit dem Bernardo Rossellino den Prototyp des Florentiner Renaissancegabmals schuf. Eine Nische umfängt das graziöse Verkündigungsrelief von Donatello (1435). Ungefähr in der Mitte der Längsseite steht das Grabmal für **Niccolò Machiavelli** († 1527), den großen Historiker und Politiker, ein Werk (1787) von Spinazzi.

Die berühmte achteckige **Marmorkanzel von Benedetto da Maiano** (1472 – 1476) schmücken Szenen aus dem Leben des hl. Franziskus und allegorischen Figuren. Im letzten Drittel des Seitenschiffs fällt der monumentale Kenotaph für **Dante** (1829) ins Auge mit den Allegorien Italiens und der trauernden Poesie. Florenz wollte damit den Dichter ehren, den die Stadt verbannt hatte und der 1321 in Ravenna starb. Das von Vasari entworfene **Grabmal Michelangelos** zieren die Personifikationen der Architektur, Skulptur und Malerei. Am ersten Pfeiler ist ein Relief »Madonna col Bambino« (1478) von Antonio Rossellino angebracht.

## MUSEO DELL' OPERA DI SANTA CROCE

**Besichtigung**

Von der Basilika gelangt man in die rechts anschließenden Bereiche des Klosterkomplexes von Santa Croce. Besucht werden können zwei Kreuzgänge, die Pazzi-Kapelle sowie das im ehemaligen Refektorium und anderen Klosterräumen untergebrachte Museo dell' Opera di Santa Croce. Vom Primo Chiostro (»Erster Kreuzgang«), der Ende des 14./Anfang des 15. Jh.s errichtet wurde, fällt der Blick zunächst auf die Cappella dei Pazzi an seinem Ende.

****Cappella dei Pazzi**

Die Pazzi-Kapelle verdankt ihren Ruhm dem architektonischen Genie des **Brunelleschi**. Er errichtete von 1430 bis zu seinem Tod 1446 im Auftrag von Andrea de' Pazzi diesen frühen und reinen Bau der Renaissance. Er sollte als Grabkapelle der Pazzi und zugleich als Kapitelsaal der Franziskanermönche von Santa Croce dienen. Die von Säulen getragene Vorhalle ist im Gebälk mit einem Fries aus kleinen Medaillons mit Engelköpfen von **Desiderio da Settignano** und in der Halbkuppel des Portikus mit schönen Rosetten von **Luca della Robbia** geschmückt. Von ihm stammt auch das »Andreas-Relief« (1445) über den Holztüren; diese wiederum schuf **Giuliano da San-**

**gallo** von 1470 bis 1478. Das Innere wirkt als harmonische Einheit mit klaren Gliederungen durch Pilaster, angedeutete Nischen, Rundungen und Tonnengewölbe, obwohl die rechteckige Form der Kapelle durch den Altarraum aufgehoben ist. Die vier Terrakottamedaillons in den Zwickeln mit sitzenden Evangelisten sind Schöpfungen Luca della Robbias, ebenso die zwölf Apostel-Tondi.

**Secondo Chiostro**

Vom Ersten Kreuzgang führt ein Durchgang zum zweigeschossigen Secondo Chiostro (»Zweiter Kreuzgang«), der um 1452 von **Bernardo Rossellino** errichtet wurde. Dieser lehnte sich eng an den Stil Brunelleschis an.

**Museo dell' Opera di Santa Croce**

Das Santa-Croce-Museum ist im Refektorium und den angrenzenden Räumen des Klosters Santa Croce untergebracht. Zu den bedeutendsten Kunstwerken gehören das 120 $m^2$ große **»Letzte Abendmahl«** (um 1360) von **Taddeo Gaddi** und »Die Grablegung« von demselben Künstler. Ein spätes Meisterwerk ist das große gemalte ***Kruzifix von Cimabue** (um 1285 – 1290), seit der Überschwemmungskatastrophe 1966 schwer beschädigt. Seine Neuartigkeit liegt in den menschlichen Zügen und der starken Körperlichkeit von Christus. Von den anderen Kunstwerken sind ferner hervorzuheben: ausdrucksvolle Freskenfragmente, die zur Darstellung »Triumph des Todes« (um 1360) von **Andrea Orcagna** gehören; das vergoldete Bronzestandbild »Der heilige Ludwig von Toulouse« (1423) von **Donatello**; ein Fresko von **Domenico Veneziano**, »Die Heiligen Johannes der Täufer und Franziskus« (um 1450 – 1460); »Krönung Mariens« von **Maso di Banco** sowie »Stigmata«, eine Terrakottagruppe von **Andrea della Robbia**.

## UMGEBUNG VON SANTA CROCE

**Biblioteca Nazionale Centrale**

Das große Gebäude der Nationalbibliothek – erbaut von 1911 bis 1935 – neben Santa Croce enthält 24 721 Manuskripte, mehr als 70 000 Briefe und Dokumente, 3780 Inkunabeln, mehr als vier Millionen Bücher, etwa 4000 Blätter von Musikwerken, mehr als 600 Atlanten und ca. 1500 geografische und topografische Karten. Besonders wertvoll sind die wohl älteste bekannte Abschrift der »Göttlichen Komödie« Dantes aus der ersten Hälfte des 14. Jh.s, Handschriften von Galilei sowie Messbücher und Bibelausgaben vor der Erfindung des Buchdrucks. Die Bibliothek geht bis ins 13. Jh. zurück und verwahrt Handschriften aller berühmten Florentiner.

Mo. – Fr. 8.15 – 19.00, Sa. 8.15 – 13.30 Uhr

**Museo Horne**

Der englische Kunsthistoriker Herbert Percy Horne (1864 – 1916) schenkte dem italienischen Staat eine wertvolle Sammlung von Gemälden, Skulpturen, Zeichnungen, Möbeln, Schmuck- und Gebrauchsgegenständen, die jetzt im Palazzo Horne (unweit westlich der Kirche) ausgestellt sind. Dieses Gebäude ist im 15. Jh. für die Familie Alberti wahrscheinlich nach Plänen von Cronaca errichtet worden, danach gehörte es den Corsi. Die Sammlung erfuhr bei der Überschwemmung von 1966 schwere Schäden, insbesondere die Exponate im Erdgeschoss.

Im ersten Stockwerk werden Gemälde aus dem 14. bis 16. Jh. gezeigt, darunter Werke von Simone Martini, Benozzo Gozzoli, Pietro Lorenzetti, Filippino Lippi und Bernardo Daddi. Das Hauptwerk ist **Giottos** Tafel ***»Hl. Stephanus«** (um 1320).

Im zweiten Stockwerk sind u. a. Möbel aus florentinischen Werkstätten, Zeichnungen, Rundbilder und Terrakotten – alle Exponate aus dem 15./16. Jh. – ausgestellt.

ⓘ Mo. – Sa. 9.00 – 13.00 Uhr, www.museohorne.it, Eintritt: 7 €

**Palazzo Bardi**

Der Palazzo Bardi (um 1420) gegenüber dem Museum wird Brunelleschi zugeschrieben. Er fällt durch seine guten Proportionen auf. Der Innenhof wird von schlanken Säulen akzentuiert.

# * Santa Maria del Carmine

H 7

**Lage:** Piazza del Carmine

**Bus:** D

ⓘ Di. gschl., www.museicivicifiorentini.comune.fi.it

**Die große barocke Kirche an der gleichnamigen Piazza ist vor allem bekannt wegen der kunsthistorisch bedeutenden Brancacci- und der Corsini-Kapelle.**

**Barock umgestaltete Krche**

Die Kirche, 1268 begonnen, stellte man erst 1476 fertig, wovon an den Seiten sowohl romanische als auch gotische Bauteile zeugen. Im 16. und 17. Jh. umgestaltet, wurde sie 1771 bei einem Brand so schwer beschädigt, dass sie gänzlich neugestaltet werden musste, was Giuseppe Ruggieri und Giulio Mannaioni bis 1782 in barockem Stil durchführten. Die Kirche besitzt nur ein Schiff, an dessen Seiten sich Kapellen anfügen. Neben der Brancacci-Kapelle ist die Kirche vor allem berühmt wegen der barocken **Cappella Corsini** (1675 – 1683) von Pierfrancesco Silvani im linken Querschiff; das Kuppelfresko »Apotheose des heiligen Andrea Corsini« (1682) stammt von Luca Giordano. Die Kapelle enthält die Gräber von Neri und Piero Corsini mit drei Marmorhochreliefs von Giovanni Battista Foggini.

Der Zugang zur *Cappella Brancacci ist rechts neben der Kirche. Man betritt zunächst den zu Beginn des 17. Jh.s an die Kirche angebauten Kreuzgang und gelangt dann zu der Kapelle, die der Kaufmann Felice Brancacci von 1424 bis 1427 mit **Fresken** hauptsächlich von den beiden Künstlern **Masaccio** und **Masolino** ausmalen ließ. Die Werke stellen eine wichtige Entwicklungsstufe in der europäischen Malerei dar. Masaccio führte die Malkunst dank der Wiederentdeckung der Perspektive in seinen Fresken über die Formen- und Farbenpracht des mittelalterlich-gotischen Stils hinaus und entwickelte die Ansätze des Malers Giotto fort. Der Tradition von Masaccio und Masolino folgend, malte **Filippino Lippi** die fünf Wandfelder in der unteren Zone aus. Bedeutende Künstler der Renaissance studierten die Werke der Brancacci-Kapelle wegen ihrer perspektivischen Raumerschließung, des strengen Realismus der dargestellten Personen, der feinen Charakterisierung der Gesichter, der malerischen Freiheit und der Konzentration des Ausdrucks. Die durch verschiedene Restaurierungsbemühungen stark entstellten Fresken wurden in ihrer ursprünglichen Farbgebung wiederhergestellt.

**Barocke Santa Maria del Carmine**

Im einzelnen sind dargestellt (von links nach rechts, oben): Vertreibung Adams und Evas aus dem Paradies, der Tribut (Zahlung durch Petrus an den Kaiser) – beides Meisterwerke von Masaccio –, Predigt von Petrus, Petrus tauft neue Gläubige, Petrus mit Johannes hilft den Lahmen und erweckt Tabita sowie die Versuchung von Adam und Eva. Unten: Petrus wird von Paulus im Gefängnis besucht, Petrus erweckt den Sohn des Theophilus, Predigt von Petrus, Petrus (mit Johannes) heilt die Kranken, Petrus und Johannes verteilen die Güter der Gemeinde, Kreuzigung von Petrus, Petrus und Paulus disputieren mit Simon dem Magier vor Nero, und der Engel befreit Petrus aus dem Gefängnis. Man erzählt sich, Michelangelo sei bei einer Diskussion vor diesen Bildern so sehr in Rage geraten, dass er bei dem sich daraus entwickelnden handfesten Streit im Gesicht verletzt und seine Nase dadurch entstellt wurde.

**Capella Brancacci**: Mo., Mi. – Sa. 10.00 – 17.00, So., Fei. 13.00 – 17.00 Uhr, Reservierung empfohlen, Tel. 055 2 38 21 95, Eintritt: 6 €

# ** Santa Maria Novella

H 6/a II/III

**Lage:** Piazza di Santa Maria Novella
weiterer Eingang: Piazza della Stazione 4
**Bus:** C 2, 12, 13, 14, 17, 22, 23, 36, 37
Mo. – Do. 9.00 – 17.30, Fr. 11.00 – 17.30, Sa. 9.00 – 17.00 Uhr, www.chiesasantamarianovella.it, Eintritt: 5 €

**Zu den bedeutendsten Kirchen von Florenz gehört die Dominikaner-Kirche Santa Maria Novella mit ihrer epochalen Renaissancefassade und berühmten Freskenzyklen.**

**Baugeschichte**

Die typische Bettelordenskirche steht auf dem gleichnamigen fünfseitigen Platz. Die zwei hiesigen Marmorobelisken mit Bronzelilien auf der Spitze, gestützt auf vier Schildkröten, sind Werke von Giambologna (1608). Santa Maria Novella wurde 1246 begonnen und um 1300 war der Bau im Wesentlichen fertiggestellt. Verschiedene Architekten nahmen im 14./15. Jh. leichte Veränderungen vor. Wie bei der Franziskanerkirche Santa Croce geht man auch hier über einen weiten Prozessionsplatz auf den Hauptbau zu. Die Fassade schuf von 1456 bis 1470 **Leon Battista Alberti** im Auftrag des Giovanni Rucellai, dessen Familienzeichen, die Segel, in der Mitte als friesartiges Zwischengesims angebracht wurden. Er gab ihr die entscheidende Form durch die Harmonisierung des romanisch-gotischen mit dem Renaissance-Stil (Portal, begrenzende Pfeiler, oberes Attikageschoss mit Voluten). Die Fassade ist durch verschiedenfarbigen Marmor gegliedert. Neben der Kirche liegt ein alter Friedhof.

> **BAEDEKER WISSEN ?**
>
> *Wendemarken*
>
> Wussten Sie schon, was es mit den Obelisken auf der Piazza Santa di Maria Novella auf sich hat? Sie erinnern daran, dass zurzeit der Medici-Fürsten hier Wagenrennen abgehalten wurden, wobei die Obelisken als Wendemarken dienten.

**Kircheninnenraum**

Das Innere der Kirche zeigt ein harmonisches Gleichgewicht zwischen aufsteigenden gotischen Formen und dem weit ausgedehnten einheitlichen Raum, dessen Länge von 99 m durch die enger werdenden Wölbungen der Pfeiler perspektivisch noch gesteigert wird. Über dem Portal in der Lünette sieht man das Fresko »Geburt Christi«, möglicherweise ein Frühwerk Botticellis, und in der Rosette, der ältesten von Florenz, die »Krönung Mariens«.

Die Marmorkanzel am zweiten Pfeiler des linken Seitenschiffs entwarf **Filippo Brunelleschi** 1443, und Buggiano führte sie aus. Der dritte Altar ist mit der »Dreifaltigkeit« (1427), ein Fresko von **Masaccio**, geschmückt, das wegen seines intensiven Ausdrucks und der

Santa Maria Novella mit beeindruckender Renaissancefassade

vollkommenen perspektivischen Darstellung einen Ehrenplatz unter den Werken des Künstlers einnimmt.

Im vorderen Mittelschiff hängt ein gemaltes Kruzifix (um 1290), ein frühes Meisterwerk von **Giotto**, das durch die Darstellung menschlicher Züge des leidenden Christus zum Vorbild für andere Maler des 14. Jh.s wurde.

Nardo di Cione schuf 1357 im linken Querschiff die Fresken mit Themen aus Dantes »Göttliche Komödie« in der erhöht liegenden **Cappella Strozzi**, wo auch das Altarbild »Erlöser und Heilige« von Andrea Orcagna hängt. In der **Cappella Gaddi** fällt u. a. das Gemälde über dem Altar »Jesus weckt die Tochter des Jairus« von Bronzino ins Auge. In der danebenliegenden **Cappella Gondi** sieht man das berühmte Holzkruzifix (1410 – 1425) von Brunelleschi, die erste Christus-Darstellung ohne Lendentuch.

Die **Hauptchorkapelle** wurde von **Domenico Ghirlandaio** und Gehilfen von 1486 bis 1490 im Auftrag von Giovanni Tornabuoni vollkommen mit Fresken ausgemalt, die Szenen aus dem Leben Johannes des Täufers und der Maria wiedergeben. Dank umfassender Restaurierungen erstrahlt der letzte große Freskenzyklus des 15. Jh.s wieder in zarten leuchtenden Farben. Das Bronzekruzifix ist eine Arbeit von Giambologna.

## Santa Maria Novella

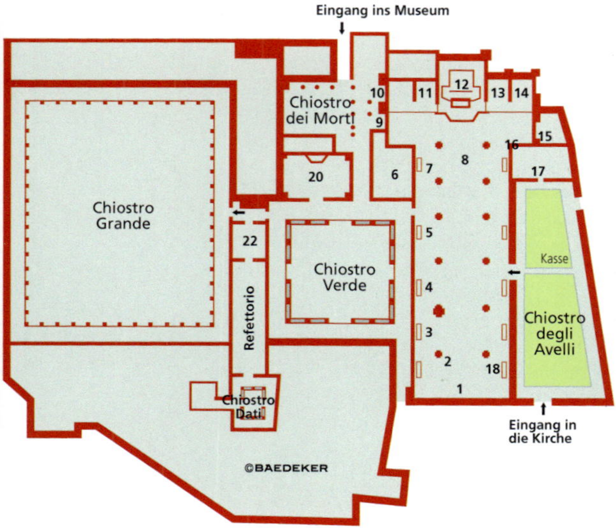


1 »Geburt Christi« von Bottice
2 Marmorkanzel
3 »Dreifaltigkeit« von Masacci
4 »Auferstehung« von Vasari
5 »Santa Caterina von Siena« von Poccetti
6 Sakristei
7 »Hl. Giacinto« von Allori
8 Kreuz von Giotto
9 Cappella Strozzi di Mantova
10 Cappella Gaddi
11 Cappella Gondi
12 Hauptchorkapelle
13 Cappella di Filippo Strozzi
14 Cappella Bardi
15 Cappella Rucellai
16 Grabmal des Joseph von Konstantinopel
17 Cappella della Pura
18 Grabmal der Beata Villana
19 »Martyrium des hl. Laurentiu von Macchietti
20 Cappella degli Spagnoli
22 Cappella degli Ubriachi

Im rechten Querschiff sind wiederum zwei Kapellen auf der linken Seite eingefügt. Die **Cappella di Filippo Strozzi** ist mit Fresken (1497 bis 1502) von Filippino Lippi ausgeschmückt. Das Grab des Filippo Strozzi liegt hinter dem Altar, es wurde von Benedetto da Maiano von 1491 bis 1493 gestaltet. Die danebenliegende **Cappella Bardi** beherbergt die »Rosenkranzmadonna« (1570) von Vasari. An der Stirnwand des Querschiffs enthält die erhöht liegenden **Cappella Rucellai** eine Bronzegrabplatte (1423) für den Dominikanergeneral Dati von Lorenzo Ghiberti und die Marmorstatue »Madonna mit Kind« von Nino Pisano. Ganz in der Nähe schließlich sieht man das Grabmal des Patriarchen Joseph von Konstantinopel, der während des Konzils von Florenz 1440 starb. Eine Tür im rechten Seitenschiff führt in die **Cappella della Pura** mit dem Bild der »Madonna mit Kind und hl. Katharina«. Um dieses Bild rankt sich die Legende, dass Maria 1472 aus dem Bild zwei schmutzigen Kindern zugerufen habe, sie sollten sich waschen – eine gern angewandte Erziehungshilfe florentinischer Mütter.

Zum Portal hin folgen das Grabmal der Beata Villana von Rossellino (1451) und der Seitenaltar mit dem »Martyrium des Laurentius« (1573) von Macchietti.

Museo di Santa Maria Novella

Die Besichtigung von Santa Maria Novella sollte auch das Refektorium, die Kreuzgänge und die Kapellen des früheren Klosters, heute das Museo di Santa Maria Novella, miteinschließen. Der mit seinen 56 Bögen riesige Chiostro Grande, der teils mit Freskenzyklen aus dem 16. Jh.geschmückt ist, gehört zur Schule der Carabinieri, ist aber bei besonderen Anlässen zu besichtigen.
Der Name **Chiostro Verde** (»Grüner Kreuzgang«), ein sehr schöner, stimmungsvoller Kreuzgang, geht auf den grünen Farbton der von Paolo Uccello geschaffenen **Fresken** zurück. Die Erzählung der Malereien beginnt mit der Schöpfung der Tiere und dem Sündenfall (um 1430), die Darstellung der Sintflut entstand 20 Jahre später.
Zu den großartigsten Bildern des 14. Jh.s in Italien gehören die Fresken der Cappella degli Spagnoli (»Spanischen Kapelle«), die nach 1340 von Jacopo Talenti als Kapitelsaal des Dominikanerklosters erbaut und von Eleonora von Toledo, der Gemahlin Cosimos I., ihrem spanischen Gefolge – daher der Name – 1540 für Gottesdienste zugewiesen wurde. Andrea da Firenze schuf die ***Wandmalereien** mit der Darstellung des Dominikanerordens. Der Künstler verband Szenen aus der Bibel, Heiligenlegenden und die Allegorien der mittelalterlichen Wissenschaften miteinander.

## UMGEBUNG VON SANTA MARIA NOVELLA

*Museo Nazionale Alinari della Fotografia

Die drei Florentiner Brüder Alinari begannen Ende des 19. Jh.s mit ihren Fotoapparaten, die Stadt bzw. Italien dokumentarisch festzuhalten und damit den Grundstein zu legen für eines der bedeutendsten Fotoarchive der Welt. Das Museum ist in Räumen des schönen Portikusgebäudes Loggiato delle Leopoldine – einst Sanatorium, später Schule – auf der gegenüberliegenden Seite der Piazza Santa Maria Novella untergebracht. Es zeigt Fotos aus den Beständen, alte Fotoapparate und organisiert interessante Ausstellungen.

❶ Wegen Restaurierung geschl., www.mnaf.it

BAEDEKER TIPP !

*Nicht nur Medikamente*

Unbedingt ansehen sollte man sich die alte Apotheke von Santa Maria Novella (Via della Scala 16 r), die seit 1612 besteht und Hoflieferant der Medici war. Sehr stilvoll ist die Ausstattung (19. Jh.) des Verkaufsraums. Im Angebot sind auch Parfüms, Seifen und Kräuter. Eine Kleinigkeit kann man doch immer gebrauchen.

**Museo Novecento** Seit 2014 zeigt dieses Museum, wie schon das Alinari-Museum in den Räumlichkeiten des mittelalterlichen Spedale delle Leopoldine an der Piazza Santa Maria Novella untergebracht, interessante Werkgruppen des künstlerischen Schaffens des 20. Jh.s in Italien.

ⓘ Piazza Santa Maria Novella 10, April – Sept. Mo. – Mi., Sa., So. 10.00 – 21.00, Do. 10.00 – 14.00, Fr. 10.00 – 21.00, Okt. – März Mo. – Mi. 10.00 – 18.00, Do. 10.00 – 14.00, Fr. 10.00 – 21.00, Sa., So. 10.00 – 20.00 Uhr, Eintritt: 8.50 €, www.museonovecento.it.

**Fortezza da Basso** Die ausgedehnte ehemalige Fortezza da Basso erreicht man, wenn man der Via Valfonda in nördlicher Richtung folgt. Herzog Alessandro de' Medici ließ die Festung 1534 von **Antonio Sangallo d. J.** entwerfen und den Bau unter Leitung von Pier Francesco da Viterbo und Alessandro Vitelli von 1534 bis 1535 ausführen. Kaiser Karl V. machte den Bau dieser Bastion zur Bedingung für die Heirat des Bastards Alessandro mit seiner Tochter Margarete von Österreich-Parma. Der Herzog wollte mit diesem Bau seine Macht demonstrieren. Die Festung wird heute für Ausstellungen und Kongresse genutzt.

**Cascine** Mehr als 3 km entlang des Arno erstrecken sich im Westen der Stadt die Parkanlagen der Cascine. Hier befanden sich einst die landwirtschaftlichen Güter der Medici. In der zweiten Hälfte des 18. Jh.s wurden die Anlagen durch die Großherzöge von Habsburg-Lothringen der Öffentlichkeit zugänglich gemacht. Das ausgedehnte Wald- und Wiesenareal am Fluss ist für viele Florentiner beliebtes Picknickziel. Neben Sportmöglichkeiten wie Schwimmbad, Tennis und Tontaubenschießen gibt es im Park auch Platz für eine Pferderennbahn (Ippodromo), eine kleine Kinderkirmes, eine Freilichtbühne sowie für den Parco della musica e della cultura (Viale Fratelli Rosselli 1) mit hochmodernem Konzertsaal.

## ★ Santa Trinità

H 6/a III

**Lage:** Piazza Santa Trinità
**Bus:** C 3, D, 6, 36, 37
ⓘ Mo. – Sa. 8.00 – 12.00, 16.00 – 17.45, So. 8.00 – 10.45, 16.00 – 17.45 Uhr, Eintritt: frei

**Vor allem wegen ihres würdigen Alters lieben die Florentiner die Kirche Santa Trinità am gleichnamigen Platz. Sie ist eine gotische Basilika mit reichhaltiger Ausstattung.**

**Gotische Basilika** Schon im 11. Jh. stand hier ein Gotteshaus, das im 13. Jh. als erste gotische Kirche von Florenz erneuert, vermutlich von Niccolò Pisano, und in der zweiten Hälfte des 14. Jh.s noch einmal von Neri di Fioravante umgestaltet wurde. Die Fassade veränderte man im ausgehenden 16. Jh. nach einem Entwurf von **Buontalenti**.

**Innenraum**

Der Kircheninnenraum präsentiert sich im Stil der Florentiner Gotik des 14. Jh.s. Es handelt sich um einen dreischiffigen Langbau mit Querschiff. An das Langhaus angefügt sind Seitenkapellen, die jeweils erhöht angelegt wurden. Bei einem Rundgang durch die Kirche sind zahlreiche Kunstwerke beachtenswert.

**Linkes Seitenschiff**

In der dritten Kapelle sieht man eine »Verkündigung« auf Goldgrund von **Neri di Bicci** und das Grab von Giuliano Davanzati († 1444), ein frühchristlicher Sarkophag mit Hochrelief. Die fünfte Kapelle ist mit der Holzstatue der Magdalena (1464/1465) von Desiderio da Settignano und Benedetto da Maiano geschmückt.

**Linkes Querschiff**

Im linken Querschiff beeindruckt das Marmorgrabmal des Bischofs Benozzi Federighi (1455/1456). **Luca della Robbia** schuf damit eines seiner besten Werke.

**Rechtes Querschiff**

Im rechten Querschiff befindet sich die Cappella Sassetti mit den berühmten ***Fresken von Domenico Ghirlandaio** (1483 – 1486): »Legenden des hl. Franz von Assisi«, darunter das bekannte Werk »Bestätigung der Ordensregel«. Hierin nahm der Künstler Personen und Bauwerke seiner Zeit auf, so Lorenzo de' Medici den Prächtigen und sich selbst mit der Hand auf der Hüfte sowie die Piazza della Signoria und della Trinità. Auch das Altarbild »Anbetung der Hirten« (1485) stammt von Ghirlandaio.

**Rechtes Seitenschiff**

In der Cappella Salimbeni sieht man einen Freskenzyklus von **Lorenzo Monaco** und in der ersten Kapelle am Eingang, der Cappella Gianfigliazzi, ein wundertätiges Holzkruzifix (14. Jh.).

## UMGEBUNG VON SANTA TRINITÀ

**Palazzo Spini-Ferroni**

Den größten der mittelalterlichen Paläste in Florenz ließ die Familie Spini – später ging er in den Besitz der Ferroni über – ab 1289, wahrscheinlich nach Plänen von Arnolfo di Cambio, an der Piazza Santa Trinità erbauen. Der ausgedehnte Komplex am Ufer des Arno beeindruckt durch seine mächtigen Mauern, seine Höhe und den stark betonten Zinnenkranz.
1927 eröffnete **Salvatore Ferragamo**, der berühmte »Schuhmacher der Stars«, eine Werkstatt und ein Geschäft im Palazzo. Bis heute ist dieser Palast das Stammhaus des Unternehmens Ferragamo, das inzwischen auch edle Mode und Accessoires entwirft. Der 1960 ver-

# High Heels für Promis

*Hollywoods Diven und einige Königinnen stellten gerne ihre Füße zur Verfügung, um von den Schuhkunstwerken des Salvatore Ferragamo umschmeichelt zu werden.*

Bis heute steht der Name Ferragamo für besonderen Schick am Fuß, nunmehr in der dritten Generation eines Familienbetriebs in Florenz, der ausgefallenes Design mit handwerklicher Feinstarbeit kombiniert zu einem extravaganten Laufwerk speziell für gut betuchte Damen mit Geltungsbedürfnis. »La bella forma«, egal ob für Platt-, Senk- oder Spreizfüße, war zeitlebens das Credo Ferragamos, der 1898 als elftes von vierzehn Kindern eines armen Bauern in einem trostlosen Ort bei Neapel auf die Welt kam und mit sechzehn nach Amerika auswanderte, wo sein Aufstieg vom Schusterjungen zum Traumschöpfer der Schuhmode rasant voranging. Zunächst brachten ihn Cowboystiefel für Westernfilme ins Geschäft mit **Hollywood**, dann entstanden Historienfilme mit eigenen Schuhkreationen, schließlich wollten die Diven auch privat nur noch handgefertigte Exemplare von Ferragamo tragen. Sie folgten ihm sogar nach Florenz, wo der Magier der Schuhe seit 1927 immer ausgefallenere Modelle zauberte. 1936 kreierte Ferragamo die Keilsohle aus Kork, es folgte die Sandalette aus Nylonfäden und dann der Käfig für den abnehmbaren Stöckel.

Als **Greta Garbo** im Florentiner Schuhpalast erschien und Salvatore für ihre Füße in die Knie ging, schlug ihre Visite mit siebzig Paaren zu Buche. Für **Audrey Hepburn** goss er eine Sandalette aus 24 Karat Gold um die Knöchel, und bei jedem Tritt erklang ein Glöckchen. 1939 kaufte Ferragamo für seine Familie ein nobles altes Stadtpalais als Firmensitz in der Arnostadt, wo heute die Geschäfte so gut laufen wie eh und je, während die genialsten Kreationen des 1960 verstorbenen Künstlers des hohen Absatzes im Museum darüber gezeigt werden.

**Prominente waren einst ganz versessen auf die Schuhe von Ferragamo.**

storbene Ferragamo fertigte Schuhe für Hollywoodstars wie Greta Garbo und Marilyn Monroe. 1995 richtete man im Palazzo ein **Museum** für ihn ein, wo 10 000 Kreationen des Meisters ausgestellt sind, darunter der berühmte »Unsichtbare Schuh«, für den Ferragamo 1947 den Mode-Oscar bekam (►Baedeker Wissen).

Tgl. 10.00 – 19.30 Uhr, www.museoferragamo.com, Eintritt: 6 €

**Palazzo Bartolini-Salimbeni**

Der Palazzo Bartolini-Salimbeni unweit nördlich wurde von Baccio d' Agnolo in den Jahren 1517 bis 1520 erbaut. Die Florentiner warfen dem Architekten vor, er habe zu viele römische Bauelemente (klassische Formen von Bramante und Raffael) aufgenommen, die mehr zu einer Kirche als zu einem Stadthaus passten. Mit einer Inschrift über dem Portal »Carpere promptius quam imitari« (»Kritisieren ist leichter als selbst machen«) wehrte sich der Architekt dagegen. Eine andere Inschrift über den Fenstern verrät das Erfolgsgeheimnis der ehemaligen Besitzer: »Per non dormire« (»Nur nicht schlafen«).

**Santi Apostoli**

Eine lateinische Inschrift links auf der Fassade besagt, die »Kirche der hl. Apostel« (Piazza del Limbo, östlich vom Palazzo Spini-Ferroni) sei bereits von Karl dem Großen gegründet und von Erzbischof Turpinus geweiht worden. Geschichtlich gesichert ist nur, dass die Kirche Ende des 11. Jh.s entstand sowie im 15. und 16. Jh. erneuert wurde. In die romanische Fassade baute Benedetto da Rovezzano Anfang des 16. Jh.s ein schönes Portal ein.
In der dreischiffigen Basilika fallen die Säulen von grünem Marmor aus Prato mit Kompositkapitellen – die ersten beiden aus den nahegelegenen römischen Thermen – auf. Die Überschwemmung von 1966 hat der Kirche und ihren Kunstwerken schwere Schäden zugefügt. Hervorzuheben sind: ein großer Majolika-Tabernakel (um 1500) von **Giovanni della Robbia** und das Grabmal des Oddo Altaviti von **Benedetto da Rovezzano** (1507), beide im linken Seitenschiff, sowie ein Tafelgemälde von Vasari, die »Unbefleckte Empfängnis« (1541), in der dritten Kapelle des rechten Seitenschiffs.

**Ponte Santa Trínità**

Die eleganteste, nach der Kirche benannte Brücke von Florenz in der Nähe ist der Ponte Santa Trinità. Im Jahr 1252 errichtete man ihn zum ersten Mal über dem Arno, er stürzte jedoch bald zusammen. Später in Stein massiver ausgeführt, wurde der Bau 1333 und 1557 bei Überschwemmungen des Arno abermals zerstört. In der heutigen Form erbaute ihn **Ammanati** von 1567 bis 1570, angeblich nach Ideen von Michelangelo. Als er 1944 von deutschen Truppen in die Luft gesprengt wurde, suchte die Florentiner Bevölkerung die Trümmer zusammen, sodass die Brücke von 1955 bis 1957 in ihrer ursprünglichen Form wiederaufgebaut werden konnte. An den Ecken des Bauwerks stehen allegorische Figuren der vier Jahreszeiten, die man 1608 hier aufstellte.

**Palazzo Frescobaldi** An der Piazza Frescobaldi, am Ende des Ponte Santa Trinità erhebt sich der Palast der Frescobaldi. Im 13. Jh. erbaut, diente er **Karl von Valois**, dem Bruder des französischen Königs, als Wohnung, als ihn 1301 seine Friedenskommission im Auftrag Papst Bonifaz' VIII. nach Florenz führte (eine Folge seiner Vermittlungsbemühungen war die Verbannung Dantes aus der Stadt). Im 17. Jh. wurde der Palast der Frescobaldis – heute eine der reichsten Großgrundbesitzerfamilien des Landes, denen auch vorzügliche Weinlagen gehören – umgebaut.

**San Jacopo sopr' Arno** Vom Ponte Trinità hat man einen schönen Blick auf die kleine romanische Kirche San Jacopo »über dem Arno« neben dem Palazzo Frescobaldi. Sie wurde im 12. Jh. errichtet, später jedoch mehrfach umgebaut. Den schönen Campanile konstruierte 1660 Gherardo Silvani. Die Kirche besitzt eine Vorhalle aus der Zeit um 1000, der einzigen aus dieser Epoche in Florenz. Das Innere, das heute für Konzerte und Ausstellungen genutzt wird, ist mit Fresken und Altargemälde von florentinischen Künstlern des 18. Jh.s verziert.

# * Santissima Annunziata

J 6/c II

**Lage:** Piazza della Santissima Annunziata
**Bus:** C 6, 31, 32
ⓘ tgl. 7.30 – 12.30, 16.00 – 18.30 Uhr

**Die Kirche an der stilvollen gleichnamigen Piazza ist ein architektonisches Meisterwerk, gerade weil der Grundriss von Kirche und Kloster so unregelmäßig ausfällt.**

**Architektonisches Juwel** Die «Verkündigungskirche«, 1250 als Oratorium des Serviten-Ordens entstanden, wurde zwischen 1444 und 1477 von **Michelozzo** völlig neu gestaltet. Es handelt sich um ein Langhaus mit Seitenkapellen, dem eine große runde Chorkapelle vorgelagert ist, jeweils mit Anbauten. Zugleich enthält die Kirche im Innern zahlreiche richtungsweisende Kunstwerke des Manierismus. Man betritt zunächst einen siebenbogigen, von 1559 bis 1561 erbauten **Portikus**, der von Säulen mit eleganten korinthischen Kapitellen getragen wird. Drei Türen öffnen sich: Die linke führt zum Chiostro dei Morti, die rechte zur Cappella Pucci und die mittlere zum Chiostrino dei Voti (»Kleiner Kreuzgang der Votivtafeln«), errichtet von Manetti 1447 nach Entwürfen von Michelozzo.

***Chiostrino dei Voti** Die **Fresken** des Chiostrino dei Voti, so benannt nach den Votivgaben, die hier früher aufbewahrt wurden, sind berühmte Werke. Man sieht hier (von links beginnend) Meisterwerke des Manierismus von

## Santissima Annunziata

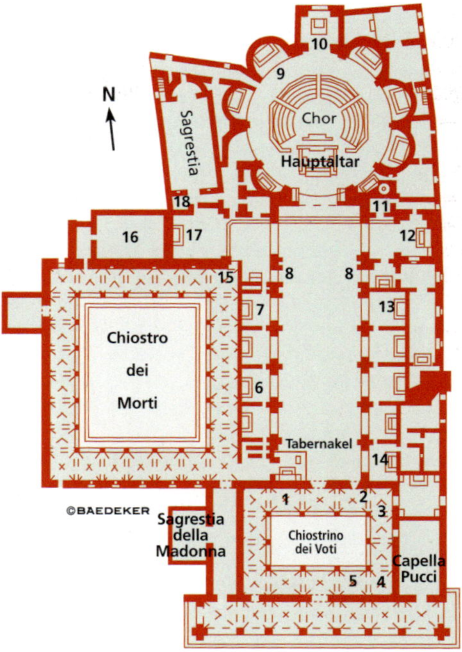


1 »Geburt« von Baldovinetti
2 »Zug der Hll. Drei Könige« von A. del Sarto
3 »Geburt Mariä« von A. del Sarto
4 »Heimsuchung« von Pontormo
5 »Himmelfahrt« von Fiorentino
6 »Hl. Dreifaltigkeit«, Fresko von del Castagno
7 »Himmelfahrt Mariä« von Perugino
8 Orgeln
9 »Auferstehung« von Bronzino, Statue »Hl. Rochus« von Veit Stoß
10 Cappella della Madonna del Soccorso
11 Pietà von Bandinelli
12 Cappella del Sacramento
13 Denkmal des Orlando de' Medici von Rosselino
14 »Madonna in der Glorie« von Empoli
15 »Madonna mit dem Sack« von del Sarto
16 Cappella della Confraternità di San Luca
17 Cappella del Crocifisso
18 Cappellina delle Reliquie

Andrea del Sarto: Zyklus über den 1285 verstorbenen hl. Filippo Benizzi, Hauptvertreter der Serviten, »Ankunft der Drei Könige« und »Geburt Mariä« (1514), eine der besten Arbeiten des Künstlers, sowie von Franciabigio »Verlöbnis Mariens« (1513). Bei diesem Werk zerstörte der Künstler den Kopf Marias, weil die Mönche sich das Bild vor seiner Vollendung ansahen; niemand wollte dann den Schaden beheben. Schließlich folgen noch manieristische Glanzleistungen von Pontormo (»Heimsuchung Mariens«, 1516) und Rosso Fiorentino (»Himmelfahrt Mariens«, 1517).

**Kircheninnenraum**

Der saalartige Kircheninnenraum wird beiderseits von Seitenkapellen flankiert, und der Chor ist als Rotunde gestaltet. Im 17. und 18. Jh. wurde Santissima Annunziata innen mit Marmor verkleidet und völlig neu ausgeschmückt. Links neben dem Eingang steht ein **Marmor-Tabernakel**, das im Auftrag Piero de' Medicis nach Entwürfen Michelozzos für das Gnadenbild der Verkündigung – von dem es viele Kopien in Italien gibt – errichtet wurde. Man sagt, als

ein Mönch dieses Bild im 13. Jh. malte, sei er aus Verzweiflung über seine geringe Kunst, eine wunderschöne Madonna darzustellen, eingeschlafen, und ein Engel habe das Gesicht Marias vollendet. Noch heute kommen Jungvermählte aus Florenz hierher, und die Braut lässt ihren Blumenstrauß bei der Madonna zurück. Das Langhaus ist auf beiden Seiten mit zwei schönen alten Orgeln aus dem 16. bzw. 17. Jh.(links) versehen. An der linken Seite des Langhauses befindet sich die Cappella Feroni, die **Andrea del Castagno** 1455 mit dem Fresko »Erlöser und hl. Julian« verzierte. Auch in der zweiten Kapelle ist ein Fresko des Künstlers zu sehen: »Dreifaltigkeit«, ein sehr realistisches Werk. In der vierten Kapelle sollte man die »Himmelfahrt Christi« von **Perugino** beachten. Die **Rotunde**, die sich in neun Kapellen gliedert, wurde von **Michelozzo** begonnen (1444) und von **Leon Battista Alberti** in veränderter Ausführung beendet. Beeindruckend ist in der vierten Kapelle (von links) ein Gemälde von Agnolo Bronzino »Resurrezione« (»Auferstehung«, 1550).
Die Cappella della Madonna del Soccorso (»Kapelle der Muttergottes der Zuflucht«; 1594 – 1598) von Giambologna, der sie als seine eigene Grabstätte entwarf, ist reich mit Fresken, Statuen und Reliefs ausgestattet. Die Kuppel der Rotunde schmückt ein Fresko, das die Krönung Mariens (1681 – 1683) zum Inhalt hat und von **Volterrano** stammt. Gleich in der ersten Kapelle des rechten Kreuzarms, die das Grab Baccio Bandinellis und seiner Gemahlin beherbergt, findet man eine sehenswerte **»Pietà«** des Künstlers.

**Chiostro dei Morti, Cappella del Crocifisso**

Vom Portikus führt das linke Tor zum Chiostro dei Morti (»Kreuzgang der Toten«), vorbei an der Sagrestia della Madonna. Im Kreuzgang ist das Fresko ***»Madonna del Sacco«** – benannt nach dem Sack, auf den sich der hl. Joseph stützt – zu sehen, das **Andrea del Sarto** 1525 ausführte und als eines seiner Hauptwerke gilt.
In der Cappella del Crocifisso (»Kapelle des Gekreuzigten«) sollte man die Tonfigur von Johannes dem Täufer (1444 – 1450) von **Michelozzo** beachten.

# * Santo Spirito

H 7/a IV

**Lage:** Piazza Santo Spirito
**Bus:** C 3, 6, 36, 37
Mo., Di., Do. – Sa. 9.30 – 12.30, 16.00 – 17.30, So. 11.30 – 12.30, 16.00 – 17.30 Uhr, www.basiclicasantospirito.it

**Der äußerlich karge Bau – er wurde nie nach den ursprünglichen Plänen fertiggestellt – lässt nicht vermuten, dass Santo Spirito eine der reinsten Renaissancekirchen ist.**

Kircheninnenraum von Santo Spirito: kompliziertes Raumkonzept

Nie ganz fertiggestellte Kirche

Mehrere reiche Florentiner Familien schlossen sich in den ersten Jahrzehnten des 15. Jh.s zusammen, um an der Stelle einer durch Brand zerstörten Kirche eine neue errichten zu lassen. Als Architekten gewannen sie den berühmten Baumeister der Stadt, **Brunelleschi**. Bei dessen Tod (1446) war der Bau nicht weit über die Fundamentierung hinaus. Plangetreu konnte Brunelleschis Erbe **Antonio Manetti** erst mit der Einwölbung der Vierungskuppel 1482 den Bau zum Abschluss bringen. **Giuliano da Sangallo** fügte ab 1488 die Sakristei an, und **Cronaca** errichtete bis 1494 den Vorraum. Die Fassade führte man im 18. Jh. ohne jeden Schmuck aus.

Kircheninnenraum

An das dreischiffige Innere – auf dem Grundriss eines lateinischen Kreuzes mit 97 m Länge, 32 m Breite im Langhaus und 58 m Breite im Querschiff – wurden vierzig halbrunde Seitenkapellen angebaut, die außen jedoch durch eine gerade Mauer abgeschlossen sind. Zahlreiche Kunstwerke, Grab- und Denkmäler machen Santo Spirito zu einem eindrucksvollen Museum. Gemälde und Statuen, Reliefs und sakrale Gegenstände schmücken die Nebenaltäre. Die Fensterrose der Innenfassade wurde nach einem Entwurf **Peruginos** (»Herabkunft des Heiligen Geistes«) gefertigt.
Vom linken Seitenschiff gelangt man in eine schöne Vorhalle und von dort in die ***Sakristei**, die sich über einem achteckigen Grund-

## Santo Spirito

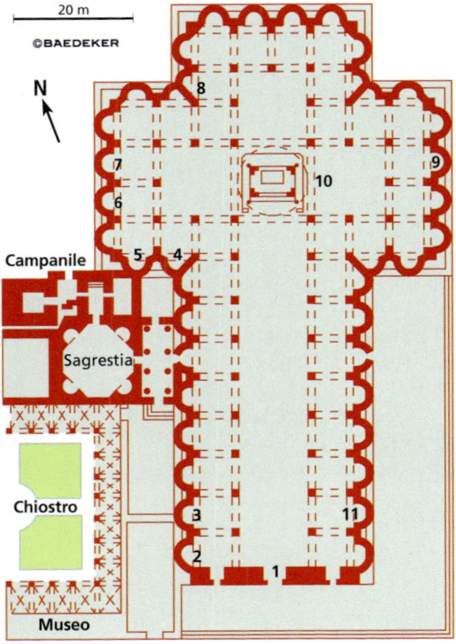


**1** Fenster »Ausgießung des hl. Geistes«
**2** »Auferstehung« von di Jacopo
**3** »Christus« von Landini, Kopie nach Michelangelo
**4** »Kalvarienberg« von Ghirlandaio
**5** »Sacra Conversazione« von del Garbo
**6** »Hl. Dreifaltigkeit« von Granacci
**7** Cappella Corbinelli
**8** »Presepio« aus der Schule des Ghirlandaio
**9** »Sacra Conversazione« von Lippi
**10** Hauptaltar von Caccini
**11** Kopie der Pietà des Michelangelo in Rom von di Baccio Bigio

riss erhebt. Sie ist ein Meisterwerk der europäischen Baukunst. Es handelt sich um einen Zentralbau der Hochrenaissance mit zweischaliger Kuppel. Neu sind die dreiteiligen, durch Gebälk getrennten Wandzonen. Die Kapitelle der unteren Pilaster sind mit Figurenschmuck versehen.

Der frühbarocke, unter reicher Verwendung von Pietra dura geschaffene Baldachinaltar (um 1600) in der Vierung stammt von **Caccini**. In der ersten Kapelle des linkes Querschiffs verdienen das Gemälde »Andate al Calvario« (»Aufstieg auf den Kalvarienberg«) von **Michele Ghirlandaio** und die Glasfenster Beachtung. In der Kapelle daneben beeindruckt die Tafel »Madonna col Bambino in trono e Santi« (»Thronende Madonna mit Kind und Heiligen«, 1505) von **Raffaele di Carli**. Am Kopfende (links) hängt eine weitere Tafel, »La Santissima Trinità adorata dalle Sante Caterina e Maddalena« (»Dreifaltigkeit, angebetet von den Heiligen Katharina und Magdalena«), die **Francesco Granacci** zugeschrieben wird. Daneben befindet sich die mit erlesenem künstlerischem Geschmack gestaltete Cappella Cor-

binelli (»Sakramentskapelle«; 1492), ein Werk von **Andrea Sansovino**, der auch die Skulpturen geschaffen hat.
Im rechten Querschiff beeindruckt das Altarbild ***»Madonna col Bambino e San Giovannino«** (»Madonna mit Kind und dem Johannesknaben«, 1490), das bedeutendste Werk der Kirche, von **Filippino Lippi**.
In der Apsis sieht man links eine »Verkündigung« aus der Florentinischen Schule des 15. Jh.s und eine Krippendarstellung (»Presepio«) aus der Schule des Ghirlandaio, rechts ein Polyptychon von Maso di Banco (um 1340).
Der erste **Kreuzgang** (1580) ist ein Werk von **Alfonso Parigi**. Der zweite Kreuzgang wurde von **Ammanati** zwischen 1564 und 1569 errichtet.

**Museo**

Links von der Kirche befindet sich im ersten Kreuzgang der Eingang zum **Cenacolo** (Refektorium), in dem heute ein kleines Museum untergebracht ist. Von dem alten Augustinerkloster steht nur noch dieser Speisesaal, dessen großes Fresko ***»Das Abendmahl«** (um 1360) **Andrea Orcagna** zugeschrieben wird. Bereits Ghiberti war dieser Meinung, die nach gründlichen Forschungen und Restaurierungen bestätigt wurde. Das schwer beschädigte Fresko, von dem sich vornehmlich eine Kreuzigungsszene erhalten hat, ist eines der großartigsten Werke des 14. Jh.s in Florenz.
Außerdem sind in dem Museum **Skulpturen** der »Fondazione Salvatore Romano« (»Stiftung des Salvatore Romano«) zu sehen, darunter zwei Seemonster (13. Jh.).
❶ Mo., Sa., So. 10.00 – 16.00 Uhr,tritt: 3 €

## UMGEBUNG VON SANTO SPIRITO

**Palazzo Guadagni**

Von klassischer Strenge und Schönheit ist der Palazzo Guadagni an der Piazza di Santo Spirito. **Cronaca** erbaute ihn vermutlich von 1503 bis 1506 für Riniero Dei. Die drei jeweils verschieden gearbeiteten Geschosse werden von einer offenen Loggia abgeschlossen. Der Palast kam 1684 in den Besitz des Marchese Guadagni, danach übernahm ihn die Familie Dufour-Berte. In dem Gebäude war bis 1964 das Deutsche Kunsthistorische Institut untergebracht. Im obersten Geschoss befindet sich ein Hotel mit herrlicher Dachterrasse.

**Casa Bianca Cappello**

Die Casa (»Haus«) der venezianischen Patriziertochter Bianca Cappello (unweit östlich der Kirche), der Geliebten und späteren Gemahlin des Großherzogs Francesco I., ist ein schönes Beispiel für ein herrschaftliches Haus der damaligen Zeit. Im Jahr 1567 wurde es von Bernardo Buontalenti gänzlich neu gestaltet. Ungewöhnlich ist die Darstellung grotesker Fledermäuse unterhalb der Fenster.

# Settignano

**Lage:** 8 km östlich von Florenz
**Bus:** 10
**Internet:** www.settignano.com

**Ein reizvolles Ausflugsziel ist das Städtchen Settignano wegen der nahegelegenen prächtigen Villen mit großen Gärten.**

**Villa I Tatti**

Hierzu gehört bei Ponte a Ménsola die Villa I Tatti, die **Sitz des »Centro per la Storia del Rinascimento«** (»Zentrum für die Geschichte der Renaissance«) der amerikanischen Harvard-Universität ist. Die **Collezione Berenson** umfasst wertvolle Kunstwerke.

❶ Via Vincigliata 22, Führungen nur nach Voranmeldung unter Tel. 055 60 32 51, www.itatti.harvard.edu

***Villa Gamberaia**

Die berühmte Villa Gamberaia ebenfalls unweit von Settignano ist **eine der schönsten Villen-Anlagen des 16. Jh.s**. Nach einer erheblichen Beschädigung im Zweiten Weltkrieg wurde sie danach jedoch nach alten Plänen wiedererrichtet. So präsentiert sich der Park noch heute als typischer Renaissancegarten mit geometrisch geschnittenen Buchsbaumhecken und einem Brunnen in der Mitte sowie einer Achse von einem Gartenende zum anderen.

❶ Via del Rossellino 72, Mitte Apr. – Okt. tgl. 9.00 – 18.00, Nov. – Mitte Apr. tgl. 9.00 – 17.00 Uhr, Eintritt: 15 €, www.villa-gamberaia.com

# Synagoga e Museo Ebraico

J 6/ c/d III

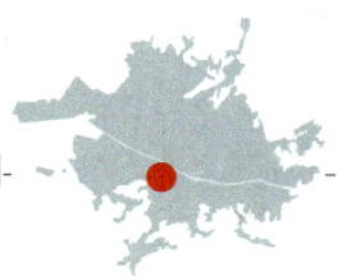

**Lage:** Via Luigi Carlo Farini 6
**Bus:** C 1, 6, 23, 31
❶ Mo. – Do., So. 10.00 – 17.30, Fr. 10.00 – 15.00 Uhr, Eintritt: 6,50 €

**Die monumentale Synagoga, die das Stadtbild mit ihrer grünlichen Kuppel weithin prägt, zählt zu den prächtigsten Beispielen des europäischen Synagogenbaus des 19. Jh.s.**

**Vorbild: Hagia Sophia**

Sie wurde aufgrund einer Stiftung von 1874 bis 1882 von drei Architekten nach dem Vorbild der Hagia Sophia in Istanbul als überkuppelter Zentralbau errichtet. Einige Ausstattungselemente im Innern zeigen maurischen Stil. Vom Innenraum sind vor allem die ornamentale Ausmalung und die Glasfenster hervorzuheben.

Angeschlossen ist das Museo Ebraico (»Jüdisches Museum«), in dem der Besucher anhand von Dokumenten Einblick in die Geschichte der Florentiner Juden erhält. Zu sehen sind zudem Kultgeräte aus verschiedenen Jahrhunderten.

Museo Ebraico

## UMGEBUNG DER SYNAGOGA

Sant' Ambrogio

St. Ambrosius südlich des Synagoge gehört **zu den ältesten Kirchen von Florenz**. Der Bau wurde Ende des 13. Jh.s umgestaltet und in den folgenden Jahrhunderten mehrfach restauriert. Die neugotische Fassade kam erst 1887 hinzu.
Im Innern des einschiffigen Gotteshauses befinden sich die **Gräber berühmter Renaissance-Künstler**, so von Cronaca († 1580), Mino da Fiesole († 1484) und Verrocchio († 1488). Beachtenswert sind die Gemälde und Fresken der Ausstattung wie die »Madonna del latte« von Nardo di Cione, ein Triptychon von Bicci di Lorenzo und das Fresko »Prozession« von Cosimo Rosselli. Ein marmorner Tabernakel (1481 – 1483) von Mino da Fiesole in der Cappella del Miracolo (»Kapelle des Wunders«) stellt das Ereignis dar, nach dem die Kapelle ihren Namen erhielt: Im Jahr 1230 passierte es, dass ein Priester den Messkelch nicht gut getrocknet hatte; am Morgen war der Wein in Blut verwandelt.
ℹ Via Pietraplana 2 r

# Uffizien

►Galleria degli Uffizi

# ** Ville Medicee

**Lage:** Umgebung von Florenz

**Einzelne Mitglieder der großen, weit verzweigten Familie der Medici bauten sich in der näheren Umgebung der Stadt, in der schönen Hügellandschaft der Toskana, ansehnliche Villen mit ausgedehnten Parkanlagen als Sommerresidenzen. Das Geschick und die Fantasie der Architekten durften sich hier an Gebäuden und Gärten frei – wenn auch zunächst im Rahmen der Renaissancearchitektur – entfalten. Die Maler und Bildhauer fanden Gelegenheit, die heiteren Seiten ihrer Kunst in vielfältigen Darstellungen zu präsentieren.**

***Villa la Petraia** 6 km nördlich von Florenz in Castello liegt die Villa la Petraia. Francesco de' Medici erwarb das Anwesen 1575 und ließ es durch **Buontalenti** umgestalten, erhalten blieb jedoch der alte Verteidigungsturm. Im 19. Jh. diente die Villa den italienischen Königen als Sommersitz, auch heute befindet sie sich in Staatsbesitz und kann besichtigt werden. Reizvoll ist der schön angelegte **Park**, von dem aus man eine gute Sicht bis nach Florenz hat.

ⓘ Jan., Feb., Nov., Dez. tgl. 8.15 – 16.30, März tgl. 8.15 – 17.30, Apr., Mai, Sept., Okt. tgl. 8.15 – 18.30, Juni – Aug. tgl. 8.15 – 19.30 Uhr, geschlossen jeden 2., 3. Montag im Monat, Eintritt: frei, www.polomuseale.firenze.it

**Villa di Castello** Nur wenige Hundert Meter westlich der Villa la Petraia erreicht man die Villa Medicea di Castello, die in ihrer heutigen Anlage auf das 16. Jh. zurückgeht. Diese Villa ist Sitz der Accademia della Crusca

**Die stattliche Villa la Petraia war königlicher Sommersitz.**

und daher nicht zugänglich, wohl aber der ausgedehnte Park mit seinen prächtigen Wasserspielen, Grotten und Statuen. Die Figurengruppe des zentralen Brunnens zeigt Herkules im Kampf mit dem Riesen Antäus.

❶ Via Castello 47, Öffnungszeiten wie Villa la Petraia, Eintritt: frei, www.polomuseale.firenze.it

****Villa di Poggio a Caiano**

**Eine der prunkvollsten Medici-Villen** überhaupt, die Villa di Poggio, steht am Rand der Ortschaft Poggio a Caiano, 18 km nordwestlich von Florenz. Die Villa ließ sich Lorenzo il Magnifico ab 1485 von **Giuliano da Sangallo** als Sommerresidenz erbauen. Der Bauherr erlebte die Fertigstellung der Villa nicht mehr; aber Leo X., der erste Medici-Papst, genoss den ländlichen Luxus in vollen Zügen. Die Größe des Wohnbereichs war beachtlich: Ein Arkadengang schmückte das Erdgeschoss, weitläufige Terrassen umgaben das erste Stockwerk, und eine stattliche Loggia mit Säulen und Architrav zitierte die antike Tempel- und Palastarchitektur.
Mit der Ausmalung der Innenräume waren die namhaftesten Freskomaler des 16. Jh.s beauftragt, u. a. **Andrea del Sarto**, **Pontormo** und **Alessandro Allori**. Der noble Medici-Landsitz weist heute einige architektonische Veränderungen auf – z. B. die Freitreppen –, nachdem er in der zweiten Hälfte des 19. Jh.s zur Königsresidenz von Viktor Emanuel II. umfunktioniert worden war. Er ist umgeben von einer herrlichen Parkanlage mit Gewächshäusern und exotischen Ziergärten. Die Innenausstattung ist leider nur noch fragmentarisch erhalten. Im Originalzustand befindet sich allerdings der Hauptsaal (Salone di Leone X.) mit der Freskendekoration (1580) von Allori. In der Villa ist das **Museo della natura morta** untergebracht.

❶ Öffnungszeiten wie Villa la Petraia, Eintritt: frei, www.polomuseale.firenze.it

# PRAKTISCHE INFORMATIONEN

Wichtiges und Hilfreiches von Anreise und Reiseplanung über Auskunftsstellen bis hin zu einem kleinem Sprachführer und dem öffentlichen Nahverkehr.

# Anreise · Reiseplanung

**Mit dem Auto**

Für die Anreise mit dem Auto nach Florenz empfehlen sich die Autobahnen und Hauptstraßen. Am günstigsten erreicht man Florenz über den St. Gotthard, Mailand und Bologna oder über den Brenner, Verona und Bologna.

**Maut-gebrühren**

In **Österreich** sind Autobahnen gebührenpflichtig. Es gibt Jahres-, Zweimonats- und Zehntages-Vignetten. Auf mehreren Strecken wird zusätzlich eine Sondermaut erhoben. Informationen gibt es bei ARBÖ (www.arboe.at) sowie bei ASFiNAG (www.asfinag.at). Sondermaut und Vignetten können online und telefonisch erworben bzw. bezahlt werden. Der Kauf einer Videomaut-Karte erspart am Brenner, wo an der Videomaut-Abfertigung Kraftfahrzeugkennzeichen automatisch eingelesen werden und nebenan auch Kreditkartenautomaten eingerichtet sind, lange Wartezeiten (Informationen: www.videomaut.at).

Für **Schweizer Autobahnen** braucht man eine Jahresvignette. Auf mehreren Strecken muss man zusätzlich noch eine Sondermaut zahlen. Jahresvignetten kann man direkt an der Grenze oder schon vorab online kaufen (Informationen: unter www.arboe.at).

Auch auf **Italiens Autobahnen** wird eine Maut erhoben. Wartezeiten an den Mautstellen erspart die Via-Card, die bargeldloses Zahlen ermöglicht. Um Schlangen zu vermeiden, kann man mit der Kreditkarte an der Mautkasse »carte« bezahlen. (Informationen: www.autostrade.it; Mautgebühren in Italien: www.arboe.at).

**Mit der Bahn**

Direktverbindungen mit der Bahn nach Florenz bestehen von allen wichtigen Städten Deutschlands, Österreichs und der Schweiz. Es verkehren neben Tageszügen Nachtzüge mit Liege- und Schlafwagen. Die Bahnfahrt von Berlin nach Florenz dauert etwa 15 St., von München 8 St., von Wien 11 St. und von Zürich 6 Stunden. Mit Fernzügen bzw. den italienischen Hochgeschwindigkeitszügen Freccia Rossa und Freccia Bianca kommt man am Hauptbahnhof Santa Maria Novella an. So auch mit dem neuen Schnellzug Italo, der von Mailand bzw. Bologna nach Florenz fährt. Die preiswerten inneritalienischen Regional- und Intercity-Züge fahren nunmehr den Vorstadtbahnhof Firenze Rifredi an. Hier muss vor Fahrtantritt das Ticket an den entsprechenden Schaltern auf den Bahnhöfen entwertet werden.

> **Hinweis**
> Gebührenpflichtige Servicenummern sind mit einem Stern gekennzeichnet: *0180 ...

**Mit dem Bus**

Von einer großen Anzahl von Veranstaltern werden Busreisen angeboten, die entweder Florenz direkt als Ziel haben oder einen Florenzaufenthalt innerhalb einer Rundreise vorsehen. Zumeist handelt es sich dabei um Gruppenreisen. Für Einzelreisende kommen die Touring-Busse in Frage, die im Linienverkehr von vielen Städten Deutschlands, Österreichs und der Schweiz verkehren. Das Busunternehmen Touring Eurolines fährt an mehreren Tagen in der Woche nach Italien, z. B. nach Padua oder Bologna. Aus Österreich reist man mit dem ÖBB Intercitybus an.

**Mit dem Flugzeug**

Der Flughafen Amerigo Vespucci (5 km nordwestlich von Florenz) wird direkt von München, Frankfurt a. M. (beide Lufthansa), Stuttgart (airberlin), Zürich (Swiss) und von Wien (Austrian Airlines) angeflogen. Der nahe Flughafen Galileo Galilei von Pisa wird von Billigfluggesellschaften bedient, so von Ryanair aus Düsseldorf-Weeze, Frankfurt-Hahn, Hamburg-Lübeck und Nürnberg, von Easyjet aus Berlin und von Germanwings aus Köln-Bonn.Von Pisa fahren regelmäßig Züge (Bahnhof direkt beim Flughafen) und Busse nach Florenz.

## EIN- UND AUSREISEBESTIMMUNGEN

**Personalpapiere**

Auch als Bürger der Europäischen Union sollte man nicht ohne Personalpapiere nach Italien reisen. Für deutsche, österreichische und auch Schweizer Staatsbürger genügt der Personalausweis. Kinder brauchen einen eigenen Ausweis; ob Kinderreisepass, Reisepass oder Personalausweis, hängt vom Alter ab.

**Verlust der Papiere**

Wenn die Papiere gestohlen wurden, helfen die jeweiligen Vertretungen im Ausland. Erste Anlaufstelle ist jedoch die Polizei, denn ohne eine Kopie der Diebstahlsmeldung geht gar nichts. Ersatzpapiere bekommt man von der Botschaft viel leichter, wenn man die Kopien der jeweiligen Dokumente vorweisen oder diese von einem elektronischen Postfach abrufen kann.

**Fahrzeugpapiere**

Mitzuführen sind von den Reisenden der Führerschein und der Kraftfahrzeugschein. Empfohlen wird auch zusätzlich die Internationale Grüne Versicherungskarte. Kraftfahrzeuge müssen das ovale Nationalitätskennzeichen tragen, sofern sie kein EU-Kennzeichen haben.

**Haustiere**

Seit 2011 ist in der EU vorgeschrieben, dass Haustiere mit implantiertem Mikrochip reisen müssen und einen EU-Kleintierausweis samt Nachweis der Tollwutimpfung benötigen. Diese muss mindestens 30 Tage, maximal 12 Monate vor der Einreise erfolgt sein. Maulkorb und Leine sind mitzuführen. Außerdem ist eine Haftplichtversicherung vorgeschrieben.

**Zollbestimmungen**

Innerhalb der **Europäischen Union** ist der Warenverkehr für private Zwecke weitgehend zollfrei. Es gelten lediglich gewisse **Höchstmengen**: 800 Zigaretten, 400 Zigarillos, 200 Zigarren und 1 kg Tabak sowie 10 l Spirituosen, 90 l Wein und 110 l Bier. Zollfrei sind zudem Geschenke bis zu einem Wert von 430 € für Flug- und Seereisende und von 300 € für Bahn- und Autoreisende.
Für **Touristen aus Nicht-EU-Ländern** wie der Schweiz gelten folgende Freigrenzen: 200 Zigaretten oder 100 Zigarillos oder 50 Zigarren oder 250 g Tabak, ferner bei 2 l Wein oder andere Getränke bis 22 % Alkoholgehalt sowie 1 l Spirituosen mit mehr als 22 % Alkoholgehalt.

**Krankenversicherung**

Versicherte der deutschen Krankenkassen haben im Krankheitsfall in Italien Anspruch auf eine Behandlung nach den in Italien gültigen Vorschriften. Seit 2005 gibt es die europäische **Krankenversicherungskarte (EHIC)**. Auch mit dieser Karte muss in den meisten Fällen ein Teil der Kosten für ärztliche Behandlung und verordnete Arzneimittel selbst bezahlt werden. Gegen Vorlage der Quittungen übernimmt die Krankenkasse zu Hause dann die Kosten – allerdings nicht für jede Behandlung. Schweizer Bürger müssen die ärztliche Behandlung und Medikamente selbst bezahlen. Privat Versicherte legen zur Kostenerstattung bei ihrer Versicherung die Rechnung vor.

BAHN

***In Deutschland***

Fahrplanauskunft:
Tel. *0180 6 99 66 33
www.bahn.de

***In Österreich***

Tel. 051 17 17
www.oebb.at

***In der Schweiz***

Tel. 0900 30 03 00
www.sbb.ch

***In Italien***

Tel. 06 68 47 54 75
www.trenitalia.com

BUS

***Eurolines***

Am Römerhof 17
D-60486 Frankfurt am Main
Tel. 06 1 96 20 78-501
www.eurolines.de

FLUGHÄFEN

***Florenz***

Amerigo Vespucci
Tel. 055 3 06 13 00
www.aeroporto.firenze.it

***Pisa***

Galileo Galilei, Tel. 050 84 93 00
www.pisa-airport.com

FLUGGESELLSCHAFTEN

***Alitalia***

Tel. *89 20 10 (innerhalb Italiens)
Tel. 06 6 56 49 (aus dem Ausland)
www.alitalia.com

***Air Berlin***

Tel. 030 34 34 34 34
www.airberlin.com

*Austrian*
Tel. 051 7 66 10 00
www.austrian.com

*Easyjet*
Tel. *0180 6 06 06 06
www.easyjet.com

*Germanwings*
Tel. *0180 6 32 03 20
www.germanwings.com

*Lufthansa*
Tel. 069 86 79 97 99
www.lufthansa.com

*Ryanair*
Tel. *0900 1 16 05 00
www.ryanair.com

*Swiss*
Tel. 02 69 68 20 70
www.swiss.com

# Auskunft

IN ITALIEN
***Staatliches Italienisches Fremdenverkehrsamt ENIT (Ente Nazionale Italiano per il Turismo)***
Helpline in vielen Sprachen:
Tel. 0 39 03 90 39
www.enit.it
www.italia.it

IN DEUTSCHLAND
***ENIT***
Barckhausstr. 10
D-60325 Frankfurt a. M.
Tel. 069 23 74 34
frankfurt@enit.it

IN ÖSTERREICH
***ENIT***
Mariahilfer Str. 1 B, A-1060 Wien
Tel. 01 5 05 16 39
www.enit.at

IN DER SCHWEIZ
Keine Touristeninformation

***Italienisches Generalkonsulat***
Tödistrasse 65
CH-8002 Zürich
Tel. 4 42 66 86 1
www.conszurigo.esteri.it

IN FLORENZ
***Agenzia per il Turismo di Firenze***
Via Cavour 1 r
Tel. 055 29 08 32
www.firenzeturismo.it

***Infobüros***
Piazza Stazione 4 a
Tel. 055 21 22 45

Loggia del Bigallo
Piazza San Giovanni (beim Dom)
Tel. 055 28 84 96

KONSULATE
***Bundesrepublik Deutschland***
Corso dei Tintori 3
Tel. 055 2 34 35 43
www.auswaertiges-amt.de

***Republik Österreich***
Lungarno A. Vespucci 58
Tel. 055 2 65 42 22
www.bmeia.gv.at

***Schweizerische Eidgenossenschaft***
Piazzale Galileo 5
Tel. 055 22 24 34
www.eda.admin.ch

# Mit Behinderung in Florenz

**Turismo senza barriere**

Detailinformationen und individuelle Hilfe vor der Reise und vor Ort, Links zu behindertengerechten Angeboten sowie Hotels, Restaurants und Museen, Erste Hilfe, Dialyse-Notdienst, Taxi-Service, öffentliche Toiletten und reservierte Parkplätze für Behinderte bietet Turismo senza barriere (»barrierefreier Tourismus«) in Florenz. Es handelt sich um ein ambitioniertes Projekt der Region Toskana, bei dem auch die Hauptstadt der Region vertreten ist.

***Turismo senza barriere***
Viale XX Settembre 157 a
Sesto Fiorentino
I-50019 Florenz
Tel. 05 54 48 13 82
www.turismosenzabarriere.it

# Elektrizität

Das Stromnetz führt 220 Volt Wechselspannung. Europanorm-Gerätestecker sind im Allgemeinen verwendbar.

# Etikette

**Was kommt an in Italien und was nicht?**

**Bella Figura**, der schöne äußerliche Schein, ist für die meisten Italienerinnen und Italiener ein innerliches Bedürfnis. Auch wenn es sich bloß um den Gang zum Postamt oder einen Markteinkauf handelt, wer auf die Straße tritt, macht sich gern für die Öffentlichkeit fein – frei nach der Devise Coco Chanels, immer so angezogen zu sein, dass die Frau jederzeit den Mann ihres Lebens treffen könnte. Im Zweifelsfall gibt man sein Geld eher für Mode (und gutes Essen) als für Möbel oder Fassadenanstriche aus. Umso verständnisloser oder

amüsierter schaut man auf etikettelose Touristen herab, die mit Badeschlappen Kirchen betreten, in Shorts Gemäldegalerien besichtigen, mit Sandalen in Restaurants sitzen oder gar mit nacktem Oberkörper durch die Altstadt schlendern.
Auf was Sie beim **Restaurantbesuch** achten sollten: Man steuert nicht einfach auf einen Tisch zu, sondern wartet auf den Kellner, der die Gäste an einen Tisch begleitet, wobei man natürlich Wünsche äußern kann. Auch zahlt in der Regel nicht jeder einzeln für sich, vielmehr lässt man sich eine gemeinsame Rechnung ausstellen, die man dann untereinander aufteilt.

**Verkehr**

Spontan sind Italiener hinter dem Steuer ihres Wagens. Auch wenn die Regierung 2004 beschlossen hat, die deutsche **Flensburger Verkehrssünderkartei** nachzuahmen, erweisen sie sich immer wieder als Lebenskünstler, die unbekümmert auf Standspuren zum Überholen ansetzen oder in dritter Reihe parken. Wie schön, wenn das Verkehrschaos sich dann doch entwirrt und möglichst viele Menschen mit möglichst vielen Gesten daran beteiligt sind. Denn dann wird die Straße zur lebendigen Piazza und die mechanisierte Routine des Alltags durchbrochen. Dass es dabei um Kommunikation und kaum je um Rechthaberei geht, beweist die kavaliersmäßige Rücksicht gegenüber Fußgängern, die im Gegensatz zu anderen mediterranen Ländern angenehm auffällt.

**Arrangiarsi**

Glücklich wird in Italien, wer auf die einzelnen Italiener zugeht und ihnen durch ein Lächeln oder eine Geste zu verstehen gibt, dass man es schätzt und genießt, es gerade mit diesem besonders kompetenten und gewinnenden Gegenüber zu tun zu haben. Fragen Sie ruhig nach dem Vornamen des Kellners, rufen Sie lieber ein »bravo«, »grande« oder »bello« zu viel als zu wenig.
Und wenn wieder einmal etwas nicht klappen sollte, dann praktizieren Sie ganz die uralte italienische Kunst des »arriangiarsi«. Ein verständnisvolles Kompliment führt meist schneller zum Ziel als herrische Drohgebärden, die – Sie ahnen es schon – die Bella Figura beschädigen.

# Fundbüro

***Städtisches Fundbüro***
***(Ufficio oggetti trovati)***
Via Francesco Veracini 5/5

Tel. 055 33 48 02
Mo., Mi., Fr. 9.00 – 12.30
Di., Do. auch 14.30 – 16.00 Uhr

# Geld

**Euro** Der Euro (€) ist in Italien das offizielle Zahlungsmittel. Für die Schweiz gilt: 1 CHF entspricht 0,94 €, und 1 € ist 1,06 CHF wert.

**Banken** Banken sind in der Regel von Montag bis Freitag von 8.20 bis 13.30 und von 15.00 bis 16.00 Uhr geöffnet.

**Geldautomaten** Geldautomaten, »bancomat« genannt, gibt es bei den meisten Banken. An ihnen kann man mit Kreditkarten und Bankkarten rund um die Uhr Geld abheben.

**Verlust von Bankkarten** Bei Verlust von Bank- und Kreditkarten, Krankenkassenkarten und Handys wende man sich umgehend an den rund um die Uhr erreichbaren **Zentralen Annahmedienst für Verlustmeldungen** (Telefon von Italien: 0049/11 61 16); die Karte wird dann sofort gesperrt.

**Kreditkarten** Banken, größere Hotels, Restaurants, Autovermieter und viele Geschäfte akzeptieren die meisten internationalen Kreditkarten.

**Quittungen** In Italien ist der Käufer verpflichtet, die Kassenbelege (ricevuta fiscale oder scontrino) zu verlangen und aufzuheben. Es kann vorkommen, dass man nach Verlassen eines Geschäfts aufgefordert wird, die Quittung vorzuzeigen – damit soll Steuerbetrug erschwert werden.

# Gesundheit

**Medizinische Versorgung** Im Notfall wendet man sich am besten an den rund um die Uhr erreichbaren Notfalldienst Guardia Medica, der im **Universitätskrankenhaus Careggi** (Largo Bambilla 3) arbeitet. Erste Hilfe (pronto soccorso) leistet auch das **Krankenhaus Archispedale Santa Maria Nuova** (Piazza Santa Maria Nuova). Für Kinder ist die Erste Hilfe für Kinder (pronto soccorso pediatro) im Krankenhaus Ospedale A. Meyer (Via Giordiano 13) zuständig. Erste Hilfe findet man auch beim Weißen Kreuz (Croce Bianca), Grünen Kreuz (Croce Verde) und Roten Kreuz (Croce Rossa Italiana), deren Adressen auf den ersten Seiten des Telefonbuchs (Avantielenco) aufge-

> **! BAEDEKER TIPP**
>
> *Mittelalterliche Apotheke*
>
> Empfehlenswert ist ein Besuch in der historischen Farmacia Molteni (Via Calzaiuoli 7 r), die aus dem 13. Jahrhundert stammt und damit die älteste Apotheke der Welt ist. Hier soll sich schon der große Dichter Dante regelmäßig mit Arzneien versorgt haben. Tgl. 8.00 – 22.00 Uhr www.farmacia-molteni.com

APOTHEKEN

***24-Stunden-Apotheken***

Farmacia Comunale No 13
Bahnhof Santa Maria Novella

Farmacia Comunale No 5
Piazza dell' Isolotto 15 r

Farmacia Molteni
►Tipp

ÄRZTLICHE HILFE

***24 hours-Medical Service***

Via Roma 4
Tel. 055 47 54 11
(auch auf Deutsch)
www.medicalservice.firenze.it

***Medizinischer Notdienst***

Tel. 1 18

führt sind. Zahnärzte stehen im Telefonbuch unter dem Stichwort »Medici dentisti«.

**Apotheken**

Apotheken (farmacie) haben in der Regel von Mo. bis Fr. von 9.00 bis 13.00 und von 16.00 bis 19.30 Uhr geöffnet. Sie schließen wechselweise mittwochs oder samstags. Einige Apotheken machen Tag und Nacht Dienst.

**Krankenversicherung**

►S. 308

# Literatur und Film

**Belletristik**

**Giovanni Boccaccio:** Das Dekameron, Insel Taschenbuch.
Novellensammlung mit 100 Erzählungen, die ab 1348 nach der großen Pestepidemie von Florenz entstanden

**Dan Brown**: Inferno, Lübbe 2013
Diesmal hat sich der amerikanische Bestsellerautor Florenz mit seinen Palazzi, Kirchen und Kunstschätzen zum Schauplatz seines spannenden Thrillers ausgesucht. Wieder ist Symbolforscher Robert Langdon unterwegs, eine Weltverschwörung aufzudecken, und Dantes Mittelalterepos »Die Göttliche Komödie« liefert den Code dazu.

**Dante Alighieri:** Göttliche Komödie, Reclam Verlag
Das ab 1311 als allegorisch-lehrhaftes Gedicht verfasste Hauptwerk Dantes verweist an zahlreichen Stellen auf tatsächliche Ereignisse und Zeitgenossen des Florentiner Dichterfürsten.

**Florenz**. Eine literarische Einladung, Wagenbach Verlag 2002
In dem literarischen Streifzug durch die Stadt stellen italienische Schriftsteller Florenz vor.

**E. M. Forster**: Zimmer mit Aussicht, Nymphenburger Verlag 2002
Florenz im Jahr 1907: Eine Engländerin verliebt sich auf einer Bildungsreise in einen jungen Schöngeist. Zunächst leugnet sie ihre Gefühle, findet dann aber den Mut, sich gegen alle Konventionen zu entscheiden.

**Ross King**: Das Wunder von Florenz. Architektur und Intrige: Wie die schönste Kuppel der Welt entstand, Btb 2002
Roman über die spannende Baugeschichte der Domkuppel durch den Baumeister Brunelleschi

**Ross King**: Machiavelli: Philosoph der Macht, Pantheon 2013
Das Leben dieser spannenden Persönlichkeit, einer der einflussreichsten Denker der Renaissance, und zugleich ein Porträt von Florenz zur Blütezeit der Medici

**Magdalen Nabb:** Tod in Florenz, Diogenes 1992
Spannender Kriminalroman, in dessen Mittelpunkt der etwas trottelige Kommissar Maresciallo Guarnaccia steht.

**Vasco Pratolini:** Chronik armer Liebesleute, Beck & Glückler 1991
Vom Leben und Lieben in Florenz zur Zeit des Faschismus. Der Florentiner Schriftsteller (1913 – 1991), dessen Bücher auf Deutsch nur noch antiquarisch erhältlich sind, verhilft mit seinen Milieubeschreibungen aus den 1940er- bis 1970er-Jahren zu einem authentischen Einblick ins Leben der einfachen Leute in Florenz.

**Tilmann Röhrig**: Wir sind das Salz von Florenz, Lübbe 2006
Dieses Zitat von Lorenzo de' Medici wählte der Schriftsteller als Titel seines historischen Romans aus der Zeit des mächtigen Regenten der einflussreichen Familie Medici.

Sachbücher

**Peter Burke**: Die Renaissance, Wagenbach 2009
Einer der wichtigsten Klassiker zur kunsthistorischen Bedeutung der Renaissance

**Stefan Klein**: Da Vincis Vermächtnis oder Wie Leonardo die Welt neu erfand, Fischer TB 2009
Im Mittelpunkt steht die wissenschaftliche Neugier und Experimentierfreude des großen Universalgenies der Renaissance.

**Lauro Martines:** Die Verschwörung: Aufstieg und Fall der Medici im Florenz der Renaissance, Primus Verlag 2012
Wie der amerikanische Historiker Martines die Geschichte der mächtigen Florentiner Medici-Familie darstellt, liest sich spannend wie ein Roman.

**Giorgio Vasari**: Lebensläufe der berühmtesten Maler, Bildhauer und Architekten der Renaissance, Manesse Verlag 2005
Um das Jahr 1550 verfasste Vasari die Biografien berühmter Zeitgenossen von Cimabue bis Michelangelo – ein bedeutendes Werk zur Renaissancekunst.

BAEDEKER TIPP !

*»Zimmer mit Aussicht«*

Sehr schöne, stimmungsvolle filmische Umsetzung von E. M. Forsters Romanvorlage. Der Film spielt im Hotel degli Orafi. Schon damals gab es den »Baedeker«: Wenn die junge Lucy Honeychurch durch die Straßen von Florenz schlendert, hat sie immer den roten Reiseführer bei sich, um ihren Bildungshunger zu stillen.

**Ingeborg Walter**, Der Prächtige. Lorenzo de' Medici und seine Zeit. Beck'sche Reihe 2009
Mit profunder Kenntnis und in hervorragendem Stil zeichnet die Autorin ein nüchternes Bild der bedeutendsten Herrscherpersönlichkeit der mächtigen Familie Medici.

**Rolf C. Wirtz**, Kunst und Architektur Florenz, H. F. Ullmann Publishing 2009
Detaillierte Darstellung der beiden Themenbereiche mit vielen Hintergrundinformationen.

**Film**

Eine Reihe Filmklassiker stimmt auf Florenz ein, angefangen natürlich mit dem berühmten »Zimmer mit Aussicht« (►Baedeker Tipp). Das alltägliche und dennoch stets grandiose Florenz, hier der 1960er-Jahre, zeigt der einfühlsame deutsche Klassiker »Die Liebenden von Florenz« (1966), der 2013 als DVD neu aufgelegt wurde. In »Hannibal« (2001) lässt Regisseur Ridley Scott seinen unheimlichen Massenmörder Lector (Anthony Hopkins) nach Florenz fliehen, das sich hier als unheilschwangere Kulisse voll düsterer Palazzi zeigt.

# Medien

**Tageszeitungen**

»La Repubblica«, Italiens größte Tageszeitung, erscheint in Florenz mit eigenem Lokalteil. Zweitgrößte nationale Zeitung ist der »Corriere della Sera«. Die bedeutendste toskanische Tageszeitung »La Nazione« wird in Florenz verlegt. In der Stadt sind führende deutsche Zeitungen und Zeitschriften erhältlich.

**Veranstaltungskalender**

Über alle wichtigen Veranstaltungen in Florenz informiert das monatlich erscheinende »Firenze Spettacolo«. In der Touristeninformation und in den Hotels erhält man das alle zwei Monate erscheinende »Firenze Concierge Information«. Der Veranstaltungskalender erscheint auf Italienisch und Englisch.

# Notrufe

***Erste Hilfe***
Tel. 1 18 (landesweit)

***Polizeinotruf***
Tel. 1 12 (landesweit)
Städtische Polizei:
Tel. 055 32 85

***Feuerwehr***
Tel. 1 15 (landesweit)

***Pannenhilfe des ACI***
Tel. 80 31 16

***ADAC Pannenhilfe***
In Deutschland Tel. 89 22 22 22

***ACE-Notrufzentrale Stuttgart***
Tel. 711 5 30 34 35 36

***DRK-Flugdienst***
Tel. 211 91 74 99 39
www.drkflugdienst.de

***Deutsche Rettungsflugwacht***
Tel. 0711 70 10 70
www,drf-luftrettung.de

# Post · Telekommunikation

**Postämter** Die italienischen Postämter sind nur für den Post- und Paketdienst sowie für die Geschäfte der Postbank zuständig. Sie sind in der Regel von Montag bis Freitag von 8.15 bis 13.30 und Sa. von 8.15 bis 12.30 Uhr geöffnet. Die **Hauptpost** (Via Pellecceria 1) in den Arkaden der zentral gelegenen Piazza della Repubblica ist für ihre Kunden von Montag bis Samstag von 8.15 bis 19.00 Uhr da.

**Briefmarken** Briefmarken (Francobolli) kauft man in Postämtern oder in Tabakwarengeschäften (Tabacchi), die durch ein »T«-Schild gekennzeichnet sind. Briefe bis 20 g und eine Postkarte von Italien ins europäische Ausland kosten 0,95 €.

**Telefonieren** Es gibt nur noch wenige öffentliche Fernsprecher, die mit Telefonkarten (carta telefonica) bedient werden, die man in Tabakgeschäften, Internetläden und auf der Post kaufen kann. Vor der Benutzung muss die perforierte Kartenecke abgebrochen werden.

Die Ortsvorwahl ist Bestandteil der italienischen **Telefonnummer**; sie muss auch bei Ortsgesprächen sowie bei Anrufen aus dem Ausland (einschließlich der führenden 0) mitgewählt werden. Davon ausgenommen sind Notfall-, Service- und Handy-Nummern (sie beginnen nicht mit einer Null). Servicenummern mit der Vorwahl 800 sind kostenlos.

**Handys** (italienisch »cellulare«) der gängigen Netze funktionieren über Roaming in Italien problemlos, allerdings zu erhöhten Preisen. Wer viel in Italien unterwegs ist, kann sich einen Prepaid-Chip der italienischen TIM kaufen, das kommt günstiger. Tarifvergleiche gibt es im Internet (z. B. www.tariftip.de).

# Preise · Vergünstigungen

**Firenze Card**

Florenz bietet mit seiner Firenze Card eine lohnenswerte Vergünstigung für eifrige Museumsbesucher. Die Karte ermöglicht auch die Benutzung der öffentlichen Verkehrsmittel. Außerdem gelten für Kinder, Jugendliche und Senioren freier Eintritt bzw. reduzierte Preise beim Museumsbesuch (►S. 115).

**? WISSEN**

*Was kostet wie viel?*

Hauptgericht ►S. 97
Doppelzimmer: ►S. 134
1 Espresso: ab 1,20 €
1 l Benzin: ca 1,75 €

# Reisezeit

Als beste Zeit für eine Reise nach Florenz empfehlen sich die Monate April bis Juni und September bis Oktober mit durchschnittlichen Temperaturen zwischen 15 und 20 °C; aber auch im Juni kann es schon sehr heiß sein. Allerdings sollte man nicht unbedingt an Ostern oder Pfingsten eine Reise in die Metropole am Arno unternehmen. Die Stadt ist über die Festtage von Touristen derart bevölkert, dass die Besichtigungstouren kaum noch ein Genuss sind. Am ungestörtesten wird man die grandiosen Sehenswürdigkeiten von Florenz in den Monaten von November bis März besichtigen können – manch ein Besucher nimmt dafür das um diese Jahreszeit unbeständigere Wetter gern in Kauf.

# Sprache

**Entwicklung der italienischen Sprache**

Das Italienische ist die geradlinige Fortsetzung der lateinischen Sprache, der es von allen romanischen Sprachen am nächsten steht. Nicht zuletzt infolge der früheren politischen Zerrissenheit des Landes entstanden zahlreiche Mundarten, aus denen die großen Dichter des 13. und 14. Jh.s, besonders Dante, das Toskanische als noch heute gültige Schriftsprache heraushoben. In den größeren Hotels und Restaurants von Florenz kann man sich in der Regel in Englisch verständigen, ansonsten helfen mitunter schon einige Redewendungen weiter.

## Kleiner Sprachführer Italienisch

### Zahlen

| | | | |
|---|---|---|---|
| zero | 0 | diciannove | 19 |
| uno | 1 | venti | 20 |
| due | 2 | ventuno | 21 |
| tre | 3 | trenta | 30 |
| quattro | 4 | quaranta | 40 |
| cinque | 5 | cinquanta | 50 |
| sei | 6 | sessanta | 60 |
| sette | 7 | settanta | 70 |
| otto | 8 | ottanta | 80 |
| nove | 9 | novanta | 90 |
| dieci | 10 | cento | 100 |
| undici | 11 | centouno | 101 |
| dodici | 12 | mille | 1000 |
| tredici | 13 | duemille | 2000 |
| quattordici | 14 | diecimila | 10000 |
| quindici | 15 | | |
| sedici | 16 | un quarto | 1/4 |
| diciassette | 17 | un mezzo | 1/2 |
| diciotto | 18 | | |

### Auf einen Blick

| | |
|---|---|
| Sì/No | Ja/Nein |
| Per favore/Grazie | Bitte/Danke |
| Non c'è di che | Gern geschehen |
| Scusi!/Scusa! | Entschuldigen Sie! |
| Come dice? | Wie bitte? |
| Non La/ti capisco | Ich verstehe Sie/dich nicht |
| Parlo solo un po' di ... | Ich spreche nur wenig ... |
| Mi può aiutare, per favore? | Können Sie mir bitte helfen? |
| Vorrei ... | Ich möchte ... |
| (Non) mi piace | Das gefällt mir (nicht) |
| Ha ...? | Haben Sie ...? |
| Quanto costa? | Wie viel kostet? |
| Che ore sono?/Che ora è? | Wie viel Uhr ist es? |
| Come sta?/Come stai? | Wie geht es Ihnen/dir? |
| Bene, grazie. E Lei/tu? | Danke. Und Ihnen/dir? |

### Unterwegs

| | |
|---|---|
| a sinistra/a destra/diritto | nach links/nach rechts/geradeaus |
| vicino/lontano | nah/fern |

| | |
|---|---|
| Quanti chilometri sono? | Wie weit (in Kilometern) ist das? |
| Vorrei noleggiare ... | Ich möchte ... mieten |
| ... una macchina | ... ein Auto |
| ... una bicicletta | ... ein Fahrrad |
| ... una barca | ... ein Boot |
| Scusi, dov'è ...? | Bitte, wo ist ...? |
| la stazione centrale | der Hauptbahnhof |
| la metro(politana) | die U-Bahn |
| l'aeroporto | der Flughafen |
| all'albergo | zum Hotel |
| Ho un guasto. | Ich habe eine Panne. |
| Mi potrebbe mandare un carro-attrezzi? | Würden Sie mir einen Abschleppwagen schicken? |
| Scusi, c'è un'officina qui? | Gibt es hier eine Werkstatt? |
| Dov'è la prossima stazione di servizio? | Wo ist die nächste Tankstelle? |
| benzina normale | Normalbenzin |
| super/gasolio | Super/Diesel |
| deviazione | Umleitung |
| senso unico | Einbahnstraße |
| sbarrato | gesperrt |
| rallentare | langsam fahren |
| tutti direzioni | alle Richtungen |
| tenere la destra | rechts fahren |
| zona di silenzio | Hupverbot |
| zona tutelata inizio | Beginn der Parkverbotszone |
| Aiuto! | Hilfe! |
| Attenzione! | Achtung! |
| Chiami subito ... | Rufen Sie schnell ... |
| ... un'autoambulanza | ... einen Krankenwagen |
| ... la polizia | ... die Polizei |

## Ausgehen

| | |
|---|---|
| Scusi, mi potrebbe indicare ...? | Wo gibt es ...? |
| ... un buon ristorante? | ... ein gutes Restaurant? |
| ... un locale tipico? | ... ein typisches Restaurant? |
| C'è una gelateria qui vicino? | Gibt es hier eine Eisdiele? |
| Può riservarci per stasera un tavolo per quattro persone? | Kann ich für heute Abend einen Tisch für vier Personen reservieren? |
| Alla Sua salute! | Auf Ihr Wohl! |
| Il conto, per favore. | Bezahlen, bitte. |
| Andava bene? | Hat es geschmeckt? |
| Il mangiare era eccellente. | Das Essen war ausgezeichnet. |
| Ha un programma delle manifestazioni? | Haben Sie einen Veranstaltungskalender? |

### Einkaufen

| | |
|---|---|
| Dov'è si può trovare ...? | Wo finde ich ...? |
| ... una farmacia | ... eine Apotheke |
| ... un panificio | ... eine Bäckerei |
| ... un negozio di articoli fotografici | ... ein Fotogeschäft |
| ... un grande magazzino | ... ein Kaufhaus |
| ... un negozio di generi alimentari | ... ein Lebensmittelgeschäft |
| ... il mercato | ... den Markt |
| ... il supermercato | ... den Supermarkt |
| ... il tabaccaio | ... den Tabakladen |
| ... il giornalaio | ... den Zeitungshändler |

### Übernachten

| | |
|---|---|
| Scusi, potrebbe consigliarmi ...? | Können Sie mir ... empfehlen? |
| ... un albergo | ... ein Hotel |
| ... una pensione | ... eine Pension |
| Ho prenotato una camera. | Ich habe ein Zimmer reserviert. |
| È libera ...? | Haben Sie noch ...? |
| ... una singola | ... ein Einzelzimmer |
| ... una doppia | ... ein Zweibettzimmer |
| ... con doccia/bagno | ... mit Dusche/Bad |
| ... per una notte | ... für eine Nacht |
| ... per una settimana | ... für eine Woche |
| ... con vista sul mare | ... mit Blick aufs Meer |
| Quanto costa la camera ...? | Was kostet das Zimmer ...? |
| ... con la prima colazione? | ... mit Frühstück? |
| ... a mezza pensione? | ... mit Halbpension? |

### Arzt und Apotheke

| | |
|---|---|
| Mi può consigliare un buon medico? | Können Sie mir einen guten Arzt empfehlen? |
| Mi può dare una medicina per ... | Geben Sie mir bitte ein Medikament gegen ... |
| Soffro di diarrea. | Ich habe Durchfall. |
| Ho mal di pancia. | Ich habe Bauchschmerzen. |
| ... mal di testa | ... Kopfschmerzen |
| ... mal di gola | ... Halsschmerzen |
| ... mal di denti | ... Zahnschmerzen |
| ... influenza | ... Grippe |
| ... tosse | ... Husten |
| ... la febbre | ... Fieber. |
| ... scottatura solare | ... Sonnenbrand |
| ... costipazione | ... Verstopfung |

## Speisekarte

| | |
|---|---|
| **prima colazione** | **Frühstück** |
| caffè, espresso | kleiner Kaffee ohne Milch |
| caffè macchiato | kleiner Kaffee mit wenig Milch |
| caffe latte | Kaffee mit Milch |
| cappuccino | Kaffee mit aufgeschäumter Milch |
| tè al latte/al limone | Tee mit Milch/Zitrone |
| cioccolata | Schokolade |
| frittata | Omelett/Pfannkuchen |
| pane/panino | Brot/Brötchen |
| pane tostato | Toast |
| burro | Butter |
| salame | Wurst |
| prosciutto | Schinken |
| miele | Honig |
| marmellata | Marmelade |
| iogurt | Joghurt |
| **antipasti** | **Vorspeisen** |
| affettato misto | gemischter Aufschnitt |
| anguilla affumicata | Räucheraal |
| melone e prosciutto | Melone mit Schinken |
| vitello tonnato | kalter Kalbsbraten mit Tunfischsauce |
| **primi piatti** | **Nudel- und Reisgerichte, Suppen** |
| pasta | Nudeln |
| fettuccine/tagliatelle | Bandnudeln |
| gnocchi | kleine Kartoffelklößchen |
| polenta (alla valdostana) | Maisbrei (mit Käse) |
| vermicelli | Fadennudeln |
| minestrone | dicke Gemüsesuppe |
| pastina in brodo | Fleischbrühe mit feinen Nudeln |
| zuppa di pesce | Fischsuppe |
| **carni e pesce** | **Fleisch und Fisch** |
| agnello | Lamm |
| ai ferri/alla griglia | vom Grill |
| aragosta | Languste |
| brasato | Braten |
| coniglio | Kaninchen |
| cozze/vongole | Miesmuscheln/Venusmuscheln |
| fegato | Leber |

| | |
|---|---|
| fritto di pesce | gebackene Fische |
| gambero, granchio | Garnelen |
| maiale | Schweinefleisch |
| manzo/bue | Rind-/Ochsenfleisch |
| pesce spada | Schwertfisch |
| platessa | Scholle |
| pollo | Huhn |
| rognoni | Nieren |
| salmone | Lachs |
| scampi fritti | gebackene Langustinen |
| sogliola | Seezunge |
| tonno | Tunfisch |
| trota | Forelle |
| vitello | Kalbfleisch |

| **verdura** | **Gemüse** |
|---|---|
| asparagi | Spargel |
| carciofi | Artischocken |
| carote | Karotten |
| cavolfiore | Blumenkohl |
| cavolo | Kohl |
| cicoria belga | Chicorée |
| cipolle | Zwiebeln |
| fagioli | weiße Bohnen |
| fagiolini | grüne Bohnen |
| finocchi | Fenchel |
| funghi | Pilze |
| insalata mista/verde | gemischter/grüner Salat |
| lenticchie | Linsen |
| melanzane | Auberginen |
| patate | Kartoffeln |
| patatine fritte | Pommes frites |
| peperoni | Paprika |
| pomodori | Tomaten |
| spinaci | Spinat |
| zucca | Kürbis |

| **formaggi** | **Käse** |
|---|---|
| parmigiano | Parmesan |
| pecorino | Schafskäse |
| ricotta | quarkähnlicher Frischkäse |

| | |
|---|---|
| dolci e frutta | Nachspeisen und Obst |
| cassata | Eisschnitte mit kandierten Früchten |
| coppa assortita | gemischter Eisbecher |
| coppa con panna | Eisbecher mit Sahne |
| tirami su | Löffelbiskuit mit ... Mascarponecreme |
| zabaione | Eierschaumcreme |
| zuppa inglese | likörgetränktes Biskuit mit Vanillecreme |
| **bevande** | **Getränke** |
| acqua minerale | Mineralwasser |
| aranciata | Orangeade |
| bibita | Erfrischungsgetränk |
| bicchiere | Glas |
| birra scura/chiara | dunkles/helles Bier |
| birra alla spina | Bier vom Fass |
| birra senza alcool | alkoholfreies Bier |
| bottiglia | Flasche |
| con ghiaccio | mit Eis |
| digestivo | Digestif |
| gassata/con gas | mit Kohlensäure |
| liscia/senza gas | ohne Kohlensäure |
| secco | trocken |
| spumante | Sekt |
| succo | Fruchtsaft |
| vino bianco/rosato/rosso | Weiß-/Rosé-/Rotwein |
| vino della casa | Hauswein |

# Toiletten

Auf dem Infoportal des Florentiner Tourismusbüros (www.firenze-turismo.com) kann man sich die Liste bzw. die Karte mit den öffentlichen Toiletten herunterladen: die Bagni Pubblici haben in den letzten Jahren in der historischen Innenstadt sehr zugenommen. Ihre Benutzung kostet in der Regel zwischen 0,70 und 1 €. Öffentliche Toiletten gibt es z. B. am Domplatz, in den Märkten San Lorenzo und Mercato Centrale sowie am Hauptbahnhof. Natürlich haben alle Museen kostenlose öffentliche Toiletten, und als Kunde kann man selbstverständlich die Toiletten der vielen Bars benutzen (ein Glas Wasser oder ein Espresso im Stehen reicht als Verzehr).

# Verkehr

**Öffentlicher Verkehr**

Als öffentliche Verkehrsmittel verkehren in Florenz Busse der **Verkehrsbetriebe (ATAF)** und eine einzige Straßenbahnlinie (Linie 1 von Scandicci nach Santa Maria Novella, zwei weitere Linien sind im Bau). Es gibt **Fahrkarten** für 90 Min., 24 St. und Mehrtageskarten. Zudem ist die Carta Agile erhältlich, eine Magnetkarte mit 10 Fahrten zu reduziertem Preis. Die Fahrkarten werden in behördlich autorisierten Verkaufsstellen, an Automaten, in mit einem »T« markierten Tabakgeschäften sowie in Zeitungskiosken und Bars mit dem Hinweis »biglietti et abonamenti ATAF« vertrieben. Man entwertet die Fahrscheine im Bus. Verkehrslinienpläne und Fahrpläne bekommt man am Infokiosk der ATAF am Hauptbahnhof Santa Maria Novella. Das Fußgängerzentrum um Domplatz und Ponte Vecchio umfährt eine Reihe kleiner Elektrobusse (C 1, C 2, D), die ihre Runden in 10-Minuten-Abständen durch den Stadtkern drehen.

**Fahrten in die Umgebung** von Florenz kann man mit den Bussen der Gesellschaft **Sita** unternehmen. Sie bietet ihren Kunden am Busbahnhof (Via Santa Caterina da Siena 15 , nahe Hauptbahnhof) per Computer einen viersprachigen Informationsdienst über Abfahrts- und Ankunftszeiten.

**Tankstellen**

Die Einfuhr und der Transport von Benzin in Kanistern sind verboten. Es gibt bleifreies Benzin (95 Oktan, benzina senza piombo oder benzina verde), Superbenzin (97 Oktan) und Dieselkraftstoff (gasolio). Die Tankstellen sind in der Regel von 7.00 bis 12.00 und 14.00 bis 20.00 Uhr geöffnet. An den Autobahnen gibt es meist einen 24-Stunden-Service. Bei vielen Tankstellen kann an Wochenenden, vermehrt auch über die Mittagspause und nachts nur an automatischen Zapfsäulen getankt werden.

**Innenstadt gesperrt!**

Das Zentrum von Florenz ist für den privaten Autoverkehr zum großen Teil gesperrt, als »zona di traffico limitato« (ZTL) mit sehr eingeschränkten Zufahrtszeiten, die auf Lichttafeln angezeigt sind. Die Hotels helfen einem mit Hinweisen auf öffentliche Parkplätze und zeitweilige Sondergenehmigungen. Ein großer Parkplatz befindet sich unterhalb des Hauptbahnhofs Stazione Santa Maria Novella und ein großer, preiswerterer Parkplatz an der Porta di Prato.

**Verkehrsvorschriften**

Die Promillegrenze liegt bei 0,5. Außerdem muss man außerhalb von Ortschaften tagsüber mit dem Abblendlicht fahren, und bei Regen, Schnee und Nebel sind auf der Autobahn maximal 110 km/h erlaubt. Ansonsten gelten folgende **Tempolimits**: Pkws, Motorräder und Wohnmobile bis 3,5 t: innerorts 50 km/h, außerorts 90 km/h und auf Schnellstraßen (2 Fahrstreifen in jeder Richtung) 110 km/h, auf Autobahnen (Autostrada) 130 km/h; Wohnmobile über 3,5 t: außerorts und auf Schnellstraßen 80 km/h und auf Autobahnen 100 km/h. Wer zu schnell fährt und erwischt wird, muss mit hohen Geldstrafen rechnen. Denken Sie daran, dass Strafzettel, die Sie in Florenz bekommen, Ihnen in die Heimat nachgeschickt werden. Wichtig: **Pannenwesten** sind in Italien Pflicht! Privates **Abschleppen** auf Autobahnen ist verboten. Im Fall einer Panne werden ausländische Auto- oder Motorradreisende vom Pannendienst des italienischen Automobilklubs ACI zur nächsten Werkstatt abgeschleppt. Auf Motorrädern über 50 ccm besteht Helmpflicht. Bei Totalschaden ist der Zoll zu verständigen, da sonst u. U. für das Schadensfahrzeug Einfuhrzoll bezahlt werden muss. Auch in Italien ist das **Telefonieren** im Auto nur mit Freisprechanlage erlaubt. (www.aci.it)

**Taxi**

Bei Taxifahrten wird ein Mindesttarif, unabhängig von der Zahl der Fahrgäste, verlangt. In der Nacht zwischen 22.00 und 6.00 Uhr sowie an Sonn- und Feiertagen ist mit einem Preisaufschlag zu rechnen. Man kann Taxis anhalten, allerdings nicht in der Nähe eines Taxistands. Wer einen Beleg für die Fahrt braucht, bittet den Fahrer um eine »ricevuta«.

AUTOMOBILKLUB

***Automobile Club d'Italia (ACI)***
Tel. 80 31 16, www.aci.it

ÖFFENTLICHER NAHVERKEHR

***ATAF***
Piazza Stazione
Tel. 800 42 45 00, www.ataf.net

MIETWAGEN

***Avis***
Tel. *0180 6 21 77 02, www.avis.de

***Budget***
Tel. *0180 6 21 77 11, www.budget.de

***Europcar***
Tel. 040 5 20 18 80 00, www.europcar.de

***Hertz***
Tel. *0180 6 93 88 14, www.hertz.de

***Sixt***
Tel. *0180 6 25 25 25, www.e-sixt.de

PARKEN

www.firenzeparcheggi.it

TAXI

***Funktaxis***
Tel. 055 43 90

# Zeit

In Italien gilt die Mitteleuropäische Zeit (MEZ). Für die Sommermonate (April bis Oktober) ist die Mitteleuropäische Sommerzeit (MEZ + 1 St.) eingeführt.

# Register

# Verzeichnis der Karten und Grafiken



? BAEDEKER WISSEN

*atmosfair*

nachdenken • klimabewusst reisen

atmosfair

Reisen verbindet Menschen und Kulturen. Doch wer reist, erzeugt auch $CO_2$. Der Flugverkehr trägt mit bis zu 10% zur globalen Erwärmung bei. Wer das Klima schützen will, sollte sich nach Möglichkeit für die schonendere Reiseform entscheiden (wie z.B. die Bahn). Gibt es keine Alternative zum Fliegen, kann man mit atmosfair klimafördernde Projekte unterstützen.
atmosfair ist eine gemeinnützige Klimaschutzorganisation unter der Schirmherrschaft von Klaus Töpfer. Flugpassagiere spenden einen kilometerabhängigen Betrag und finanzieren damit Projekte in Entwicklungsländern, die den Ausstoß von Klimagasen verringern helfen. Dazu berechnet man mit dem Emissionsrechner auf **www.atmosfair.de** wieviel $CO_2$ der Flug produziert und was es kostet, eine vergleichbare Menge Klimagase einzusparen (z.B. Berlin – London – Berlin 13 €).
*atmosfair* garantiert die sorgfältige Verwendung Ihres Beitrags. Alle Informationen dazu auf www.atmosfair.de. Auch der Karl Baedeker Verlag fliegt mit atmosfair.

# Bildnachweis

AKG S. 68, 70, 75, 78, 156, 173 o.r.
AKG-Images/Poklekowski S. 259 u.l.
AKG-Images/Rabatti Domingie S. 33
Baedeker Archiv S. 116
Bilderberg/Madej S. 2 r.u., 19, 221, 42, 184
Bilderberg/Horacek S. 8, 9, 261, 276
Bilderberg/Rescio S. 21 u.
Borowski S. 38, 41, 45, 58, 64
Dumont Bildarchiv S. 2 l.u., 3 r.u., 85, 163, 235, 287
Dumont Bildarchiv/Widmann S. 2 l.o., 153, 108, 222, 259 o.
Galenschovski S. 1
Getty Images/Cosulich S. 297
Getty Images/Dea/Dagliorti S. 113
Getty Images/Dea Picture Library S. 87
Getty Images/Leemage S. 201
Getty Images/Lonely Planet S. 88, 110, 128
Getty Images/Maremagnum S. 104
Getty Images/Mayfield S. 304
Getty Images/Mountford S. 107
Getty Images/Rutz S. 9, 114
Getty Images/Scicluna S. 211
Getty Images/Simonis S. 96
Getty Images/Thaxton S. 20 u.
Getty Images/Tondini S. 93 o.
Getty Images/Watson S. 130
Getty Images/Why U 8, S. 12, 262
Huber U 2, S. 4 o., 251, 260 Klappe, 285, 302
Huber/Bernhart Udo S. 92
Huber/Borchi S. 3 l.o., 225
Huber/Cellai S. 174 Klappe
Huber/Gräfenhain S. 10, 179
Huber/Pignatelli S. 150
Istockphoto S. 258
Laif S. 66
Laif/Celentano U 4 o., S. 5 u., 13, 80, 103, 133, 267, 289,
Laif/Gaasterland S. 140
Laif/Galli S. 198
Laif/Hoa-Qui U 4 u., S.3 l.u., 248, 292
Laif/Steinhilber S. 21 o., 93 u.
Laif/Zanettini S. 7, 91
Look/Cosulich S. 125
Look/Maeritz S. 5 o. und M., 20 o.,118, 82, 126, 273
Look/Richter S. 2 M., 22, 189, 203
Hotel Mangiane S. 135
Picture Alliance/AKG-Images S. 213
Picture Alliance/AKG-Images/Rabatti-Domingie S. 77
Picture Alliance/Bildagentur online/Lescouret S. 3 l.M., 208, 240
Picture Alliance/Cromorange/Tipsimages S. 4 u., 63, 217
Picture Alliance/dpa S. 14, 37
Picture Alliance/Huber U 3 u., S. 187, 253, 259 u.r.
Picture Alliance/Rabatti-Domingie U 3 o., S. 123
Reincke S. 173 u.
Renckhoff S. 142
Strüber S. 28, 31, 47, 48, 49, 59, 76, 161, 194, 195, 231
Wrba S. 2 r.o., 166, 3 r.o., 269, 3 r.M., 243, 279
Wurth S. 162, 173 o.l. 269, 279

**Titelbild**: Huber-Images, Dom

# Impressum

**Ausstattung:**
108 Abbildungen, 30 Karten und grafische Darstellungen, ein großer Cityplan
**Text:** Bettina Dürr, Carmen Galenschovski, Reinhard Strüber
**Überarbeitung:**
Bettina Dürr
**Bearbeitung:**
Baedeker-Redaktion (Carmen Galenschovski)
**Kartografie:**
Franz Huber, München
MAIRDUMONT/Falk Verlag Ostfildern (Cityplan)
**3D-Illustrationen:**
jangled nerves, Stuttgart
**Infografiken:**
Golden Section Graphics GmbH, Berlin
**Gestalterisches Konzept:**
independent Medien-Design, München
**Chefredaktion:**
Rainer Eisenschmid, Baedeker Ostfildern

13. Auflage 2015



Printed in China

Trotz aller Sorgfalt von Redaktion und Autoren zeigt die Erfahrung, dass Fehler und Änderungen nach Drucklegung nicht ausgeschlossen werden können. Dafür kann der Verlag leider keine Haftung übernehmen.
Kritik, Berichtigungen und Verbesserungsvorschläge sind jederzeit willkommen.
Schreiben Sie uns, mailen Sie oder rufen Sie an:

**Verlag Karl Baedeker / Redaktion**
Postfach 3162
D-73751 Ostfildern
Tel. 0711 4502-262
info@baedeker.com
www.baedeker.com

FSC
www.fsc.org
MIX
Paper from responsible sources
FSC® C011918

# Die Erfindung des Reiseführers

Als **Karl Baedeker** (1801 – 1859) am 1. Juli 1827 in Koblenz seine Verlagsbuchhandlung gründete, hatte er sich kaum träumen lassen, dass sein Name und seine roten Bücher einmal weltweit zum Synonym für Reiseführer werden sollten.

Das erste von ihm verlegte Reisebuch, die 1832 erschienene **Rheinreise,** hatte er noch nicht einmal selbst geschrieben. Aber er entwickelte es von Auflage zu Auflage weiter. Mit der Einteilung in die Kapitel »Allgemein Wissenswertes«, »Praktisches« und »Beschreibung der Merk-(Sehens-)würdigkeiten« fand er die klassische Gliederung des modernen Reiseführers, die bis heute ihre Gültigkeit hat. Der Erfolg war überwältigend: Bis zu seinem Tod erreichten die zwölf von ihm verfassten Titel 74 Auflagen! Seine Söhne und Enkel setzten bis zum Zweiten Weltkrieg sein Werk mit insgesamt 70 Titeln in 500 Auflagen fort.

Bis heute versteht der Karl Baedeker Verlag seine große Tradition vor allem als eine Kette von Innovationen: Waren es in der frühen Zeit u. a. die Einführung von Stadtplänen in Lexikonqualität und die Verpflichtung namhafter Wissenschaftler als Autoren, folgte in den 1970ern der erste vierfarbige Reiseführer mit professioneller Extrakarte. Seit 2005 stattet Baedeker seine Bücher mit ausklappbaren 3D-Darstellungen aus. Die neue Generation enthält als erster Reiseführer Infografiken, die (Reise-) Wissen intelligent aufbereiten und Lust auf Entdeckungen machen.

In seiner Zeit, in der es an verlässlichem Wissen für unterwegs fehlte, war Karl Baedeker der Erste, der solche Informationen überhaupt lieferte. In der heutigen Zeit filtern unsere Reiseführer aus dem Überfluss an Informationen heraus, was man für eine Reise wissen muss, auf der man etwas erleben und an die man gerne zurückdenken will. Und damals wie heute gilt für Baedeker: Wissen öffnet Welten.

# Baedeker Verlagsprogramm

- Ägypten
- Algarve
- Allgäu
- Amsterdam
- Andalusien
- Argentinien
- Australien

- Australien • Osten
- Bali
- Barcelona
- Bayerischer Wald
- Belgien
- Berlin • Potsdam
- Bodensee
- Brasilien
- Bretagne
- Brüssel
- Budapest
- Burgund
- China
- Dänemark
- Deutsche Nordseeküste
- Deutschland
- Deutschland • Osten
- Dresden
- Dubai • VAE
- Elba
- Elsass • Vogesen
- Finnland
- Florenz
- Florida
- Franken
- Frankfurt am Main
- Frankreich
- Frankreich • Norden
- Fuerteventura
- Gardasee
- Golf von Neapel
- Gomera
- Gran Canaria
- Griechenland
- Großbritannien
- Hamburg
- Harz
- Hongkong • Macao
- Indien
- Irland
- Island
- Israel
- Istanbul
- Istrien • Kvarner Bucht
- Italien
- Italien • Norden
- Italien • Süden
- Italienische Adria
- Italienische Riviera
- Japan
- Jordanien
- Kalifornien
- Kanada • Osten
- Kanada • Westen
- Kanalinseln
- Kapstadt • Garden Route
- Kenia
- Köln
- Kopenhagen
- Korfu • Ionische Inseln
- Korsika
- Kos
- Kreta
- Kroatische Adriaküste • Dalmatien
- Kuba
- La Palma
- Lanzarote
- Leipzig • Halle
- Lissabon
- London
- Madeira
- Madrid
- Malediven
- Mallorca
- Malta • Gozo • Comino
- Marokko
- Mecklenburg-Vorpommern
- Menorca

- Mexiko
- Moskau
- München
- Namibia
- Neuseeland
- New York
- Niederlande
- Norwegen
- Oberbayern

- Oberital. Seen • Lombardei • Mailand
- Österreich
- Paris
- Peking
- Polen
- Polnische Ostseeküste • Danzig • Masuren
- Portugal
- Prag
- Provence • Côte d'Azur
- Rhodos
- Rom

- Rügen • Hiddensee
- Rumänien
- Sachsen
- Salzburger Land
- St. Petersburg
- Sardinien
- Schottland
- Schwarzwald
- Schweden
- Schweiz
- Sizilien
- Skandinavien
- Slowenien
- Spanien
- Spanien • Norden • Jakobsweg
- Sri Lanka
- Stuttgart
- Südafrika
- Südengland
- Südschweden • Stockholm
- Südtirol

- Sylt
- Teneriffa
- Tessin
- Thailand
- Thüringen
- Toskana
- Tschechien
- Tunesien
- Türkei
- Türkische Mittelmeerküste
- USA

- USA • Nordosten
- USA • Nordwesten
- USA • Südwesten
- Usedom
- Venedig
- Vietnam
- Weimar
- Wien
- Zürich
- Zypern

**Viele Baedeker-Titel sind als E-Book erhältlich: shop.baedeker.com**

# Kurioses Florenz

*Krank durch zuviel Kunst, Bauen ohne Gerüst und die Erfindung der Staatsanleihe – Florenz bietet manch Außergwöhnliches.*

**▸ Stendhal-Syndrom**
Die Kunst in Florenz ist so schön und eindrucksvoll, dass man darüber den Kopf verlieren kann. Der Schriftsteller Stendhal klagte als erster über diesen Zustand der bedrohlichen Überwältigung bei seinem Besuch der Kirche Santa Croce. Auch heute kann es passieren, dass besonders sensible Touristen mit diesem medizinisch anerkannten Syndrom ins Krankenhaus eingeliefert werden.

**▸ Frühes Ökobewusstsein oder Sparpolitik**
Dass der zunächst nur als Goldschmied bekannte Brunelleschi den Zuschlag für den Bau der Domkuppel – aus sage und schreibe 4 Mio. Ziegelsteinen – bekam, ist auch der Tatsache zu verdanken, dass sein Entwurf wundersamerweise ohne ein teures Baugerüst, das das Holz von 700 Bäumen verbraucht hätte, auskam.

**▸Künstlerporträt**
Möchten Sie wissen, wie der berühmte Bildhauer Lorenzo Ghiberti aussah? Auf seinem Meisterwerk, der Paradiestür am Baptisterium, ist er das dritte Köpfchen von unten auf der mittigen Leiste des linken Türflügels.

**▸Wie sah es am astrologischen Himmel vom 4. Juli 1442 aus?**
Das geben die wildbewegten Sternbilder in den Kuppeln über den Altären in der Pazzi-Kapelle wieder, genau dem Tag der Altarweihe.

**▸Florenz erlebte den ersten Finanzcrash des Mittelalters.**
So geschehen Mitte des 14. h.s, als sich der englische König Edward III. für seinen Krieg gegen Frankreich enorme Geldmengen von den extrem vermögenden Florentiner Handelskompanien Peruzzi und Bardi auslieh, die er nie zurückzahlte.

**▸Florenz erfand die Staatsanleihe**
Um diesen Verlust zu kompensieren, erfand die Stadt Mitte des 14.Jh.s die Staatsanleihe: Um Steuererhebungen und das Zinsverbot der Kirche zu umgehen, lieh sich der Stadtstaat Geld bei den Bürgern, das er mit der Zeit mit eine Art Gewinnbelohnung wieder zurückzahlte – die Geburtsstunde der nach wie vor aktuellen öffentlichen Finanzierung durch Verschuldung.